Herausgegeben von

Deutscher Falkenorden

Bund für Falknerei, Greifvogelschutz und Greifvogelkunde e.V.

anläßlich seines 70jährigen Bestehens
im Jahr des 800. Geburtstages
Kaiser Friedrichs II. von Hohenstaufen.

Mit einem Nachwort versehen von
Dr. phil. Dr. forest. habil. Sigrid Schwenk.

NEUMANN - NEUDAMM

Unveränderter Nachdruck der 1756 in Ansbach erschienenen Ausgabe.
Das Original, welches als Vorlage für diesen Druck verwendet wurde,
befindet sich im Besitz der Bayerischen Staatsbibliothek München.
Signatur Oecon 645 b.

© 1994 Verlag J. Neumann-Neudamm GmbH & Co. KG
34324 Morschen/Heina, Postfach 25
Printed in Germany
ISBN 3-7888-0672-9

Reproduktionen: Dietger Kronen, Büchertstraße 16, 69207 Sandhausen
Druck: Werbe-Druck Winter, Büchertstraße 4, 69207 Sandhausen
Buchbinderei: Industrie Buchbinderei Schneider, Ohmstraße 2, 76229 Karlsruhe

Dieses Werk wurde in einer Auflage von

1000 Exemplaren gedruckt.

Davon 350 Stück numeriert.

Friederich des Zweyten
Römischen Kaisers
übrige Stücke der Bücher
Von der
Kunst zu Beitzen,
Nebst den
Zusätzen
des Königs Manfredus
aus der Handschrifft heraus gegeben.
Albertus Magnus
Von den
Falcken und Habichten.
Uebersetzet
von
Johann Erhard Pacius,
Diaconus und Rect. zu Gunzenhaußen.

ONOLZBACH,
Gedruckt bey Christoph Lorenz Messerer, Hoch-
Fürstl. privil. Hof- und Canzley-Buchdrucker.
1756.

Durchlauchtigster Marggraf,

Gnädigster Fürst und Herr!

Euer Hoch-Fürstl. Durchl. haben gnädigst befohlen, ich sollte des Weyland Römischen Kaisers Friederich des Zweyten Bücher von der Beitz in das Teutsche übersetzen. Ob nun wohl hiezu nicht ein nur des Lateins Verständiger, sondern auch in der Fauconerie wohl Erfahrner erfordert wird, und ich in diesem letzten völlig unwissend war: so hab ich doch durch fleißiges Nachforschen und vielen Unterricht von geschicktesten Falckoniern es endlich so weit gebracht, daß ich der in denselben sehr viel vorkommenden ganz unlateinischen Wör-

Wörter Bedeutung richtig bestimmen, und auch solche nach der bey der Fauconerie heut zu Tag üblichen Art zu reden einrichten konnte, und also in den Stand gesetzet ward, Dero hohen Befehl unterthänigst zu befolgen. Euer Hoch-Fürstl. Durchl. habe ich demnach die hohe Gnade solche Uebersetzung unterthänigst zu überreichen, und Dero hohen Fürstlichen Gnade mich unterthänigst anzubefehlen, der ich in aller unterthänigster Devotion beharre

Euer Hoch-Fürst. Durchl.

Gunzenhaußen
den 22. April 1756.

unterthänigst-gehorsamster Fürbitter
Johann Erhard Pacius,
Diac. & Rect.

Geneigter Leser!

Wir leben dermalen in einer Zeit, wo man sich mehrentheils mit Bücher-Uebersetzen beschäfftiget. Solche Bemühungen sind nach meiner geringen Einsicht theils zu loben, theils zu tadeln. Zu loben, indem dadurch manch schön- und nützliches Buch brauchbarer gemacht wird. Zu tadeln, wenn dadurch solche Bücher wieder an das Tages-Licht gebracht werden, welche unter dem Staub der Vergessenheit hätten begraben liegen bleiben dörffen. Ich liefere hier auch eine Uebersetzung. Frage ich: unter welche Art der geneigte Leser solche zehle? So dunckt mich, ich höre ihn frey antworten: Unter die letzte. Dann wie viel, spricht er:

er: ſind doch, die ſich aus dieſem Unternehmen einigen Nutzen verſprechen dörffen? indem die edle Falcknerey nur eine Fürſtliche Luſt iſt, wohin auch zu zielen ſcheinet, was Baruch C. III, 17. ſagt: Die Fürſten ſpielen mit den Vögeln des Himmels. Geſetzt aber! es wäre dieſe Antwort richtig, ſo würde meine Arbeit doch ſchon genug gerechtfertiget, daß ſowohl die Ueberſetzung als auch der Druck auf höhern Befehl geſchehen iſt, ohne welchen ich bey meinen ſowohl täglichen Schul-Arbeiten als auch ordentlichen Predigt-Amt eine ſo mühſame Arbeit wohl niemals würde unternommen haben. Gleichwohl aber dörff ich auch behaupten, daß dieſes Buch wohl werth iſt, daß es überſetzt und brauchbarer gemacht werde, indem die edle Falcknerey darinnen ſo beſchrieben iſt, daß man es in keinem andern beſſer finden wird, und auch viele andere Stücke von den Arten und Eigenſchafften der Vögel darinn enthalten ſind, welche man gewiß nicht ohne Nutzen und Vergnügen leſen wird. Dieſes aber hätte man ohne Ueberſetzung ſo leicht nicht erlangen können. Weil theils das lateiniſche ſehr rare Werck, deſſen Herausgabe der bekannte und gelehrte

lehrte Marcus Welzer 1596. zu Augspurg besorget hat, in wenigen Händen ist, theils aber auch sonderlich die, so sich an schön und gut Latein gewöhnt, wohl ganze Blätter lesen werden, ohne recht zu verstehen, was darauf gesagt ist. Mit was vor Verlangen andere dessen Uebersetzung entgegen gesehen haben, zeiget an, was der sehr gelehrte Verfasser der historischen Anmerckungen von der edlen Falcknerey, welche in den Onolzbachischen wöchentlichen Nachrichten Stück=weise zu finden sind, Num.XXX. 1740. im Monat Jul. p. 236. n. h. hievon gesagt hat: „Ein recht ge=
„schickter, und in der Falcknerey genugsam
„geübter und erfahrner Cavalier würde
„Gelegenheit finden, eine Probe seines
„Fleisses abzulegen, wenn er diese Bücher
„des K. Friederichs nicht nur ins Teutsche
„übersetzte, sondern auch ordentlich an=
„merckte, worinnen man hier und dar in
„sothaner Kunst nach der Zeit weiter ge=
„kommen sey, und was man heut zu Tag
„in einem und andern für neue und bessere
„Erfindungen und Vortheile habe. Was nun meine Arbeit belanget, so hab ich zwar diesen Wunsch nicht völlig erfüllet. Denn weil ich in der Falcknerey nicht erfahren bin,

bin, so konnte ich weder eine Verbesserung machen, noch einigen Unterschied der jetzigen Zeit anmercken. Doch aber in der Uebersetzung selbst habe ich keinen Fleiß und Mühe gesparet, allezeit den richtigen Verstand zu treffen, und von denen dunckeln und aus andern Sprachen entlehnten Wörtern keines gesetzt, biß ich die wahre Bedeutung gefunden habe. Solches ist auch die Ursach, warum ich einige Wörter, deren doch nicht über 12. seyn werden, lateinisch behalten mußte, weil ich ihre Bedeutung nicht bestimmen konnte, die auch du Fresne in Glossario weiter nicht erklärt, als: es sind Vögel. In den übrigen hat mir Gesners Thier=Buch sonderlich gute Dienste gethan. Einige Lacunen, so entweder der Zusammenhang, oder auch das nachfolgende erklärt, habe ergänzt. Die Schreibart ist nach der Beschaffenheit der Materie, und vornemlich hab ich mich beflissen, allenthalben nach der Falckonier=Art zu reden, welcher Sprache ich hierinnen mit vieler Mühe und langem Nachforschen von ihnen erlernet habe. Damit ich aber eben dadurch nicht das Teutsche dunckler mache, als das Lateinische ist, wie mich ein guter Freund gewarnet, so habe ich

ich am Ende erstlich ein Register der Sachen beygefüget, und hernach denen zu Gefallen, so dergleichen nicht verstehen, die Redens-Arten der Falckonier kurz erkläret. Sollte ich dennoch es in einigen nicht recht getroffen haben, so wird mich entschuldigen, daß ich diese Wissenschafft nicht ex Professo gelernet habe. Ich werde aber auch eine bescheidene Erinnerung mit Danck annehmen. Der ich übrigens verharre

des geneigten Lesers

Gunzenhausen
den 24. Julii 1756.

dienstwilligster
der Uebersetzer.

Friederich der zweyte Kaiser.

Wir von GOttes Gnaden, Beherrscher der Völcker, haben aus einem sowohl allgemeinen Nutzen, nach welchem die Menschen natürlicher Weise etwas zu wissen verlangen, als auch aus einem besondern Vortheil, wornach einige ihr Vergnügen an dem lernen haben, ehe wir die Regierungs-Last übernommen, von Jugend auf die Wissenschafften allezeit gesucht, beständig geliebt, und denselben unermüdet obgelegen. Nachdem wir aber die Regierung übernommen, so haben wir, ohngeachtet wir mit vielen mühsamen Geschäfften zerstreuet sind, und die bürgerlichen Angelegenheiten unsere Sorgfalt erheischen, doch die von unsern Hauß-Geschäfften erübrigte Zeit nicht müßig hingehen lassen, sondern auf das Lesen gewandt, damit unser Geist in Erlangung der Wissenschafften, ohne welche das menschliche Leben schlecht regieret wird, erleuchteter werde.

Dem
Grösten Prinzen
Ferdinand,
Des
Carls Sohn,
Ertz-Hertzog in Oesterreich,
Der
Hoffnung Teutschlands.

Durchlauchtigster
Ferdinand!

Ich überreiche ein Geschenck, welches, wie ich glaube, zwar unerwartet, doch Ihro erhabenem Stand würdig ist. Ich mag an Dero glückseligen, oder an meinen niedrigen Stand gedencken, so ist es verwegen: jedoch der Ordnung und der Vernunfft gemäß, wann ich entweder auf die Materie, oder auf den Verfasser solches Geschencks sehe. Die Materie

rie ist von der Jagd, welche Xenophon ein göttliches Geschenck genennet, das dem Chiron seiner Gerechtigkeit wegen geschenckt worden, und hernach von ihm auf die Helden gekommen sey. Ich sage: auf die Helden, durch welcher Tapfferkeit das Vaterland vertheidigt, die allenthalben auf Erden elende Menschen aus ihrem Elend errettet, und erhalten worden sind. Und dieses ist der schönste Lobspruch der Jagd. Aber es sind schon ehedessen vielerley Arten derselben auf dem Land, und auch einiger massen auf dem Wasser gewesen, wovon wir hier keine anführen. Wir beschreiben die, so in der Lufft gehalten wird, und bey den Alten weder üblich noch bekannt gewesen, noch jemals nur daran gedacht worden ist. Also eignet sich das Alterthum nicht alles zu. Diese ist gewiß etwas wunderbares, wo nicht, wie es zu gehen pfleget, das, was immerzu geschiehet, weniger bewundert würde. Unterdessen stimmet hier jedermann mit ein, daß diese alle andere Arten der Jagden so weit übertreffe, daß

vor

vor Fürstliche Personen keine vorzüglicher sey, geringern Leuten aber gar nicht verstattet werde. Der Inhalt schickt sich also vor dieselbe: Der Verfasser noch viel mehr, welcher ist der grosse Kaiser Friederich, des Heinrichs Prinz, des Ahenobarbus Enckel: Von welchem niemand, er mag Freund oder Feind seyn, in Abrede seyn wird, daß er grosse Tugenden, und auch grosse Fehler an sich gehabt habe. Jetzo, da das Denckmal seiner Gelehrsamkeit und Verstandes zu jenem gehört, wollen wir hier die Fehler übergehen. Man lieset mit Vergnügen bey dem B. Antoninus, daß er großmüthig, prächtig, freygebig, scharffsinnig, vor andern in bürgerlichen Sachen erfahren, in den Profan-Wissenschafften gelehrt, und der meisten Sprachen kundig gewesen sey, nemlich der Lateinischen, Griechischen, Italienischen, Französischen, Arabischen: Teutsch war seine Mutter-Sprache. Wann was bey demselben weiter folgt, nicht eben so zu seinem Lob gereichet, so ist es nicht nöthig, solches hier anzuführen. Wie er sich gegen die Studien erwiesen, zeiget, was wir weitläufftig anführen; Es ist aber
solches

solches aus einem Brief genommen, den er an die Academie zu Bologna geschrieben, da er des Aristoteles und noch anderer Weltweisen Schrifften, die auf seinen Befehl aus dem Griechisch- und Arabischen ins Lateinische übersetzt worden, zur Prüfung dahin schickte. Ich vernehme auch, daß des Gregorius Nyssenus Buch von der Natur des Menschen auf sein Anmahnen ins Lateinische übersetzt worden. Aber von den von ihm selbst verfertigten Schrifften, glaube ich, sey nichts mehr vorhanden, als diese Ueberbleibsel, die mit unglaublichem Fleiß und Sorgfalt ausgearbeitet sind, also, daß ich behaupten darff, daß sie mit allen andern, die natürliche Dinge beschrieben haben, um den Vorzug streiten. Derowegen werden mein Prinz Ferdinand thun, was derjenigen Gnade, die Ihro hohen Hauß eigen ist, zusteht, wann dieselbe, da sie anderer nur mittelmäßige Unternehmungen in den Wissenschafften allergnädigst aufzunehmen pflegen, des tapffern Kaisers Werck, welches nach seinem Tod heraus gekommen ist, (denn sein natürlicher Sohn Manfredus hat es erst nach seines Vaters

Vaters Tod an das Licht gegeben,) allergnädigst und willigst zu beschützen geruhen werden. So nemlich, wie wir uns erinnern, daß Sie in dem vorigen Jahr, da Sie eine Lust-Reise hieher gethan, durch die Stadt gefahren, und als aller Augen auf Sie gerichtet waren, der Zuschauer Herzen mit Liebe und Ehrfurcht eingenommen haben: Und dieses sowohl nach Dero angebohrnen Neigung, als auch, daß ich nichts verschweige, nach Dero Vorfahren Angedencken. Denn Dero Gnaden-Bezeugungen gegen uns sind unzehlbar, welcher Angedencken uns rühren muß, und die auch die spätesten Nachkommen nicht vergessen werden. Wollte ich Augspurg das Vaterland des Namens Austriaci nennen, so würden alle, (zwar unter Dero Nation,) sagen, ich hätte alle Scham abgelegt. Aber ich beruffe mich auf Dero Klugheit. Das Vaterland hat einiges Verdienst. Das Vaterland ist, woher eine jede Sache ihren Ursprung hat. Ihr waret schon Grafen von Habspurg, als jener Rudolph, dem auch selbst der Neid den Namen des Grossen beylegen muß, die der Christenheit heilsame

same Regierung angetretten hat. Derselbe hat 1282. oder 86. (worinnen, wie ich sehe, die Scribenten nicht einig sind,) zu Augspurg seinen Prinzen Albert, welcher nachgehends Kaiser worden ist, mit dem Herzogthum Oesterreich beschencket. Daraus, weil sie nachgehends Austriaci genennt worden, erhellet, wohin man den Ursprung dieses Namens zu setzen habe. Aber es wäre eine vergebliche Arbeit, dieses Ihnen weitläufftig anzuführen, da Sie sowohl in den ausländisch- als einheimischen Geschichten eine grosse Wissenschafft haben. Gegen Sie, als der grossen Hoffnung des bedrängten Vaterlands, welches ich nochmal ohne Schmeicheley wiederhohle, beharre ich in aller unterthänigsten Devotion. Augspurg am Schalttag 1596.

Geneigter Leser!

Ehe du dieses Buch zu lesen anfängst, hast du zu wissen:

1. Das eigenhändig geschriebene Pergamen haben wir von dem bey der gelehrten Welt beliebten Joachim Camerarius, Medicus der freyen Reichs-Stadt Nürnberg bekommen. Solches hatte durch das Alterthum an vielen Orten Schaden gelitten. Daher kan es nicht anderst seyn, als daß in der Ausgabe zimmlich viele Lücken sind. Vornen an stunden viel Figuren von Vögeln und andern Sachen, die hier nicht füglich haben beygebracht werden können, und wann es auch hätte geschehen können, so sahen wir nicht, was dir solche Figuren viel genutzet hätten. Doch haben wir Zwey voraus gesetzet, nemlich eine im Königlichen Ornat auf einem Stuhl

)( )(sitzende

sitzende junge Person, welche ich vor den Manfredus halte: denn des Friederichs Bildnüsse haben Bärte, und einige in der Gestalt, als wenn sie, ich weiß nicht wen, anbeteten, und Vögel auf den Händen haben. Uebrigens sind wir demselben getreulich gefolget, ausser, wann etwa der Abschreiber einige Buchstaben verfehlet, welches wir als nicht geschehen, keineswegs zu vertheidigen auf uns nehmen.

2. Von dem Kayser Friederich II. haben wir einiges in der Vorrede gesagt. Das übrige findet man bey allen Geschicht-Schreibern. Das meiste hat sein natürlicher Sohn Manfredus hinzugethan, sowohl das, wo der Name des Königs Manfredus, als auch bloß, des Königs, vorgesetzt ist, und nach meinem Urtheil auch einiges anders, das nicht bezeichnet ist. Es scheinet gewißlich nicht, daß man den Vor-Bericht des ersten Buchs ganz dem Friederich zueignen könne. Manfredus aber, der noch bey seines Vaters Lebzeiten Fürst zu Tarento, hernach König in Sicilien war, ist von dem Carl von Anjou in einem Treffen überwunden, und 1266. getödtet worden. Collenutius sagt: er sey eine wohlgebildete und starcke Person gewesen; er habe sich sonderlich auf die Aristotelische Weltweißheit gelegt; er sey großmüthig, gnädig und freygebig, und fast über alle Beyspiele hoher Personen

nen mit dem einzigen Kaiser, den alle einhellig das Vergnügen des menschlichen Geschlechts genennet, zu vergleichen gewesen. Daß wir dem Friederich Fehler beygelegt, übergehen wir mit allem Fleiß, denn es könnten solcher mehr, als zu seiner Ehre gereicht, beygebracht werden.

3. Den Innhalt zeigt die Aufschrifft. Daß wir gesagt haben, diese Art Vögel zu fangen, sey den Alten unbekannt gewesen, ist wahr, wann du solches von dem spätesten Alterthum verstehest. Sonsten wissen wir aus dem Julius Firmius, daß sie schon über 200. Jahr bekannt gewesen, welcher im 8ten Capit. des 5ten Buchs der Verpfleger der Habichte, der Falcken und anderer Vögel, die zum Federspiel gehören, gedencket. Und das ist vielleicht das allerälteste, was man hievon weiß, das wenigstens einigen Glauben verdienet. Was Crescentius von dem Daucus hat, und was Saresberinensis geschrieben, daß Ulysses von einigen vor den Urheber gehalten werde, oder Maccabæus, sind gewißlich nichtswürdige Dinge, wie jene offenbare Fabel von dem Virgilius und Marcellus: Und es ist auch offenbar falsch die Aufschrifft des Aquila, Simachus und Theodotion an den König Ptolomæus, welcher Zeugnuß Albertus anführet. Andere, die richtiger sind, ziehen hieher, was Aristoteles, Plinius, Ælianus von denen

Habichten der Thracier geschrieben haben. Aber auch jene Art der Beitz ist von der unserigen sehr weit unterschieden, und weit nicht so geschickt gewesen.

4. Daß der größte Theil dieses Wercks verlohren gegangen, lehret die Sache selbst, und auch der Vortrag, und die Eintheilung in der Vorrede des zweyten Buchs. Hernach Albertus Magnus, (dieses kostbare Kleinod hat Schwaben Teutschland gegeben, damit wir etwas hätten, das wir allem noch so grossem Ueberfluß Italiens und Griechenlands an Gelehrten entgegen setzten,) Albertus, sage ich, führet in dem 23. Buch von den Thieren, das meiste aus des erfahrnen Kaisers Friederichs Buch an, welches in diesen Ueberbleibseln nicht anzutreffen ist, da es doch ausser Zweiffel zu seyn scheinet, es werde mit solchem Namen dieses Werck bezeichnet. Damit wir nun, so viel möglich, dem Verlangen ein Genüge thun, so haben wir des Albertus Sachen an dem Ende angehängt, welche gewiß werth sind, daß sie mehrern in die Hände und zu Gesicht kommen.

5. Die unreine und harte Schreib-Art entschuldigt die damalige Zeit, die so sehr sie auf die Sachen bedacht war, so wenig auf die Wörter gesehen hat. Ich hatte im Sinn zur Erklärung der ausländischen
Wör-

Wörter ein Wörter-Buch anzufügen, da mir aber beyfiel, daß die, welchen solches nutzen könnte, alles vor sich leicht verstehen, bey andern aber eine solche Arbeit keinen Danck verdienen würde, so hat mich gedunckt, ich könnte solcher Mühe überhoben seyn.

6. Doch haben wir uns nicht enthalten können, daß wir nicht statt einer Zugabe das Epigramma, so Fridericus Ahenobarbus in der damals vor zierlich gehaltenen Narbonnischen Sprache verfertigt, beysetzen sollten, welches Innhalt zu erkennen giebt, was ihm bey einigen Völckern sonderlich gefallen, und das also lautet:

Mir gefällt ein Französischer Cavalier,
Und das Catalonische Frauenzimmer,
Und der Genueser Höflichkeit,
Und das Aufwarten der Castillier.
Das Provencische Singen,
Und das Trevisanische Tanzen,
Und der Leib eines Aragoners,
Und die Julianische Perle,
Die Hände und das Angesicht der Engel-
    länder,
Und die Thoscanische junge Leute.

Und biß hieher halten wir den beyden gelehrten Friederichen, denen allerhöchsten Kaisern nach so vielen Seculn wieder eine Lob- und Gedächtnuß-Rede. Lebe wohl!

Register
des ersten Buchs.

Die Vorrede, so fern sie hat können gelesen werden. 1

Das 1. Cap. Daß die Beitz vortrefflicher ist, als das andere Waidwerck. 5

Das 2. Cap. Von der Eintheilung der Vögel überhaupt in Wasser- Land- und Mooß-Vögel. 11

Das 3. Cap. Von der Abtheilung der Vögel in Raub- und solche Vögel, die nicht rauben. 16

Das 4. Cap. Von den Wasser-Vögeln, wie, wann, und was vor eine Atz sie bekommen. 19

Das 5. Cap. Von dem Ausgang der Wasser-Vögel auf die Atz. 24

Das 6. Cap. Von der Ordnung, wie sie sich zu atzen, ausgehen. 28

Das 7. Cap. Wie sie wieder in das Wasser oder sumpfigte Orte zurück gehen. 29

Das 8. Cap. Wie sie in dem Wasser stehen. 30

Das 9. Cap. Von den Land-Vögeln, wie, wann und womit sie sich atzen, und warum die

die Nachteulen zu Nachts sich zu atzen ausgehen. 34

Das 10. Cap. Wie die Land-Vögel sich zu atzen ausgehen. 42

Das 11. Cap. Von den Mooß-Vögeln, wie sie ihre Atz bekommen. 44

Das 12. Cap. Von der verschiedenen Atz der Mooß-Vögel. 45

Das 13. Cap. Von dem Ausgang einiger Mooß-Vögel. 46

Das 14. Cap. Von dem Ausgang der Mooß-Vögel sich zu atzen. 47

Das 15. Cap. Von dem Zuruckgehen und Stand derselben. 48

Das 16. Cap. Von dem Wegstrich der Vögel. 49

Das 17. Cap. Welche Vögel wegstreichen, und wann. 50

Das 18. Cap. Warum die Vögel wegstreichen. 53

Das 19. Cap. Wie sie sich zum Wegstrich bereiten. 55

Das 20. Cap. Von der Jahrszeit und derselben Beschaffenheit zum Wegstrich. 57

Das 21. Cap. Von der Ordnung und Wegstrich der Vögel. 60

Das 22. Cap. Von den Orten wovon, und wohin sie wegstreichen. 64

Das 23. Cap. Von den Orten, wohin, und warum sie dahin ziehen. 65

(o)

Das 24. Cap. Von den Augen. 75
Das 25. Cap. Von den Ohren. 76
Das 26. Cap. Von den Nasen, Bec und Schultern. 77
Das 27. Cap. Von den Flügeln. 88
Das 28. Cap. Von dem Dach. 94
Das 29. Cap. Von den Lenden. 95
Das 30. Cap. Von dem Staart. 95
Das 31. Cap. Von der Oeldrüsse. 96
Das 32. Cap. Von der Brust. 97
Das 33. Cap. Von den Seiten. 99
Das 34. Cap. Von den Zehen. 104
Das 35. Cap. Von den Klauen. 110
Das 36. Cap. Von den innerlichen Gliedmassen. 112
Das 37. Cap. Von der Lufft-Röhre. 117
Das 38. Cap. Von der Lunge. 118
Das 39. Cap. Von dem Zwerchfell. 118
Das 40. Cap. Von dem Schlund. 119
Das 41. Cap. Von dem Magen. 119
Das 42. Cap. Von der Leber. 120
Das 43. Cap. Von den Nieren. 120
Das 44. Cap. Von den Hödlein und Eyerstock. 121
Das 45. Cap. Von dem Gefürt überhaupt. 121
Das 46. Cap. Von den Farben des Gefürts. 123
Das 47. Cap. Von den kleinen Federn. 128
Das 48. Cap. Von dem Dunst. 129

Das

Das 49. Cap. Von den Flügel-Federn. 131
Das 50. Cap. Von der Anzahl der Flügel-Federn. 132
Das 51. Cap. Von der Stellung der grossen Federn. 133
Das 52. Cap. Von der Anzahl der Staart-Federn. 138
Das 53. Cap. Von der Lage und Gestalt der Staart-Federn. 138
Das 54. Cap. Von der Art des Flugs der Vögel. 142
Das 55. Cap. Womit sie sich wehren. 156
Das 56. Cap. Wie sie sich wehren. 161
Das 57. Cap. Von der Mauß. 163

Register
des zweyten Buchs.

Vorrede. 170
Das 1. Cap. Was ein Raub-Vogel sey. 175
Das 2. Cap. Warum das Weiblein grösser ist als das Terz. 179
Das 3. Cap. Von dem horsten. 186
Das 4. Cap. In welchen Ländern und Orten sie horsten. 186
Das 5. Cap. Von den Habichten. 189
Das 6. Cap. Von dem Eyer legen. 192
Das 7. Cap. Von dem Brüten. 193
Das 8. Cap. Von dem Dunst, kleinen und grossen Federn. 193

Das

Das 9. Cap. Wie sie von den Alten geatzt werden. 194

Das 10. Cap. Wie sie die Mutter anweist, das Wild zu fangen. 195

Das 11. Cap. Wie und warum sie von den Alten ausgetrieben werden. 196

Das 12. Cap. Von dem Ort, wo sie sich aufhalten, so lang sie in dem Lande bleiben. 197

Das 13. Cap. Wie sie auf das Fangen ausgehen, und ihre Atz bekommen. 197

Das 14. Cap. Von dem Wegstrich, wie und warum sie wegstreichen. 198

Das 15. Cap. Von der Jahrszeit des Wegstrichs. 199

Das 16. Cap. Von den Orten, wovon, und wohin sie wegziehen, warum und wie lang sie sich daselbst aufhalten. 200

Das 17. Cap. Von dem Zuruckstrich, wie, zu welcher Jahrszeit, und bey was vor einer Beschaffenheit derselben sie zuruckstreicheu. 201

Das 18. Cap. Wie man die Falcken an denen Gliedern und Gefürt erkennen soll, und begreifft allein die Gestalt und Farbe des Gefürts, und welches die schönsten sind. 202

Das 19. Cap. Von den Ger-Stücken. 204

Das 20. Cap. Von dem Gefürt der Ger-Stücke. 206

Das 21. Cap. Von dem schönsten Gefürt der Ger-Stücke. 207

Das 22. Cap. Von den Sacre-Falcken. 208

❦ (o) ❦

Das 23. Cap. Von dem Gefürt derselben. 209

Das 24. Cap. Von den fremden Schlecht-Falcken. 209

Das 25. Cap. Von der besten Gestalt und Farb der schwarzen, rosser, und blauen fremden Schlecht-Falcken. 214

Das 26. Cap. Von den Schlecht-Falcken, bey welchen das Gefürt und Gliedmassen ihre rechte Beschaffenheit nicht haben. 215

Das 27. Cap. Von den Schlecht-Falcken insgemein. 216

Das 28. Cap. Von den Schweimern. 218

Das 29. Cap. Nachdem man von der Gestalt und Gefürt der rothen und der hagard unter den Habichten geredt, so folgt von den Sperbern. 219

Das 30. Cap. Von dem Unterschied der Nestling und der Deckling. 220

Das 31. Cap. Wie man die Nestling bekommt. 221

Das 32. Cap. Wie man zu dem Horst gehen soll. 223

Das 33. Cap. Von der Zubereitung des Orts, wo und wie sie sollen auferzogen werden. 224

Das 34. Cap. Von dem atzen, wie offt und wann solches geschehen soll. 232

Das 35. Cap. Von den Stunden, da man atzen soll. 233

Das 36. Cap. Von der Zubereitung des Orts, wo die Falcken, wann sie auferzogen sind, wieder sollen gefangen werden. 235

Das

Das 37. Cap. Von dem aufbräwen. 237

Das 38. Cap. Von den Schuhen, wie sie geschnitten und angemacht werden. 241

Das 39. Cap. Von dem Langfessel, wie er geschnitten wird, und wozu er dient. 246

Das 40. Cap. Von der Drahle. 248

Das 41. Cap. Von der Bell. 249

Das 42. Cap. Wie man auf der Hand tragen soll. 250

Das 43. Cap. Wie man die Deckling fangen soll. 253

Das 44. Cap. Von dem Ort, wo sie gefangen werden. 258

Das 45. Cap. Von dem aufbräwen. 260

Das 46. Cap. Wie man sie auf der Hand tragen soll. 262

Das 47. Cap. Wie der Falckonier soll beschaffen seyn. 263

Das 48. Cap. Von der Absicht des Falckoniers, warum er die Falcken lock macht. 268

Das 49. Cap. Von dem lock machen der Falcken. 274

Das 50. Cap. Von den Reecken. 284

Das 51. Cap. Von dem Nutzen der Reeck, und wie sie angebunden werden. 289

Das 52. Cap. Von der Unruhe und springen der aufgebräwnten Falcken. 299

Das 53. Cap. Von dem lock machen der aufgebräwnten Falcken nach dem Geschmack, Gehör und Gefühl. 304

Das

Das 54. Cap. Von dem lock machen der Falcken mit einem Schein. 307

Das 55. Cap. Von dem lock machen der loßgebräwnten Falcken, und wann sie sollen loßgebräwnt werden. 313

Das 56. Cap. Von dem springen. 320

Das 57. Cap. Von den Ursachen des springens. 330

Das 58. Cap. Von den Zeichen des springens. 332

Das 59. Cap. Wie man dem springen begegnen soll. 333

Das 60. Cap. Wie die loßgebräwnten Falcken auf die Reeck gestellt, und abgenommen werden, von ihrem springen, und Schaden, den sie sich dadurch thun. 344

Das 61. Cap. Von dem lock machen der loßgebräwnten auf der Hand, und im Hauß, und ohne Hauben. 352

Das 62. Cap. Von dem lock machen der Falcken ausser dem Hauß, von einem zu Fuß, und ihrem springen. 353

Das 63. Cap. Wie man in das Hauß hinein, und hinaus gehen soll. 354

Das 64. Cap. Wohin man sie ausser dem Hauß am ersten tragen soll. 356

Das 65. Cap. Wann er wieder in das Hauß soll getragen werden. 357

Das 66. Cap. Ein Falck, der wieder in das Hauß hinein getragen wird, springt rascher. 357

Das

Das 67. Cap. Von den Mitteln wider das springen, dem Zieget, naß machen und baden. 359

Das 68. Cap. Von dem naß machen. 359

Das 69. Cap. Von dem baden. 363

Das 70. Cap. Von dem lock machen der Falcken zu Pferd. 370

Das 71. Cap. Wie der Reuter beschaffen seyn, und was er bey sich haben soll. 372

Das 72. Cap. Von dem tragen der Falcken, die noch nicht lock gemacht sind, von einem Land ins andere. 376

Das 73. Cap. Von denen Orten. 383

Das 74. Cap. Von dem springen der Falcken auf der Hand, Jule, Reeck und ihren Zeichen. 387

Das 75. Cap. Von den Mitteln wider solches springen. 389

Das 76. Cap. Von den Kennzeichen, daß ein Falck incommode getragen worden. 391

Das 77. Cap. Von dem lock machen mit der Haube, und wer solche erfunden. 395

Das 78. Cap. Von der Haube, und ihrer Gestalt. 398

Das 79. Cap. Von dem Ort, wo man aufhauben soll. 402

Das 80. Cap. Von dem wehren und springen der Falcken, wann sie aufgehaubt werden, und sind, und wie man solchem abhelffen soll. 406

Frie-

Friederich des Zweyten
Römischen Kaisers, Königs zu Jerusalem und Sicilien,

Von der

Kunst zu Beitzen,

Erstes Buch.

Vorbericht des ersten Buchs,
so viel man hat lesen können.

und daß wir bey gegenwärtigem Geschäfft denen Meisten ihren Irrthum benehmen, welche, da sie, was doch Kunst erfordert, ohne Kunst haben, in diesem Geschäfft — — indem sie einiger Bücher folgen, die doch mit Unwahrheiten angefüllet, und nicht zulänglich davon verfertigt sind: Und daß wir der Nachkommenschafft einen kunstreichen Bericht von der Materie dieses Buchs hinterlassen. Ob wir uns schon lange Zeit her

vorgenommen hatten Gegenwärtiges - - -
zu verfertigen; so haben wir doch - - - fast
durch - - - das Vorhaben geändert, weil
wir von da an glaubten, wir mögten nicht
im Stande seyn, noch - - - sahen, daß
uns jemals einer vorgegangen, der diese Materie vollkommen zu beschreiben, versucht hätte: Einige Stücke aber von einigen bloß aus
der Erfahrung und ohne Kunst beschrieben
worden sind. Wir aber haben dasjenige,
was zu dieser Kunst gehört, lange Zeit sorg-
fältigst untersucht, da wir uns in derselben
übten, - - in eben derselben, daß wir endlich in ein Buch verfassen könnten, was wir
aus eigener und auch anderer Erfahrung gelernet hatten, welche wir, weil sie in - -
dieser Kunst erfahren waren, mit grossen Ko-
sten von fernen Landen zu uns berufen, und
bey uns behalten haben, und die uns, was
sie besser wusten, gesagt haben, welcher Worte
und Handlungen wir in das Gedächtniß gefasset. Ob wir nun schon durch schwere und
fast unzuentwickelnde Geschäffte in Ansehung
des Reichs und der Regierung sehr offt daran gehindert worden sind; so haben wir
doch dieses unser Vorhaben den bemeldten
Geschäfften nicht nachgesetzet, und auch im
schreiben, wo es nöthig war, die Kunst be-
ob-

obachtet. Dann bey den meisten, wie wir aus der Erfahrung gelernet haben, die Grösten in denen Naturen der Vögel – – – – – – – – Aber wir allezeit – – – – – aber, was er in dem Thier=Buch erzehlt, sagt: es hätten einige so gesagt. Was aber einige also gesagt haben, hat vielleicht weder er selbst, noch die es gesagt haben, gesehen. Der Glaube – – – – –

Hier konnten einige Verse nicht gelesen werden.

schwere entstehen bey dem Geschäfft dieser Kunst. Wir bitten aber einen jeden Edlen – – – allein aus seinem Adel – – – der von einem – – – Erfahrnen solches sich vorlesen und auslegen lasse, daß er, was nicht gar gut geredt ist, uns zu gut halte. Dann da diese Kunst, wie auch die andern Künste, ihre eigene Wörter hat, und wir bey den Lateinern in der Grammatic keine solche Wörter fanden, die in allem mit der Sache überein kamen: so haben wir solche Wörter gesetzt, die die Sache besser auszudrucken schienen, wodurch man unsere Meynung verstehen könne. Die Materie dieses Buchs ist die Kunst zu beitzen, und hat zwey Theile, wovon der eine mit der Betrachtung, die die

Theo-

Theorie heißt, der andere mit der Ausübung, welche die Praxis genennet wird, umgehet. Hernach ist wieder ein Theil von der allgemeinen Betrachtung sowohl dessen, was die Theorie, als die Praxin betrifft. Das übrige aber von der besondern Betrachtung. Es ist aber in diesem Buch von der Beitz unsere Absicht, die Sache, wie sie ist, darzulegen, und in eine Gewißheit der Kunst zu bringen, wovon bißher noch niemand einige Wissenschafft und Kunst gehabt hat. Die Schreib-Art ist in ungebundener Rede, bestehet in einer Vorrede, und der Ausführung. Die Ausführung aber ist unterschiedlich, massen sie die Sachen theils abtheilet, theils beschreibet, theils anzeigt, wo sie miteinander übereinkommt, oder voneinander abgehet, theils die Ursachen untersuchet. Es sind auch noch andere Arten, denen wir folgen, wie aus dem Buch selbsten erhellet. Der Verfasser ist ein Erforscher und Liebhaber der Weißheit, nemlich Friederich der Zweyte, Römischer Kaiser, König zu Jerusalem und Sicilien. Der Nutzen ist groß, massen edle und mächtige Herrn, die sich die Regierung der weltlichen Sachen angelegen seyn lassen, durch diese Kunst sich wieder einiges Vergnügen machen können: Die Armen und Unedlere aber.

aber, die hierinnen den Edlern dienen, werden ihren nöthigen Unterhalt bey ihnen finden. Beyden aber wird durch diese Kunst gezeigt werden, wie man in der Praxis mit den Vögeln verfahren soll ‒ ‒ ‒ ‒ ‒ der natürlichen Wissenschafft, da sie die Natur der Vögel offenbahret, obschon solche Naturen, wie man aus diesem Buch sehen kan, sich einiger massen zu verändern scheinen. Der Titul dieses Buchs ist: Friederich des Zweyten, Römischen Kaisers, Königs zu Jerusalem und Sicilien Buch von der Beitz. Die Ordnung solches abzuhandeln, wird bey einem jeden Stück erhellen. Massen vor der Erzehlung ein Vorbericht voraus gesetzt ist. In der Abhandlung aber wird das Allgemeine vor dem Besondern, und was seiner Natur nach das Erste ist, vor dem Zweyten erzehlet.

Das 1. Capitul.
Daß die Beitz herrlicher sey als das andere Waidwerck.

Da aber das Beitzen ein Theil des Waidwercks überhaupt ist, und das Waidwerck insgemein mehrere Theile hat, und alle diese Theile durch das Jagen ausgeübt werden: So hat man zuerst zu sehen, was die Kunst

Kunst zu jagen, was die Jagd, und welches die Theile der Jagd sind. Vorjetzo aber sollen die andern übergangen, und allein von der Beitz geredet werden. Die Kunst zu Jagen ist eine Sammlung der Beyspiele, wodurch die Menschen die wilden Thiere mit Gewalt oder mit List zu ihrem Nutzen zu fangen wissen. Die Jagd aber ist eine Bewegung oder Ubung, die zu dem Ende vorgenommen wird, daß dergleichen Thiere gefangen werden. Es ist aber ein anderer Theil der Jagd, der mit leblosen Werckzeugen jagen lehrt; ein anderer mit lebendigen; ein anderer mit beyden zugleich. Mit leblosen Werckzeugen wird auf mancherley Art gejaget, als: mit Netzen, Schlingen, Schleudern, Bogen, Pfeilen, und vielen andern Fallen. Mit lebendigen geschieht es bißweilen mit Hunden, oder mit Leoparden, oder andern vierfüßigten Thieren. Bißweilen auch mit Raub=Vögeln. Welche man aber Raub=Vögel und solche, die nicht rauben, heiße, und warum man sie so nenne, wird bald angeführt werden.

Jetzo sollen die andern Theile des Waid=wercks übergangen, und allein von der Beitz geredet, und in diesem gegenwärtigen Capitul durch vielerley Ursachen dargethan werden,

den, daß sie vortrefflicher sey, als das andere Waidwerck. Dahero wollen wir hievon am ersten reden. Es sind aber mehrere Ursachen, warum sie vortrefflicher ist. Dann wer dieses Buch lieset und verstehet, wird durch diese mehre Geheimnüsse in den Würckungen der Natur erkennen, als durch die andern Arten des Waidwercks.

Ferner sind die andern mehrern bekannt, weil sie leichter können gelernet werden. Das Beitzen aber ist nicht so und wenigern bekannt, aus keiner andern Ursach, als weil es schwerer und nützlicher ist. Es sind auch bey den andern Jagden die Sachen, wodurch man seinen Endzweck erreicht, nicht so edel, als wie bey der Beitz. Zum Exempel, bey dem andern Waidwerck hat man von der Kunst und mit Händen gemachte Werckzeuge, als Netze, Leinen, Schlingen, Schweins-Federn, Wurffspieße, Bogen, Schleudern, und dergleichen: oder vierfüßige, zahme und wilde Thiere, als: Leoparden, Hunde, Luchsen, Frettlein, und andere mehr. Aber bey der Beitz braucht man keine solche Werckzeuge, noch besagte vierfüßige Thiere; sondern Raub-Vögel, welche weit edler sind, als die sowohl leblose Werckzeuge, als auch vier-

vierfüßige Thiere. So ist es auch viel künstlicher, die Vögel, als die Hunde oder wilde vierfüßige Thiere zu berichten, weil die Raub=Vögel, sich vor den Menschen weit mehr scheuen, als andere Vögel, oder vierfüßige Thiere, die man zu der Jagd abrichtet. Es atzen sich auch die Raub=Vögel nicht mit Körnern, oder solchen Sachen, womit die Menschen umgehen, und sich die andern Vögel atzen. Derowegen halten sie sich auch nicht bey den Menschen, noch in ihren Häusern auf, es sey dann, daß sie etwa einen Vogel, der sich mit Körnern und solchen Sachen atzet, die die Menschen haben, fangen. Hieraus ist offenbar, daß die Raub=Vögel mehr als alle andere Vögel oder vierfüßige Thiere von Natur sich vor den Menschen scheuen. Es horsten auch die Raub=Vögel selten an solchen Orten, wo Menschen wohnen. Und obschon die mehrsten der vierfüßigten Thiere, weil sie wild sind, vor den Menschen fliehen, und es daher auch schwer ist, sie zahm zu machen, und zum Jagen abzurichten: So ist es doch viel schwerer Raub=Vögel zu berichten. Dann die vierfüßigen Thiere haben keine solche Fertigkeit davon zu lauffen und zu fliehen, (da sie auf der Erden lauffen und sich bewegen) als wie die Vögel, die sich weit geschwinder bewegen,

wegen, und durch die Lufft fliegen. Derohalben können die vierfüßigten Thiere eher, als die Vögel, von den Menschen bezwungen und durch Gewalt oder andere Arten gefangen werden, weil sie auf der Erden lauffen. Hingegen die Vögel, so in der Lufft fliegen, können nicht mit Gewalt, sondern allein durch List und Verstand der Menschen gefangen und berichtet werden. Man kan auch durch solche Kunst alle Raub=Vögel berichten, daß sie grössere Vögel fangen, als Kraniche, Sistaroas, Gänß, als sie sonsten an und vor sich fiengen, und auch kleinere, nicht allein auf die Art, wie sie solche fiengen, wann sie nicht berichtet wären, sondern auch noch auf viele andere Arten. Wodurch das Wesen der Kunst, ihre Schwierigkeit und Nutzen bewiesen wird. Zudem so scheuen sich auch die Raub=Vögel von Natur vor den Menschen, und wollen nicht um dieselben seyn, aber hierdurch werden sie berichtet, dem Menschen zu thun, was sie vor sich zu ihrem eigenen Nutzen würden gethan haben, und werden auch mit ihm gemein. Hierdurch erlanget man auch, daß sie mit andern Cameraden, sowohl von ihrer als einer andern Art, ein Wild fangen, mit einander fliegen und sich atzen, welches sie sonsten nicht thun würden. Es können auch diejenige, so nichts von dem Waidwerck verstehen, bey dem Jagen mit Hunden und andern vierfüßigten Thieren denen Jagd-Verständigen helffen: denn sie können die Hund halten und loßlassen, wo es nöthig ist. In der Beitz aber kan niemand leicht helffen, und weder die Vögel tragen, noch von der Hand gehen lassen, wo er es nicht gelernet hat, und darinnen geübt ist. Massen die Falcken und Habichte von einem solchen Unverständigen unbrauchbar gemacht, und gar verderbet würden. Das Waidwerck kan auch einer durch sehen und hören lernen: Aber die Kunst zu beitzen kan keiner, er sey edel oder unedel, ohne Unterricht und viele Ubung lernen. Weil denn auch viele vom Adel, aber wenige vom gemeinen Stand diese Kunst lernen und treiben, so läst sich daraus wahrscheinlich abnehmen, daß solche weit vortrefflicher sey, als das andere Waidwerck. Es ist also offenbar, daß das Beitzen sowohl eine Kunst, als auch vortrefflich- und herrlicher ist, als das Waidwerck, und daher auch diesem vorzuziehen. Darum wollen wir solche am ersten abhandeln, und von dem übrigen Waidwerck, vornemlich von demjenigen, womit sich der Adel belustigt, wann uns GOtt das Leben gibt, auch hernach schreiben.

Das

Das 2. Capitul.
Von der Abtheilung der Vögel in Wasser- Land- und Mooß-Vögel.

Zuerst wollen wir in diesem Buch von der Abtheilung der Vögel reden, welches nothwendig vorausgesetzet werden muß, ehe wir von der Kunst zu beitzen handeln. Wir wollen anführen, woher die Vögel, wie auch die andern Thiere ihre Würckungen haben, in Ansehung des Paarens, der Jungen, der Atz, des Weg- und Zuruck-Strichs, der Veränderung der Atz, der allgemeinen Abtheilung der Vögel, der verschiedenen Bewegungen ihre Atz zu bekommen, der verschiedenen Atz, des Wegstrichs an nahe oder weit entlegene Orte wegen der Kälte oder Hitze, der verschiedenen Gliedmassen, und ihrem Nutzen, der Natur des Gefürts, der Arten des Flugs, ihres Wehrens, und der Mauß. Hievon aber wollen wir nur figürlich, und so fern es zu unserm Vorhaben dienet, handeln, damit der, so beitzet, durch die Erkänntniß dieser allgemeinen Stücke desto besser wisse, wo, wann und wie er beitzen könne. Alles andere aber, was wir von der Natur der Vögel übergehen, wird man in des Aristoteles Buch von den Thieren finden.

Die

Die erste Abtheilung der Vögel ist folgende: Einige sind Wasser= andere Land= andere Mooß=Vögel. Wasser=Vögel nennen wir diejenige, die sich in= und um das Wasser aufhalten, denen die Natur solche Gliedmassen gegeben, die dazu tüchtig sind, und daß sie auch von Natur gerne in dem Wasser sind. Land=Vögel heissen, die sich auf der Erden aufhalten, welcher Gliedmassen auch darzu eingerichtet sind, und die auch eine solche Eigenschafft haben, daß sie gerne auf dem Erboden sind. Mooß=Vögel hingegen nennen wir, die sich theils auf der Erden, theils im Wasser aufhalten, welche auch von Natur solche Gliedmassen haben, daß sie sich zu beyden schicken, und die auch in beyden gerne sind. Ob nun wohl Aristoteles alle Thiere in Wasser= und Land=Thiere abtheilet, und unter jenen allein die Fische verstehet, unter diesen aber was laufft und fliegt begreifft, und auch nicht alles was fliegt, Vögel nennt; so haben wir doch, da wir mit dem Federspiel umgehen, aus einer angenommenen Art zu reden, die Vögel nach der Vermischung der Materie, in welchen die leichtern Elemente die Oberhand haben, die fliegen und sich in der Lufft aufhalten, eingetheilet in Wasser= Land= und Mooß=Vögel, von welchen allen wir

Exem=

Exempel anführen wollen, indem wir sie weiter noch abtheilen in ihre verschiedene Geschlechte, und diese in ihre besondere Arten.

Einige Wasser-Vögel bleiben beständig im Wasser, und gehen weder der Atz, noch einer andern Ursach wegen aus demselben, ausser wenn sie von einem Wasser in das andere gehen, oder wegstreichen, als die Taucher, Wasser-Raben, Schwanen, Löffelgänß, dieses sind grosse Vögel, weiß wie die Schwanen, und haben einen langen und breiten Bec, an welchem unten eine Haut ist, die sich wie ein Netz bey dem Fischfangen öffnet und zuschliesset. An den Füssen haben sie ein Leder, welches an dem hintern und vordern Zehen hängt, dergleichen man bey andern Vögeln, die ein Leder an den Füssen haben, nicht findet. Diese und viele andere gehen selten oder gar nie aus dem Wasser. Andere aber bleiben nicht immer in dem Wasser, sondern gehen sowohl der zwey besagten Stücke, als auch der Atz wegen heraus, die aus einem natürlichen Trieb in das Wasser gehen, und sich darinnen aufhalten, als: die Gänß, Enten und dergleichen. Einige Land-Vögel bleiben stets auf dem Land, und gehen nie zu dem Wasser, als wann sie schöpffen und sich baden

baden wollen, als: die Wachteln, Rebhüner, Fasanen, Trapgänß, und diejenige wilde Enten, welche den Trapgänsen gleichen, doch viel kleiner sind, die Pfauen und dergleichen.

Einige bleiben nicht immer auf dem Land, sondern gehen auch ins Wasser zu schöpffen, zu baden, und sich zu atzen, hernach gehen sie wieder ans Land, und bleiben daselbst zu ruhen, wie es ihre Natur erfordert, als die Meer=Adler, welche in dem Meer, Flüssen und Seen unter das Wasser stossen, Fisch zu fangen, hernach gehen sie wieder an das Land auf Felsen und Bäume, und diese Fisch= oder Meer=Adler setzt man billig unter die Land=Vögel, weil sie von dem Geschlecht der Raub-Vögel sind; alle Raub=Vögel aber nennen wir Land=Vögel. Der Mooß=Vögel gibt es dreyerley Gattungen. Einige halten sich lieber in dem Wasser als auf dem Land auf, weil sie wegen der Vermischung der Elementen eine natürliche Liebe zu dem Wasser haben, als die - - - einige sind lieber auf dem Land als in dem Wasser, da sie sonsten in beyden bleiben, als: die Pulroß, Kibitzen, Livercini, und dergleichen, von welchen die Kibitzen sich lieber als die Pulroß und Livercini in dem Wasser aufhalten. Daher die Livercini mehr
von

von der Natur der Land-Vögel an sich haben als die Kibitzen und Pulroße. Die Kibitzen und Pulroße bleiben zwar offt auf dem Land über Nacht, aber doch noch öffter die Livercini. Einige sind so gern auf dem Land als in dem Wasser, als die grossen und kleine Kraniche, die weisse und schwarze Störch. Doch hat man die schwarzen öffters in dem Wasser bleiben sehen. Man hat aber auch beede, die schwarzen und weissen in dem Wasser, an sumpfig- und wässerigten Orten und in den Wiesen herum gehen und sich atzen sehen, die hernach wieder an das Land gehen, und daselbst bleiben.

Es werden also alle Geschlechte und Arten der Vögel unter diesen dreyen, Wasser- Land- und Mooß-Vögel begriffen. Man hat auch zu wissen, daß erfahrne Leute diejenige Art der Vögel, die sich mehr in dem Wasser aufhalten, unter die Wasser-Vögel gesetzet, weil sie sowohl denen Wasser- als Mooß-Vögeln nacharten: hingegen die, so sich mehr auf dem Land aufhalten, haben sie Land-Vögel genennt, und sowohl diese als jene Feld-Vögel. Aber die Mooß-Vögel, die aus dem Wasser an das Land, und hernach wieder zuruck in das Wasser gehen, sowohl

wohl zu ihrem Schutz als Ruhe, werden, ob man sie gleich öffters Land=Vögel heist, doch besser Wasser=Vögel genennt, weil sie mehr in dem Wasser sind, wie zum Exempel die Kraniche. Hingegen die Mooß= Vögel, die sich auf dem Land aufhalten, und nur sich zu baden, zu schöpffen, oder der Raub= thiere wegen in das Wasser gehen, nennt man besser Land=Vögel, als da sind die Livercini, Pulroß, Kibitzen, und dergleichen. Sehr viele von den Land=Vögeln nehmen auch ihre Zuflucht zu dem Wasser, wann sie von Raub=Vögeln oder Thieren verfolgt werden, wie man in dem Capitul: Von dem Wehren der Vögel sagen wird, als da sind die Krähen.

Das 3. Capitul.
Von der Abtheilung der Vögel in Raub= und solche Vögel, die nicht rauben.

Die Vögel werden noch auf eine Art abgetheilt: denn einige sind Raub=Vögel, andere aber nicht. Ob nun wohl Aristoteles und andere Weltweisen miteinander darinnen übereinkommen, daß sie in der Abtheilung der Vögel zuerst von den Raub=Vögeln, hernach von denen, die nicht rauben, gehandelt:

delt: so wollen wir doch, weil wir von den Raub=Vögeln ganz besonders reden werden, zuerst von denen handeln, die nicht rauben, hernach aber weitläufftiger von den Raub=Vögeln.

Vögel, die nicht rauben, heissen alle, die nicht vom Raub leben, es mögen Wasser= Land= oder Mooß=Vögel seyn. Und zwar können die Land=Vögel, so nur manchmal fangen, zu andern Zeiten aber sich mit Körnern, Früchten und dergleichen atzen, als da sind die Raben, Krähen, Atzeln und dergleichen, eigentlich keine Raub=Vögel genennt werden, noch vielweniger die Geyer und Steinbrecher, und einige Arten der Adler, weil sie niemals andere Vögel oder Thiere fangen, sondern auf das Luder oder übriggelassene gehen. Doch hat man zu wissen, daß Vögel von einerley Geschlecht und Art bey manchen mit verschiedenen, vielmals aber auch mit einerley Namen benennt werden. Deßwegen aber, weil sie einerley Namen haben, sind es doch nicht einerley, noch wegen der verschiedenen Namen verschiedene Vögel. Dann die Namen sind nicht bey allen einerley, sondern verändern sich nach der verschiedenen Mundart der Völcker, und auch wohl bey denen, die einerley Mundart haben. Daher sagt man, es seyen

seyen einerley oder verschiedene Geschlecht und Arten, nachdem sie in den wesentlichen Stücken einerley oder verschieden sind, als in der Gestalt der Glieder, in ihren Beweg= und Würckungen, in der Atz, in der Art zu bruten, und übrigen Eigenschafften, als in dem Flug, und der Art sich zu wehren. Massen die Natur und Eigenschafften, die den Sachen unzertrennlich folgen, bey allen einerley sind, wie die Sachen, deren Eigenschafften es sind.

Ferner giebt es in einigen Ländern Vögel, die von den andern ganz unterschieden sind, und auch dergleichen, die man in andern Ländern nicht findet, und ein Land hat solche, die es zwar in andern auch giebt, aber in der Farb und andern zufälligen Dingen sehr ungleich sind. Wann man aber ihre Natur, Gestalt der Glieder, Atz und übrige Würckungen betrachtet, so wird man sehen, unter welches Geschlecht sie gehören. Wann wir denn von einem Geschlecht der Vögel und denen, die ihnen gleich sind, ein Beyspiel beybringen werden, so wird es nicht nöthig seyn, auch die andern anzuführen, damit wir nicht zu weitläufftig und eckelhafft werden: Dann es giebt eine grosse Menge Land= Wasser= und Moos=Vögel. Man findet auch unter den Wasser= wie unter den

Land=

Land- und Mooß-Vögeln, vielerley Arten die einander gleich sind, oder doch sehr nahe kommen, welche alle anzuführen allzuweitläufftig wäre. Nachdem man nun in dem Wesen und vorbesagten Eigenschafften entweder eine Gleich- oder Ungleichheit findet, so kan man daraus abnehmen, ob es einerley oder verschiedene Arten sind, welches auch bey denen Vögeln, die man sonsten nie gesehen, statt findet.

Das 4. Capitul.
Von den Wasser-Vögeln, wie, wann und womit sie sich atzen.

Nachdem man die Vögel in Wasser- Land- und Mooß-Vögel, und wieder in Raub-Vögel, und solche, die nicht rauben, abgetheilet; so hat man der Ordnung nach ihre Beweg- und Würckungen zu betrachten, die eine jede Art vornimmt, ihre Atz zu bekommen. Wobey man noch mehrere Abtheilungen und Naturen der Vögel finden wird. Dann die Beweg- und Würckungen, wodurch die Wasser-Vögel ihre Atz bekommen, sind nicht einerley. Dann einige Wasser-Vögel schwimmen, fliegen aber schlecht, und gehen nicht aus dem Wasser, wie alle Arten der Taucher, bey welchen man just das

Gegentheil dessen stehet, was Aristoteles in seinem Thier-Buch sagt: daß die Vögel, die nur mittelmässig fliegen, gut lauffen. Massen die Taucher schlecht fliegen, und noch schlechter lauffen. Aber wann man solches von den Land-Vögeln, und zwar nicht von allen insgemein, verstehet, so ist es wahr, nicht aber von den Wasser-Vögeln. Die Schwimm-Vögel haben von Natur solche Füsse, die besser zum schwimmen als lauffen taugen, und alle Schwimm-Vögel, sie mögen gut oder schlecht fliegen, lauffen schlecht.

Der König.

Warum aber die Schwimm-Vögel schlecht lauffen, ist folgendes die Ursach: weil dergleichen Vögel zum schwimmen geschaffen sind, und sie dadurch ihre Atz bekommen; so hat ihnen die Natur kurze Füsse gegeben, damit sie in dem schwimmen desto besser, stärcker und leichter anstossen, und fortrudern können: Dann wann sie lange Füsse hätten, so gienge es schwer her, sich in dem schwimmen fortzutreiben, indem sie wegen der langen Füsse gar zu tieff unter das Wasser hinunter greiffen müsten, wo das Wasser, weil es in der Tieffe zu weit von dem Drucken der Lufft entfernet ist, keinen solchen Widerstand giebt: Indem unter dem Wasser nur eine Sache angeschlaschlagen wird. Hingegen hält sich ein schwimmender Körper besser oben auf dem Wasser, wegen des Drückens der Lufft, wodurch das Wasser hin und her bewegt wird, und er muß auch in dem schwimmen zwey Sachen anschlagen, nemlich Wasser und Lufft, die miteinander vereinigt widerstehen, und denen Füssen, die der Vogel in dem schwimmen an sich hinziehet, und hernach hinterwärts ausstößt, grössern Widerstand thun, und also stärcker antreiben. Wann nun ein Vogel lange Füsse hätte, und damit tieff unter das Wasser griefse, so würde er keinen solchen Stoß thun können, weil er nicht so viel Widerstand fände, als wie mit den kurzen Füssen auf der obern Fläche des Wassers, die den Anstoß befördert. Wir sehen ein Beyspiel an den Schiffen. Denn wenn die Schiffer stärcker rudern und geschwinder fortschiffen wollen, so lassen sie die Ruder nicht tieff in das Wasser, sondern halten sie hoch, und schlagen damit fast ganz oben auf der Fläche das Wasser an, damit, weil das Wasser oben stärckern Widerstand thut, das Schiff stärcker angetrieben werde, und geschwinder lauffe. Es käme daher auch noch ein anderer Zufall, daß der Vogel die langen Füsse, so er in dem schwimmen von sich streckt, kaum wieder zuruck

ruck ziehen könnte, öffters nach einander anzustossen, wie er mit den kurzen Füssen thut, die er leichter und öffters zuruckziehet. Es haben also solche Vögel von Natur kurze Füsse, damit sie besser schwimmen können, und weil, wie man an den Zwergen sieht, die kurzen Füsse nicht zum lauffen taugen, so folgt ganz vernünfftig, daß alle solche Vögel schlecht lauffen. Einige Wasser-Vögel aber schwimmen und fliegen gut, und gehen doch nicht aus dem Wasser, als die Schwanen, Löffel-Gänß, Wasser-Raben, und dergleichen. Einige schwimmen nicht, und fliegen auch nicht gut, und gehen doch nicht von dem Wasser, als die welschen Wasser-Hüner und dergleichen. Einige schwimmen nicht, und fliegen gut, und gehen doch nicht vom Wasser, wie die Reiger und dergleichen. Hernach giebt es auch einige Wasser-Vögel, die sich ganz unter das Wasser tauchen, um ihre Atz zu bekommen, andere nur den Kopff und Halß bis an die Schultern, oder bis mitten an den Leib. Es ist auch die Atz der Wasser-Vögel verschieden: dann einige atzen sich allein mit den Sachen, die in dem Wasser sind: andere mit solchen, die auf dem Land sind: Einige mit beyden. Mit dem, was in dem Wasser ist, atzen sich, die Löffel-Gänß,
Wasser-

Waſſer-Raben und Taucher, die ſich allein mit Fiſchen atzen. Von denen aber, die ſich allein mit dem atzen, was es auf dem Land giebt, ſuchen einige ihre Atz in oder neben dem Waſſer, wie die Schwanen, welche ſich mit Graß, Körnern und Früchten atzen, die ſie aber wegen ihres zarten Becs zuvor in dem Waſſer erweichen. Einige nahe, einige weit von dem Waſſer, wo ſie ſolche am beſten finden können, als die Gänß, die ſich mit Graß, Körnern, Saamen und dergleichen atzen. Unter denen aber, die ſich mit beyden atzen, atzen ſich einige mit Fiſchen, und Thieren, die in dem Waſſer und auf dem Land kriechen, als die Reiger, die ſich mit Fiſchen, Fröſchen, Ottern, Mäuſſen und dergleichen atzen. Einige mit Fiſchen, Graß, Früchten und Körnern, wie die Enten. Aus dem beſagten erhellet, daß einige Waſſer-Vögel ſchwimmen, und ſich mit Fiſchen atzen, als da ſind die Taucher, Löffel-Gänß, Waſſer-Raben, und dergleichen. Einige ſchwimmen, und atzen ſich nicht mit Fiſchen, wie die Schwanen. Einige ſchwimmen nicht, und atzen ſich mit Fiſchen, als die Reiger und dergleichen. Einige ſchwimmen weder, noch atzen ſie ſich mit Fiſchen, wie vielerley Arten der Atzeln, die Waſſer-Vögel ſind,

und

und doch weder schwimmen, noch sich mit Fischen atzen.

Das 5. Capitul.
Von dem Ausgang der Wasser-Vögel aus dem Wasser, sich zu atzen.

Von der verschiedenen Atz der Wasser-Vögel hat man acht Stücke zu sagen: nemlich: Wenn die, so ausser dem Wasser sich atzen, herausgehen, wie offt den Tag, wie sie heraus-und wieder zuruckgehen, in was vor einer Ordnung, und wohin, warum sie wieder in das Wasser zuruckgehen, und wie sie in dem Wasser zu schlaffen stehen. Die Wasser-Vögel, so sich ausser dem Wasser atzen, gehen bey Tag heraus auf die Atz, und dieses thun alle dergleichen Wasser-Vögel, ausser einige, die eine gar schwache Bewegung haben, und schlecht fliegen, welche der Raub-Vögel wegen bey Tag sich nicht zu fliegen trauen, weder von einem Wasser in das andere zu gehen, noch sich zu atzen, sondern gehen des Nachts heraus, als: Die Taucher und Böllhüner, und andere mehr von denen, die schlecht fliegen. Es gehen aber die Wasser-Vögel zu gewissen Stunden aus sich zu atzen, und auch wieder zuruck: Als zu fruh ge=

gehen sie bey der Sonnen Aufgang aus, und bleiben drey Stunden draus, manchmal etwas weniger, manchmal auch länger: Dann wann es ein heisser Tag ist, halten sie sich nicht so lang auf, hingegen wann es neblicht ist, bleiben sie länger. Um die dritte Stunde des Tages gehen sie wieder zuruck in das Wasser, und bleiben daselbst bis um die neunte Stunde, hernach gehen sie wieder aus, und bleiben draussen bis zu Untergang der Sonnen, dann gehen sie wieder zuruck, und bleiben die ganze Nacht in dem Wasser. Sie gehen aber, nachdem es heiß oder kalt ist, eher aus oder zuruck, wie schon ist gesaget worden. Sehr viel solcher Wasser-Vögel bleiben auch bisweilen ausser dem Wasser über Nacht, vornemlich bey Mondschein, als die Gänß, welche sich viel, und zwar mit Gras und andern Dingen atzen, die sie zu Nachts bey dem Mondschein sehen können. Dieses aber thun sie vornemlich bey langen Nächten, da sie sich den Tag über nicht passable atzen können. Es geschieht aber auch, daß die grosse und kleine wilde Gänß, wann sie sich atzen oder fliegen, sich unter die zahmen begeben, sie bleiben aber nicht bey den zahmen, wie viele von diesen mit jenen fortfliegen und wild werden. Dann es ist leichter, daß man seine Natur

wie=

wieder annehme, als daß man bey seiner
Gewohnheit bleibe. Denn um der Atz willen halten sich nicht allein die Vögel, sondern auch viele andere Thiere bey den Menschen auf. Andere aber von den Wasser= und
Mooß=Vögeln bleiben nicht ausser dem Wasser über Nacht, atzen sich auch bey der Nacht
nicht, weil sie nicht so viel Atz brauchen, und
sich mit Körnern, Wurzeln und dergleichen
atzen, die sie zu Nachts, auch bey Mondschein, nicht sehen können, als die Pulroß,
Kibitzen und Kraniche. Hingegen die Enten
und Kriech=Entlein gehen zu keinen gewissen
Stunden aus, sondern atzen sich den ganzen
Tag in= und ausser dem Wasser. Aus dem
besagten erhellet, wie offt sie von dem atzen zuruck gehen. Denn sie theilen den Tag in
drey Theile, zwey Theil atzen sie sich, den
dritten aber bleiben sie in dem Wasser. Hingegen die ganze Nacht bleiben sie in dem
Wasser, und machen aus derselben nur einen
Theil, woher sie auch des Tages zweymal
sich zu atzen aus, und wieder zuruck gehen.
Die Art wie sie aus und zuruck gehen ist verschieden. Dann einige versammlen sich mit
andern von ihrer Art, und gehen in viele
Hauffen zertheilt aus, und wann sie zuruck
gehen, fliegt immer einer hinter dem andern,
und

und machen gleichsam zwey Linien mit einem Winckel. Selten oder wohl gar nie gesellen sie sich zu einer andern Art, sondern es bleiben mehrentheils die Gänß bey den Gänsen, die Enten bey den Enten, die Kriech=Entlein bey den Kriech=Entlein, die Kraniche bey den Kranichen, und so auch die andern. Und wann es ja geschieht, daß sie unter Vögel von einer andern Art kommen, so geschieht es nicht, daß sie bey ihnen bleiben, sondern weil, da sie sehen, daß andere ausgehen, sie auch ausgehen wollen. Hernach aber gehen sie bald wieder von denselben weg, und ein jeder geht wieder zu seiner Art. Andere aber beobachten diese Weise nicht, sondern gehen untereinander, ohne Ordnung, bisweilen mit andern, bisweilen allein aus und zurück, als die Kibitzen und dergleichen. Diese und andere sowohl Mooß= als Land=Vögel, die keine Raub=Vögel sind, weil sie nicht nöthig haben ihre Atz zuvor zum durchhohlen zuzubereiten, dann was sie finden, hohlen sie Körnerweiß durch, und sie mögen sich mit Körnern, oder Fischen, oder Würmern, oder Fliegen atzen, hohlen sie so geschwind durch, daß wann andere Vögel, die gleiche Atz haben, es sehen, nicht so geschwind zulauffen können, als sie es schon durchgehohlt haben,

ge=

gehen nicht allein, sondern mit andern, und atzen sich bey denen von ihrer Art.

Das 6. Capitul.
Von der Ordnung des Ausgangs sich zu atzen.

Wann die Wasser- und Mooß-Vögel sich zu atzen ausgehen, so halten sie mehrentheils, diese Ordnung: Zuerst gehen die kleinen Gänß aus, hernach die Kranich, sodann die grossen Gänß, zuletzt aber die Baum-Gänß, und eine Art kleiner Gänß, die mit den Blenecten lauffen, und dann die andern Arten der Wasser-Vögel.

Bey dem Zuruckgehen halten sie diese Ordnung: Zuerst gehen die Baum-Gänß und Blenectae zuruck, hernach die Kranich und Gänß, zuletzt aber die übrigen. Die Ort, wo sie hingehen, sind nach der verschiedenen Atz und Jahrszeit verschieden, wie unten wird gesagt werden, wo man zeigen wird, wo die Vögel anzutreffen sind, welche man beitzen will. Die Enten und übrige dergleichen Wasser-Vögel gehen lieber und öffter bey Regenwetter aus sich zu atzen, und deswegen öffter in dem Winter, am öfftesten

aber

aber in dem September, October, November, und vornemlich an Regentagen. Und dieses thun sie darum, weil der Regen die Saamen der Kräuter, die Früchte der Bäume und Gebüsche abschlägt, die sie zusammen lesen, und an die Flüsse, Bäche und Weyher tragen. Dieses sind nun die Orte und Zeiten, wohin und wann sie lieber und öffter ausgehen. Nicht allein aber die Enten und andere dergleichen Wasser-Vögel gehen zu solchen Zeiten lieber aus sich zu atzen, sondern auch alle Vögel, die sich mit Würmern atzen, welche sie aus der Erden graben, oder auf der Erden finden. Weil es zu solchen Zeiten mehr Würmer giebt, und aus der Erden herfür kriechen, massen sie das Wasser, so ihnen schädlich ist, fliehen, und sie auch, da die Oberfläche weich ist, leichter über, als unter sich, wo der Erdboden vest ist, kommen können.

Das 7. Capitul.
Von dem Zuruckgehen der Wasser-Vögel in das Wasser oder wässerigte Orte.

Die Orte, wohin sie zuruckgehen, sind Seen, Teiche, Sümpffe, Flüsse, Bäche

che und Gruben, wo sich das Wasser sammlet. Es gehen aber dergleichen Vögel lieber und öffter an steinigt= und breite Flüsse, und zum öfftern auf die Insuln, und was in denselben ist. Sie gehen aber deswegen bey Tag an das Wasser, damit sie daselbst vor den wilden Thieren, nemlich Fischottern, Füchs und dergleichen, und denen Raub=Vögeln, die in dem Wasser wenig ausrichten können, desto sicherer seyn: Massen die Wasser=Vögel sich alsdann zu ihrer Vertheidigung untertauchen. Sie haben auch noch andere Arten sich zu wehren in dem Wasser. Es kan sich auch ein schwacher Vogel in dem Wasser besser weyren, als ein anderer sonst stärckerer ausser dem Wasser.

Das 8. Capitul.
Wie sie in dem Wasser sowohl wann sie schlaffen, als wachen, stehen.

Sie stehen aber, und schlaffen in dem Wasser auf folgende Art: Die Schwimm=Vögel schwimmen bißweilen in dem Wasser herum, bißweilen gehen sie an das Gestad, und stehen mit beeden, oder auch nur mit einem Fuß biß an die Knie in dem Wasser.

ser. Die aber nicht schwimmen, es seyen Wasser-oder Mooß-Vögel, stehen bißweilen mit beyden, bißweilen mit einem Fuß in dem Wasser biß an die Knie, oder auch wohl tieffer, nachdem das Wasser tieff ist. Aber der meiste Theil der Vögel, es seyen Wasser-oder andere Vögel, stecken bey dem schlaffen den Kopff über dem Dach unter die Flügel, damit der Bec, so von Horn und kalt ist, und der Kopff erwärmet werden. Dann durch eine solche Erwärmung wird die Feuchtigkeit im Kopff leichter zertrennet und vertrieben, welche durch die Kälte zusammen gefröre. Ja er könnte leicht die Frons bekommen, welches eine Verhärtung der Feuchtigkeit in dem Kopff ist. Nicht allein aber die Wasser- sondern auch fast alle Vögel stehen in dem schlaffen auf einem Fuß, damit sie leiß schlafen, und desto geschwinder aufwachen, und, wann etwas, das ihnen schaden will, kommt, es mercken und fliehen. Die Wasser-Vögel stehen aber in dem schlaffen mit einem Fuß in dem Wasser, damit sie die Bewegung des Wassers desto leichter mercken, wann ein wildes Thier oder sonst etwas ihnen schädliches in das Wasser gehet. Dann weil das Wasser flüßig ist, und sich

in

in seinen Schrancken nicht halten läst, so macht es bey der Bewegung Circul=Kreise, und das Wasser in der Nähe macht auch solche Kreisse, die sich immer weiter aus= breiten, daß also, obgleich das, was die Bewegung verursachet, noch weit weg ist, doch die Bewegung biß an die Füsse der Vögel kommt. Wann aber die Vögel mer= cken, daß etwas an ihre Füsse stöst, so wa= chen sie gleich auf, und begeben sich in Si= cherheit, und auf jemehr Stützen ein Kör= per steht, desto vester steht er, und ist schwe= rer zu bewegen, als wann er auf wenigen steht. Daher werden die Vögel, so bey dem schlaffen auf einem Fuß stehen, leich= ter bewegt, und aufgeweckt. Uber das wird alles, was mit Furcht schläfft, leich= ter aufgeweckt: Aber alle Vögel schlaffen von Natur mit Furcht, darum werden sie auch leichter aufgeweckt. Es giebt auch noch andere Ursachen, welche Manfredus, König in Sicilien, ein Sohn des Kaisers, der der Verfasser dieses Buchs ist, als er sich solches vorlesen ließ, beygesetzet hat. Da alle, sowohl Wasser= und Mooß= als auch Land=Vögel mit vieler Mühe ihre Atz suchen, aus und wieder zuruck gehen, und dabey stehen, so werden sie auch sehr müd.

Wann

Wann es nun Nacht wird, da sie, und zwar stehend, zu ruhen pflegen, so stehen sie bald auf diesem, bald auf dem andern Fuß, und ruhen. Wie auch die lauffenden Thiere thun, die, wann sie stehend ruhen wollen, bald auf dem, bald auf einem andern Fuß stehen. Ferner ist eine Ursach, weil die Füsse der Vögel fast kein Fleisch haben, und aus Bein, Nerven, Mäußlein, Haut und Klauen bestehen, die von Natur kalt sind, und in dem Schlaf an den äussersten Theilen erkalten würden, indem sich die Wärme und Geister an den Ort der Verdauung ziehen, so würden die Füsse, die von Natur kalt sind, leicht in dem Schlaf erstarren, daher weil die erstarrten Glieder keine Würckung mehr haben, so müssen sie erwärmet werden, damit ihre Kräffte und Würckungen lebhaffter werden. Deßwegen ziehen sie immer einen Fuß um den andern wechselsweiß hinauf an die Bruck, damit sie sich erwärmen. Wann es aber windigt ist, so stehen sie gegen den Wind, damit das Gefürt nicht von dem Wind verruckt werde, sondern zusammen geschlossen bleibe. Dann wann sie vor dem Wind wären, so würde derselbe das Gefürt aufheben, und sie in dem ruhen und schlafen beunruhigen.

Das

Das 9. Capitul.

Von den Land-Vögeln, wie, wann und wovon sie sich atzen, und warum die Nachteulen zu Nachts fangen.

Die Land-Vögel machen ihre Atz zu bekommen allerley Bewegungen, und sonderlich mit fliegen. Einige fliegen gut, und lauffen gar nicht, wie die grossen Spyr-Schwalben, von welchen Aristoteles sagt: Man sehe sie offt im Anfang des Frühlings, im Herbst, manchmal auch in dem Sommer, und vornehmlich wann es regnen will, oder geregnet hat. Sie haben aber kurze und schwache Füsse, hingegen lange und sichelkrumme Fliegel. Wann sie sich auf die Erde setzen, so können sie weder lauffen, noch von der Erden wieder auffliegen. Deswegen hängen sie sich an die Felsen, und bleiben in den Löchern, damit sie von der Höhe herabspringen, und dann fliegen. Einige fliegen gut, und lauffen schlecht, wie alle Arten der Raub-Vögel, und auch sehr viele von denen, die nicht rauben, und mehrentheils lauffen die Vögel schlecht, so gut fliegen, und die schlecht lauffen, fliegen alle

alle gut. Dieses ist eine allgemeine Folge, jenes aber nicht. Einige von den Land-Vögeln lauffen gut, und fliegen gar nicht, wie die Straußen. Einige lauffen gut, und fliegen schlecht, als die Rebhüner, Wachteln, Wachtel-König, Fasanen und dergleichen. Ferner fangen einige ihre Atz in dem Flug in der Lufft: andere suchen solche in dem lauffen auf der Erden. Von denen, die ihre Atz in dem Flug fangen, durchhohlen einige solche gleich in der Lufft, wie die Schwalben, Schwäderlein und dergleichen, die in der Lufft Mucken, Käfer, Bienen, Wespen, und andere Fliegen fangen, und gleich durchholen. Wann sie aber einen Stachel haben, womit sie ihnen schaden können, so fliegen sie manchmal auf die Erden, oder auf die Bäume, dieselben umzubringen, und zuzubereiten, damit sie ihnen nicht schaden, wann sie dieselbe durchhohlen. Einige fangen ihre Atz in dem Flug, hohlen sie aber nicht gleich in der Lufft durch, sondern tretten an die Erde oder an einen Baum, solche umzubringen, zuzubereiten, und sich damit zu atzen, als wie zum Exempel fast alle Raub-Vögel, die andere Vögel fangen, öffters an einen Baum, oder an die Erde tretten, und das Wild aufatzen.

Einige aber von denen, die lauffen und ihre Atz suchen, scharren und kratzen nicht mit den Füssen auf der Erden, sondern beissen mit dem Bec, wie die Trap=Gänß, Schwanen, wilde Enten, und dergleichen, die sich allezeit mit Graß, Körnern, Würmern und dergleichen atzen. Andere, wenn sie nichts auf der Erden finden, kratzen mit den Füssen, als die Rebhüner, Hüner, Fasanen, Pfauen, Wachteln und dergleichen. Einige kratzen mit den Füssen, und graben mit dem Bec, und atzen sich mit dem, was sie in und auf der Erden finden, als die Dolen, Krähen, Raben, und die den Krähen gleichen, die Atzeln, Staaren und dergleichen. Solche Land=Vögel haben sonsten noch vielerley Arten ihre Atz zu erlangen, welche alle hier anzuführen eckelhafft werden würde. Die Land=Vögel haben auch verschiedene Atz. Dann einige atzen sich mehr mit andern Sachen als mit Fleisch: Einige mit Fleisch und andern Sachen, einige mit Fleisch allein. Unter denen, die sich mehr mit andern Sachen als mit Fleisch atzen, atzen sich einige öffter mit Körnern, Früchten der Bäume und der Gebüsche, mit Käfern und dergleichen ihnen anständigen Sachen, als die Rebhüner, Stirn, Fasa=

Fasanen, Pfauen, Haselhüner, Wachteln und dergleichen. Die nur mittelmäßig fliegen, haben eben diese Atz, als die Arten der Tauben, Turtel-Tauben, Ringel-Tauben, die kleiner sind als die Tauben, aber grösser als die Turtel-Tauben, die Trap-Gänß, die wilden Enten, welche in der Farb, Gestalt der Glieder und mehrern den Trap-Gänssen gleich sind, aber viel kleiner. Einige atzen sich weder mit Körnern, noch Graß, noch Früchten, sondern mit Ameisen, Spinnen, Würmern, als die Arten der Spechte. Einige Land-Vögel aber finden ihre Atz auf den Bäumen, nemlich Baum-Früchte, Mucken, und Würmer auf den Bäumen. Einige von dem Graß und Kräutern, nemlich ihren Saamen, und den Würmern, die auf denselben sind. Einige auf der Erden, nemlich mit dem ausgefallenen Saamen, der auf der Erden liegt, und Würmern. Einige atzen sich mit allem diesem ohne Unterschied. Die sich aber mit Fleisch und andern Sachen ohne Unterschied atzen, sind die Raben, Krähen, Atzeln, sie atzen sich aber mit Luder, oder dem, was von den Thieren übrig geblieben ist, die von Vögeln oder Menschen sind umgebracht, oder von wilden Thieren zerriſſen worden. Dann ſie fangen ſelten einen Vogel oder kleines Thierlein, es ſey dann ſehr ſchwach und unvermögend, und wann dergleichen Vögel kein Fleiſch haben, ſo atzen ſie ſich mit Körnern, Früchten, Gewürm, Heuſchrecken, Käfern und dergleichen, ſo ſie auf oder in der Erden finden. Die ſich aber allein mit Fleiſch atzen, ſind dreyerley. Dann einige fangen nicht ſelbſt, ſondern gehen allezeit auf das Luder, oder übrig gebliebene, als die Geyer, Steinbrecher, und dergleichen. Einige gehen auf das Luder, und fangen auch manchmal ſelbſt, als die Milanen, und einige Adler. Einige gehen niemals auf das Luder, ſondern fangen ſich ſelbſt das Wild, welches ſie aufatzen, als die Falcken, Habichte und dergleichen. Nachdem nun geſagt worden, womit ſich die Land-Vögel atzen, ſo iſt noch übrig, auch, wie bey den Waſſer-Vögeln, zu beſchreiben, wann und wo? Die Stunden, wann die Land-Vögel ſich zu atzen aus ihrem Stand gehen, ſind nicht bey allen ſo genau unterſchieden, wie bey den Waſſer-Vögeln. Aber doch halten einige gewiſſe Stunden, einige nicht. Faſt alle, die nur mittelmäßig fliegen, halten gewiſſe Stunden, als die Rebhüner, Stirn, Faſanen, Haſelhüner und andere,

die

die gut fliegen, und die Tauben, die zu früh
bey der Sonnen Aufgang ausgehen, und
bleiben bis um die dritte Stunde des Tages,
und hernach gehen sie wieder in ihren Stand
in das Getraid oder Graß. Dann die nur
mittelmäßig fliegen, fürchten sich eben deß=
wegen, und auch vor den Raub=Vögeln, die
sie wegen ihres guten Fleisches gerne fangen,
den ganzen Tag ausser ihrem Stand an dem
Ort, wo sie sich atzen, zu bleiben: ja sie ge=
hen zu früh nicht weit von ihrem Stand weg,
und gehen gegen Mittag wieder zurück. Nach
der neunten Stunde des Tages gehen sie wie=
der aus sich zu atzen, und bleiben bis zum
Untergang der Sonnen, hernach gehen sie
wieder zurück in ihren Stand, daselbst über
Nacht zu bleiben, und desto sicherer zu schla=
fen. Doch hat man überhaupt zu wissen, daß
die Vögel, so auf den Bäumen ausgebrü=
tet werden, auf die Bäume gehen, die aber
in den Felsen, zu den Felsen, die in dem Ge=
büsch, in das Gebüsch, und die auf der Er=
den ausgebrütet sind, gehen auf die Erde,
und so hält es sich auch mit den andern Stän=
den aller Land=Vögel. Es giebt auch einige
Land=Vögel, die sich zu atzen bey der Nacht
zweymal ausgehen, nemlich in der Morgen=
und Abend=Demmerung, vornemlich wann

es bey der Nacht finster ist. Denn wann der Mond scheinet, so gehen sie zu allen Stunden aus, als da sind die Schuhu, die Nachteulen, und überhaupt alle Vögel, die bey der Nacht fangen. Es geschieht aber solches nicht, weil sie, wie Aristoteles sagt: nur bey der Nacht, nicht aber auch bey Tag sehen. Dann sie sehen bey Tag und bey der Nacht – – – – – – – – atzen sich – – – der Vögel – – getrauen sich nicht bey Tag zu fliegen. Ja – – – – die vierfüßigte Thiere, die bey Tag verborgen liegen, und bey der Nacht sich zu atzen ausgehen, und sich schlecht wehren können, thun dieses – – – – – – – – – denselben begegnen: dann sie werden bey Tag von denen gesehen, welche – – – schaden wollten, und durch den Geruch auf ihre Spur kommen würden. Eben so ist es auch mit dergleichen und mehrern Vögeln, die sich schlecht wehren können, sie thun solches, damit sie nicht von andern Vögeln, die ihnen Schaden wollen, gesehen werden. Dann alle stossen auf sie: daher fangen auch die Vogelfanger mit diesen andere Vögel. Hingegen bey der Nacht, da die andern Vögel ihre Feinde, in ihren Ständen schlafen, fliegen sie sicherer.

rer. Sehr viele Land=Vögel aber halten keine gewisse Stund, sondern gehen zu früh, oder auch zu einer jeden Stund des Tages aus sich zu atzen, und bleiben den ganzen Tag, und fliegen an dem Ort, wo sie sich atzen, herum, nach der Sonnen Untergang aber gehen sie wieder in ihren Stand, daselbst über Nacht zu bleiben, und desto sicherer zu schlaffen, wie – – – mancherley. Die Krähen, – – – Dolen, – – – deßgleichen die Geyer und Steinbrecher – – – deßgleichen, die kleinen Land=Vögel, als die Lerchen – – die Sperlinge – – – thun, die sich den ganzen Tag atzen, wann es gut Wetter ist, und haben keinen so gewissen Stand, wie die vorbemeldten Vögel. Ob sie schon hernach alle an solche, oder doch dergleichen Orte gehen, wo sie ausgebrütet worden. Es giebt auch Land=Vögel, die sich den Tag über, und am meisten von der dritten bis zur neunten Stund atzen, weil sie alsdann ihre Atz, die sie in der Lufft fangen, finden, nemlich Fliegen, Bienen, Wespen, Käfer und dergleichen, wie die Schwäderlein.

Das 10. Capitul.
Von der Art, wie die Land=Vögel sich zu atzen aus= und zuruckgehen, und ihrem Stand.

Die Art, wie die Land=Vögel sich zu atzen aus ihrem Stand gehen, ist mancher= ley. Dann einige gehen schwarmweiß mit denen von ihrer Art, andere aber allein. Hauffenweiß gehen miteinander die Turtel= Tauben und Tauben, vornemlich die Staa= ren, - - - welche, ob sich schon zur Heck= Zeit das Männlein und das Weiblein von andern absondern, doch die Cameradschafft lieben, und man hat sie auch zu solcher Zeit in ganzen Flügen beysammen gesehen. Hin= gegen die Raub=Vögel fliegen allein, das Wild zu fangen, und nur wann sie horsten, fliegt das Tertz mit dem Weiblein, wie - - - - die übrigen. Von welchen Raub= Vögeln einige, als eine Art - - - in dem Flug sich ihre Atz fangen, nemlich Heu= schrecken, Roß=Käfer, und andere Käfer, die sie nicht wie die andern Vögel mit dem Bec, sondern mit den Klauen fangen, und auch in dem Flug durchhohlen, weil sie nicht nöthig haben, solche zuvor zu todt zu würgen oder zuzubereiten. Und mehrere Arten der Raub=
Vögel

Vögel atzen sich mit dergleichen, so lang sie jung sind, vornemlich die Falcken. Einige Land-Vögel lauffen hauffenweiß miteinander, ausgenommen in der Brut-Zeit, wie die Rebhüner: Andere lauffen allein, wie die Fasanen und Wachteln, ausgenommen wann sie jung sind, denn da lauffen sie alle mit der Mutter, wenn sie sich atzen wollen. Die kleinen Land-Vögel aber fliegen auf den Bäumen, Hecken und der Erden herum. Denn von – – – – – bekommen die Raub-Vögel die Atz – – – –. Aber die Geyer, und diejenigen – – – – Geschlechts haben diese Weise auf die Atz auszugehen – – – sie stehen an hohe Felsen, oder an Bäume, und sehen herum, ob sie etwa von Fernen ein Luder sehen, welche Anzeige – – – von den Menschen, wann sie dieselben Thiere umbringen sehen, daß – – – – zu dem Luder – – – den Wölffen und dergleichen wilden Thieren, welche andere Thiere fangen und zerreissen. Wann sie nun dergleichen Merckmale sehen, so gehen sie alle schnell dahin, und versammlen sich bey dem Luder. Und wann sie von den Felsen und Bäumen dergleichen nichts sehen, so kliemen und reviren sie, damit sie desto weiter sehen können, und wann einer auf ein

ein Luder herunter kommt, so folgen ihm die andern geschwind nach, und kommen hauffenweiß zu dem Luder. Man darf also nicht glauben, daß sie, wie einige sagen, das Luder riechen, sondern sie sehen dasselbe, wie wir aus vieler Erfahrung gelernet haben. Dann wann die Geyer aufgebräwnt waren, so merckten sie es nicht, wann ihnen ein Fleisch vorgegeben worden, ob ihnen gleich die Nase nicht verbunden war. Wir wissen auch aus der Erfahrung, daß sie nicht selbsten fangen, wann sie schon aßhitzig sind. Dann wir haben ihnen, da sie loßgebräwnt waren, junge Hüner vorgegeben, und sie haben solche doch nicht gefangen, noch zu todt gewürget. Und weil sie mit dem Kopf und Hals durch eine enge Oeffnung in das Luder hinein langen, und das Eingeweid heraus ziehen, so haben die meisten an dem Kopf und Hals keine Federn.

Das 11. Capitul.

Von den Mooß=Vögeln, wie, wann und womit sie sich atzen.

Die Mooß=Vögel machen auch allerley Bewegungen ihre Atz zu bekommen. Dann einige lauffen schnell herum, und graben oder hacken mit dem Bec, als die Brach=Vögel

Vögel, Pulroß, Kibitzen, und dergleichen: Einige lauffen, aber nicht schnell herum, sondern fliegen von einem Ort zum andern, und graben mit dem Bec aus der Erden herfür, was darinnen ist, und hacken, was sie auf der Erden finden, als die Kraniche: Einige lauffen und fangen die kriechende Thiere oder andere Sachen, womit sie sich atzen. Doch hacken sie nicht mit dem Bec, die Körner aufzulesen, oder in das Graß, oder Früchte der Bäume und des Graßes, weil sie sich mit solchen nicht atzen, als die weissen und schwarzen Störch, diese schwimmen nicht, aber fliegen gut, und gehen offt von dem Wasser weg, sowohl auf dem Land zu bleiben, als auch sich daselbst zu atzen.

Das 12. Capitul.
Von der verschiedenen Atz der Mooß-Vögel.

Die Mooß-Vögel haben verschiedene Atz. Dann einige atzen sich niemals mit solchen Sachen, die es in dem Wasser, sondern mit denen, die es auf dem Land giebt, als mit Körnern, Wurzeln der Kräuter, Saamen der Früchte, der Bäume, des Graßes, der Gebüsche und dergleichen, wie die Kranich,

die

die am liebsten die Wurzeln der Kräuter, und sonderlich des Aarons ausgraben. Einige atzen sich mit Würmern, die sie aus der Erden graben, oder auch auf derselben finden, als Heuschrecken, Käfern, und anderm Ungezieffer, das sie auf dem Graß, in den Wiesen, sumpfigten Orten, und neugeackerten Feldern finden, wie die Brach=Vögel, Kibitzen, Pulroß, und ihres gleichen, die wie die Brach=Vögel lange Bec haben, die mehrentheils aus der Erden graben. Aber die Livercini atzen sich öffters mit Käfern und dergleichen. Einige atzen sich mit Fischen und kriechenden Thieren, Eydexen, Fröschen, Mäußen und dergleichen, welche den Menschen und mehrsten Thieren vergifftet wären, als die Störch.

Das 13. Capitul.
Von dem Ausgang einiger Mooß=Vögel.

Einige der Mooß=Vögel halten keine gewisse Zeit auf die Atz auszugehen, sondern sie gehen zu früh oder auch zu einer jeden Stunde, aus, wann sie können, und bleiben den ganzen Tag an dem Ort, wo sie sich atzen, als die Brach=Vögel, Kibitzen und dergleichen; Einige gehen den Tag zweymal aus,

aus, nemlich die sich wie die Wasser-Vögel in dem Wasser aufhalten, oder dahin ihre Zuflucht nehmen, als die Kraniche, und diese gehen auch wieder zweymal zuruck in das Wasser. Auch die, so sich auf dem Land aufhalten, und dahin ihre Zuflucht nehmen, gehen des Tages zweymal aus sich zu atzen, als die Störche. Einige aber gehen nicht bey Tag aus, sondern fliegen bey der Nacht, weil sie sich vor den Raub-Vögeln fürchten, als die Livercini und dergleichen.

Das 14. Capitul.
Von dem Ausgang der Mooß-Vögel, und ihrem Aufenthalt an den Orten, wo sie sich atzen.

Ihre Art auszugehen ist mancherley; dann einige von den Mooß-Vögeln gehen ausser der Heckzeit mit andern aus, wie die Kranich, Brach-Vögel, Pulroß, Kibitzen, und dergleichen: Einige allein, wie die Störch. Die einzeln und allein ausgehen, gehen auch wieder einzeln zuruck; so gehen auch die Livercini allein aus: Einige aber untereinander und ohne Ordnung, bald allein, bald mit andern.

Das

Das 15. Capitul.
Von derselben Zuruckgehen und Stand in ihrem Lager.

Die Orte, wohin sie gehen, sind nach den verschiedenen Zeiten auch verschieden. Insgemein aber gehen sie alle an solche Orte, wo eine jede Art ihre Atz im Uberfluß findet. Wir werden unten ins besondere davon reden, wann wir sagen werden, wo man die Vögel, die man beitzen will, antrifft. Es geht aber ein jeder wieder in seinen Stand zuruck, damit sie daselbst bey der Nacht vor den wilden Thieren desto sicherer seyn. Die Kibitzen bleiben gar offt in dem Feld über Nacht: hingegen die Störch gehen auf die Bäume, Thürne oder andere hohe Oerter: die Kranich aber an das Wasser, wie auch die Wasser-Vögel. Uberhaupt geht ein jeder Vogel an einen solchen Ort, wo er geheckt worden, und den die Alten als bequem zum Schutz der Jungen erwehlet, und wenn sie solche nicht haben können, so wehlen sie doch dergleichen, die einige Gleichheit mit jenen haben. Doch bleiben einige zu Nachts auf dem Feld auf der Erden, als eine Art Tauben, die einen gelben Bec haben, und kleiner sind als die andern Tauben. Einige machen zwar ihre
Nester

Nester auf die Erden, und gehen doch zu Nachts auf die Bäume, als die Fasanen, Hüner und dergleichen. Es stehen aber auch die Mooß=Vögel, wie die Wasser= und Land= Vögel, wenn sie schlafen, auf einem Fuß, wegen der vorbemeldten Ursachen.

Das 16. Capitul.
Von dem Wegstrich der Vögel.

Weil wir nun von den Wasser= Land= und Mooß=Vögeln, die nicht rauben, das nöthige beygebracht haben; so wollen wir nun sehen, wie sie nach den Veränderungen der Zeiten wegstreichen. Da sie aber aus den kalten in warme, und aus den warmen in kalte Länder wegstreichen, so wollen wir zuerst von dem Wegstrich aus den kalten in die warme Länder reden. Dieses geschieht, wenn sie sich gemaußet, und das Gefürt wieder gewachsen ist, und solches nennen wir den Wegstrich oder Wegzug: Dann sie ziehen aus den kalten in die warme, und von ihrer Heimat in weit entlegene Länder. Der andere ist, wann sie, da der Winter vorbey ist, aus den warmen in kalte Länder ziehen, und dieses heißt der Zuruck= strich oder Zuruckzug. Weil aber nicht alle

Vögel wegstreichen, so hat man zu sehen, welche, wann und warum sie wegstreichen, wie sie sich dazu bereiten, zu was vor einer Jahrszeit, und bey was vor Wetter, und welche am ersten wegstreichen, und warum solche am ersten, in was vor einer Ordnung, und aus was vor Orten sie wegstreichen, wo sie sich in dem Wegstrich niederlassen, wohin sie ziehen, warum und wie lang sie sich da, wo sie hingezogen sind, aufhalten.

Das 17. Capitul.
Welche Vögel wegstreichen, und wann?

Es streichen aber die Wasser=Vögel, so schlecht fliegen, weg, sie seyen nun solche, die sich allein mit Fischen, oder auch mit Fischen und andern Sachen in dem Wasser, oder auch mit dem, was sie auf dem Land finden, atzen. Es ziehen auch die Mooß=Vögel weg, und vornemlich die, so die Würmer aus der Erden graben. Aber die Land=Vögel – – – sowohl die rauben, als die nicht rauben, grosse und kleine ziehen weg. Doch nicht – – – Wasser=Vögeln, massen von denen Mooß= und Land=Vögeln diejenige – – – mäßig fliegen
– – –

– – – oder schwach sind, nicht wegziehen, vornemlich an weit entlegene Orte. Doch ziehen sie an nahe Orte, als in dem Winter von den Bergen in die Thåler, und im Sommer aus den Thålern auf die Berge, welches die Land = Vögel thun, als die Fasanen, Pfauen, Trap=Gånß, und zwar fast alle, die nicht zur Heckzeit paar und paar miteinander lauffen: im Winter von den kalten zu den warmen Waſſern, von den Båchen zu den Flüſſen, und aus den Flüſſen in die Sümpffe, Seen und Weiher, und von dieſen an solche, die nahe an dem Meer sind, oder auch zu Brunnen=Quellen, weil solche Waſſer alsdann wårmer sind. Hingegen im Sommer thun sie das Gegentheil. Solches thun die, so keine gute Flug=Vögel sind, als die Taucher und welsche Waſſer=Hüner, und auch von den guten Flug=Vögeln die, so wegen einiger Schwachheit nicht haben weit wegziehen können. Diejenige aber, so wegen einiger Schwachheit nicht haben wegziehen können, und doch von der Art der Strich= Vögel sind, nennet man Låndner. Aber die Indianischen Vögel, und die, so um die Linie sind, streichen nicht weg, und haben auch nicht nöthig, daß sie ihrer Atz oder der Kålte wegen wegstreichen. Denn weil daselbst die

die Sonne den Einwohnern zweymal über den Kopff zu stehen kommt, zweymal wegweicht, und doch noch über ihnen bleibt, so haben sie zwey Frühling, zwey Sommer, zwey Herbst und zwey Winter, und deßwegen Früchte, Graß, Saamen, Heuschrecken, Käfer und dergleichen im Uberfluß, und die Kälte im Winter ist nicht hefftig, weil die Sonne nur 22. und $\frac{1}{2}$. Grad von ihnen abweicht. Uber das da sie, wie die andern Vögel, im Frühling und Sommer brüten, und der Hitze wegen in ein Land dieß- oder jenseits der Linie wegstreichen wollten, so würden sie solches thun entweder wenn die Sonne weicht, oder sich nahet. Zögen sie weg, wann die Sonne weicht, so würden sie der Wärme nachgehen. Vielmehr aber hätten sie wegstreichen sollen, da sie Junge hatten, und die Hitz am grösten war, da sie aber zur selbigen Zeit solches nicht gethan, so ist es auch jetzo nicht nöthig, daß sie wegstreichen. Wann man nicht etwa von diesen sagen wollte, wie von denen, die keine Strich-Vögel sind, daß sie der Hitz oder Kälte wegen nur aus den Thälern und Ebenen in die Berge und Wälder, und aus den warmen in kalte Wasser ziehen.

Das

Das 18. Capitul.
Warum die Vögel wegstreichen.

Es giebt allerley Ursachen, warum die Vögel wegstreichen. Die vornehmste ist die Kälte. Denn da die Vögel, wie alle andere Thiere, ihr Wesen und Leben aus einer temperirten Vermischung der Elementen bekommen, und das temperirte durch das temperirte erhalten, hingegen durch übermäßige Hitz oder Kälte verdorben wird, so suchen die Vögel zu einem bequemen Leben auch eine temperirte Himmels-Lufft und Gegend, und fliehen die übermäßige Hitz und Kälte. Weil sie nun in dem Herbst und Winter sich nicht so bequem an den Orten aufhalten würden, wo sie im Frühling und Sommer ganz bequem bleiben, so ziehen sie deßwegen an andere, obschon weit entlegene Orte, weg. Es giebt auch noch andere, aber nicht so wichtige Ursachen. Eine davon ist die Atz. Dann da in den kalten Ländern im Winter die Wasser zugefrieren, das Graß verdorret, und die Erde so vest gefrieret, daß die abgefallene Saamen, Früchte und andere Dinge, so auf der Erde liegen, angefrieren, auch die Würmer in der Erde nicht zu bekommen sind, es auch keine Käfer, Fliegen, Bienen, Wespen

spen und dergleichen giebt, so müssen die Vögel, was es auch vor Arten seyn, die sich mit Fischen, und andern Sachen in dem Wasser, mit Graß und andern Dingen atzen, auch in warme Länder wegstreichen, wo die Wasser und Erde nicht zugefrieret, und es ihnen nicht an der Atz mangelt. Auch die Raub-Vögel, ob sie gleich einer hitzigern Natur sind, als die andern Vögel, und die Kälte besser vertragen können, müssen wegstreichen. Dann da sie allerley Arten anderer Vögel fangen, und diese wegstreichen, so müssen auch sie ihre Atz zu bekommen, wegstreichen. Es streichen auch die kleinern Vögel weg, als die Stieglitzen, Amseln, Staaren, Kramets-Vögel und dergleichen sowohl der Kälte als auch der Atz wegen. Aber die Kranich, Reiger, Gänß, Enten und dergleichen streichen mehr um der Kälte willen weg. Hingegen die Mooß-Vögel, als Störch, Pulroß, Brach-Vögel, Kibitzen, und alle, die wie die Brach-Vögel einen langen Bec haben, streichen weg, weil sie im Winter nicht in die Erde graben können, auch die Livercini, die sich mit Käfern atzen, ziehen an warme Orte, damit sie ihren Unterhalt bekommen. Noch eine andere Ursach sind in denen kalten Ländern die vielen Regen, Wind und

und Schnee, die den Vögeln in dem Flug hinderlich, und ihrem Leben schädlich sind. Bey den Wasser= und Mooß=Vögeln, die, wann ein Raub=Vogel oder Thier kommt, sich untertauchen, ist auch das eine Ursach, warum sie in warme Länder wegziehen, wo die Wasser nicht zugefrieren, weil sie in den gefrornen Wassern ihren Schutz verliehren. Das sind also die Ursachen des Wegstrichs, und wie die, so nicht wegstreichen, bey den Veränderungen der Zeiten, an nahe Orte streichen.

Das 19. Capitul.
Wie sich die Vögel zum Wegstrich bereiten.

Die Vögel bereiten sich also zu dem Weg= strich. Sie streichen nicht gleich weg, wann sie aus dem Nest ausfliegen: denn da haben sie die Kräffte noch nicht, und die Fe= dern sind auch noch nicht starck genug, daß sie weit wegziehen könnten. Es treibt sie auch die Kälte noch nicht weg; sie haben auch Atz genug, bis sie starck werden. Sie bleiben den ganzen Sommer und das Ende des Frühlings in den Ländern, wo sie gehecket sind, und atzen sich bald da, bald dort mit andern, bißweilen mit den Vögeln von ihrer

Art, bisweilen mit andern, bisweilen allein. Wann aber der Sommer zu Ende geht, und sie mercken, daß es kalt werden will, so verlassen sie den Ort, wo sie geheckt worden sind, und sammlen sich zu den Vögeln von ihrer Art, nicht allein die Jungen zu den Jungen, sondern ohne Unterschied Junge und Alte zusammen, sie mögen ihre oder anderer Junge seyn, und wann sie sich also gesammlet haben, so atzen sie sich in dem Land, wo sie geheckt sind, zertheilt, und warten, bis die Zeit zum Wegstrich bequem ist. Dergleichen Art sich zu sammlen findet statt bey den Wasser- und allen Mooß-Vögeln, die wegstreichen, wie auch bey den Land-Vögeln, ausgenommen die Raub-Vögel, wie an seinem Ort wird gesagt werden. Von den Mooß-Wasser- und Land-Vögeln ist es allzuwahr, daß sie sich mit andern von ihrer Art sammlen: Dann man siehet, daß, ob sie schon verschiedener und sehr gleicher Art sind, und an einem Ort bey einander sich atzen, und gleichsam untereinander lauffen, doch bey dem Wegstreichen, sich selten oder niemals Vögel von einer Art unter andere mischen, sie kommen ihnen auch nicht nahe, sondern halten sich stets zu denen von ihrer Art. Wie man sehen kan an den Gänßen, die man mit einem allge-

allgemeinen Namen Gänß nennet, und doch mehrere Arten derselben sind, als die Roth-Gänß, Grau-Gänß, Baum-Gänß und Jantabes. Dann ob man schon dieselben an dem Ort, wo sie sich atzen, untereinander lauffen siehet, so sondert sich doch in dem Wegstrich eine jede Art von der andern ab. Nachdem auch an einigen Orten die Kälte nach und nach und stuffenweiß kommt, und wachst: Also ziehen auch die Vögel nach und nach weg, und nachdem die Kälte an einem Ort, stärcker ist, als an dem andern: also halten sich auch die Vögel länger auf.

Das 20. Capitul.
Von der Jahrs-Zeit und der Beschaffenheit der Zeit, die zu dem Wegstrich bequem ist.

Es haben aber die Vögel ein natürliches Vermögen, nach welchem sie aus der Empfindung der Veränderung der Wärme und der Kälte die Zeiten erkennen, und auch die Winde, die ihnen zum Wegstreichen günstig sind. Daher streichen sie gegen den Winter und Sommer weg. Es schickt sich also der Herbst dazu, welcher eine Zeit ist zwischen dem Sommer, (da sie ihre Stärcke bekommen,

men, und das Gefürt gewachsen ist) und dem Winter, vor welches Kälte sie fliehen. Sie erwehlen aber eine solche Zeit, daß sie wegstreichen, und in den warmen Ländern ankommen, ehe noch der Winter kommt. Sie nehmen sich aber in acht vor widrigem Wind, starcken Regen und Hagel, und vor der Zeit, wann es windstill ist. Sie geben acht auf die Wind, die ihnen zum Wegstrich behülfflich seyn, als auf die Nordwinde, darinnen sie entweder vor dem Wind sind, oder halben Wind haben, und darauf mercken sie so weißlich als die Schiffleute. Indem ihnen durch solche Winde zwey Arbeiten in dem Wegstreichen, nemlich das fliegen und regieren in der Lufft, erleichtert werden, und vornemlich das fliegen, weil solche Winde die Vögel forttreiben. Dann wann sie beyde Arbeiten zugleich verrichten müsten, so könnten sie nicht lang, noch weit fliegen. Wann sie aber mit dem Wind fliegen, so können sie, wann sie wollen, mit den Flügeln ruhen, und der Wind treibt sie doch fort. Wollten sie aber, wann es windstill ist, wegstreichen, so müsten sie sehr arbeiten, und noch mehr, wann sie gegen den Wind wären, dann da hätten sie drey Arbeiten, indem sie sich halten, forttreiben, und dem Wind widerstehen müsten. Dann
man

man hat wahrgenommen, daß wann bey ihrem Wegſtrich ſchnell ein widriger Wind entſteht, oder ſtarcker Regen, Hagel, oder ein anders böſes Wetter einfällt, ſo fallen ſie in das Meer, und wann einige an ein Schiff ſtehen können, ſo laſſen ſie ſich eher fangen, als daß ſie crepiren, oder bey dem widrigen Wind wieder zuruckſtreichen ſollten. Man ſieht auch, daß ſie, wann ſie guten Wind bekommen, es mag Tag oder Nacht ſeyn, alles was ſie thun, unterlaſſen, und, ſie mögen ſich atzen oder ſchlaffen, mit dem Wind fortſtreichen. Daher auch die Raub=Vögel, denen wir ein Vorloß gegeben, welches ſie - - - und aufatzen wollten, nicht vergoſſen haben, ſondern mit dem Wind weggezogen ſind. Bey gutem Wind ſtreichen ſolche Vögel bey Tag und auch bey Nacht weg, und leiden Hunger, und erdulten die Arbeit, ſo lang ihnen der Wind günſtig iſt. Welche Vögel bey der Nacht wegſtreichen, erkennt man aus ihrem Geſchrey. Dann man hört zu Nachts die Kranich, Gänß, Reiger und Enten ſchreyen, nicht zwar, wie Ariſtoteles ſagt: wegen der Arbeit, die ſie ausſtehen, ſondern damit ſie auch andere herbeyruffen. Sie kennen aber das Wetter und den Wind ſo gut, daß, wann ſie ſehen, der Wind und das Wetter werde

werde so lang anhalten, bis sie an ihren Ort kommen, sie wegziehen, wo aber nicht, so streichen sie nicht weg. Desgleichen wann sie schlecht fliegen, so streichen sie nicht weg, bis sie gewiß sind, daß das gute Wetter länger anhalten werde, und bleiben, wo sie sind, und warten auf eine längere Zeit — — — — die zu ihrem Wegstrich lang genug ist. Wann es aber gute Flug-Vögel sind, die mit einer mittelmäßigen Zeit und Wetter hinkommen können, wo sie hin wollen, so streichen sie weg.

Das 21. Capitul.
Von der Ordnung und Wegstrich der Vögel, welche eher oder später wegstreichen, und was sie vor eine Ordnung in dem Flug halten.

Von den Strich-Vögeln fangen die, so schlecht fliegen, am ersten an wegzustreichen, als die Störch und Reiger, die zu End des Sommers, nemlich zu Ende des Augusts, wegstreichen, damit sie nicht, wenn sie länger warteten, das angehende rauhe Wetter hindere. Die Vögel aber, so besser fliegen, streichen gegen Anfang des Herbstes weg, nemlich um die Mitte des Septembers, und auch

auch eher, als die grosse und kleine Kranich, dann diese können den Wind und Regen besser vertragen, als die kleinen Vögel, und als die Reiger und Störch. Die noch stärckere Vögel aber streichen am letzten weg, zu Ende des Herbsts in dem November, als die Enten und Gänß, welche, weil sie den Wind, Regen und andere rauhe Witterung besser vertragen können, später wegstreichen. Dann sie können so gut fliegen, und die Kälte so vertragen, daß sowohl von einer jeden Art Gänß, als auch von den Jantabes und Baum-Gänßen, die die Kälte auch wohl vertragen können – – – den ganzen Winter hindurch in dem sechsten und siebenden Clima sehr viele angetroffen werden: Dann sie finden daselbst Graß zu ihrer Atz, und können gut fliegen, und am besten in der Kälte dauren, deßwegen bereiten sie sich später zum Wegstrich, und streichen später weg. Sie sind aber so verschlagen und so emsig, daß sie nicht allein in den besagten Zeiten, sondern auch bißweilen eher, bißweilen später wegstreichen, nachdem ein Sommer kürzer ist als der andere, oder der Winter in einem Jahr eher anfängt als in dem andern. Deßwegen streicht eine jede Art, die nach der Beschaffenheit oder Grösse ihres Stelzels die Kälte oder

oder Hitze, oder anders schlimmes Wetter besser ertragen kan, eher oder später weg. Ferner streichen auch Vögel von einerley Art, nemlich Kranich und andere, die weiter hin in den Nord=Ländern sind, eher weg, weil es daselbst eher kalt wird, und sie auch einen weitern Weg haben. Die aber nicht so weit weg sind, streichen später weg, weil es bey ihnen später kalt wird, und sie auch einen kürzern Weg haben. Ferner wann der Herbst gut, und der Wind ihnen günstig ist, so ziehen sie ohne Aufhören fort, und vollenden den Wegstrich bald. Wann aber das Wetter schlimm ist, Kälte einfällt, und sie widrigen Wind bekommen, so brauchen sie länger zum Wegstrich: Denn sie warten allezeit, biß die rauhe Witterung vorbey ist, und je näher die Vögel bey der Linie sich aufhalten, desto später streichen sie weg. Sie halten aber bey ihrem Wegstrich diese Ordnung. Alle Wasser=Vögel fliegen ordentlich, und nicht so untereinander, wie die Land=Vögel, die nicht darauf sehen, welcher der erste oder letzte in dem Flug sey. Hingegen die Wasser=Vögel halten mehrentheils diese Ordnung: Einer fliegt voran, die andern fliegen hintereinander in einer doppelten Reihe nach: eine Reihe ist zur Rechten, die andere zur
Lincken,

Lincken, und – – – – werden in einer Reihe mehr seyn als in der andern. Welche dem Führer nachfliegen, und zwey Linien mit einem Winckel machen: bisweilen auch nur in einer Reihe. Solche Ordnung halten sie nicht allein in ihrem Weg- und Zuruckstrich, sondern auch, wann sie auf die Atz aus- und zuruckgehen. Einer fliegt allzeit voran, vornemlich bey den Kranichen, nicht als wenn solcher den Weg allein wüste, sondern damit er sehe, was ihnen schaden könnte, und durch Schreyen oder Abweichen von dem Weg die andern warne: Dann durch den Führer werden die andern beschützt, daß sie desto sicherer fliegen. Aber weil es dem Führer zu mühsam ist, lang voraus zu fliegen, nicht allein wegen des Flugs, sondern auch Sorgfalt und Furcht, so hört er auf zu führen, und geht aus seiner Ordnung, weil er die Arbeit nicht länger ausstehen könnte, und ein anderer führt an seiner statt. Der Führer aber, so abgeht, tritt dann mit den andern in die Ordnung ein. Es ist daher, was Aristoteles schreibt, nicht wahrscheinlich, daß einer allein stets Führer sey. Dann wenn solches wahr wäre, so würde der Führer nicht ändern, sondern allezeit führen.

Das

Das 22. Capitul.
Von was vor Orten sie wegstreichen, und wo sie sich niederlassen.

Die Orte, wovon sie wegstreichen, sind mehrentheils die Nord=Länder, so weit sie auch entfernet seyn mögen, wo sich Vögel aufhalten können, und auch die unter dem siebenden Clima liegen, dann in demselbigen gibt es mehr Wasser= und andere Vögel, als in den Orten, die diesseits des siebenden Clima liegen, wie unten erhellen wird. Doch streichen sie auch von den andern, als dem sechsten, fünfften, vierdten und dritten Clima weg, und damit ich es kurz zusammen fasse: Kein Strich=Vogel bleibt den Winter über an dem Ort, wo er geheckt worden ist, sondern sie streichen alle weg. Dann wann sie nicht wegzögen, so nennte man sie nicht mit recht Strich=Vögel, es wäre dann, daß sie durch einige Schwachheit und Gebrechen gehindert würden. Hingegen in dem ersten und andern Clima haben sie nicht nöthig, daß sie der Kält wegen wegstreichen: Dann in demselben ist es auch in dem Winter warm genug. Und wann auch diese wegstreichen, so gehen sie doch nur an nahe Orte, wie schon ist gesagt worden. Der meiste Theil der Vögel streicht
also

also aus Norden weg nach Süden. Sie lassen sich aber in ihrem Wegstrich an solchen Orten, Land und Insuln nieder, wo eine jede Art ihre Atz findet. Doch hat man zu wissen, daß, wann sie einmal angefangen wegzustreichen, sie sich nicht niederlassen, biß sie dahin kommen, wo sie hinziehen, es sey dann, daß sie atzhitzig oder müd wären, oder widrigen Wind bekommen. Sie lassen sich also nieder entweder des widrigen Winds, oder Müdigkeit, oder der Atz wegen. Sie fliegen aber von einem Land in das andere, von einer Insul auf die andere, biß sie dahin kommen, wo sie über Winters bleiben wollen.

Das 23. Capitul.
Von den Orten, wehin, und warum sie wegstreichen.

Die Orte, wohin sie der Kälte wegen wegstreichen, und den Winter über bleiben, sind verschieden.

Hier sieht man, daß in der Handschrifft einige Seiten fehlen, in welchen der Verfasser von den Orten, wohin die Vögel, und von den Ursachen, warum sie wegstreichen, und von ihrem Zuruckstrich

E

strich scheinet geredet zu haben. In dem nachfolgenden handelt er von ihren Gliedern.

Die Jungen von der Zeugung, wodurch sie in der Vergleichgung gegen einander sehr verschieden sind. Dann wann alle Glieder der Vögel von einer fast gleichen Gröſſe wären, so wären sie, ob sie schon von verschiedenen Arten wären, einander in der Gestalt gleich. Da aber die Glieder in der Gestalt voneinander unterschieden sind, und am meisten bey den Vögeln von einer andern Art, so haben sie auch nothwendig verschiedene Würckungen, und noch verschiedener bey den Vögeln von einer andern Art.

Die Glieder der Vögel, wie auch der lauffend und schwimmenden Thiere, entstehen auf zweyerley Weise. Einige sind einander gleich, andere dienen zu ihrem Gebrauch. Die einander gleiche sind, welcher Theile mit dem ganzen einerley Natur haben, und diese sind die Beine, Knorpeln, Nerven, Herzbänder, Adern, Fleisch, Fett, Haut, Gefürt und Klauen, von welchen allen wir nur etwas weniges anführen wollen, wo wir nicht etwann die Natur derjenigen Glieder berühren, die aus denselben

zu=

zusammen gesetzt sind. Dann in diesen gleichen Gliedern haben die Vögel dem Wesen nach entweder gar keinen, oder doch einen gar geringen Unterschied. Die Glieder aber, so sie zu ihrem Dienst gebrauchen, sind aus verschiedenen Gleichen zusammen gesetzt, und ihre Theile haben nicht einerley Natur mit dem Ganzen. Diese Gliedmassen, die sie zu ihrem Dienst gebrauchen, unterscheiden sich voneinander in der Gestalt, Grösse, Zahl und Lage. Einige davon kan man sehen, einige sind innerlich und können nicht gesehen werden, durch welche beyderley Arten die Vögel vor sich und nach ihrer Art die zu ihrer Erhaltung nöthige Würckungen vollbringen. Man darff aber nicht glauben, daß die Glieder ihrer Würckungen wegen eine solche denen Würckungen gemäße Gestalt bekommen. Denn auf solche Weise würde man die Ursach aus den Würckungen herleiten, da doch solche vielmehr aus den Gliedmassen herzuleiten ist: massen die Gliedmassen ihrer Natur nach eher sind als die Kräfften, welche erst aus jenen folgen, und sich durch die Würckungen offenbaren, wie die Handlung durch die Sache, womit sie umgehet. Es erhellet also, daß die Würckungen erst nach den Gliedmassen folgen,

folgen, da sie nach den Kräfften sind, welche nach den Gliedern sind. Denn alles, was erst auf das folget, welches schon nach einem andern ist, ist noch später, als das erste. Sondern man muß sagen: Die bildende Krafft habe die Materie, die sie an dem gehörigen Ort gehabt, und die natürlicher Weise tüchtig war allerley Gestalten der Glieder anzunehmen, zusammen gefügt, und in die Glieder der Vögel eine den Alten gleiche Gestalt gelegt, welche Glieder ihre Kräfften sowohl von der Materie, die solche annehmen konnte, als auch von der zeugenden Krafft, die solche bildete, bekommen haben. Uber dieß wann die zeugende Natur die Glieder um der Würckungen willen, wozu sie gewiedmet sind, gebildet hätte, so hätte sie die eine Art gemacht, damit sie die andere verderbe, die Natur der Raub-Vögel, daß sie die, so nicht rauben, zu todt würgen, woraus folgen würde, daß sie eine Art zum Verderben der andern geschaffen, und also wäre sie gegen die eine gütig gewesen, gegen die andere aber nicht, ja was noch mehr ist, gegen eine wäre sie zugleich gütig und mißgünstig gewesen; Dann eine jede Art findet an den andern, was ihr schädlich ist. Man muß

viel=

vielmehr behaupten, die Natur habe bey einer jeden Art und bey einem jeden einzeln einer jeden Art also vorgesehen, und von der dazu tüchtigen Materie alle die Glieder geschaffen, die sie hat bilden können, und die sich vor einen am besten schicken, durch welche Glieder derselbe seine nöthige Würckungen vollbringt. Daher kömmt es, daß ein jeder, weil er eine solche Gestalt in seinen Gliedern nebst der eingepflanzten Krafft hat, durch ein jedes Glied das, was sich vor dasselbe seiner Gestalt nach am besten schickt, zu würcken verlangt. Die Glieder aber, die sie zu ihrem Dienst gebrauchen, und die man äusserlich siehet, sind grösten= theils folgende: Der Kopff, die Augen, die Ohren, die Nase, der Bec, der Halß, die Schulterblätter, die Brust, die Seiten, die Bruck, der Hintere, die Diehn, die Schienbein, die Füß, die Zehen, das Dach, die Lenden, die Klauen, der Staart, die Oeldrüße, und andere dergleichen. Die in= nerlichen aber sind: Das Hirn-Häutlein, das Hirn, das Ruckgrads-Marck, die Zunge und andere Glieder in dem Maul, die Lufft-Röhre, die Lunge, das Herz, die Herz-Kammer, das Zwerch-Fell, der Schlund, der Kropff, das Eingeweide, der

E 3   Magen,

Magen, das Milz, die Leber, die Nieren, die Hödlein, der Eyerstock, und noch mehr, von welchen allen zu reden jetzo unser Vorhaben nicht ist, da wir auch nicht anführen wollen, was ein jedes solches Glied vor Würckungen hat, sondern nur die Verschiedenheit der äusserlich und innerlichen Glieder, die sie zu ihrem Dienst gebrauchen, wodurch ein jeder Vogel gegen das, was ihm schaden will, sich wehrt, in seinem Stand herum gehet, in der Lufft sich hält, und seinen Ort verändert, und was in unserm Buch von denen Kranckheiten zu wissen nöthig ist. Es haben die Vögel Glieder, die eigentlich zu den vorbemeldten Würckungen gehören, und das auf vielerley Weise. Dann ein Glied ist entweder nur zu einer Würckung allein, oder zu mehrern, oder mehrere zu einer oder mehrere zu mehr Würckungen gewiedmet. Weil wir nun alle Weitläufftigkeit vermeiden wollen, und solches nicht zu unserm Vorhaben gehört, so wollen wir nicht alles genau von der Natur der Glieder, sondern nur was zu unserm Vorhaben gehört, erzehlen, und den Anfang von dem Kopff machen.

Der

Der Kopff ist das Glied, welches das Gehirn, die Werckzeuge der Sinnen in sich fässet. Er bestehet aber aus vielen Beinen, nemlich der Hirnschale, und vielen andern, aus den Seiten und Nerven, die den Sinn und die Bewegung geben, aus Häutlein und andern Gliedern, die zu den Sinnen geordnet sind, aus den Augen zum sehen, aus den Ohren zum hören, aus der Nasen zum riechen, aus dem Bec und Zungen zum Geschmack. Es ist aber der Kopff ein nützlich und nothwendiges Stück: dann er hält das in sich, wovon die Haupt=Kräfften, die Sinne und Bewegung herkommen, und dient dazu, daß er die Werckzeuge der Sinnen in sich fässet.

Es sind aber die Köpff der Vögel, die sowohl verschiedener als auch einerley Art sind, sehr verschieden, nemlich nach der Grösse, Gestalt, der Anzahl ihrer Theile, und derselben Lage. Dann es giebt Vögel, die in Vergleichung ihres Stelzels einen grossen Kopff haben, als die Schuhu, Nachteulen, Pulroß, Kibitzen und andere. Andere haben gegen den Stelzel einen kleinen Kopff, als die Geyer, Trap=Gänß, Löffel=Gänß, Schwanen und andere mehr. Einige haben einen Kopff, der mit der übrigen

gen Grösse des Stelzels übereinkommt, wie die Hüner, Tauben und dergleichen. Einige haben einen länglichten Kopff, als die Gänß, Schwanen und dergleichen: und unter einer Art giebt es einige, die einen längern, einige, die einen kürzern Kopff haben: Einige haben einen runden Kopff, als die Brach=Vögel, Kibitzen, Pulroß, und die Arten der Vögel, so die Würmer aus der Erden graben, welche, ob sie gleich einen langen Bec haben, doch einen runden Kopff haben. Ferner haben einige keine, andere haben Federn auf dem Kopff. Einige haben keine Federn und keinen Dunst, als der schwarze Feld=Galeranus, der einen schwarzen Bec und schwarze Füsse hat, und der weiß und schwarz gesprengte Galeranus, die sich in Syrien, Egypten und Morgenländern gern aufhalten: dann diese sind auf dem ganzen Kopff bis an die Mitte des Halses blos, und haben keine Federn und Dunst: und eine Art Vögel, die auf das Luder gehen, welche weiß, und an den Spitzen der Flügel schwarz, hinter dem Bec biß an die Mitte des Kopffs Saffran gelb sind. Die Kranich haben auch auf dem Kopff keine Federn, aber sehr viele Haare. Einige haben keine Federn auf dem Kopff, aber doch Haar,

als

als die Geyer und vornemlich die weisen. Einige von denen, die Federn auf dem Kopff haben, haben keinen Kamm, wie die Vögel mehrentheils, einige haben einen Kamm. Bey einigen ist der Kamm fleischigt und dünn, und oben an vielen Orten eingekerbt, wie bey den Hahnen, welche auf dem Kopff einen rothen Kamm, und unten einen Bart haben, und bey einigen Wasser-Vögeln, die einen rothen Bec und rothe Füsse haben, und Enten von Pharao heissen, und weiß schwarz und roth gesprengt sind. Diese haben zwischen der Nasen und der Stirn etwas dünnes, roth und fleischigtes, das wie ein Kamm erhöht, aber doch nicht wie der Hahnen Kamm eingekerbt ist; und bey den Männlein von einer Art Schwanen, die einen rothen Bec, und auf dem Bec zwischen der Nase und Stirn etwas weiches, fleischigt- und erhöhtes haben, wie eine Haselnuß, das man ihren Kamm nennt. Einige haben auf dem Kopff einen Federbusch, wie der Widhopff, und eine Art Indianischer Papageyen, dergleichen der Sultan von Babylon uns einen geschickt hat, dessen Federn oben weiß, an der Seite aber gelb waren. Einige haben einen Busch mit sehr langen Federn wie Haare, den sie auf das Dach hinter-

hinterlegen, wie alle Reiger. Die Traps-Gänß, so man in der Wüsten bekommt, haben mitten auf dem Kopff bis an das Dach hinunter erhöhte Federn, wie eine Mähn: Einige haben auf beyden Seiten des Kopffs hohe Federn, wie Hörner, als die Fasanen, Schuhu und Nachteulen: Einige haben auf beyden Seiten des Kopffs einen Busch, und noch darneben auf beyden Seiten von dem Bec gegen den Halß Federn herabhängen, als eine Art Taucher: Einige haben auf dem Kopff drey Federn, die gegen den Halß wie ein Bart herunter hängen, welchen Federbusch man deutlicher sieht, wann die Vögel erschröckt werden oder zornig sind: dann alsdann machen sie sich rauh, und heben den Busch in die Höh, solche - - - und sieht man besser in dem Frühling. Es giebt auch Vögel, die etwas hartes wie ein Horn auf dem Kopff haben, als die welschen Hüner. Man hat auch einige gesehen, die etwas hartes auf dem Kopff haben, wie - - - gleich dem Sporn ihrer - - - - und bißweilen zwey Hörner. Es giebt auch noch mehrere Verschiedenheit an den Köpffen, die aber jetzo wenig oder gar nichts zu unserm Vorhaben gehören.

Das

Das 24. Capitul.
Von den Augen.

Die Augen sind die Werckzeuge des Gesichts, von welchen, warum es zwey sind, warum sie an dem vordern Theil des Kopffs, und höher als die andern Werckzeuge der Sinnen stehen, und wie sie aus drey Crystallen und sieben Häutlein bestehen, ist in dem Buch von den Thieren gesagt worden. Der Nutzen der Augen ist das Sehen, wodurch ein Thier was ihm schädlich und nöthig ist, siehet, damit es vor jenem fliehe, und dieses erwehle. Es sind aber die Augen der Vögel sehr unterschieden in der Grösse, Farb und Gestalt. Dann einige Vögel haben gegen ihren Stelzel sehr grosse, einige kleine, einige mittelmäßige Augen: Einige ganz schwarze, wie die Falcken, und bey solchen ist der Stern noch schwärzer als das sonsten weise um den Stern: Einige haben graue Augen, und einen schwarzen Stern, als die Habicht und Sperber; andere haben auch wieder andere Augen, und manche verändern auch nach ihrem Alter die Augen. Die meisten Vögel bedecken ihre Augen mit den untern Schellen, die lang und groß genug dazu sind:

sind: Einige aber mit den obern und untern zugleich: welche Schellen der Vögel keine Haar, sondern ein Häutlein haben, das sie geschwind auf= und zuziehen können, ihre Augen zu reinigen. Es ist auch kein geringer Unterschied in den Augen, aber er gehöret jetzt nicht zu unserm Vorhaben. Die Schellen aber, welche die Augen zu bedecken weit über dieselbe hervorstehen, sind bey den Raub=Vögeln bloß, ohne Federn, hart und sehr dünn: bey andern Vögeln stehen sie nicht so weit vor, und haben Federn.

Das 25. Capitul.
Von den Ohren.

Die Ohren sind die Werckzeuge des Gehörs, und sind zwey Löcher hinter den Augen, die gegen den hintern Theil des Kopffs gehen. Solche Löcher sind inwendig wie eine Schraube gedreht, an dem harten Bein, eines zur Rechten, das andere zur Lincken, und haben von aussen keinen Ohr=Knörpel, so man die Trompete nennt, welche nur bey den Schuhu, Nachteulen und Käutzlein anzutreffen, die eine Haut um das Ohr haben, die, wann sie geöffnet wird, wie eines Menschen Ohr aussieht.
Bey

Bey einigen Vögeln sind die Ohren mit Federn, bey einigen mit Haaren bedeckt. Es nutzen aber die Ohren zum Hören, und durch das Gehör nimmt ein Vogel an dem Schall ab, was ihm angenehm ist, oder nicht.

Das 26. Capitul.
Von den Nasen, Bec und Schultern.

Die Nase sind zwey Löcher auf dem Ober-Bec gerad gegeneinander über, wodurch sie riechen und Athem hohlen, und die aus dem Gehirn kommende Feuchtigkeiten ausfliessen. Daher hat ein jedes solches Nasenloch inwendig zwey Gänge, einen in den Kopff, den andern in den Halß. Die Gänge in den Halß lauffen in dem Gaumen zusammen, und gehen gegen die Lufftröhre zu. Der Nutzen der Nasen ist in ihrer Beschreibung schon angeführt worden. Es sind aber die Nasen der Vögel unterschiedlich: Dann einige haben runde, einige länglichte, einige von aussen durchgebrochene Nasenlöcher, als die Wasser-Vögel. Einige haben zwischen den beyden Nasenlöchern einen Knorpel, und einige inwendig in der Nasen ein Stücklein Fleisch, welches bey einigen herauswärts gehet, wie bey den
Falcken:

Falcken: bey einigen hineinwärts, wie bey den Habichten: einige haben kein solches Fleisch. Bey einigen sind die Nasenlöcher ringsherum mit harten Haaren bedeckt, als bey den Raben und dergleichen, bey einigen nicht. Einiger Vögel Nasenlöcher sind einwärts gedreht, wie eine Schnecke, als der Purpur-Vögel, einiger aber nicht, sondern gehen gerad hinein. Es gibt auch sonsten noch mancherley Arten der Nasenlöcher und des Fleisches in denselben, die man bey einer genauen Untersuchung leicht finden wird. Aber zwischen den Nasenlöchern und Augen ist oben auf dem Bec etwas weiches, das, wenn man es angreifft, nachgiebt, und oben eine Haut hat, darunter liegen zwey Häutlein übereinander, unter welchen der Gang in das Gehirn geht, wodurch die überflüßigen Feuchtigkeiten aus dem Gehirn abgehen, und ein anderer Gang geht in den Halß.

Der Bec ist ein an dem Kopff des Vogels aus Horn bestehendes Glied, womit er die Atz nimmt, er besteht aber aus dem Ober- und Unter-Bec, die sie an statt der Kiefer bey andern Thieren haben. An dem Ober-Bec steht der Gaume, an dem Unter-Bec
hängt

hängt ein Theil der Zunge, die über demselben liegt. Alle Vögel bewegen den Unter=Bec übersich, und den Ober=Bec untersich, wann es nöthig ist, obschon Aristoteles das Gegentheil behauptet. Dieses aber ist selten bey den Raub=Vögeln und Papageyen kennbar. Es dient aber der Bec den Vögeln vornemlich die Atz zu nehmen, durchzuhohlen, die Federn durch den Staart durchzuhohlen, zu kratzen, wo sie es beisset, und sie mit dem Bec hinlangen können, und alle Vögel wehren sich insgemein mit dem Bec wider das, so ihnen schaden will, und unterscheiden das Harte und Weiche, das Rauhe und Gelinde. Denn ob sie wohl in allen Gliedern ein Gefühl haben, so gebrauchen sie doch den Bec mehr zum fühlen als die Klauen. Es sind aber die Bec verschieden in der Gestalt, Grösse und andern Dingen. Dann einige haben einen harten Bec, als die Raub=Vögel, Specht, Störche, Kranich, Reiger und dergleichen: Einige einen weichen, als die Turtel=Tauben, Hauß=Tauben, Ringel=Tauben und andere: Einige einen krummen, andere einen geraden, einige einen spitzigen Bec. Einige haben Zähn, einige nicht: Einige Zacken wie eine Säge, einige nicht. Es giebt auch noch andere

dere Gestalten der Bec, wovon man gar leicht Beyspiele finden, und aus dem Besagten mit mehrern erwägen kan. Die Schwimm-Vögel, so sich allein mit Fischen ätzen, haben einen solchen Bec, der zum Fisch fangen eingerichtet ist, daß sie die schlüpfferigte Fische damit halten können. Dann die Fische sind an und vor sich schlüpffrig, und das Wasser macht sie noch schlüpfriger, daß sie gar leicht entwischen können. Wie man an den Löffel-Gänßen siehet, die einen langen und breiten Bec haben, der inwendig oben und unten rauh ist, und an dem Ober-Bec vornen gleichsam ein eingebogenes, hartes und schneidendes Horn hat, womit sie die Fische fangen, und in den Sack hinein werffen, der an dem untern Bec hängt, und sich auf-und zuschliest, worein die Fische, wie in ein Netz, fallen. Dann weil sie einen langen Bec ohne Zähn und Zacken haben, so könnten die Fische ihnen leicht auf einer Seite ausschlupfen, deßwegen ist jener Sack da, damit sie hinein fallen, und darinnen aufbehalten werden, gleich als in - - - Auch die Taucher haben einen zum Fisch fangen bequemen Bec, denn er ist etwas lang, und rund, vornen krumm, und spitziger als der Löffel-Gänß, und hat auf beyden Seiten unten und oben Zähn:

Zähn: Aber an dem untern Bec hängt, wie bey der Löffel-Ganß, ein Sack, doch aber nicht so groß. Auch der übrigen Wasser-Vögel Bec ist zum Fisch fangen und halten bequem; als der Reiger, die einen langen, etwas runden und spitzigen Bec haben, der vornen zackigt und rauh ist, und auf beyden Seiten Zähne hat. Aber der Bec der Wasser-Vögel, die sich mit Graß atzen, ist mehrentheils so eingerichtet, daß sie das Graß abbeissen können, indem er nemlich oben und unten Zähne hat, auch auf der Zunge haben sie kleine Zähne, damit sie besser zerbeissen, das Zerbissene lassen sie hernach durch den Schlund in den Magen. Aber aller Wasser- Mooß- und Land-Vögel, die sich mit Graß, Körnern und Saamen atzen, Bec ist auf beyden Seiten so eingerichtet, daß sie auflesen können, sie durchhohlen – – – Die Wasser-Vögel haben einen – – hohlen Bec, und der an dem Rand wie eine Säge zackigt ist, als die Enten, die, wann sie die Atz aufgelesen, den Bec gleich als wenn sie kaueten, auf beyden Seiten bewegen, damit der Koth, und was sie sonsten noch mit den Körnern und Saamen auflesen, heraus falle. Auch der Bec der Land-Vögel, so sich mit Körnern atzen, ist dazu bequem, etwas rund,

F und

und inwendig hohl, als der Rebhüner, Wachteln und dergleichen. Aber die kleinen Vögel, so einen harten Bec haben, zerbrechen die Schalen, und nehmen den Kern heraus, als die Sperlinge, Stieglitzen, Papagey und dergleichen, und solches thun sie, damit sie besser verdrucken, weil sie nicht viel Hitze haben. Die aber einen weichen Bec haben, und die Schalen nicht zerbrechen können, durchhohlen die harten und weichen Körner mit der Schalen, als die Tauben, Turtel-Tauben, Ringel-Tauben, und andere, die einen weichen Bec haben, und sehr hitziger Natur sind. Hingegen die Land-Vögel, so sich allein mit Fleisch atzen, haben einen dazu bequemen Bec und auch dazu dienliche Klauen, weil sie keine Körner mit dem Bec nehmen können, denn sie haben einen harten, krummen und scharffen Bec, und Zähne in demselben, als die Falcken und dergleichen: Hingegen die Habichte und dergleichen haben keine Zähne. Die Land-Vögel, so sich mit Körnern und Fleisch atzen, haben einen solchen Bec, daß sie damit die Körner auflesen, und auch das Fleisch zerhacken können, als die Raben, Krähen, Atzeln, Dolen, und dergleichen, die einen scharffen und weiten Bec haben, damit sie

das

das Fleich zerhacken, und die Körner auf=
lesen können. Die Mooß=Vögel haben al=
lerley Bec: Dann einige haben einen hohlen,
langen, harten, und vornen nicht ganz spi=
tzigen Bec, womit sie die Wurzeln aus der
Erden graben, als die Kranich. Auch die
Mooß=Vögel, so Würmer aus der Erden
graben, haben einen dazu wohl eingerichteten
Bec. Dann einige haben einen langen, dün=
nen, und vornen etwas runden und harten
Bec, als eine Art der Grau=Enten: ande=
re haben einen spitzigen Bec, als die Pulroß
und Kibitzen: Einige haben einen langen und
vornen unterwärts gekrümmten Bec, wie die
andere Art der Grau=Enten: Einige einen
langen, geraden und vornen nur ein wenig
krummen Bec, als – – – und dergleichen:
Einige haben einen – – – und vornen spitzi=
gen Bec, als die Pulroß und Kibitzen: Ei=
nige einen langen, dünnen und – – krum=
men Bec. Die aber einen weichen Bec ha=
ben, – – – in dem weichen Schlam. Bey
einigen aber, die einen langen und dünnen
Bec haben, ist er länger, bey einigen kürzer,
doch aber bey beyden vornen hart und dick,
wie ein Keil gestaltet, hingegen der mittlere
Theil biß an den Kopff ist weicher als der
vordere, wodurch sie das, was sie unter der

Erden ausgraben, unterscheiden, ob es ihre
Atz ist, weil sie solches in dem graben in der
Erden nicht sehen, und unterscheiden können.
Die aber Körner und andere Dinge auf der
Erden auflesen, haben keinen so weichen Bec,
weil sie durch das Gesicht und Geschmack
unterscheiden können, was ihre Atz ist, oder
nicht. Es giebt noch andere Arten der Bec,
die alle anzuführen zu beschwerlich und zu
weitläufftig wäre.

Von den Kämmen und Hörnern, so eini=
gen Vögeln auf dem Kopff wachsen, ist in
dem Capitul von den Köpffen schon geredet
worden. Von dem aber, was auf dem Bec
ist, wird unten, bey den Falcken, gesagt wer=
den. Der Halß ist das Glied, worauf der
Kopff stehet, und ist zwischen dem Kopff und
den Schultern, und besteht aus mehrern
Theilen, weil er die Lufftröhre, den Schlund,
Adern, Pulß, Nerven, Mäußlein, und
viele Gelencke aneinander in sich fäßt. Es
hat aber der Halß viele Gelencke, damit der
Kopff durch Beyhülffe der Musculn und
Nerven, nachdem der Vogel will, sich rechts
und lincks, über und unter, hinter und vor
sich drehen könne. Und das ist der Nutzen
des Halßes. Es haben aber die Vögel al=
ler=

lerley Hälße: Denn einige haben einen lan=
gen, und unter diesen einige einen längern,
einige einen kürzern Halß: Einige haben ei=
nen kurzen Halß, und unter solchen einige ei=
nen kürzern, einige einen nicht so gar kurzen:
Einige haben einen dicken, andere einen dün=
nen Halß: Einige haben Federn, andere ha=
ben keine, sondern Dunst daran. Der Halß
gehet bey allen Vögeln oben von dem Kopff
biß an den Anfang des Dachs, unten biß an
die Brustgabel, und zur Rechten und Lincken
biß an die Schulter. Die meisten Mooß=
Vögel haben einen langen Halß, als die
Kranich, Störch, und die Wasser=Vögel,
die schwimmen, und sich nicht ganz unter=
tauchen, als die Schwanen, Löffel=Gänß
und Gänß, und von denen, die nicht schwim=
men, die Reiger. Es haben aber die, so
lange Füsse haben, und vornemlich die
sich auf der Erden atzen, einen langen Halß
oder Bec, oder beydes zugleich nöthig.
Dann da sie lange Füsse haben, so könnten
sie die Atz auf der Erden nicht nehmen,
wann sie nicht auch einen langen Halß oder
Bec, oder beydes zugleich hätten. Doch
haben nicht alle, die einen langen Halß haben,
auch nothwendig lange Füsse, massen die
Schwanen, Löffel=Gänß, und Gänß lange
Hälße

Hälße und doch kurze Füsse haben. Doch haben die meisten Land=Vögel einen kurzen und noch kürzern Halß als die Waſſer= und Mooß=Vögel. Aber unter allen Vögeln haben die Schuhu, Nachteulen und übrige Raub=Vögel den kürzeſten Halß, und daher, weil er nicht so viel Gelencke hat, so iſt er deſto ſtärcker, woraus folgt, daß sie mit dem Halß ſtärcker ziehen, als die nicht rauben, von was vor einer Art sie auch seyn. Viel Vögel haben einen dicken Halß, als die Trap=Gänß, der bey den Männlein zur Heckzeit, wie man mit Verwunderung siehet, weit dicker wird, hingegen zu andern Zeiten behält er seine gewöhnliche Dicke: Aber bey den Weiblein behält er zu allen Zeiten einerley Dickung. Die Ursach, wo solches herkomme, überlaſſen wir andern zu unterſuchen. Einen dünnen Halß haben die Brach=Vögel und Reiger. Faſt alle Vögel haben Federn an dem Halß, ausgenommen eine Art der Geyer. Alle Vögel ſtrecken in dem Flug den Halß aus, auſſer die Löffel=Gänß und Reiger, welche den Halß rückwärts zuſammen biegen: doch wann sich die Reiger nicht fürchten, so ſtrecken sie auch den Halß in dem Flug aus. Die Schultern sind, woran die Flügel ſtehen, und zwischen den Schultern

tern gehet der Halß an den Stelzel. Es sind aber zwey Schultern, eine zur Rechten, die andere zur Lincken, und sind höher als die Seiten, und von denselben fangen die Flügel an. Sie bestehen aber aus drey Beinen, Nerven, Musculn, Banden und Sehnen. Die drey Beine sind folgender massen miteinander verbunden: Das Gabelbein fängt an dem Vorschbein an, und ist durch Knorpel und Bande mit demselben verbunden, und theilt sich in zwey Zincken, wovon der eine seitwärts von dem Halß biß zur Schulter, und der andere zur andern Schulter geht, daß also der Halß zwischen den beyden Enden derselben steht: sie sind aber mit zwey Beinen vereinigt, die eben daselbst miteinander durch Bande verbunden sind, und einen Winckel machen: Dann das eine, welches am Ende wincklicht, und in der Mitte rund ist, gehet an das Vorschbein, und ist mit demselben verbunden, das andere gehet gegen das Dach, und liegt neben dem Ruckgrad unter den Ribben, dieses ist krumm, breit und schwach, und ist an seinem Ende mit keinem Bein besonders verbunden. Wo aber diese zwey Beine an dem Flügel miteinander verbunden sind, da sind sie einiger massen hohl, wincklicht und knorplicht,

licht, und in dieser Schüssel ist das Gewerb
des ersten Flügelbeins, welches die Aerzte
die Spale nennen, und bewegt sich unter und
über sich, vor und hinter sich. Diese zwey
Beine machen, wo sie mit einem andern, das
von der Brustgabel kommt, vereinigt sind,
die Schulter aus, welche dazu dient, daß
der Flügel darinnen, gleich als in seinem
Mittel-Punct, bevestigt ist, und sich bewegt,
und durch die Achselbeine in seiner Bewegung
erhalten wird, daß er sich weder zu hoch auf=
hebt, noch zu tieff niederläßt, noch zu weit
vor oder hinter sich biege. Den Unterschied
der Achselbeine bey den Vögeln anzuführen
würde wenig nutzen.

Das 27. Capitul.
Von den Flügeln.

Die Flügel sind die Glieder, womit die
Vögel fliegen. Es haben aber die
Vögel zwey, einen rechten und lincken, und
sind statt der Aerme bey den Menschen, und
der vordern Füsse bey den vierfüßigten Thie=
ren. Sie bestehen aber aus mehr aneinan=
der hängenden Beinen, und haben darum
mehr Fugen, damit sie sich besser biegen, und
zusammen schliessen. Sie haben aber auch
nebst

nebst den Beinen Nerven, Adern, Pulß-Adern, Musculn, Sehnen und andere Bande. Die Beine sind in folgender Ordnung. An der Schulter ist ein Bein, welches die Spale heist, und an dieser Ende sind zwey Röhren, die in der Mitte von einander abgesondert, aber an dem Ende vereinigt sind. An dieser Ende ist der übrige Theil des Flügels, der bey den Vögeln statt der Hände zu seyn scheinet, und besteht aus mehr kleinen Beinen, die verschiedene Bugen haben, und in folgender Ordnung stehen: Erstlich sind kleine Beine, die über dem Gewerb deßjenigen Beins stehen, welches an den Röhren hängt, und die leere Fuge desselben ausfüllen, wovon das eine bey den Vögeln, die mit den Flügeln schlagen, weit über den Flügel hinaus gehet, und hart ist, womit sie sich wehren, als bey den Gänßen und Schwanen, welches bey den grossen Vögeln groß, bey den kleinen klein ist. An diesem übrigen Theil ist noch ein kleines von den andern abgesondertes Bein, welches statt des Daumens zu seyn scheinet, und hat vornen an dem Ende etwas dünnes und hartes und scharffes, wie ein Nagel. Uber diesem schwachen und dünnen Bein ist noch ein anders, worauf sich der Daume einiger massen stützet;

unter diesem dünnen ist noch ein dickers, das an dem Ende nur eines, in der Mitte aber von einander gespalten ist, daß man dazwischen durchsehen kan, und am Ende der Fuge sind zwey andere Beine, wovon das eine breiter ist als das andere: an dem Ende dieses breitern, welches über dem kleinen liegt, steht das letzte Flügel-Bein, das klein und schmal ist. Also sind die Beine an einander gefügt und geordnet.

Die Flügel schliessen sich also zusammen, wann der Flügel an dem Stelzel zusammen geschlossen ist, so geht der Hacken von den Schultern gegen die Seiten, und unten gegen die Hüfft: der ander Theil, so an dem Ende des Hackens angeht, und an statt des Elenbogens ist, stehet gegen die Seite in die Höhe; der dritte Theil, welcher die Flügel-Spize, französisch le bout heist, gehet herunter. Es sind aber in dem Flügel nicht nur eine einzige, sondern mehr Bugen: dann wann nur eine Buge wäre, so wäre er entweder lang oder kurz: wäre er kurz, so könnte er den Vogel nicht tragen, und taugte nicht zum fliegen: wäre er lang, so würde er sich nicht bequem an den Stelzel zusammen schliessen: dann wann er sich unter sich zusamsammen schlösse, so würde er über den Stelzel hinaus gehen, und den Vogel im Stehen hindern: schlösse er sich aber über sich zusammen, so würde er über den Kopff hinaus gehen, und die Flügel=Federn bedeckten einander nicht, und wären auch nicht so gut zu ihren Würckungen. Dann weil die Vögel sich rechts und lincks, hinter und vor sich, auf und niederwärts bewegen müssen, so wäre der Flügel mit einer einzigen Buge nicht geschickt, so vielerley Bewegungen zu machen, und wann er mehr Bugen hätte, als er hat, da er mit diesen schon seine Bewegungen machen kan, so wäre er allzuschwach, da ein jedes Glied, je mehr es Bugen hat, desto schwächer ist, und die Flügel=Federn würden einander auch nicht so bedecken können. Hätte der Flügel noch die vierdte Buge, so würde er sich nicht an den Stelzel zusammen schliessen, sondern auswärts stehen, und die Federn nicht gehöriger massen bedeckt seyn, und die äussersten Federn, die unter sich stehen sollten, würden in die Höhe stehen, welches sich nicht wohl schickte. Es sind aber in den Flügeln grosse, und über und unter denselben kleine Federn, wie in dem Capitul von dem Gefürt wird gesagt werden. Sie bewegen sich aber, wie der Vogel will, über und untertersich, hinter und vorsich, sie breiten sich aus, und schliessen sich zusammen. Solche verschiedene Bewegung wird durch verschiedene Sennen herfür gebracht: Dann vorsich bewegen sie sich durch die vordern, hintersich durch die hintern, übersich durch die obern, untersich durch die untern Sennen, die von dem Flügel zur Brust gehen. Wann aber die Flügel sich ausbreiten oder zusammen schliessen, so geschiehet jedes wieder durch andere Sennen. In dem Flug aber bewegt der Vogel den Flügel nicht in die Höhe, als nur damit er ihn hernach unter sich bewege: dann darum hebt er den Flügel in die Höhe, damit er ihn desto stärcker und besser unter sich bewege, und je höher der Vogel die Flügel aufhebt, und gegen das Dach zuruck biegt, desto stärcker ist die Bewegung unter sich, wodurch der Vogel erleichtert, an= und fortgetrieben wird. Und weil die Bewegung unter sich durch die Sennen geschiehet, die von den Flügeln zur Brust gehen, so haben die Vögel, so dicke und stärckere Sennen haben, auch eine stärckere Bewegung, und daher auch einen raschern Flug. Wovon ich also schliesse: Ein jeder Vogel, der dickere und stärckere Sennen von den Flügeln zur Brust hat, hat eine geschwindere und stärckere Bewegung in den

den Flügeln: Ein jeder Vogel, der eine dickere und stärckere Brust hat, hat dickere und stärckere Sennen: Derohalben ein jeder Vogel, der eine dickere und stärckere Brust hat, hat auch eine stärckere und geschwindere Bewegung in den Flügeln, und ein jeder, der eine solche Bewegung hat, fliegt auch rascher. Ferner macht ein jeder Flügel, wann er sich in dem Flug bewegt, einen halben Circul, und auch alle grosse Flügel=Federn machen einen solchen halben Circul: massen wie der Flügel, also macht auch eine jede Flügel=Feder in ihrer Bewegung einen Theil vom Circul, und welche Feder näher gegen den Stelzel steht, macht einen Kleinern, die aber weiter von dem Stelzel wegsteht, macht einen grössern Circul, und die Theile des Circuls, so eine jede Feder macht, sind von gleich weiten Umkreiß, und ein Flügel, der einen grössern Circul macht, und weiter von dem Stelzel wegsteht, kan den Stelzel besser tragen, an= und forttreiben, wie Aristoteles in dem Buch de ingeniis levandi pondera sagt: ein grösserer Circul könne eine Last leichter aufheben. Der Nutzen der Flügel besteht darinnen, daß die Vögel durch ihre Bewegung fliegen, und von einem Ort sich an den andern begeben, ihre Atz zu bekommen, und dem, was ihnen

ihnen schädlich ist, zu entgehen. Einige Vögel wehren sich auch mit den Flügeln, und durch ihre Bewegung steigen sie auf, und treiben sich in der Lufft fort; und wann sie solche zusammen schliessen, so wird ein Theil des Dachs und der Seiten vor der rauhen Lufft bedeckt. Es sind aber die Flügel sehr verschieden, dann einige haben gegen ihren Stelzel kurze, einige lange Flügel, einige solche, die mit der Grösse des Stelzes übereinkommen: Einige haben lange Flügel und lange Flügel-Federn: Einige lange Flügel und kurze Flügel-Federn: Einige kurze Flügel und lange Flügel-Federn: Einige kurze Flügel und kurze Flügel-Federn: Einige haben krumme Flügel, wie eine Sichel, andere gerade. Es gibt auch noch andere Arten der Flügel, aber was wir bißher davon gesagt haben, soll genug seyn.

Das 28. Capitul.
Von dem Dach.

Das Dach ist dasjenige, was zwischen den Flügeln und Seiten bis an die Lenden geht. Es besteht aber aus Beinen und Gelencken, die in der Mitte nach der Länge, und hinter den Gelencken des Halses bis zum Anfang der Gelencke der Lenden gehen, und bestehen auf bey-

beyden Seiten neben den Gelencken aus
- - - - welche die Ribbe mit dem Ruckgrad machen. Der Nutzen des Dachs ist,
daß es den Stelzel von oben her bewahre.
Der Unterschied des Dachs besteht darinnen,
daß einige ein breites, einige ein schmales, einige ein langes, andere ein kurzes Dach haben.

Das 29. Capitul.
Von den Lenden.

Die Lenden gehen von dem Ende des Dachs
bis an den Staart, und sind zwey, die
Rechte und Lincke, und in der Mitte sind von
dem Ende des Dachs bis an den Staart Gelencke, und auf beyden Seiten breite und von
unten hohle Beine, welche die Hüfft-Beine
heissen, die gegen ihre Mitte eine Aushöhlung haben, welche man die Hüfft nennt.
Der Nutzen der Lenden ist, daß die Nieren
darunter bedeckt liegen, und die Gewerbe
der Ribben in denen Schüsseln der Hüfft vest
stehen.

Das 30. Capitul.
Von dem Staart.

Den Staart nennt man, was über dem
Hintern ist, und drüber hinaus geht,
der

der aus den äussersten Gelencken des Ruckgrads besteht, und breit ist, worinnen die
Staart-Federn wachsen. Den Nutzen des
Staarts wird man bey dem Gefürt anführen. Es haben aber die Vögel, so einen
langen Stelzel haben, mehrentheils einen
kurzen, und die einen kurzen Stelzel haben,
einen langen Staart.

Das 31. Capitul.
Von der Oeldrüße.

Die Oeldrüße ist auf dem Staart, und besteht aus zwey Drüßen. In der Mitte
derselben ist gegen das Ende etwas nervigt-
hart- und erhabenes, wie eine Ruthe. Der
Nutzen solcher Oeldrüße ist, daß sie von dem
übrigen Stelzel eine gifftige Feuchtigkeit auf-
fängt, welche, wenn sie sich daselbst gesammlet, und es nöthig ist, der Vogel mit dem
Bec heraus drucket, und sein Gefürt und
Klauen damit beschmiert, damit das Gefürt
nicht so bald naß werde. Dann das Regen-
Wasser hängt sich an den geschmierten Federn nicht so an, und tropfft besser ab, und
das Gefürt und die Klauen bleiben gesunder.
Die Füsse der Raub-Vögel, die mit solchem
Oel geschmieret sind, verwunden und tödten

auch

auch geschwinder: Dann damit vergifften sie die Wunden. Es ist aber ein Unterschied in den Oeldrüßen. Dann die Wasser=Vögel haben insgemein eine grössere Oeldrüße als die Land=und Mooß=Vögel.

Das 32. Capitul.
Von der Brust.

Die Brust ist das Glied, unter welchem das Herz in der Mitte verwahret liegt. Von vornen ist sie erhöht, in der Mitte geht sie nach der Länge hin, und innwendig ist sie hohl. Sie ist aber von Bein. Dieses Bein ist schmal, starck, und in der Mitte, wie eine Wand, erhaben. Ein Theil aber des Borst= Beins liegt zur Rechten, der andere zur Lin= cken darunter, und dieses Bein ist oben, wo es mit den Gabel=und Schulter=Beinen ver= einigt ist, dicker und vester, unten aber bey der Bruck weicher und knorplicht, und an der Seite theilt es sich in mehrere Aeste. An der Brust sind Sennen, die von den Flügeln auf beyden Seiten zur Brust lauffen, und deß= wegen geht das Borst=Bein auf beyden Seiten herab, damit die Sennen in dem Winckel, welchen das mittlere Bein mit de= nen zwey darunter stehenden macht, sich wie=
der

der zuruck wenden. Es ist auch über dem mittlern Borst=Bein eine Nerve nach der Länge, wodurch die beyden Sennen miteinander vereinigt sind. Und hieraus erhellt der vielerley Nutzen der Brust. Dann das mittlere Bein steht in die Höhe, damit es dem, was einigen Schaden verursachen könnte, widerstehe, und die Sennen des einen Flügels von des andern absondere. Dann wann sie nicht also unterschieden und abgesondert wären, so könnte sich der eine Flügel nicht bewegen noch ausbreiten, daß sich nicht auch der andere Flügel bewege und ausbreite. Auf der rechten und lincken Seiten ist ein hohler Winckel, darinnen die Sennen liegen: Die Nerve ist oben nach der Länge, damit sie die Sennen einiger massen bedecke, und mit dem mittlern Bein verbinde. Innwendig ist es auf beyden Seiten hohl, damit das Herz darinnen Platz habe: Gegen die Bruck ist es weicher, damit es nicht durch seine Härte der weichen Bruck schade, und daher ist bey den meisten Vögeln die Brust zwischen den besagten Aesten, und vornemlich über der Bruck hautigt. Es sind aber die Vögel in der Brust unterschieden: Dann die Wasser= und vornemlich die Schwimm=Vögel haben insgemein eine
längere

längere Brust, und auch einen längern Stelzel als die Land-Vögel. Ferner haben die
Falcken eine rundere und dickere Brust als
die Habicht und Sperber. Bey dem Kranich ist das hervorstehende Borst-Bein innwendig hohl, in welcher Aushöhlung die
Lufftröhre liegt, der übrige Theil aber, der
vest zu seyn scheinet, ist nicht vest, damit es
nicht allzu schwer sey, sondern etwas schwam-
migt, damit es leichter sey, dergleichen bey
andern Vögeln nicht ist. Dann die Beine
der grossen Vögel sind in Ansehung ihres
Stelzels nicht so vest und starck, als der kleinern. Dann wann sie bey den grossen Vögeln vest und dick wären, so wären sie schwer:
Bey den kleinen Vögeln aber müssen sie vest
seyn, damit sie stärcker seyn, und bey den
vielen und mancherley Bewegungen, so die
kleinen Vögel vor den grossen machen, nicht
so leicht zerbrechen.

Das 33. Capitul.
Von den Seiten.

Die Seiten sind unter den Flügeln zwischen
der Brust und dem Dach, und gehen
von der Uchse biß zu der Hüfft, und bestehen
aus Ribben, deren einige Vögel mehr, einige

nige weniger haben, und aus Haut und Mäußlein, wodurch die Ribbe verbunden sind, die biß an den Ruckgrad gehen. Es ist aber der Nutzen der Seiten, daß das Herz, die Lunge, die Häutlein, und was sonsten noch inwendig unter denselben ist, wie von der Brust das Herz von vornen her, verwahret werden. Die Bruck aber, welche auch einige den Eyerstock nennen, ist der ganze Theil, so von dem Ende der Brust zwischen der Hüfft und den Ribben biß an den Hintern geht, und es wird ein Theil der Bruck noch unter der Brust biß an das Herz begriffen, sie fäßt aber den Magen, die Eingeweide, die Leber, das Miltz, und die übrige zur Nahrung gehörige Stücke in sich. Es ist aber die Bruck mit Federn bedeckt, und besteht aus Nerven und Mäußlein, und ist daher weich, und dehnt sich aus, damit das darinnen sich befindende Uberflüßige, die Eyer, so dadurch gehen, die Feuchtigkeiten und Winde Platz haben. Der Nutzen derselben aber ist, daß sie die bemeldten Glieder in sich fasse, erwärme, und das Uberflüßige abführe. Es ist gesagt worden, daß in den Lenden zwey lange, hohle und unten breite Hüfft-Beine sind, welche in der Mitte eine Höhle haben, die von den Aerzten die Hüfft genannt wird,

und

und in dieser Hüfft ist das Gewerb der Diehn. Die Diehn und Füsse sind also diejenige Glieder, welche den Vogel auf der Erden tragen, und womit er laufft, sich auch bißweilen wehrt. Vornemlich aber kratzen sie sich mit den Füssen und Klauen, wo es sie beisset, scharren auf der Erden, nemlich die, so solcher Art sind. Das ist der Nutzen der Diehn und Füsse. Es bestehen aber die Diehn und Füsse aus vielen also aneinander hangenden Beinen. Das obere Bein der Diehn, welches mit seinem obern Gewerb in der Hüfft steht, und mit Nerven, Sennen und andern Bändern angehängt ist, hat sehr viele Sennen um sich herum, wodurch es seine Bewegung bekommt. Es hat aber dieses Bein eine Gleichheit mit der Spale in dem Flügel, und hat bey einigen Vögeln Marck, bey einigen aber nicht. An diesem Bein hangen, wie in dem Flügel, zwey Röhren, die deßwegen zwey sind, damit, wann die eine Schaden leidet, die andere gut bleibe, und die äussere, so dem Schaden ausgesetzt ist, ist dicker und stärcker, und die kleine ist so dünn, vornemlich unten, daß man sie nur vor eine Nerve ansehen sollte, und je weiter sie geht, desto runder und dünner wird sie. Aber diese zwey Röhren, welche den untern

Theil der Diehn ausmachen, nennen einige die Diehn, und das obere Bein nennen sie das, was ober der Diehn ist. Unten am Ende der zwey Röhren ist ein einiges Bein, und geht biß an die Zehen, und dieses nennen einige das Schienbein, wir aber glauben, es gehöre vielmehr zu dem Fuß, wie bey den Fasanen, Kranichen und Trap-Gänßen. Das Bein, woran die Zehen stehen, ist bey einigen Vögeln mit einer schuppigten Haut bedeckt, und ganz ohne Federn: Einige aber haben keine schuppigte Haut, sondern Federn biß an die Füß, einige biß an die Klauen: Einige haben zwischen den Schuppen nur wenige Federn, wie die Falcken. Deßgleichen haben einige hinten etwas fleischigt-spitzig- und langes, welches man den Sporn nennet, als die Hüner, Fasanen und Pfauen, einige aber nicht. Am Ende dieses Beins sind die Zehen, wovon an seinem Ort weitläufftiger wird geredt werden. Die Vergleichung aber der Diehn gegen die Flügel verhält sich also: Diejenige, welche eine dicker und fleischigtere Brust haben, haben stärckere Flügel, und daher dünnere Diehn, und solche können besser fliegen als lauffen: Aber welche eine dicke Diehn haben, haben eine dünnere und schmalere Brust, und können

nen besser lauffen als fliegen, als die, bey welchen das Gegentheil ist. Dann was ihnen an den untern Gliedern zugeht, das geht an den Flügeln ab.

Die Diehn und Füsse biegen sich in Vergleichung der Flügel verkehrt, nemlich über und unter sich gegen den Stelzel, welches erhellen wird, wenn man ein jedes vor sich betrachtet. Ferner biegen sich die Diehn der Vögel vor und nicht hinter sich, wie die hintern Füsse der vierfüßigten Thiere, und dieses darum, damit sie in dem Stehen und Ausgreiffen sich besser bewegen können. Dann wann er mit den Füssen ausgreiffen will, so wird er vorwärts ausgreiffen, hinter sich kan er nicht. Dann auf diese Weise gehen die Füsse zum Ausgreiffen vor sich, hinter sich, rechts und lincks, nachdem der Vogel beschaffen ist. Die Diehn und Füß wachsen bey den Schwimm=Vögeln geschwinder als die Flügel, weil sie in dem Wasser mit den Füssen, und nicht mit den Flügeln ihre Atz bekommen, und ihre Vertheidigung und Wehr in dem Wasser grösten theils in dem Schwimmen und Untertauchen besteht. Deßwegen wachsen diese Glieder zuerst, hernach die Flügel, und wenn diese ausgewachsen,

sen, so wachsen in denselben die grossen Federn. Es ist auch noch eine Ursach: Dann die Vögel ziehen in dem Schwimmen durch die Bewegung der Füsse das Wasser und die Atz an sich, und deßwegen wachsen die Flügel, welche sie nicht viel bewegen, und womit sie nicht nöthig haben zuruck zu gehen, langsamer als die Diehn und Füsse. Hingegen bey den andern Vögeln, die keine Schwimm-Vögel sind, verhält es sich nicht schlechterdings also, sondern die obern Glieder, durch welche sie ihre Atz bekommen, sich wehren, und vor dem, was ihnen schädlich ist, fliehen, wachsen geschwinder.

Das 34. Capitul.
Von den Zehen.

Die Zehen sind, worauf die Diehn, und also auch der ganze Vogel als auf einem Gestell vest stehet, und deßwegen haben sie mehr als eine, die ausgebreitet, und von einander weg stehen. Dann was auf einem breiterm Gestell steht, steht vester. Hieraus erhellet einiger Nutzen derselben. Sie dienen ferner sich auf den Aesten und andern Sachen, worauf sie stehen, zu halten, und zu noch mehr andern Dingen. Sie bestehen aber
aus

aus mehren Beinen, die durch ihre Sennen aneinander hängen, und alle sind mit dem vorbesagtem Bein verbunden. Die meisten Vögel haben vier, einige drey, einige zwey Zehen. Die mehrsten von denen, die vier Zehen haben, haben drey vornen, und eine hinten: sehr wenig haben zwey vornen und zwey hinten, als die Specht, Papagey und andere, die sich an die Bäume hängen. Denen aber, die drey Zehen haben, fehlt insgemein die hintere, und haben solche nur vornen, als die Trap-Gänß, Livercini, Pulroß, und mehrentheils die Vögel, die sich in kiesigten Feldern oder Bächen, aufhalten. Die Vögel aber, so nur zwey Zehen haben, haben den mittlern und auswendigen, aber keinen inwendigen, damit er sie nicht in dem Lauffen hindere, als der Strauß, der beyde Zehen vornen hat, und weil er ein grosser Vogel ist, so hat er auch starcke Zehen, dann er steht weder an den Baum, noch hat er sonsten vieles mit den Zehen zu thun, als Lauffen. Ferner haben einige eine Haut an den Zehen, wie die Löffel-Gänß und Gänß, als welche zwischen den Zehen eine nervigt- und knorplichte Haut haben, wodurch sie aneinander hängen, doch so, daß sie voneinander wegstehen, wie die Schwimm-Vögel haben,

ben, welches deswegen also ist, damit sie das Wasser in grösserer Menge anstossen, und sich desto besser vorsich treiben, und je mehr Haut sie haben, desto besser schwimmen sie. Einige haben zwar eine Haut an den Zehen, aber sie ist entzwey geschnitten, und hängt auf beyden Seiten an den Zehen, wie an den Blässlein zu sehen ist. Von denen, die eine Haut an den Zehen haben, hängt allein bey der Löffel=Ganß der Hintere mit dem Inwendigen zusammen, und steht von dem Auswendigen weit weg, dergleichen man bey den andern Vögeln nicht findet, wie zu sehen ist an den Land= und Mooß=Vögeln. Es sind aber die Zehen nicht gerad und ohne Gelencke, denn also würden sie zu dem, wozu sie dienen, nicht taugen. Denn wenn sie keine Gelencke hätten, und sich nicht rund herum biegen liessen; so würden sie die Aeste, Erdschollen, Stein und andere Cörper, die mehr rund als länglicht oder eckigt sind, nur an einem Punct berühren, wann sie daran stehen; wie man in der Geometrie liest, daß eine Linie, die etwas rundes berührt, solches nur an einem Punct berühren müsse. Was aber nur an einem Punct berührt, umschließt und fäßt die berührte Sache weniger. Daher musten die Zehen mehr Gelencke haben, damit

mit sie sich besser nach der Runde herum biegen, und das, was sie halten, an mehrern Orten berühren, und deßwegen vester halten, welches bey den Vögeln nöthig ist, weil der meiste Theil in dem schlafen nur auf einem Fuß stehet. Daß sich aber die Zehen über sich biegen, ist nicht nöthig, aber unter sich müssen sie sich biegen, damit sie die Aeste, an welche sie offt tretten, desto besser greiffen können, vornemlich diejenige, so keine Haut an den Zehen haben, und ihre Nester auf die Bäume machen. Damit sie sich desto besser und vester halten und greiffen können, so haben die Zehen, vornemlich die vordern, mehr Gelencke. Was aber die Anzahl und Einrichtung der Gelencke an den Zehen, sonderlich bey denen, die vier Zehen, nemlich drey vornen und einen hinten haben, betrifft, so verhält sichs damit also: Der hintere Zehe hat nur ein Bein und ein Gelenck, und daher ist er auch stärcker: Dann wie ein jedes Glied, das mehr Gelencke hat, schwächer ist; also ist das, welches wenig Gelencke hat, stärcker, welches sich auch vor den hintern Zehen also gehörte. Dann wie der Vogel vornen auf drey, also steht er hinten nur auf einem, dem hintern Zehen, der sich gegen die vordern, wie der Daume an der Hand ver=

verhält. Die vordern Zehen biegen sich gegen den hintern, und der hintere gegen die vordern, und machen miteinander einen Circul, und halten daher eine Sache vester. Die Stärcke des hintern Zehes kommt mit der Stärcke der vordern überein, und die Falcken schlagen mit dem hintern, welchen die Falckonier die Fang-Klaue nennen. Der inwendige Zehe hat zwey Beine, und zwey Gelencke, damit er starck sey: Dann mit diesem halten und wehren sich die Vögel mehr, als mit den andern zweyen; er steht auch gerader gegen den hintern, und macht mit demselben einen Circul. Der mittlere Zehe ist bey den meisten Vögeln länger als die andern, und hat drey Gelencke und drey Beine, weil er mehr umgreiffen muß als die andern, da er in der Mitte in dem Circul-Bogen steht. Dann wann die Zehen sich zusammen schliessen, und etwas greiffen, so scheinen sie einen Circul-Bogen zu machen, in welchem der hintere mit dem inwendigen einen kleinern, der mittlere einen grössern Bogen macht, und daher auch längere Beine hat. Der auswendige hat vier Gelencke, und vier Beine, und ist kürzer als der mittlere, weil seine vier Beine kürzer sind, als jenes drey. Da er aber mehr Gelencke als die andern hat, so ist

er

er auch schwächer, und er braucht auch keine grosse Stärcke, weil sie sich damit nicht viel wehren, noch halten. Der Nutzen dieses Zehens ist, daß er auf der andern Seite greiffe, und den Circul-Bogen mache, und weil er mehr Gelencke hat, an mehrern Orte berühre, und etwas dünnes desto vester umschliesse. Hieraus erhellet, die wunderbare Ordnung der Natur in den Gelencken der Zehen. Der hintere Zehe, welcher die Fang-Klaue heist, hat nur ein Gelenck, der inwendige zwey, den sehr viel den Daumen nennen, und also haben diese zwey Zehen drey Gelencke; Der mittlere hat drey, welches zusammen sechs sind: Der auswendige vier: vier und sechs machen nach dem Pythagoras zehen, welche Zahl er die Vollkommene nennt. Diese zehen Gelencke der Zehen sind von der Natur nach dieser Ordnung und vor bemeldten Nutzen eingerichtet. Man hat auch zu wissen, daß ausser der Haut des gantzen Stelzels die Haut an den Füssen und Zehen etwas härter ist, als die andere, und bey einigen Vögeln ist solche schuppigt, bey einigen nicht, bey einigen sind Federn an den Füssen, bey einigen nicht. Der Nutzen solcher Haut ist, die Füsse zu bewahren, welche öffters denen Stacheln, Dornen, Steinen, und

und wässerichten Orten und andern Dingen, die ihnen im lauffen schaden, ausgesetzet sind.

Das 35. Capitul.
Von den Klauen.

Obschon die Aerzte die Klauen unter die Glieder zehlen, die eine Gleichheit haben, doch weil sie an den Zehen als Glieder, die ihnen zu ihrem Gebrauch dienen, stehen, und auch vielerley Dienst haben, so wollen wir in tractatu officialium davon reden. Es sind aber die Klauen zu äusserst an den Zehen, vest, von Horn, inwendig hohl, und steckt der äußerste Theil der Zehen darinnen: sie sind aber mit dem Fleisch und der obern Haut vest vereiniget. Ihre Bande sind Sennen, und die Nerven, Spann= und Blut=Adern gehen in dieselben und geben ihnen die Empfindung und natürliche Nahrung. Es ist aber an einer jeden Zehe vornen eine Klaue. Es dienen aber die Klauen, daß der vordere fleischigte Theil der Zehen nicht durch die harten Cörper verletzt werde. Sie dienen ferner zum kratzen und scharren, und bey den meisten sind sie die Waffen, womit sie sich wehren, fangen, zerreissen, und sich anhängen. Einige Vögel haben gerade Klauen, als die meisten,

ſten, ſo nicht rauben, einige haben krumme, als die Raub-Vögel. Doch giebt es auch unter jenen ſehr viele, die krumme Klauen haben, als die Dohlen, Atzeln, und andere mehr. Wann nun Ariſtoteles in ſeinem Thier-Buch ſagt: Die Vögel, ſo krumme Klauen hätten, wären Raub-Vögel, ſo befindet ſich die Sache nicht alſo. Alle zahme Vögel haben an der mittlern Zehe eine ſcharffe Klaue, die wie eine Säge iſt, welches an den andern Klauen nicht iſt. Mit dieſer kratzen ſie auf dem Kopf und an den andern Gliedern, die ſie erlangen können. Die Lerchen, Cozardi, Galander und dergleichen haben an der hintern Zehe eine längere und geradere Klaue als an den andern, und auch als andere Vögel in Vergleichung ihrer Größe. Bey den Kranichen iſt, wie bey den Raub-Vögeln, an beyden Füſſen die inwendige Klaue ſtarck, krumm, hart und ſpitzig, womit ſie ſich wehren, die andern aber ſind nicht alſo. Damit ſie aber dieſe Klaue nicht binzen oder verletzen, hat die Natur vorgeſehen, daß, wann die Kranich ſtehen, ſolche Klauen ſeitwärts, und nicht mit der Spitze auf der Erden aufſtehen. Aber der Storch hat nicht wie die andern Vögel, ſondern wie die Menſchen und Affen breite Klauen.

Das

Das 36. Capitul.
Von den innerlichen Gliedern, die ihnen zum Gebrauch dienen.

Die innerlichen Glieder sind die Mäußlein, Hirnschale, Hirnhäutlein, Gehirn, Ruckgrads=Marck, und andere dergleichen, welche man nicht sehen kan. Wovon wir jetzo nicht vollständig anführen wollen, was sie sind, oder woraus sie bestehen, als nur in so fern ein offenbarer Unterschied darinnen ist. Die Mäußlein, so aus Fleisch bestehen, und mit Nerven, Banden und Häutlein überzogen sind, dienen zur Bewegung der Glieder, daher sind verschiedene, die unterschiedliche Glieder, oder auch nur ein Glied gegen unterschiedliche Theile bewegen. Von der Hirnschale ist gewiß, daß sie das Hirn verwahret, und ist bey einer jeden Art Vögel nach der Beschaffenheit des obern Theils des Kopffs gestaltet. Von dem Hirn, weil es das Marck darreichet – – – wie von demselben entstehen – – – alle, die entweder mittelbar oder unmittelbar die Fühlung verursachen, und - – – zu den übrigen Gliedern, - – – in den Vögeln keinen Unterschied, von - – – aber eben dieses – – – von dem Ruckgrad, der aus einer Reihe Gelencke besteht,

besteht, die biß an den Staart hinunter gehen, und das Ruckgrads-Marck in sich haben, und verwahren, muß man sagen, daß er bey einigen Vögeln länger ist, nachdem sie einen langen Stelzel und Halß haben, bey einigen kürzer, und daß in einem Ruckgrad mehr Gelencke sind, als in dem andern. Die Ruckgrads-Gelencke sind auch so genau miteinander vereinigt, daß es über dem Dach biß an die Lenden nur ein Bein zu seyn scheinet, wo aber die Hüfft-Beine angehen, da sieht man die Gelencke deutlich. Von den Lenden biß dahin, wo der Staart angehet, werden die Ruckgrads-Beine breiter, und lauffen zwischen den zwey Hüfft-Beinen hin, und sind bey einigen Vögeln breiter, bey einigen schmäler, und diese Gegend nennen einige den Bürzel, und da sind die Gelencke vester, und haben ein weiters Loch. Hingegen an dem Ende des Bürzel-Beins, wo der Staart anfängt, wird das Ruckgrads-Bein schmäler, und gleich darauf wieder dicker und breiter, damit mehr Fleisch und dickere Mäußlein darinnen seyn können, und die Oeldrüße besser darauf stehe, und die Staart-Federn einen grössern Platz haben, aber gegen das Ende wird es wieder dünner und schmäler. Wie aber das Ruckgrads-Marck

H von

von dem Gehirn biß an den Staart, durch die Löcher des Ruckgrads gehet, und solcher über den Nieren dicker wird, und grössere Löcher hat, und aus demselben ein paar Nerven gehen, also daß zwischen zwey Gelencken allemal ein paar ist, wovon die eine rechts die andere lincks geht, gehört jetzo nicht zu unserm Vorhaben anzuführen. Hingegen wollen wir von dem Maul und Zungen, in welchen bey den Vögeln ein grösserer Unterschied ist, reden. Einige Vögel haben gegen das Verhältnuß ihres Stelzels ein grosses einige ein kleines Maul, einige haben Zähn, einige nicht. Es haben auch die Vögel kein Zäpfflein, noch Kehlen=Deckelein, noch Zähne, sondern statt der Zähne einen Bec, und einige eine mittelmäßige oder gar keine Zunge, als die Störch und Löffel=Gänß, deren Bec wie ein Löffel ist, und andere, welche Vögel daher keine Veränderung in der Stimme machen, weil ihnen die Werckzeuge zur Stimme fehlen. Die aber eine Zunge haben, geben eine Stimme von sich, und verändern solche desto mehr, je geschickter die Zunge zur Bewegung ist. Dann welche Vögel eine dünne und sich hurtig bewegende Zunge in einem kleinen und dünnen Bec haben, machen auch mehr Veränderungen

gen des Gesangs als die Nachtigall, Galander, Lerchen, Staaren, Amseln, Stieglitzen, und andere kleine Vögel: Dann diese machen nicht allein ihr Wald-Gesang, sondern auch andere Gesänge, und was man ihnen vorpfeifft, sonderlich den klaren Thon nach: einige lassen sich mehr in dem Frühling und in der Heckzeit bey heiterm, stillen und gemäßigten Wetter, und zu früh hören. Doch schlagen auch einige die meisten Frühlings-Monathe hindurch bey Tag und bey Nacht, als die Nachtigallen, die zu andern Zeiten stillschweigen. Die aber eine fleischigte und dicke Zunge haben, machen die Menschen-Stimme, die sie öffters hören, nach, als die Raben, Atzeln, und noch mehr die grünen, am meisten aber die weissen Papageyen, welche auch den Buchstaben R besser als die andern Vögel aussprechen. Diese Veränderung der Stimme kommt von der Beschaffenheit der Zunge und andern zur Sprach gehörigen Werckzeugen her. Die grössern Vögel aber können ihre Stimme nicht so verändern, weil die Werckzeuge derselben nicht so geschickt sind: Die aber weniger Veränderungen machen, haben doch wenigsten dreyerley: Denn sie schreyen anderst, wenn sie atzhitzig sind, anderst zur Heckzeit,

und

und anderst, wenn sie geschreckt sind. Die meisten Vögel haben an dem untern Theil der Zungen etwas hartes gleich einem Nagel, welches biß vornen an den obern Theil gehet, wo es härter und vester wird: aber gegen die Mitte läßt sie sich etwas in die quer biegen, wo bey einigen Vögeln inwendig in der Zungen ein Bein ist. Inwendig aber theilt sich die Zunge in zwey Aeste, die auf beyden Seiten biß an den hintern Theil des Kopffs gehen, und nervös zu seyn scheinen. Die Zunge ist bey den meisten Vögeln nach dem Bec gestaltet, und – – – in einem geraden Bec eine gerade, in einem schmalen und dünnen eine schmale und dünne, in einem breiten eine breite, in einem Bec, der Zähn hat, eine rauhe, das Graß besser zu zerbeissen, in einem kurzen eine kurze, in einem harten und spitzigen eine harte und spitzige Zunge, als bey den Spechten, die mit dem Bec Löcher in die Bäume machen, und mit der Zunge die Würmer anspiessen und herausziehen. Es erhellet also, daß die Vögel nach den verschiedenen Arten der Bec auch verschiedene Zungen haben. Es dient aber die Zunge zum Geschmack. Inwendig ist an dem Ende der Zunge ein Loch, welches in die Lufft-Röhre gehet, und keinen Deckel hat;

Denn

Denn es ist von Natur so beschaffen, daß es sich zuschließt, wann die Atz oder das Wasser darüber in die darhinter stehende Oeffnung in den Schlund gehet. Es sind auch oben an dem Gaumen zwey Löcher, wovon das eine nach der Länge in die Nasen geht, wodurch sie Athem hohlen: Das andere ist inwendig am Ende des Gaumens, wodurch die überflüßigen Feuchtigkeiten aus dem Hirn abgehen, und dieses vertritt die Stelle des Zäpffleins.

Das 37. Capitul.
Von der Lufft-Röhre.

Die Lufft-Röhre ist knorplicht und geringelt, und geht biß nahe an die Lunge, wo sie sich in zwey kleinere Röhren zertheilt, wovon die eine in den einen, die andere in den andern Flügel der Lungen geht. Es geht dieselbe in den Halß, und liegt gerad unter dem Ruckgrad biß an die Lunge, ausgenommen in den Kranichen: Dann bey diesen geht die Lufft-Röhre nach der Länge gerad zwischen der Brust-Gabel hinunter, und krümmet sich zwischen dem Borst-Bein, und ist doppelt übereinander in einen Ring geschlungen, dann geht sie erst zur Lunge, und theilt sich wie bey den andern Vögeln in zwey

Röhren. Daher kommt es, daß die Lufft, so in dieser krummen Lufft=Röhre anschlägt, einen höhern Thon giebt, und die Kranich eine heller und höhere Stimme haben als die andern Vögel. Die Jungen aber zischen nur, biß sie ein Jahr alt sind, hernach ver= ändern sie ihre Stimme.

Das 38. Capitul.
Von der Lunge.

Die Lunge ist in das rechte und lincke Blat getheilt, die nahe an dem Ruckgrad unter und zwischen den Ribben hängen und liegen, und geht auf beyden Seiten biß an die letzten Ribbe.

Das 39. Capitul.
Von dem Zwerchfell.

Das Zwerchfell sieht man in den Vögeln nicht deutlich, sondern ist zwischen de= nen beyden Lungen=Blätern und Nahrungs= Gliedern. Ausser der Herz=Kammer sind noch viele Häutlein, welche die Leber von dem Eingeweide und die übrigen Nahrungs= Glieder voneinander absondern und unter= scheiden.

Das

Das 40. Capitul.
Von dem Schlund.

Der Schlund geht bey einigen Vögeln an dem vordern Theil des Halßes gerad hinunter, bey einigen biegt er sich um den Halß zuruck, als bey den Schwanen und einigen Vögeln. Uber der Brust-Gabel hat er gleichsam einen Sack, welchen man den Kropff nennt, wohin die Atz am ersten kommt, erwärmt und zubereitet wird, ehe sie in den Magen geht. Doch giebt es auch Vögel, die keinen Kropff haben, sondern der Schlund geht biß in den Magen fort, und wo er sich mit dem Magen vereinigt, wird er weiter.

Das 41. Capitul.
Von dem Magen.

Der Magen ist das, wohin die Atz durch den Schlund geht, und wo sie verdrucket wird, und mit ihm sind an dem untern Theil die Gedärme, wie an dem obern der Schlund vereinigt. Dieser Magen ist bey einigen Vögeln sehr fleischigt, dick und hart, als bey den Gänßen, Enten, Hünern und dergleichen: Bey einigen aber nicht, sondern ist nur nervigt, als bey den Raub-Vögeln. Von dem Maul geht die Atz durch den

Schlund in den Magen. Wann sie aber verdruckt ist, geht das übrige von dem Magen in die Gedärme, welche vielmals ineinander verwickelt sind, und fortgehen biß in den Hintern unter dem Staart.

Das 42. Capitul.
Von der Leber.

Die Leber zeuget des Geblüt, und theilt sich in zwey Theile, davon der eine zur Rechten, der andere zur Lincken ist, an welcher bey einigen Vögeln die Galle hängt. Dann es gibt Vögel die gar kleine Galle haben, als die Tauben und Turteltauben.

Das 43. Capitul.
Von den Nieren.

Die Vögel haben zwey Nieren, eine zur Rechten und die andere zur Lincken, und hängen unter den Hüfftbeinen an dem Ruckgrad nach der Länge gegen den Hintern zu, unter welchen die Harn=Gänge vorbey gehen, und anhängen biß an den Mast=Darm: Daher wann die Vögel schmelzen, so geht der Urin zugleich mit, und sie brauchen keine Blase.

Das

Das 44. Capitul.
Von den Hödlein und Eyerstock.

An dem Anfang der Nieren hängen bey den Männlein zwey Hödlein, eines zur Rechten, das andere zur Lincken; Hingegen bey den Weiblein der Eyerstock. Es ist aber in den Hödlein und Eyerstock bey den Vögeln ein schlechter Unterschied.

Das 45. Capitul.
Von dem Gefürt der Vögel überhaupt,
nemlich den Teuffels-Haaren, Dunst, kleinen und grossen Federn.

Nachdem wir nun von den verschiedenen Gliedern der Vögel und ihrem Nutzen gehandelt, so wollen wir jetzo von derselben Gefürt reden. Es kommt aber das Gefürt, wie die Haare der vierfüßigten Thiere, und Schuppen der Fische, von dem überflüßigen, so aus dem Stelzel geht. Solches Gefürt haben die Vögel nöthig zu ihrer Decke, wodurch sie vor der Kälte, Hitze und Nässe verwahret werden, und zum Fliegen, damit sie sich in der Lufft halten können. Es haben aber die Vögel vielerley Federn. Erstlich wachsen an den Jungen die Teuffels-Haar,

Haar, die sie bedecken, und vor der Kälte verwahren: Hernach der Dunst, welcher dünn und weich, doch dicker und länger ist, als jene, und besser bedecket, und wann dieser wächst, fallen jene aus: darauf wachsen die kleinen und grossen Federn. Unter den kleinen Federn verstehen wir diejenige, so einen kurzen Kiel und Schafft haben, der zwischen dem Glänzel biß an das Ende hinaus laufft. Die grossen haben einen grössern Kiel, und der Schafft geht auch zwischen dem Glänzel biß an das Ende. Die kleinen Federn sind an dem ganzen Stelzel, und bedecken die Haut: die grossen aber dienen mehr sie in der Lufft zu halten, als zu decken, und sind vornemlich zum Fliegen, damit sie dem, was ihnen schaden will, entgehen, und ihre Atz bekommen, und wachsen nur in den Flügeln und Staart. Wann nun die Federn wachsen, und länger werden als die Teuffels-Haar, so fallen diese aus, und je mehr jene wachsen, desto stärcker fallen diese aus. Weil aber zwischen den Kielen der grossen und kleinen Federn ein gar zu grosser leerer Zwischenraum, und der Stelzel nicht genug bedeckt wäre, und die Kälte hinein dringen würde, so gibt es noch andere kleine Federn, die zwischen jenen bedecken, erwärmen, und den Ab-

gang

gang der grossen und kleinen Federn ersetzen, diese bleiben, biß sie sich maussen. Daher kommt es, daß bey einigen Vögeln an dem Kiel der grossen Federn noch andere ganz kleine hängen, und aus deren Wurzel heraus‍gehen, damit sie erwärmen, diese sind statt des Dunsts, und vertretten dessen Stelle, und dazu sind unten am Ende des Kiels, wo das Glänzel aufhört, auf beyden Seiten einige weiche Federn, von der Eigenschafft des Dunsts, die auf beyden Seiten aus dem Kiel heraus gehen, und näher auf der Haut liegen, damit die Federn desto besser decken, erwärmen, und vor dem Wasser verwahren. Uber und zwischen den Kielen zweyer Federn steht allezeit die dritte, die solche zwey, wie die Schuppen bedeckt, daß sie also andere be‍deckt, und von einer andern wieder bedeckt wird, damit sie besser erwärme, und vor dem, was ihnen nach dem oben bemeldten schädlich ist, verwahre.

Das 46. Capitul.
Von den Farben des Gefürts.

Einige Arten der Vögel sind weiß, einige nicht so weiß, einige weisser: Einige sind schwarz, einige schwärzer, und einige nicht so schwarz:

schwarz: Einige sind aschgrau, einige Erd‐
farb: einige schwarz und weiß gesprengt an
verschiedenen oder an einer Feder: an einigen
sind allerley Farben untereinander gesprengt,
an einigen mehr von der grünen oder gelben
Farb. Es gibt auch andere Arten, die vie‐
lerley andere Farben haben, und unter einer
Art findet man von verschiedenen Farben,
und auch ein Vogel, ja eine Feder hat biß‐
weilen verschiedene Farben. Es gibt auch
Vögel, die ihre Farb nach ihrem Alter ver‐
ändern, als die Schwanen, die in dem ersten
Jahr aschengrau sind, in dem andern werden
sie hellgrau, und in dem dritten immer weisser.
Diese Veränderung ereignet sich an sehr vie‐
len Arten Vögel, die weiß sind. Es giebt
auch Vögel, die ihre Farb, wie auch Gestalt
der meisten Glieder in der Heckzeit verändern,
als die grauen Reiger, welcher kleine Federn
zur Heckzeit bund, und die grossen klein ge‐
tröpt und grau werden; welches daraus zu
sehen ist, weil sie die Tücher, die sie berühren,
und von einer andern Farb sind, mit ihrer
Farb färben: Ihre Füsse und Bec werden
alsdann auch roth, und bey einer jeden
Mauß verändern sie die Farb. Weil nun
die Vögel so vielerley, und fast unzehlbare
Farben haben, so wollen wir nicht insgemein
davon

davon reden, sondern nur was die Raub=
Vögel belangt, womit wir beitzen, und zwar
nicht hier, sondern wo insbesondere davon
wird gehandelt werden. Vorjetzo aber wol=
len wir überhaupt sagen, welcher Vögel Ge=
fürt geschwinder oder langsamer wächst, und
trocken wird. Die Land=Vögel, welche auf
der Erden nisten, und von den Alten nicht
geatzet werden, sondern sich selbsten gleich,
wann sie geschloffen sind, die Atz suchen, wer=
den geschwinder flück als die, so auf die Er=
den nisten, und ihre Junge atzen, und diese
und jene geschwinder, als die, so in die Höhe,
und nicht auf die Erde nisten, welche alle von
den Alten geatzet werden. Dann weil sie
noch zart und jung sind, können sie nicht von
der Höhe herab kommen, und ihre Atz selbst
suchen. Derowegen ist das eine nützliche
Vorsicht der Natur, daß die, so ihr Nest auf
der Erden haben, geschwinder flick werden,
weil ihnen mehr schädliche Sachen beykom=
men können, als Schlangen, Würmer, wilde
Thiere, Raub=Vögel, und andere, welchen
sie durch Hülffe der Federn entgehen, den
Alten nachfolgen, und selbst ihre Atz bekom=
men können: Dann diese siehet man eher mit
den Alten fliegen, wie die jungen Rebhüner,
Fasanen, Wachteln, Trap=Gänß, und an=
dere.

dere. Man ſieht auch, daß die, ſo ihr Neſt auf der Erden haben, und von den Alten geaͤtzt werden, wie die Lerchen, Cozardi, und andere, eher fliegen, als die ſo ihr Neſt in der Hoͤhe haben. Dann denen, die auf dem Geſtraͤuch, Baͤumen und hohen Felſen niſten, kan nicht ſo viel ſchaͤdliches beykommen, als den vorbemeldten, und werden langſamer fluͤck. Weil die Raub-Voͤgel an verborgenen Orten, als auf hohen Felſen und Baͤumen horſten, und die Alten von denſelben ihre Atz in der Ferne ſehen, ihnen auch nicht ſo viel ſchaͤdliches beykommen kan, und ſie einer trockenern Natur ſind, ſo werden ihre Junge langſamer, als die andern Voͤgel, befloegen. Daß aber das Gefuͤrt bey einem Vogel, der trockener Natur iſt, langſamer als bey einem ſolchen, der nicht ſo trocken iſt, waͤchſt, nehmen wir daher ab, weil die Federn an einem trockenen Glied oder Theil langſamer wachſen, welches aus den Fluͤgeln erhellet. Uber das haben die Raub-Voͤgel in Vergleichung des Stelzels laͤngere Federn, als die andern Voͤgel, daher wachſen ſie auch langſamer, weil ſie ſowohl laͤnger als auch in einem trockenern Stelzel ſind. Doch weil die jungen Raub-Voͤgel eher, als die andern, von den Alten ausgetrieben werden, ſich mit fliegen

das

das Wild fangen, und dem ihnen schädlichen entgehen müssen, so wachsen ihnen in Vergleichung des Stelzels starcke und veste Federn, die bey andern Vögeln nicht so starck und vest sind, als es ihr Stelzel erfordert, welcher, nachdem die Federn gewachsen, noch mehr wächst. Unter allen aber werden die Schwimm-Vögel am spätesten flück, ob sie schon die Alten nicht atzen. Dann weil sie ihre Vertheidigung wieder das ihnen schädliche in dem Wasser durch schwinnmen haben, und ihre Atz darinnen finden, so ist es nicht nöthig, daß, so bald sie ausschliessen, ihnen, wie den andern, die Federn gleich wachsen. Ob nun schon bey diesen Vögeln das Gefürt am spätesten zu wachsen anfängt, doch weil sie von einer feuchten Natur sind, und sich stets in dem Wasser aufhalten, so wachsen sie doch am geschwindesten, als wie man bey den Gänßen, Enten und andern Schwimm-Vögeln sieht. Massen sie lang zuvor, ehe das Gefürt zu wachsen anfängt, und sie geschränckt haben, mit den Füssen schwimmen, und mit dem Halß ihre Atz bekommen, und dem, so ihnen schädlich ist, entgehen, und wann man ihnen Federn ausrupfft, so werden sie in einer kurzen Zeit wieder wachsen.

Das

Das 47. Capitul.
Von den kleinen Federn.

Die kleinen Federn wachsen eher als die grossen, weil sie zur Bedeckung wider die rauhe Lufft dienen, und an feuchten Orten, näher bey dem Herz wachsen, und kürzer sind, als die grossen, so wachsen sie geschwinder als jene, und auch diese kleine Federn, je trockner der Ort ist, wo sie wachsen, und von dem sie wenig Nahrung bekommen, und je grösser sie sind als andere, desto mehr Zeit brauchen sie zum wachsen. Eben so ist es auch mit den grossen Federn. Dann die Seule, weil sie in dem Bein steckt, und weiter von dem Stelzel ist, wächst langsamer als die andern, welche je näher sie an dem Stelzel stehen, desto geschwinder wachsen. Daher kommt es, daß die Vannen geschwinder wachsen, als die Zehen, so weiter hinaus in dem Flügel sind: Dann die Vannen sind näher an dem Stelzel, als die Zehen. Gleiches sieht man auch in dem Staart; weil die Staart-Federn an einem fetten und feuchten Ort stehen, so wachsen sie geschwinder als die Flügel-Federn, und die zwey Deck-Federn, so an einem feuchtern Ort stehen, wachsen geschwinder, als die

auf

auf beyden Seiten gleich darneben stehen, und die weiter davon wegstehen, wachsen langsamer, die nähern aber geschwinder. Man wird auch anführen, wo mehr oder weniger Dunst und kleine Federn, und wie viel in den Flügeln und Staart wachsen.

Das 48. Capitul.
Von dem Dunst.

Der Dunst oder die Flaumen wachsen häufig um den Bürzel und auf der Bruck: Dann weil diese Orte die Gedärme in sich schliessen, mehrentheils nur hautigt sind, und viel Fleisch haben, so brauchen sie eine stärckere Erwärmung. Es sind auch viel auf der Brust, doch nicht so viel wie auf der Bruck, weil, ob gleich die Brust sehr fleischigt ist, sie doch immer dem Regen und Wind ausgesetzet ist. An den Seiten aber sind weniger, weil solche durch die Flügel erwärmt werden; am wenigsten aber auf dem Dach, weil solches dem Regen und Wind nicht so ausgesetzet ist. Hingegen sind auf dem Dach und Lenden biß an den Staart kleine Federn, die härter und stärcker, aber doch nicht in solcher Menge als wie auf der Brust oder der Bruck sind: Dann wegen der

der schon angeführten Ursachen stehen auf diesen mehr, am wenigsten aber an den Seiten, weil die Flügel daselbst den Abgang der Federn ersetzen. Einige Vögel haben, wie schon in dem Capitul von dem Nutzen der Glieder ist gesagt worden, auf dem Kopff und an dem Halß gar keine Federn: und einige haben an dem ganzen Stelzel keine kleine Federn, sondern nur an der Diehn, und da nicht ganz: einige aber haben an der Diehn biß an das Knie, einige biß an die Zehen oder Klauen: als die Schuhuh, Nachteulen und andere. Es ist ihnen aber solches nützlich, weil sie bey der Nacht fliegen, ihre Atz zu bekommen, wo sie öffters an dornichte Orte kommen: solche Federn an den Füssen der Schuhuh gleichen mehr den kleinen Federn, und der Nachteulen den Haaren. Die Vögel aber, welche eine schuppichte oder harte Haut an den Füssen haben, haben keine Federn daran, weil sie vor den Schuppen nicht wachsen können. Doch giebt es auch Falcken, Habicht und Sperber, die an den Füssen nur etlich wenige Federn haben, welche zwischen den Schuppen heraus wachsen, solches aber geschieht selten.

Das

Das 49. Capitul.
Von den Flügel-Federn.

Die grossen Federn wachsen allein in den Flügeln und Staart, und solche sind nöthig den Vogel in der Lufft zu tragen: Dann wann er die Flügel= und Staart=Federn ausbreitet, so trägt ihn die Lufft und der Wind, welche Bewegung in der Lufft man das fliegen nennt, wie auf der Erden bey denen lauffenden Thieren das lauffen, bey den Fischen das schwimmen, und bey den gehenden das gehen. Nun wollen wir von der Anzahl, Lage und Nutzen der Flügel= und Staart=Federn handeln. Weil aber einige Vögel, die keine Raub=Vögel sind, mehr, einige weniger Federn in den Flügeln und Staart haben, und nicht allezeit eine gewisse Anzahl ist, wie man sehen kan bey den Hahnen, Fasanen, Pfauen, Enten, und andern, so wollen wir solche hier übergehen, und allein von den Vögeln, womit man beitzet, reden. Dann solches dient zu unserm Vorhaben, wie unten erhellen wird. Die verschiedene Arten der Raub=Vögel haben offt eine bestimmte, ja einerley Anzahl Federn, ob schon von einer andern Gestalt. Was wir nun von diesen grossen Federn, und sonderlich von ihrer Lage und Nutzen sagen werden, das kan man auch auf andere Vögel ziehen.

Das 50. Capitul.
Von der Anzahl der Flügel-Federn.

In einem jeden Flügel sind 26. Federn. Die vier nächsten an dem Stelzel heissen Flaggen: Die zwölff nachfolgenden Vannen, die schon stärcker und härter sind, als jene, und auch eine andere Gestalt und Farbe haben: Hernach stehen noch 10. die man die äussern nennen kan, die sind wieder stärcker und härter als die Vannen, die letzte heißt die Seule. Diese Seule nebst den darauf folgenden sind ausgeschnitten, und wie ein Messer gestaltet: Dann was an dem Glänzel mercklich breiter ist, scheinet statt des Hessts zu seyn, und das schmalere statt der Klinge, daher glauben wir, daß man sie Cultellos genennt: Doch einige haben mehr, einige weniger, bey einigen sind sie länger, bey einigen kürzer, bey einigen schmäler, bey einigen breiter ausgeschnitten. Es sind also in dem Flügel 26. Federn. Ausser diesen zehen sind noch vier kleine und harte Federn in dem Flügel, und stecken in dem äussern Bein, so

man

man den Daumen nennt, und heissen Meß=
quen, und sind kürzer als die langen, aber
auch länger als die kleinen Federn.

Das 51. Capitul.
Von der Stellung der grossen Federn.

Die Federn in den Flügeln stehen also, wann
wir von den äussersten zu zehlen anfan=
gen. An dem äussersten Bein des dritten
Flügel=Bugs steht die Seule, und steckt nach
der Länge in der Röhre, und geht biß dahin
hinein, wo dieses Bein mit dem andern ver=
einigt ist. An dem andern Bein, so mit
diesem vereinigt ist, stehen drey grössere Fe=
dern, die aber nicht so vest stecken wie die
Seule, und diese scheinen sich mehr mit der
Seule als mit den andern zu schliessen. An
dem folgenden Bein stehen sechs Federn, doch
nicht so vest und so tieff als wie jene drey:
Also stecken in diesen drey Beinen zehen Fe=
dern, die wir die zehen äussern nennen, und
diese 10. schliessen sich besser aneinander, als
an die folgenden, und wann der Flügel aus=
gebreitet ist, macht eine jede derselben mit
dem äussern Theil des Flügels einen scharf=
fen, mit dem innern aber einen stumpffen

Win=

Winckel, wegen der Seule, die so nahe an dem Bein steckt, daß sie mit demselben keinen Winckel macht. An dem grossen Röhren-Bein stehen 12. Federn, welche Vannen heissen, und solche haben einerley Gestalt und Farbe, doch eine andere als jene 10, und wann der Flügel ausgebreitet ist, macht eine jede derselben mit dem Bein auf beyden Seiten einen doppelten Winckel. Nach den Vannen folgen die vier Flaggen, und haben eine fast andere Gestalt und Farb als die Vannen. Alle diese 26. Federn stecken in der Haut des Flügels, die wo der Kiel heraus geht, breit ist, und die Kielen gehen durch die Haut biß an das Bein hinein, ausser die Seule, die an dem Bein steckt. Ueber und unter diesen 26. Federn stehen an dem Flügel noch mehr Federn, die kürzer sind als jene, und länger als die kleinen, und härter und grösser als die andern, und eine jede von den obern steht zwischen zweyen innen, und geht so weit als die grossen hinein an das Bein. Aber die untern hängen neben an den Kielen der grossen, und gehen nicht biß an das Bein hinein, und die unter den Zehen stehen, sind kleiner, schwächer und dünner, als die oben drüber stehen. Die aber über den Vannen und Flaggen sind, stehen nicht neben sondern
gerad

gerad über denselben, und eine jede über ihrer grössern, und gehen so weit an das Bein hinein als diese. Die unter den Vannen und Flaggen sind, stehen auch gerad unter denselben, und gehen nicht biß an das Bein, sondern biß an das untere Mäußlein, und sind so schwach und dünn, als die unter den 10. Federn stehen. Ueber diesen, die sowohl über als auch unter den grossen Federn stehen, stecken noch andere nach der Reihe, die den Flügel decken, und eine die andere bevestigt; Ferner sind auch noch die Meßquen. Diese Federn stehen so genau aneinander, daß, wann der Flügel ausgebreitet ist, der halbe inwendige Theil von dem halben auswendigen Theil der folgenden Feder bedeckt wird, und solches geschieht, damit kein leerer Raum dazwischen sey, welches ihnen in dem Flug schädlich wäre. Aber der auswendige Theil des Glänzels ist an den 10. Federn, und sonderlich an der Seule härter, dicker und schmaler als der inwendige, welches so seyn muß, weil diese Seite bloß stehet, und die Lufft durchschneiden muß. Je weiter sie aber von der Seule abstehen, desto breiter und schwächer ist das Glänzel, wie man in dem Staart siehet. Wann aber der Flügel recht zusammen geschlossen ist, so werden die

Flaggen von den Vannen, und diese von den Zehen bedeckt, welches geschieht, damit immer eine Feder die andere besser verwahre. Es dienen aber die Flaggen dazu, daß wann der Flügel in dem Flug ausgebreitet ist, er biß an den Stelzel keinen leeren Zwischenraum habe, sondern mit Federn bedeckt sey, dann also wird der Vogel besser in der Lufft gehalten. Hätte er aber keine Flaggen, so wäre zwischen dem Stelzel und Vannen ein grosser leerer Raum, wodurch die Lufft und das Regen-Wasser gienge, welches alles in dem Flug hinderlich wäre, und wann der Flügel zusammen geschlossen, so wären die Vannen und das Dach nicht genug bedeckt. Die Vannen hingegen haben den Nutzen, daß sie den Vogel in der Lufft tragen, und durch die Bewegung der Flügel forttreiben helffen. Ist aber der Flügel zusammen geschlossen, so bedecken die Vannen die 10. andern. Dieser 10. Nutzen und Eigenschafft aber ist, daß sie in dem Flug den Vogel tragen und forttreiben. Massen sie durch ihre gleich weite Bewegung, die allezeit einen halben Bogen macht, den schweren Stelzel tragen und forttreiben helffen, und eine jede desto mehr, je weiter sie hinaus und von dem Stelzel wegsteht, wie schon in dem Capitul von

von dem Nutzen der Glieder ist angeführt worden. Darum wann eine von diesen 10. verlohren wird, so fliegt der Vogel nicht so gut, als wann von den Vannen eine ausfällt, und noch mehr wird es ihn hindern, wann er eine von den äussern verliehrt. Wann der Flügel zusammen geschlossen ist, so helffen diese 10. die Seiten, welche wenig Federn und Dunst haben, bedecken und erwärmen. Der Nutzen der Meßquen ist, wann der Vogel herunter kommt, so schließt er die übrigen Federn zusammen, und breitet die Meßquen aus. Dann wann er die Meßquen und die andern Federn zugleich ausbreitete, so würde ihn die Lufft halten, daß er nicht herunter kommen könnte: schlösse er aber den ganzen Flügel zusammen, so würde er wegen der Schwere herab fallen, und sich nicht regieren können, wie und wohin er wollte. Da aber die Meßquen allein ausgebreitet sind, so kan er ohne Hindernuß herabkommen, wie und wohin er will. Hingegen die kleinen Federn, so über und unter den grossen, und die so wieder über jenen stehen, haben den Nutzen, daß sie den leeren Raum zwischen den Kielen bedecken, und die Federn bevestigen. Also haben wir die Anzahl, Lage und

Nutzen der Flügel = Federn angeführt, nun wollen wir von dem Staart handeln.

Das 52. Capitul.
Von der Anzahl der Staart=Federn.

Die Raub = Vögel haben in dem Staart mehrentheils 12. Federn, bißweilen aber auch 13. oder 14. oder auch weniger, nach= dem viel oder wenig Materie dazu da ist, wie man sehen kan an den Fingern der Menschen, und Widder = Hörnern, und an andern. Von den Vögeln, die nicht rauben, haben einige mehr, einige weniger, von welcher Anzahl wir jetzo nicht reden wollen. Doch hat man dieses zu mercken, daß wir unter dem Staart manchmal allein die Federn ver= stehen, und nicht den Bürzel, wo solche her= aus wachsen: bißweilen aber eigentlicher den Bürzel, über welchem die Oeldrüsse ist.

Das 53. Capitul.
Von der Lage und Gestalt der Staart=Federn.

Die Stellung und Gestalt der Staart=Fe= dern ist folgendermassen: Recht mitten in dem Staart stehen 2. Federn, die, wenn der Staart nicht ausgebreitet ist, die andern decken,

decken, und heissen die Deck-Federn, und die Rechte deckt natürlicher Weise die Lincke. Diese sind bey den meisten Raub-Vögeln länger als die andern, bey einigen andern Vögeln länger, bey einigen kürzer. Neben diesen stehen noch 10. andere, auf jeder Seite 5. und folgt immer eine nach der andern, und werden, wenn der Staart nicht ausgebreitet ist, von den 2. Deck-Federn bedeckt, und heissen die Inwendigen und die Auswendigen. Damit aber die Deck-Federn desto besser bedecken, so ist das Glänzel auf einer Seite so breit als auf der andern. An den andern aber ist solches auf der innern Seite breiter als auf der äussern, und je weiter solche von den 2. Deck-Federn wegstehen desto schmaler ist das äussere, und desto breiter das innere Glänzel, welches man an denen 2. äussern, nemlich der Auswendig und Inwendigen, deutlich siehet, welches aus der bey den äussern Flügel-Federn schon angeführten Ursache geschiehet. Wann aber diese 12. Staart-Federn in dem Flug ausgebreitet sind, so macht bey den Falcken das Ende derselben einen halben Bogen, und zwar bey einigen einen grössern, bey einigen einen kleinern. Hingegen bey den Habichten und Sperbern machen sie keinen solchen Bogen, sondern vielmehr

mehr eine gleiche Linie. Es gibt auch Vögel, welche den Bogen mit dem Staart nicht aus= sondern einwärts machen, weil die mittlern Federn kürzer sind, als die äussern. Es gibt noch mehr andere Vögel, die nicht rauben, welche, wann der Staart ausgebreitet ist, ver= schiedene Gestalten machen. Uber diesen 12. Staart=Federn sind noch andere vielkleinere. Unter denselben sind auch einige weißlichte, die weicher und länger sind, als die, so über den 12. stehen, und solche werden am Bruck genennt. Der Nutzen des Staarts ist bey den Vögeln vielerley. Dann wann er aus= gebreitet ist, so hilfft er in dem Flug den Stel= zel besser in dem Gleichgewicht erhalten. Die Flügel werden nicht so ermüdet, und der Vo= gel kan sich damit rechts und lincks, über und untersich bewegen. Die am Bruck aber nebst denen Federn über den 12. bedecken die Kie= len, bevestigen die Federn, und erwärmen den Ort, wo sie stehen. Es gibt auch Vögel die keine grosse und lange Staart=Federn ha= ben, ob sie schon einen grossen und schweren Stelzel haben, als die Kranich, Trap=Gänß, Schwanen, Gänß, Enten, und überhaupt alle Wasser=Vögel haben mehrentheils einen kürzern Staart, als die andern. Einige ha= ben nach dem Verhältniß des Stelzels einen
langen

langen Staart, als die Atzeln. Insgemein aber sind die Flügel= und Staart=Federn bey einigen lang, bey einigen kurz, bey einigen weich, bey einigen hart, bey einigen breit, bey einigen schmal, und bey einigen mittelmäßig.

Zusatz des Königs.

Unter den Wasser= Land= und Mooß=Vögeln haben einige einen langen, einige einen kurzen Staart. Aber alle Wasser= und Mooß= Vögel haben einen kurzen Staart, als die Schwanen, Gänß, Enten, Kranich, und dergleichen. Doch insgemein haben alle Wasser= Mooß= und Land=Vögel, die immer auf dem Land, oder in dem Wasser bleiben, und sich mit Graß atzen, oder Fisch fangen, nach Proportion ihres Stelzels einen kurzen Staart. Warum sie aber einen kurzen Staart haben, sind folgende Ursachen: Erstlich, weil solche den Nutzen, welchen ein langer Staart gibt, nicht brauchen, indem sie sich nicht auf den Bäumen oder Felsen aufhalten, daß sie, wenn sie auffliegen, oder an einen Baum tretten wollten, sich mit dem Staart, regieren müsten, oder auch wieder den Wind und andere Hindernüsse damit helffen. Anderns, weil, da sie sich auf der Erden aufhalten, und stehen, und ihre Atz suchen, und hin und her lauffen, und

und vornemlich zu früh sich zu atzen ausgehen, da das Graß voller Thau ist, der lange Staart naß werden, und hernach in dem fliegen mehr hinderlich als behülflich seyn würde. Geschieht nun solches bey denen, die sich mit Graß atzen, so geschehe es noch mehr bey denen die Fisch fangen, und stets im Wasser bleiben.

Das 54. Capitul.
Von der Art der Vögel zu fliegen.

Nachdem wir von den verschiedenen Gliedern und ihrem Nutzen, wie auch von dem Gefürt gehandelt; so haben wir noch von der Beschaffenheit des Flugs zu reden. Es ist aber der Flug das Gehen durch die Lufft, welches durch die Bewegung der Flügel geschieht, wie das Gehen auf der Erden das Fortschreiten vermittelst der Füsse ist. Wir nennen aber nicht alles, was flieget, oder Flügel hat, einen Vogel: dann es gibt Flügel, die keine Vögel-Flügel sind, sondern wir sagen nur, ein jeder Vogel habe Flügel, und nennen allein das einen Vogel, was Federn hat. Weil nun die Vögel durch die Bewegung der Flügel fliegen, so hat man die verschiedene Arten solcher Bewegungen zu betrachtrachten, damit man auch die verschiedene Arten des Flugs erkenne. Einige Vögel haben in dem Flug nur eine Art der Bewegung der Flügel, und verändern solche nicht ohne Noth. Einige haben mehrere, und verändern sie auch ohne Noth. Von denen, die die Flügel nur auf einerley Art bewegen, bewegen einige solche offt, einige selten, einige mittelmäßig. Alle Vögel, die kürzere Flügel und Flügel-Federn haben, oder auch die zwar lange Flügel, aber doch kürzere Flügel-Federn haben, als ihr Stelzel erfordert, bewegen die Flügel offt, weil sie sich sonsten in der Lufft nicht halten und forttreiben können. Haben sie aber bey der bemeldten Einrichtung noch dazu schmale und weiche Federn, und zwischen welchen natürlich= oder zufälliger Weise ein grosser Raum ist, so werden sie die Flügel noch öffters bewegen: sind aber die Flügel-Federn hart und breit ohne einigen Zwischenraum, so bewegen sie solche nicht so offt, weil sie sich damit in der Lufft besser halten und forttreiben können. Unter den Wasser-Vögeln giebt es sehr viele, die die Flügel offt bewegen, als die Enten, Gänß, Taucher, Bläßlein und andere. Unter denen Land-Vögeln die Haselhüner, Rebhüner, Fasanen, Wachteln, wilde Enten,

ten, und andere: und unter einer Art giebt es, die die Flügel öffter, oder auch seltner bewegen. Welche Vögel aber lange Flügel und Federn, oder zwar kurze Flügel, doch aber lange Flügel-Federn haben, die bewegen die Flügel selten, weil sie sich ohne vieles bewegen in der Lufft halten und forttreiben können. Haben sie aber bey solcher Einrichtung zugleich harte und breite Flügel-Federn ohne einigen Zwischenraum, so bewegen sie solche noch seltner, weil dergleichen Flügel in der Lufft länger tragen, und weiter forttreiben; sind aber die Federn weich und schmal mit einigen Zwischenraum, so müssen sie die Flügel öffter bewegen, weil bey dergleichen der Vogel sich ohne Bewegung der Flügel in der Lufft nicht halten noch forttreiben kan. Derowegen wird ein Vogel, dessen Flügel-Federn kürzer und weicher sind, als sie nach Proportion des Stelzels seyn sollten, wo er die Flügel nicht offt bewegt, weil er schwer ist, und alles schwere gegen das Mittel-Punct zudruckt, auf die Erde herunter fallen. Selten bewegen die Flügel die Reiger, Albani, Schuhuh, Milanen, Adler, und andere von den Wasser-Land- und Mooß-Vögeln, und alle Vögel, die einen grossen Stelzel haben, dann weil sie lange
Flügel

Flügel und Federn haben, und in der Bewegung einen grossen Bogen machen, und daher einen grössern Platz einnehmen, und die Bewegung zu wiederhohlen die Flügel langsamer zuruck ziehen, so müssen sie dieselben selten bewegen: und so ist es auch in dem Gegentheil: Die kurze Flügel und Federn haben, machen einen kleinern Bogen, und nehmen einen kleinern Platz ein, und deßwegen können sie die Bewegung zu wiederhohlen, die Flügel geschwinder zuruck ziehen, und müssen solche also öffter bewegen. Unter denen, die die Flügel selten bewegen, giebt es einige, die solche seltner bewegen als andere.

Der König.

Wann die Vögel, so lange Flügel und breite Federn haben, fort fliegen wollen, und die Flügel aufwärts gegen das Dach bewegen, so treiben sie sich mit solcher Stärcke fort, als die Grösse der Lufft ist, die sie berühren, und da die sehr lange Flügel und breite Federn viel Lufft berühren, so thut solche in dem Anschlagen starcken Widerstand, wann sie die Flügel aufheben und niederschlagen, deßwegen bewegen sie die Flügel seltner, und dieses verhält sich wie mit der Bewegung eines breiten oder spitzigen

gen Bleys. Das breite Bley fällt wegen des stärckern Widerstands der Lufft nicht so geschwind nieder, wie das spitzige, wie der Weltweise in seinem Buch von dem Himmel und der Welt sagt. Welcher Vögel Flügel und Flügel-Federn mit der Grösse des Stelzels übereinkommen, und ihre gehörige Länge haben, die bewegen die Flügel weder selten noch offt, sondern mittelmäßig, weil sie einen mittelmäßigen Bogen in der Bewegung machen, und weder zu geschwind noch zu langsam die Bewegung wiederhohlen. Weil aber das mittlere gleich weit von den beyden Enden absteht, und es bisweilen geschiehet, daß es dem einen näher kommt, so werden diejenige, so breite und harte Flügel-Federn haben, sie nicht mehr mittelmäßig, sondern ein wenig seltner bewegen, und je breiter und härter die Federn sind, desto seltner. Haben sie aber weiche und schmale Federn, so bewegen sie die Flügel öffter, und je schmaler und weicher die Federn sind, desto öffter bewegen sie solche. Mittelmäßig bewegen die Flügel die meisten Arten der Falcken, und andere mehr von einer jeden Art. Ueberhaupt kan man von allen Arten der Vögel sagen, daß je breitere, längere und härtere Flügel-Federn sie haben, desto bessere Flug-
Vögel

Vögel sind sie, und so auch im Gegentheil. Es erhellt also aus dem besagtem, welche Vögel in dem Flug nur eine Art der Bewegung der Flügel haben. Wobey man auch zu wissen hat, daß sie, wann ihnen einige Noth zustößt, solche ändern, wann sie nemlich geschreckt werden, und aus Furcht davon fliegen wollen, so bewegen sie alle, so offt sie nur können, die Flügel, und deßgleichen ihre Atz zu bekommen, vornemlich die Raub-Vögel, wann sie fangen wollen. Aber wann sie weit und lang fliegen wollen, als bey dem Weg- und Zuruckstreichen, so bewegen sie die Flügel nicht offt, dann sonsten würden sie sich zu sehr ermüden, und einen langen Flug nicht ausdauren können. Daher kommt es, daß die Raub-Vögel, welcher Federn weit voneinander stehen, als der Habicht und Sperber, wann sie ihre Flügel offt bewegt, indem sie haben fangen wollen, und nicht vergossen haben, damit sie wieder ausruhen, ohne einige Bewegung mit ausgebreiten Flügeln weit hinfliegen. Auch wann sie Ring hohlen, so verändern sie die Bewegung, wie die Habicht und Sperber. Nachdem sie auf einige Weite die Flügel offt bewegt, so breiten sie hernach ohne Bewegung dieselbe aus, damit sie ru-

hen, und hohlen einen Ring: hernach bewe=
gen sie dieselben wieder offt, denn breiten sie
solche aus, und hohlen Ring, damit sie
durch solche Veränderung und Abwechs=
lung ausruhen: dann eine öfftere Bewe=
gung könnten sie nicht lang ausdauren.
Hieraus erhellet, daß das viele Bewegen
der Flügel die Vögel müd machet, daher
können sie mit derselben nicht lang anhalten,
sondern müssen eine Veränderung machen.
Alle Vögel, wann sie fliegen, und an einen
Ort tretten wollen, halten die Flügel un=
beweglich und ausgebreitet, damit sie desto
besser auftretten. Es gibt vielerley Vögel,
die in ihrem Flug ohne einige Noth allerley
Bewegungen machen. Einige bewegen sie
offt, hernach schliessen sie dieselben zusam=
men, und schiessen auf eine Weite hin, und
wechseln immer also ab, als die Nachteulen,
und viel von den kleinen Vögeln: Einige be=
wegen solche bald offt, bald selten, bald
schliessen sie dieselben zusammen, und schies=
sen durch die Lufft, und wechseln immer also
ab, als die Atzeln, Nußhehr, Wiedhopff,
und andere, und sowohl diese als jene kön=
nen wegen der kurzen Flügel und Federn,
die weit voneinander stehen, mit der Be=
wegung nicht lang anhalten: Derohalben
wechseln

wechseln sie mit derselben ab, und schliessen manchmal die Flügel zusammen, damit sie also ausruhen. Es gibt auch eine Art der Syrischen Tauben, die gerad aus fliegen, und sich zwey= biß dreymahl in dem Flug umdrehen, als wann sie wären erschreckt worden, hernach fliegen sie wieder gerad fort. Woher dieses komme, ist uns unbekannt, wo sie es nicht etwa aus Geschwindigkeit thun. Es gibt noch andere Arten der Bewegungen der Flügel, von welchen allen Exempel anzuführen, zu weitläufftig wäre.

Ferner fliegen einige Vögel rasch, einige langsam. Rasch fliegen nennen wir, wann sie in einer kurzen Zeit weit fliegen: Dann geschwind ist, was in einer kurzen Zeit weit laufft, und langsam, was in langer Zeit nicht weit kommt. Die Vögel nun, welche starck sind, und eine fleischigte und musculöse Brust, harte, lange und starcke Flügel= Federn haben, womit sie sich in einer kurzen Zeit weit forttreiben können, haben einen raschen Flug, als die Adler, Trap= Gänß, Tauben, die grossen Grau=Enten, die Feld und Wasser Galerani, und andere mehr: vornemlich die grosse Flügel und Federn haben:

haben: dann diese machen einen grössern Bogen, wodurch sie sich stärcker antreiben, und also rascher fliegen, welches man an den Schiffen sieht, die lange Ruder haben: und von denen, die die Flügel offt bewegen, die Gänß, Enten, Pulroß, wilde Enten, Haselhüner, Fasanen, Rebhüner, Wachteln und andere. Hingegen die Vögel, die schwach sind, und keine fleischigt = noch musculöse Brust, noch starcke und harte Federn haben, und also durch eine solche Einrichtung der Glieder und der Federn nicht so starck angetrieben werden, fliegen langsam: als von denen, die die Flügel selten bewegen, alle Arten der Reiger, und dergleichen: die Albani, Schuhuh und andere: Von denen, die die Flügel offt schwingen, die Taucher, Bläßlein, Wachtel = König, Roller, Paradieß = Vögel, und andere sowohl Wasser = als Land = Vögel. Ferner einige drehen sich in dem Flug, und reissen den Raub = Vögeln aus, welche alle von denen sind, die die Flügel nicht offt schwingen, und keinen grossen Stelzel haben. Weil diese weder das öfftere bewegen noch der grosse Stelzel hindert, so können sie ausreissen, als die Reiger, Albani, Schuhuh, Krähen, Milanen, Wiedhopffen, Kibitzen, Atzeln, und andere

sowohl

ſowohl von den kleinern als mittelmäßigen.
Einige aber drehen ſich nicht, noch gehen
ſie den Raub=Vögeln durch, und das ſind
mehrentheils ſolche, die die Flügel offt be=
wegen, als die Gänß, Enten, Pulroß, Fa=
ſanen, Haſelhüner, Rebhüner, Wachteln:
dann weil ſie die Flügel offt ſchwingen, ſo
können ſie ſich nicht umdrehen, noch durch=
gehen: auch die einen groſſen Stelzel haben,
als die Schwanen, Löffel=Gänß, Trap=
Gänß, Kranich und dergleichen groſſe Vö=
gel, weil ſie der groſſe Stelzel ſich zu drehen
hindert. Einige Vögel fliegen lang, einige
nicht, dieſe nennen wir Vögel, die einen kur=
zen Flug haben, und nicht lang ausdauren
können, und weil ſie bald müd werden,
manchmal mit Händen, manchmal von den
Hunden gefangen werden, als die Faſanen,
Rebhüner, Wachteln, Haſelhüner, und
andere, die die Flügel offt ſchwingen: Dann
unter denen, die die Flügel ſelten ſchwingen,
gibt es keine, die einen kurzen Flug haben.
Dahero kan man überhaupt ſagen: daß alle,
ſo einen kurzen Flug haben, die Flügel offt
ſchwingen. Doch läſt ſich dieſes nicht um=
kehren, indem man ſehr viele findet, die die
Flügel offt ſchwingen, und doch lang fliegen,
wie unten wird angeführt werden. Warum

aber

aber dieſe Vögel nicht lang fliegen können, iſt dieſes die Urſache: weil alle dieſelbe gegen ihren Stelzel kurze Flügel, ſchmale und weit voneinander ſtehende Federn haben, ſo müſſen ſie dieſelbe öffters ſchwingen, wodurch ſie bald müd werden, daher können ſie ſich nicht lang in der Lufft halten noch fliegen, ſondern müſſen herunter kommen. Einen langen Flug hingegen haben die, ſo lang fliegen können, die man nicht ſo müd machen kan, daß ſie ſich mit Händen oder mit Hunden fangen laſſen, wie viele von denen, die die Flügel offt ſchwingen, als die Reiger, Albani, Schuhuh, Milanen, und andere: Dann weil ſolche alle lange Flügel und breite Federn haben, ſo können ſie lang fliegen. Je ſeltner ſie aber die Flügel ſchwingen, je länger können ſie fliegen. Und welcher unter einer Art die Flügel ſeltner ſchwingt, fliegt länger, als der ſie öffter ſchwingt. Doch können auch die, ſo einen kurzen Flug haben durch Beyhülffe des Winds lang fliegen, nemlich wann ſie weg- und zuruckſtreichen, und alsdann ſchwingen ſie die Flügel nicht offt, als die Wachteln. Es fliegen auch die Vögel, welche lange Flügel und Federn haben, bey einem Wind beſſer als die ſo kurze Flügel und Federn haben,

haben, wann diese gleich ohne Wind eben so
rasch als jene fliegen. Hingegen fliegen die, so
kurze Flügel und Federn haben, bey einem
Wind besser, als die, so kurze Flügel und lange
Federn haben, wann gleich diese sonsten eben
so rasch fliegen als jene. Und die, so ihre Flügel
offt bewegen, fliegen besser gegen den Wind,
als die so solche selten bewegen. Unter den
kleinen Vögeln gibt es sehr viele, die besser
gegen den Wind fliegen, als die grossen.
Keinem Wasser-Vogel schadt der Regen
so viel, als den andern. So lang sie aber
noch roth sind, schadet er ihnen mehr, als
wann sie sich gemaußt; hingegen wann sie
sich gemaust haben, und die Federn gewachsen sind, so schadet ihnen der Regen weniger. Einige Vögel fliegen nur bey Tag,
und zwar zu allen Stunden des Tags, als
die Atzeln, Tauben, Sperlinge, und sehr
viele von den kleinen Vögeln; oder nur zu
Früh und zu Abends: Zu Früh, damit sie
auf den Tag sich atzen; zu Abends, damit
sie sich auf die Nacht atzen, als die Wasser-
Vögel, die sich zu atzen an das Land gehen,
und sehr viele von den Mooß- und Land-
Vögeln. Dann um den Mittag trauen sie
sich nicht zu fliegen, weil sie, wann sie sich
geatzet, schwerer und fauler zum fliegen
sind,

sind, und sich nicht so wider die Adler und andere Raub=Vögel wehren können, als wenn sie nicht geatzet sind. Dann die Raub=Vögel pflegen, sonderlich im Sommer um den Mittag, wann es heiß ist, zu fliegen, damit sie sich in der hohen Lufft abkühlen. Es ist noch eine andere, und zwar hinlänglichere Ursach, weil nemlich die Vögel, wann sie sich zu früh passable geatzet, der Ruhe nöthig haben, indem sie in der Ruhe besser verdrucken, als in der Bewegung. Einige Vögel aber fliegen öffters bey der Nacht oder Abenddemmerung, als die Nachteulen, Schuhuh, Fledermäuß, nicht aber als wann sie bey der Nacht besser als bey Tag sehen, sondern weil die andern Vögel auf sie stossen. Einige aber fliegen bey Tag und Nacht, als die Livercini. Insgemein aber fliegen alle Vögel, wann sie weg= oder zuruckstreichen, bey Tag und auch bey Nacht, wie in dem Capitul von dem Weg=und Zuruckstrich ist gesagt worden. Einige Vögel fliegen niedrig auf der Erden, als die Hüner, Rebhüner, Fasanen, Pfauen, Wachteln, und andere schwere Vögel, die schlecht fliegen, und dieses thun sie, damit sie geschwinder wieder an dem Ort seyn, wo sie ihren Schutz haben: Einige aber fliegen öffters hoch, als
die

die Raub=Vögel, und sehr viele von denen, die nicht rauben, und leicht und gute Flug=Vögel sind, und solches thun sie, damit sie weit sehen können, wo ein Wild ist, und deßwegen haben auch die Raub=Vögel ein schärffers Gesicht, als die andern. Einige Vögel kliemen, als die Schuhuh, einige hohlen Ring, als die Reiger. Alle Vögel fliegen bey einem Wind höher: Wann sie aber in dem Wind sind, so fliegen sie so niedrig, als sie können, weil der Wind in der Höhe stärcker ist. Ferner fliegen einige Vögel allezeit allein, als die Raub=Vögel; weil einer dem andern sein Wild wegzufangen sucht, und sie solches nicht gleich durchhohlen können, sondern zuvor abrupffen, und hernach Bec=weiß abziehen. Daher biß sie ihre Atz also zubereiten, fürchten sie sich vor den andern, und fliegen lieber allein. Einige fliegen öffter mit andern, als die sich mit Körnern atzen, und solche gleich durchhohlen. Aber die mit andern fliegen, fliegen auf zweyerley Art. Dann einige fliegen ordentlich, als die Kranich, Gänß, Enten, und Wasser=Vögel: Einige fliegen unordentlich untereinander, als die Sperlinge, Staaren, Tauben, welche zu ihrer Sicherheit miteinander fliegen, und vor=
nem=

nemlich mit den Vögeln von ihrer Art, wegen der Gleichheit der Natur. Einige fliegen manchmal allein, manchmal mit andern, als die Turtel=Tauben, Ringel=Tauben. Zur Heckzeit fliegt das Weiblein und Männlein miteinander, hingegen, wann sie weg= oder zuruckstreichen, gesellen sich viele zusammen, und ausser der Heckzeit fliegen sie Schwarm=weiß miteinander.

Das 55. Capitul.
Womit sich die Vögel wehren.

Nachdem wir von dem Nutzen der Glieder und des Gefürts gehandelt, so müssen wir auch etwas von dem anführen, womit sie sich wehren. Die Vögel wehren sich insgemein entweder mit ihren Gliedern, oder durch den Flug, oder sie schützen sich, indem sie ihre Zuflucht an den Ort nehmen, wo sie sich aufhalten. Mit den Gliedern, als mit dem Bec, Flügeln, Klauen, und zwar entweder mit diesen allen oder nur mit einigen. Mit dem Bec auf vielerley Art nach den mancherley Gestalten des Becs, entweder durch stossen oder beissen, oder beyden zugleich, und solches entweder wann sie fliegen, oder wann sie nicht fliegen. Diejenige, welche einen breiten Bec und

Zähn

Zähn haben beissen mehr als sie stossen und hacken, und zwar wenn sie nicht fliegen, dann in dem Flug beissen sie, als die Schwanen, Löffel=Gänß, Gänß, Enten, und dergleichen Wasser=Vögel, und alle diese beissen von Natur mehr, als daß sie hacken und stossen. Die aber einen langen, scharfen und harten Bec haben, stechen sowohl in dem Flug, als auch wann sie nicht fliegen mit dem Bec, und beissen nicht, als nur zufälliger Weise, und nach dem stechen, als die Störch und Reiger. Die aber einen krummen, harten und spitzigen Bec haben, beissen in und auch ausser dem Flug, und stechen nicht, als die Raub=Vögel und ins besondere die Falcken. Aber die Kranich die einen langen und harten, doch nicht, wie die Gänß und Enten, breiten, noch wie die Störch und Reiger spitzigen Bec haben, stossen und beissen, und zwar beydes mehr, wann sie nicht fliegen, doch stossen sie mehr als sie beissen, sie mögen fliegen oder nicht, weil die Gestalt ihres Becs mehr zum stossen als beissen eingerichtet ist. Ueberhaupt alle, die einen harten und spitzigen Bec haben, stossen mehr als sie beissen. Die Wasser=Raben, welche einen langen und eingekerbten Bec haben, stossen und beissen zugleich.

gleich. Die Raben, Krähen und dergleichen, die einen harten, spitzigen und theils krummen Bec haben, stossen und beissen. Diejenige Vögel, welche Würmer aus der Erden graben, und einen zwar langen, aber doch durchaus weichen Bec haben, ausser vornen an der Spitz, wo er hart, rund und stumpff ist, wehren sich wenig, oder fast gar nichts mit dem Bec, als die Grau=Enten, Pulroß, Kibitzen und dergleichen, die sich mit den Flügeln wehren und schlagen, sie mögen fliegen oder nicht, und zwar vornemlich mit den harten und spitzigen und vornen hinaus stehenden Flügel-Beinen, welche bey den Wasser-Vögeln, so sich damit wehren, länger, dicker und härter sind, als bey den andern, zum Exempel: bey den Schwanen, Gänßen, Enten, Löffel-Gänßen, und dergleichen, und bey einigen Land-Vögeln, als Tauben und Trap-Gänßen, und bey einigen Mooß-Vögeln, als Pulroßen, Kibitzen, Livercini, Grau-Enten. Alle die unter der Erden graben, wehren sich mit den Füssen und Klauen, indem sie mit denselben schlagen, stossen, greiffen, vorhalten, und das, was ihnen schaden will, zuruckstossen, welches sie in= und auch ausser dem Flüg thun. Die Kranich wehren sich auf
drey=

dreyerley Art mit den Füssen. Dann in dem Flug schlagen sie bißweilen hintenaus, wie in dem Tractat von der Jagd wird gesagt werden: stehen sie aber auf der Erden, so tretten sie mit den Füssen, wann sie aber auf dem Dach liegen, so schlagen und stossen sie mit den Klauen. Hingegen die Reiger wehren sich nicht mit den Füssen, ausser wann sie auf der Erden liegen, da sie dann, was ihnen schaden will, mit beyden Füssen wegzustossen suchen, ob sie gleich zu schwach dazu sind. Aber die Raub-Vögel schlagen sowohl in= als auch ausser dem Flug mit den Klauen. Es geschieht auch bißweilen bey den Raub-Vögeln, daß der Fliehende seine Füsse gegen den Feind hinten hinaus hält, und sie alsdann einander mit den Füssen greiffen und hohlen. Aber selten wehrt sich ein Raub-Vogel gegen den andern. Ueberhaupt schlagen die Vögel, so keine krumme Klauen haben, nicht mit den Füssen, sondern halten dieselbe vor die Brust, damit sie die Raub-Vögel damit wegstossen. Es springen und hupffen auch einige Vögel auf der Erden, damit sie die Raub-Vögel unter sich zertretten, als die Trap-Gänß, und diejenige wilde Enten, so den Trap-Gänßen gleichen, doch aber kleiner sind,
und

und wann sie sich im Sommer paaren, ein heßliches Geschrey machen. Durch den Flug wehren sich die Vögel auf vielerley Arten. Dann einige suchen durch langes fliegen zu entgehen, als die Kranich: Einige durch rasches fliegen an den Ort ihrer Sicherheit zu kommen, als die Rebhüner und Wachteln: Einige durch drehen und absetzen, wie die Reiger, Krähen, Wiedhopffen, Kibitzen, Atzeln, und andere: Einige kliemen, wie die Tauben, Turteltauben, wilde Enten; oder sie hohlen Ring, als die Reiger, die, wie schon gesagt worden, sich drehen oder kliemen. Alle Vögel aber die kliemen, thun solches, damit der Raub=Vogel nicht über sie hinauf kommen mögte. Einige fliegen zu ihrem Schutz an solche Orte, wovor sich die Raub=Vögel scheuen, ob sie schon nicht in dieselbe hinab kommen, als die Gänß, Enten und dergleichen Wasser=Vögel mehr, welche an grosse Wasser, Hölzer, Schilff und Geröhrig fliegen, wovor sich die Raub=Vögel scheuen, und nicht hinkommen. Einige fliegen zu ihrer mehrern Sicherheit in der Abenddemmerung, und in der Nacht, als die Nachteulen, Schuhuh und Livercini, welche, weil sie sehr scheu sind, bey der Nacht sicherer fliegen.

Das

Das 56. Capitul.
Von der Art des wehrens.

Von der Art des wehrens, da die Vögel an einem gewissen Ort ihre Sicherheit suchen, muß man sagen, daß sie mehrentheils, wenn sie können, an den Ort fliehen, wo sie geheckt sind, oder an dergleichen einen. Die an dem Wasser geheckt sind, fliehen auch dahin, unter welchen einige allein in dem schwimmen ihren Schutz suchen, als die Löffel-Gänß: Einige tauchen sich ganz unter, wie die Enten, Taucher, und andere: Einige tauchen sich nicht ganz, sondern nur zum Theil unter, wie die Schwanen und Gänß. Die aber keine Schwimm- noch Wasser-Vögel sind, die gehen aus Furcht vor den Raub-Vögeln an das Wasser, weil sie wissen, daß solche sich vor dem Wasser scheuen, und bey dem Wasser sehr schwach sind, wie in dem Capitul von der Abtheilung der Vögel gesagt worden. Die meisten Vögel gehen also an das Wasser, einige ihres Schutzes, einige ihrer Atz wegen, einige wegen beyder. Die auf den Bäumen ausgebrütet worden, nehmen auch ihre Zuflucht dahin, als die Krähen, Atzeln, und andere. Die bey dem Wasser geheckt sind, gehen bißweilen

weilen auf die Bäume, bißweilen an das Wasser, als die Reiger. Die aber auf den Wiesen, Gebüsch oder Hecken ausgebrütet sind, fliehen auch dahin, als die Kramets-Vögel, Staaren, und die meisten kleine Vögel. Die auf den Felsen geheckt sind, nehmen auch ihre Zuflucht dahin, als die Raub-Vögel. Die auf der Erden ausgebrütet und erdfarb sind, verbergen sich auf der Erden, als die Rebhüner, Wachteln, Lerchen, wilde Enten, Galander, und die meisten kleine Vögel, unter welchen einige so tumm sind, daß, weil sie sich auf der Erden vor sicher halten, sie sich mit den Händen fangen lassen, und wann sie ein Raub-Vogel verfolgt, ihre Zuflucht zu der Erden nehmen. Weil die Rebhüner, Fasanen und dergleichen, nicht lang in einem fliegen können, so gehen sie niemals gern weit von dem Ort weg, wo sie ihren Schutz suchen. Solcher Wehr und Schutz bedient sich der meiste Theil der Vögel, einige mehr, einige weniger. Einige Vögel haben auch eine besondere und ihnen allein eigene Art sich zu wehren, daß sie nemlich die Raub-Vögel beschmeissen, als die Trap-Gänß und wilde Enten. Es machen sich die Trap-Gänß und wilde Enten auch rauh, halten sich mit den Klauen an, machen

chen einen Engel, halten, wie die kämpffende Hähne, den Kopff nieder, welches sie aus Furcht thun. Die Trap-Gänß schlagen auch die Raub-Vögel mit den Flügeln auf die Brust. Einige Vögel fliehen auch zu ihrer grössern Sicherheit unter den Hauffen ihrer Art, damit sie durch dieselben beschützt werden, als die Tauben, Kranich, Staaren, und fast alle. Ja es zieht sich auch der Hauffe dicker zusammen, wann die Raub-Vögel auf sie zugehen. Daß sie aber, wann mehrere beysammen sind, sicherer seyn, zeiget, weil die andern dem Verfolgten beystehen, sich wider den Raub-Vogel wehren, und ihn schlagen, als die Kranich, Gänß, Krähen und andere.

Das 57. Capitul.
Von der Mauß der Vögel.

Wir haben von denen verschiedenen Gliedern und ihrem Nutzen, von dem Gefürt, wie die Federn wachsen und stehen, von ihrer Gestalt, Grösse, Anzahl und Nutzen geredet. Weil sich aber die Vögel alle Jahr maussen, so müssen wir auch davon reden, und sehen, warum, und warum alle Jahr, und zu welcher Jahrs-Zeit sie sich maussen, wie und in was vor einer Ordnung, und welche

che Federn sie am ersten verliehren, und von dem Unterschied des Gefürts vor und nach der Mauß. Es ist aber vor die Vögel nöthig und nützlich, daß sie sich maussen, weil die Federn von den überflüßigen Feuchtigkeiten und aus einer schwachen Materie wachsen, und vieler Ursachen wegen Schaden nehmen. Mehrentheils dauret das Gefürt nur ein Jahr, und wenn es länger steht, so fängt es an Schaden zu nehmen. Daher wenn sie sich in dem ersten Jahr nicht mausseten, so würden die Federn verderben, und sich abbinzen und zerbrechen, also daß sie wenig oder gar nichts damit ausrichten könnten. Derowegen läßt die Natur neue wachsen, durch welche die alten ausgestossen werden. Diese neue wachsen von den überflüßigen Feuchtigkeiten, die aus der Menge der Säffte kommen, eine Anzeige desselben ist, weil es geschieht, daß, wann ein Falck geschlingert, er die Flügel-Federn, so er am ersten verlohren, wieder verliehrt, und solches kommt von der vielen Feuchtigkeit und der grossen Hitze, welche die Schweißlöcher eröffnet. Uber das wann die Haar abgeschnitten werden, so wächst wieder so viel, oder auch wohl mehr hinan, als weggeschnitten worden ist, da sie wegen des beständigen Zuflusses der

Feuch=

Feuchtigkeiten keine gemeſſene Gröſſe haben. Bey dem Gefürt aber verhält es ſich nicht alſo: Denn da dieſes eine gemeſſene Gröſſe hat, ſo wächſt das abgebintzte oder zerbrochene nicht wieder an. Darum weil die Federn endlich biß an den Kiel würden abgeſtuppt werden, ſo würde der Vogel, wo keine andere an derſelben Statt wachſeten, endlich gar kein Gefürt mehr haben, und alſo weder vor die rauhe Lufft mehr bedeckt ſeyn, noch fliegen können. Sie mauſſen ſich aber alle Jahr, weil die Federn nicht länger als ein Jahr taugen. Ja die Vögel, ſo nicht rauben, mauſſen ſich wieder, ſo bald ſie ſind beflogen worden, und dieſe neue Federn wachſen mit dem Stelzel biß zu ihrer völligen Gröſſe, und wann ſie ein Jahr alt ſind, mauſſen ſie ſich wieder, wie man an den Faſanen, Rebhünern, Wachteln und andern ſiehet, die ſich in dem erſten Jahr ſchon einmal mauſſen. Warum ſich aber die Raub-Vögel in dem erſten Jahr nur einmal, die andern aber zweymal mauſſen, davon haben wir die Urſach in dem Capitul von dem Gefürt ſchon angeführt, weil nemlich die, ſo nicht rauben, gleich von Anfang das Gefürt nöthig haben, damit ſie dem, was ihnen ſchaden will, entgehen, und auch ihre Atz bekommen können, vornemlich diejenige, so von den Alten nicht geatzet werden, und weil diese von einer feuchtern Natur als die Raub-Vögel sind, so wachsen die Federn geschwind, und geschwinder als der Stelzel, doch sind sie noch schwach und weich. Wann aber der Vogel wächst, so fallen wegen der vielen Nahrung die vorigen Federn aus, und weil sie den Stelzel nicht mehr tragen können, so wachsen andere stärckere, indem die Feuchtigkeit schon vester wird, und diese zweyte Federn können den Stelzel, biß er ein Jahr alt ist, tragen, und alsdann maußt sich der Vogel zum drittenmal, und dieses Gefürt daurt wieder ein Jahr. Hingegen wachsen bey den Raub-Vögeln, die trockener Natur sind, und zu denen nicht so viel schädliches kommt, die Federn nicht so geschwind, noch gleich vom Anfang, sondern nach und nach. Daher werden sie stärcker und vester, indem sie mit dem Stelzel in gleicher Verhältniß wachsen, darum können sie auch denselben, biß sie ein Jahr alt sind, tragen, und maußen sich in dem ersten Jahr nur einmal, hernach aber maußen sich sowohl die Raub-Vögel, als auch die nicht rauben, alle Jahr nur einmal, wegen vorbesagter Ursach. Es fängt aber der meiste Theil der Vögel in dem

dem Frühling sich zu maussen an. Dann in dem Frühling haben sie die Feuchtigkeit, wovon das Gefürt wächst, im Ueberfluß. Und also geschieht die Mauß im Frühling bequem, weil darauf der Sommer folgt, wo ihnen die Kälte nicht schadet, und das Gefürt wächst den Sommer hindurch und wird so starck, daß die Vögel in dem Herbst damit wegstreichen können. Es wäre auch keine andere Zeit zur Mauß bequemer als der Frühling, wie oben bey dem Wegstrich der Vögel schon ist gemeldet worden. Doch fangen auch einige Vögel in dem Sommer an sich zu maussen, und dieses, daß sie sich zu verschiedenen Zeiten maussen hat seinen Grund in der verschiedenen Zeit, da sie geheckt worden sind. Dann ein jeder Vogel fängt, wann er ein Jahr alt ist, an sich zu maussen zu der Zeit, da er war geheckt worden, wie es mit den Zweigen und Kräutern an den Stämmen und Wurzeln geschieht, wo, wann das Jahr um ist, statt der alten und verdorrten frische zu wachsen anfangen, und dieses glauben wir, komme aus der Bewegung der vorigen, und aus der verschiedenen Beschaffenheit, in welche sie würcket. Es ist aber die Mauß eine ordentliche, und eine ausserordentliche. Die ordentliche ist, wenn

wenn sie auf einmal viel Federn verliehren, und die neuen an derselben Stelle hernach so weit wachsen, daß sie fliegen können, ehe noch andere ausfallen, und dann wieder andere auf gleiche Weise ausfallen. Die ausserordentliche ist, wann zwar auf einmal viel Federn ausfallen, aber ehe noch dieselben wieder gewachsen sind, bald wieder andere und sodann wieder andere ohne Ordnung und auf eine ganz andere Art ausfallen. Weil nun die Raub=Vögel durch den Flug ihre Atz bekommen, und das Wild fangen müssen, so maussen sie sich ordentlich, und werden dadurch in ihrem Flug nicht gehindert, und können das Wild fangen. Aber die Land-Vögel, so nicht rauben, maussen sich nicht so ordentlich, weil sie ihre Atz zu bekommen das fliegen nicht so nöthig haben, indem solche vor ihnen nicht davon fliegt. Aber doch haben sie das fliegen nöthig zu ihrem Schutz, und dem, was ihnen schaden will, zu entgehen, daher maussen sie sich nicht ganz ohne Ordnung. Hingegen die Wasser= und Schwimm=Vögel maussen sich ausserordentlich, indem sie weder zu ihrem Schutz noch sich zu atzen das fliegen nöthig haben, da sie beydes in dem Wasser finden. Die Ordnung der Mauß haben wir an den Raub-Vögeln

Vögeln deutlicher als an den andern wahrgenommen, darum wollen wir unten bey der Mauß der Raub-Vögel weitläufftiger davon reden. Doch wollen wir hier überhaupt so viel als nöthig ist, davon anführen. Wann die Vögel sich maussen, so fallen zu erst die grossen, hernach die kleinen Federn aus. Denn die grossen brauchen mehr Feuchtigkeit, biß sie wachsen, als die kleinen. Dann wann sie die kleinen Federn eher, oder doch eben so geschwind als die grossen verliehren, so würden jene eher trocken werden, als diese, und der Vogel hätte sich nicht auf einmal und zu gleicher Zeit ausgemaußt, welches ihm in dem Fliegen sehr hinderlich wäre. Sie müssen also mit den grossen Federn sich zu maussen anfangen, und hernach mit den kleinen, damit es zu gleicher Zeit an beyden geschehe. Am geschwindesten maussen sich die Wasser-Vögel wegen der vielen Feuchtigkeit, hernach die Land-Vögel, so nicht rauben, am spätesten aber die Raub-Vögel, die in Vergleichung mit den andern am wenigsten Feuchtigkeit haben. Von der Zeit, wie lang sie zu der Mauß brauchen, und von der Ordnung derselben in den Flügel- und Staart-Federn wird unten weitläufftiger gesagt werden. Das Gefürt der rothen ist von
der

der hagard hierinnen unterschieden, daß solches nach der Mauß insgemein besser ist, und eine andere Farb hat. Sie haben auch nach der Mauß mehr Dunst, als vor derselben. Es ist aber das Gefürt deßwegen besser, weil es nicht so geschwind naß wird, noch so leicht zerbricht oder abstuppt, wie vor der Mauß. Dieses nun mag insgemein von der Mauß genug gesagt seyn.

Vorrede
des
Zweyten Buchs.

Weil in dem vorhergehenden Tractat ist gesagt worden, daß das Beitzen eine Kunst sey, was vor eine, und warum es eine Kunst, auch warum solches edler sey als das übrige Waidwerck, und auch überhaupt von einigen Beschaffenheiten der Wasser= Land= und Mooß=Vögel, sowohl der Raub=Vögel, als auch deren, die nicht rauben, ist geredet worden: So wollen wir jetzo näher zu unserm Vorhaben schreiten, und insonderheit auf diese Kunst selbst gehen, und auf alles dasjenige, was derjenige wissen und haben muß, der

der solche lernen und treiben will. Ein Künstler muß diese Kunst von einem, der darinnen erfahren ist, lernen, und hernach selbsten ausüben. Wie solcher beschaffen seyn soll, wird unten gezeiget werden, wann er nemlich die Vögel, womit er beitzen soll, bekommen hat. Denn es taugt nicht ein jeder dazu, sondern der eine natürliche Lust, Belieben und auch Geschicklichkeit dazu hat, und ist gelehrt worden. Die Materie worauf, und auf welcher Theile die ganze Absicht des Künstlers gerichtet ist, sind die Vögel, womit gebeitzet wird. Denn ob sie schon die Werckzeuge sind, womit er das Wild fängt, so richtet doch ein Falckonier seine Absicht darauf, wie er sie bekomme und berichte, und auf die verschiedene Arten der zur Beitz dienlichen Vögel. Die Theile aber dieser Materie sind die verschiedenen Arten der Raub-Vögel, als die Falcken, Habichte und dergleichen, wovon nachgehends eine hinlängliche Beschreibung wird gegeben werden. Die Theile aber der Kunst sind verschieden nach den verschiedenen Theilen der Materie. Dann es ist ein anders die Beitz mit den Falcken, ein anders mit den Habichten und Sperbern, und diese Theile begreiffen wieder andere unter sich, die auch Stücke der Kunst und der Wissen-

Wissenschafft sind; einen der nur in dem Wissen besteht, und was gelehret worden, nur bloß überhaupt betrachtet, ohne es in eine Ausübung zu bringen, und dieser heißt die Theorie: den andern, der das Gelehrte nicht allein weiß, sondern auch in Ausübung bringt, welcher die Praxis genennet wird. Wann nun jemand beitzen würde, ohne daß er es gelernet, und davon eine theoretische Wissenschafft, die doch vorher gehen soll, noch auch eine Praxin hätte, so sagen wir, er handle zufälliger Weise, nicht aber nach der Kunst, wenn er auch schon sonsten in seiner Beitz recht verführe. Dann es können die, so das Fechten nicht gelernet haben, wann sie sich darinnen üben, auch manchmal einen guten Stoß thun, und die sich in dem Schiessen nicht geübt, doch bißweilen in das Schwarze schiessen. Der Endzweck eines Falckoniers ist erstlich, daß er Vögel habe, die berichtet sind, so, wie er es haben will, das Wild zu fangen, hernach daß er mit solchen berichteten andere, die keine Raub=Vögel sind, fange, und hieraus erlangt er, wie wir im Anfang des ersten Buchs gesagt haben, einen dreyfachen Nutzen. Die Grundsätze, deren er sich bedient, sind die Anweissungen und Reguln, die in diesem Buch enthalten sind,

wie

wie alles bey der Beitz seyn und geschehen soll. Welche Anweissungen und Reguln, weil sie in behöriger Kürze und richtigen Art beschrieben sind, die Kunst zu beitzen ausmachen. Auch soll der Neid selbst uns dabey nicht beschuldigen können, daß wir zu weitläufftig gewesen, da wir weder unnützliche Sachen wiederhohlen, noch überflüßige und zur Sache nicht gehörige Dinge, sondern nur das nöthige beybringen. Es hat aber ein Falckonier, der mit diesen Stücken umgeht, viel= und mancherley dabey zu thun: Einige Handlungen gehen vorher, einige folgen nach: Einige bestehen in der Erkänntnuß der Raub=Vögel, andere in dem fangen: Einige in dem aufbehalten, einige in dem lockmachen, daß sie nemlich mit dem Mann gemein werden: Einige in dem berichten, daß sie von der Hand gehen, einige daß sie wieder auf die Hand tretten, und das Wild, das sie nicht vor sich selbsten, oder doch nicht auf diese Weise fangen würden, wie es der Falckonier haben will, fangen: Einige wie man sie, wann sie berichtet sind, bey der Beitz brauchen soll. Es gibt dabey noch mehr sehr nützliche Verrichtungen, nemlich, wie man sie, damit sie das Ihrige thun, gesund erhalten, und curiren soll. Die dabey zu beobachtende Ordnung
er=

erhellet nach dem in unsern Büchern angeführten aus der Ordnung der Handlungen. Dann erstlich muß man die Falcken fangen, hernach aufbehalten, lockmachen und so ferner, welches alles deutlicher erhellen wird, wann ein jedes an seinem gehörigen Ort wird angeführt werden. Die Werckzeuge, womit man hierinnen seinen Endzweck erlanget, sind verschieden. Einige gehören zum fangen der Raub-Vögel, als Netz, Leinen und dergleichen, womit sie gefangen werden. Man fängt auch bißweilen Raub-Vögel mit Raub-Vögeln, als die Falcken mit Habichten: Einige hat man die Gefangene aufzubehalten, als den Falckensack, Schuh und Langfessel, Reeck und dergleichen: Einige zum lockmachen, als das Lockfleisch, Haube, Badbrennte, und dergleichen: Einige zum berichten, als die Lockschnur, Lujer und Zieget, und andere Dinge, womit man sie locket: Einige bey dem trainen, als Kranich, Reiger, oder auch andere Vögel, oder auch einen ausgeschoppten Hasenbalg, und noch viele Stücke, die zum trainen gehören: Einige, wann sie schon berichtet sind, als die Bell, Handschuh, und dergleichen: Einige sie gesund zu erhalten, und zur Mauß, als die Maußkammer, und vielerley Arzeneyen. Einige zum curiren, als die

die Arzeneyen selbst, die nöthige Gefässe, damit man ihnen die Arzeneyen eingiebt. Von einem jeden dieser Werckzeuge wird an seinem Ort geredet werden. Nach dieser Vorrede wollen wir dann selbst zu unserm Vorhaben schreiten, und erstlich sagen, was ein Raub=Vogel sey: dann aus seiner Beschreibung wird man eines jeden Beschaffenheit erkennen: hernach warum sie Raub=Vögel heissen.

Das 1. Capitul.
Was ein Raub=Vogel sey, und warum er also heisse.

Ein Raub=Vogel ist ein Thier, das fliegt, Federn hat, auf dem Land sich aufhält, rasch fliegt, aber mittelmäßig laufft, krumme Klauen und Bec hat, und von den lebendigen Thieren sich ätzt, und lebt, welche er fängt. Das Weiblein ist grösser als das Terz. Das Wort Thier zeigt das Geschlecht an, das fliegen unterscheidet sie von denen die nicht fliegen, die Federn von denen, die fliegen und keine Federn haben, dergleichen es viele giebt, als die Fledermäuß, Bienen, Arten der Fliegen und dergleichen. Dann die Fledermauß hat Flügel, aber ohne Federn, von Fleisch Haut und Knorpeln, welche ihr auch dienen

sich

ſich an den Mauren, Holz und dergleichen anzuhängen; dann ſie haben ſchwache Füſſe, womit ſie ſich in ihren Schlupffwinckeln nicht anhängen können. Er iſt ein Land-Vogel, weil er hitzigter und trockener Natur iſt als die Waſſer- und Mooß-Vögel, daher kan er ſich an den wäſſericht und ſumpfichten Orten, die der Natur eines Raub-Vogels zuwider ſind, nicht aufhalten. Dann die Raub-Vögel ſind von einer hitzigen und trockenen Natur, welcher die Kälte und Feuchtigkeit des Waſſers zuwider iſt. Wovon die Weiſen ſagen: Es werde alles in ſeiner Geſtalt und Natur durch ähnliche Dinge erhalten, durch widrige aber verdorben. Es halten alſo die Raub-Vögel, die hitzig und trockener Natur ſind, billig ſich nicht an ſolchen Orten auf, die ihrer Natur zuwider ſind, und ſie verderben würden, da ein jedes Thier eine Begierde hat, ſich in ſeinem Weſen zu erhalten, und nicht zu verderben. Dann kein lebendiges Thier hat eine Begierde nach etwas, das ihm zuwider iſt, als nur zufälliger Weiſe, wenn es nemlich kranck iſt, oder ſonſt einige Veränderung gelitten. Dieſes wiſſen diejenige, ſo mit den Raub-Vögeln umgehen, daß ſie kranck ſeyn, wann ſie Waſſer verlangen, und geben ihnen ſolches ſie zu curiren.

Wann

Wann sie aber curirt seynd, so verlangen sie kein Wasser mehr, als nur wenige von denselben, die aus Gewohnheit schöpffen, oder sonst eine böse Trocknung in sich verborgen haben. Durch den raschen Flug unterscheidet er sich nicht allein von den andern Thieren, die keine Federn haben, sondern auch von den Vögeln, die fast alle, sie mögen lang oder auch nur eine kurze Zeit fliegen können, gegen die Raub=Vögel langsam fliegen. Dann wann einige, da sie lang fliegen, geschwinder sind, als die Raub=Vögel, so werden sie doch von diesen in einem kurzen Flug gefangen. Zum Exempel: Die Enten und dergleichen sind, wann sie lang fliegen, geschwinder, also, daß die Habicht sie nicht bekommen, doch bey einem kurzen Flug werden sie leicht von ihnen gefangen. Doch die Falcken, sonderlich die Ger=Stuck fangen sie, sie mögen lang oder kurz fliegen. Sie lauffen mäßig, dann die Vögel, welche rasch fliegen, lauffen mehrentheils schlecht und langsam, weil was ihnen in dem lauffen abgeht, in dem Flug ersetzet wird, und so auch in dem Gegentheil: solches siehet man offenbar an den Schwalben, die sehr rasch fliegen, aber wenig, oder gar nicht lauffen. Durch die krummen Klauen und Bec unterscheiden

scheiden sie sich von den meisten, ja fast von allen Arten der Vögel. Obschon Aristoteles sagt: Alle Vögel, die krumme Klauen hätten, seyen Raub=Vögel. Da man doch das Gegentheil darthun kan an den Dohlen, Staaren, Geyern, und einigen andern, die krumme Klauen haben, und doch kein Wild fangen, noch Raub=Vögel genennt werden. Die Folge ist ausser allen Zweiffel richtig, daß die Vögel, so andere fangen, krumme Klauen haben, aber umkehren läßt sie sich nicht. Daß aber noch dabey steht, daß sie lebendige Thiere fangen, ist ein ganz besonderer Unter=schied, welcher seine Art anzeigte. Dann die Vögel, welche krumme Klauen haben, und keine lebendige Thiere fangen, nennt man nicht Raub=Vögel, als die Geyer und mehrere, die auf das Luder gehen, und eine Art der Gänße und dergleichen. Eine nicht weniger wesentliche Eigenschafft ist, daß der Falck grösser ist als das Terz. Dann bey keinem Thier, so uns bekannt ist, findet man, daß das Weiblein grösser ist als das Männ=lein, sondern es ist ihm in der Grösse entwe=der gleich, oder wohl gar kleiner. Wo dieses herkomme, führen wir nach unserm Bedüncken hinlängliche Ursachen an, weil wir von den Fal=ckoniern öffters darüber sind befragt worden, und solche sind folgende.

Das

Das 2. Capitul.
Warum der Falck gröſſer iſt als das Terz.

Man lieſt in den mehrſten Büchern der Weltweiſen: Die Wärme ſey etwas würckendes, und vergröſſere die Dinge, wo ſie ſey, und dieſes ſehen wir durch ein Zeichen: Dann ein jedes flüßiges, das durch die Wärme geſchmolzen worden, ſcheinet mehr zu ſeyn, ob gleich in dem ſchmelzen nichts iſt darzu gethan worden. Das flüßige aber iſt etwas leidendes und in ſich nehmendes, welches, wann es einige Proportion gegen die Wärme hat, ausgedehnt wird, und eine mäßige Gröſſe bekommt. Wann aber das flüßige gegen die Wärme gröſſer iſt, daß demſelben die Wärme ſeine Maaß ſetzen kan, ſo wird ſolches ſeine Maaß überſchreiten, und gröſſer werden, und von der mittelmäßigen Gröſſe mehr oder weniger abgehen, nachdem das flüßige ſich gegen die Wärme verhält. Hingegen wird der Cörper klein, wenn das flüßige gegen die Wärme, ſo in daſſelbige würcket, mäßig iſt. Wann nun alſo die Wärme gegen das flüßige vermehret wird, ſo wird der Cörper klein: hat aber das flüßige eine gleichmäßige Verhältnuß, ſo bekommt der Cörper eine mäßige Gröſſe: iſt aber das flüßige nach der Proportion der Wärme grösser, so übersteigt auch die Grösse das Mittel-Maaß. Wann nun die Raub-Vögel von einer hitzigen und fast der allerhitzigsten Natur sind, weil vielerley Ursachen der Hitze bey ihnen zusammen kommen: Dann sie sind hitzig in Ansehung ihres Geschlechts, weil sie Vögel sind: dann die Vögel werden vor hitziger gehalten als die lauffenden Thiere: sie sind auch Raub-Vögel, welches von der Hitze herkommt: dann daß er auf das Wild zugeht, und fängt, zeigt eine Herzhafftigkeit an, welche von der Hitze kommt. Man hält sie auch vor hitzig, wegen ihres Temperaments, und in Vergleichung des Temperaments einer bessern und temperirtern Art derselben. Da nun so viele Ursachen der Hitze bey diesen Vögeln zusammen kommen, so hält man sie mit Recht vor die hitzigsten: Dann wann das, was die Hitze verursachet, vermehret wird, so wird auch die Hitze grösser. Wir haben ein Kennzeichen davon, da wir sehen, daß viel Pfeffer-Körner mehr als wenige erhitzen, und überhaupt, wann viele hitzige Sachen, sie mögen einerley oder verschiedener Art seyn, vereinigt werden, so machen sie mehr Hitze als wenige, und dieses geschieht, weil die Menge die

Wür=

Würckungen der Eigenschafften vermehrt und vervielfältigt. Derowegen kan ein grosses Feuer viel Holz verbrennen; ein kleines aber nur wenig, weil es von vielen würde erstickt werden. Da nun das flüßige der Raub=Vögel zäh und dick ist, welches daraus erhellet, weil sie viel nervigtes an sich haben, so verändert sich solches in Ansehung des Geschlechts. Dann da die Weiblein einer kältern und flüßigern Natur sind als die Terz, so ist die Hitze temperirt, und nicht so groß, und die Feuchtigkeit macht, daß das flüßige nicht so dick und zäh ist, derowegen trägt es auch mehr bey, ihnen ein Ansehen zu geben, welches von der Hitze des würckenden herkommt. Da nun die grosse Hitze, und die dicke und zähe Feuchtigkeit der Raub=Vögel bey den Weiblein durch die Kälte gemäßiget wird, und das flüßige mehr Wasser hat, so bekommen sie daher einen grössern Stelzel, und die Terz hingegen sind kleiner, nach dem Satz der Weltweisen: Widrige Ursachen bringen auch widrige Würckungen herfür. Nach dem Plinius giebt es in einer jeden Art der Raub=Vögel, wann man eine Vergleichung anstellt, nicht so viel Vögel, als wie bey andern Arten, die nicht rauben. Wir sagen aber deßwegen nach dem Plinius, weil dieſes mehrentheils zutrifft, bey wenigen aber man eine Einwendung machen koͤnnte. Dann man ſagt, es gebe eine Art Voͤgel, die nicht rauben, in welcher nicht mehr als ein Maͤnnlein und ein Weiblein ſey, wie man von dem Phœnix und dergleichen ſagt. Wir aber glauben es nicht. Der Raub=Voͤgel giebt es weniger als der andern, und ſie ſind Land= und keine Waſſer= oder Mooß=Voͤgel. Weil ſie, da ſie von einer hitzigern und trock=nern Natur ſind als die Waſſer= und Mooß=Voͤgel, zwey Eigenſchafften haben, die dem Waſſer ganz zuwider ſind, eine wuͤrckende und eine leidende. Da auch weder ihre Ge=ſtalt noch Gefuͤrt zum Waſſer taugt, ſo hal=ten ſie ſich auch nicht in dem Waſſer auf, und koͤnnen, da ſie keine lange Fuͤſſe haben, wie die Reiger und Kranich, in demſelben weder ſtehen, noch ſchwimmen, weil ſie keine Haut an den Fuͤſſen und Klauen haben, wie die Gaͤnß, Enten, Boͤllhuͤner, und faſt alle Waſſer=Voͤgel. Wann die Raub=Voͤgel ſich in dem Waſſer aufhielten, ſo wuͤrde ihr Gefuͤrt naͤſſer werden als der Waſſer=Voͤgel, und die Fuͤſſe wuͤrden weich werden, da ſie dann kaum fliegen, und das Wild ſchlagen und binden koͤnnten. Deßwegen bleiben die Raub=Voͤgel nicht in dem Waſſer, weil ſie

dar=

darinnen würden schwach werden. Doch giebt es einige, die den Adlern gleich, aber kleiner sind, die sich an den Wassern auf den hohen Felsen aufhalten, und wann sie von der Höhe in dem Wasser einen Fisch sehen, schnell herabstossen, und denselben fangen, und aufatzen, die deßwegen Meer= oder Fisch= Adler genennt werden. Diese haben hiezu eine bessere Gestalt der Glieder und ein bes= sers Gefürt, als die übrigen Raub=Vögel. Ob sie nun schon die Fische in dem Wasser fangen, so hält man sie deßwegen doch nicht vor Wasser=Vögel, weil sie sich nicht in dem Waser, sondern auf dem Land aufhalten. Also haben wir gesagt, was ein Raub=Vo= gel sey. Weil es aber einige giebt, die man nicht zur Beitz gebraucht, als da sind alle Arten der Adler, die man wegen ihrer Schwe= re nicht tragen kan, und wann man sie auch tragen wollte, so würde man keine andere Vögel mit ihnen tragen können, noch würden diese mit jenen fliegen, weil sie sich vor ihnen scheuen. Es giebt auch einige kleine Raub= Vögel, als die Schmirlein, Ubleti, und dergleichen, und sowohl dieser als jener be= dient man sich nicht bey der Beitz, als nur etwa zur Lust, und das selten, und wenige, nur etwas neues damit zu zeigen, daß man

M 4   glau=

glauben soll, sie wüßten etwas. Dann sie wollen immer das Ansehen haben, als wüßten sie mehr, als sie in der That wissen. Doch ist es einerley Art, sowohl diese, von welchen wir handeln, als jene grössere und kleinere zu berichten. Wir verlangen aber nicht von jenen zu handeln, sondern nur von denen, womit man beitzet, und die man tragen kan, und die, wann man sie beyeinander trägt, sich nicht voreinander scheuen, so, daß sie nicht fliegen sollten. Und was man vor Vergnügen und Nutzen mit jenen erlangen könnte, das erhält man besser und bequemer mit diesen. Derowegen wollen wir von diesen handeln.

Die Menschen beitzen entweder zum Vergnügen oder zum Nutzen, oder zu beyden; entweder vor sich, oder vor andere, und fangen grosse, mittelmäßige und kleine, Wasser- und Land-Vögel, als Kranich, Trap-Gänß und dergleichen, Fasanen, Rebhüner, Enten, und dergleichen, auch bißweilen vierfüßigte Thiere, als Biesem-Thier, alte und junge Rehe, Hirsch-Kälber, Füchse, Hasen, Kaninchen und dergleichen, und weil man diese alle nicht mit einer oder zweyen, sondern mit mehrern und verschiedenen Arten der Vögel fangen kan, so muß man auch anführen, wie

wie vielerley Arten der Raub=Vögel sind, die man zum beitzen braucht.

Die Vögel, womit man beitzet, und von Alters her bey uns gebeitzet hat, sind die Ger= Stücke, Sacre-Falcken, die fremden schlecht Stuck, die schlecht Stücke, und Schweimer, welche alle mit einem Namen Falcken genen= net werden.

Es gehören auch die Tauben=Habicht und Sperber unter die Raub=Vögel, und diese werden unter dem Namen Habicht begriffen. Alle Arten aber sowohl die, womit man bei= tzet, als auch die man bey der Beitz nicht ge= braucht, werden unter dem Namen Falcken oder Habicht begriffen. Ob nun schon viele allein den Tauben=Habicht einen Habicht nennen, so sagen wir doch, es sey dieses ein allgemeiner Name der Raub=Vögel, die nicht wie die Falcken schlagen, sondern wie die Tauben=Habicht und Sperber fangen, als welcher Name von accipio, ich empfange, hergeleitet ist. Hievon reden wir weitläuffti= ger in dem Buch von dem Tauben=Habicht, wo wir mit mehrern anführen, worinnen sie übereinkommen, und unterschieden sind.

M 5 Das

Das 3. Capitul.
Von dem Horſten.

Die Raub-Vögel treiben ihre Jungen aus, ſobald ſie beflogen ſind, und trennen ſich von einander an verſchiedene Orte. Deßwegen werden ſie auch ſelten oder niemals beyeinander angetroffen, wie unten wird deutlicher geſagt werden. Daher können ſie auch einander ſelten finden, als nur bey ihrem Horſt, wo ſie aufeinander warten. Man hat ſehr offt wahrgenommen, daß das Terz eher zu dem Horſt gekommen, und daſelbſt viele Tage auf den Falcken gewartet hat, biß er gekommen iſt, und der Falck wartet auch manchmal auf das Terz, bißweilen kommen ſie beyde miteinander zu dem Horſt.

Das 4. Capitul.
In welchen Ländern und Orten ſie horſten.

Alle Raub-Vögel horſten in dem ſiebenden, ſechſten, fünfften, und vierdten Clima, und wir glauben, daß ſie auch in andern Climaten horſten: Einige aber in dieſem, andere in einem andern. Weil aber die Ger-Falcken gröſſer, ſtärcker, herzhaffter und raſcher ſind,

sind, als alle andere Falcken, so wollen wir von diesen, als den besten am ersten, und hernach von den andern Arten handeln. Die Ger-Falcken horsten in dem siebenden Clima, und weiter hin, auf hohen Felsen, nemlich in denen Klüfften, Höhlen und Löchern der Steine und Berge. Einige derselben horsten in den Felsen weit von dem Meer weg, einige nahe an dem Meer, und diese sind besser und edler als jene, und zwar auf den Nordischen Meer-Insuln und derselben Felsen, nemlich auf der Insul Eyßland, die zwischen Norwegen und Grönland liegt, und dieses sind die besten. Ger-Falck wird er genennt von hiero, heilig, daher ist Ger-Falck, das ist ein Sacre-Falck, oder von kyrio, ein Herr, daher ist kyrofalco, das ist nach dem Griechischen ein Herr Falck. Diesseits dem siebenden Clima horsten sie weder, noch halten sie sich auf, noch gehen sie von demselben gegen das sechste, fünffte, und vierdte, sondern von dem siebenden Clima und weiter hin gegen den Nord-Pol horsten, und halten sie sich auf. Die Sacre-Falcken aber horsten in keinen so kalten Ländern, wie die Ger-Falcken, welche in dem siebenden Clima und weiter her horsten, und auch offt in Britanien und Bulgarien. Wir haben auch gehört, daß sie auf Bäumen horsten,

horſten, weil es in beſagten Orten keine Felſen, ſondern nur Bäume giebt, doch glauben wir, wenn es in ſolchen Ländern Felſen gäbe, daß ſie darauf lieber horſteten, weil ſie ein Geſchlecht der Falcken ſind. Die fremden Schlecht-Falcken horſten in den ſehr entfernten Nordiſchen Ländern, über das ſiebende Clima hinaus an dem Meer auf den Nordiſchen Inſuln und derſelben Bergen, wie die Ger-Stuck. Hingegen die Schlecht-Falcken horſten von dem ſiebenden Clima gegen die Mittagländer, und horſten wie die Fremden. Sie werden aber Fremde genannt, weil ſie gleichſam von dem Meer, und aus entfernten Orten über das Meer herkommen. Es ſagen aber viele, die fremden Schlecht-Falcken und die Schlecht-Falcken ſeyen zwey verſchiedene Arten, und nicht einerley, dann ſie finden einen gröſſern Unterſchied zwiſchen den Fremden und Schlecht-Falcken, als die Fremden oder die Schlecht-Falcken untereinander haben. Weil nemlich die Fremden ſich ſpäter mauſſen, und gröſſer und ſchöner ſind. Wir aber ſehen keinen weſentlichen Unterſchied, und halten ſie vor eine Art, und beyde vor Schlecht-Falcken. Der Unterſchied aber zwiſchen ihnen kommt von den verſchiedenen Ländern, wo ſie horſten. Dann die Fremden
mauſſen

maussen sich später, weil sie später, und auch in kältern Ländern geheckt werden, daher sind sie auch grösser und schöner. Aber der Unterschied der Länder, Farben und Sitten macht nicht, daß auch die Menschen oder Thiere in der Art unterschieden sind. Die Schweimer aber horsten in allen Climaten und vorbesagten Ländern, wie auch die andern Falcken, und wenn sie in den Ländern, wo die Sacre-Falcken, horsten, so horsten sie, wie diese, auf den Bäumen. Es horsten aber die vorbesagten Falcken auf den Felsen und hohen Orten, damit sie das Wild, so sie vor sich und ihre Jungen fangen, sehen, und da sie von der Höhe herab kommen, einen Vortheil vor demselben haben, und damit ihnen auch die Menschen und andere Raub-Thiere und Vögel nicht beykommen können.

Das 5. Capitul.
Von den Habichten.

Die Habicht und Sperber horsten in allen Climaten auf den Wald-Bäumen, und je niedriger ihr Horst ist, vor desto herzhaffter hält man sie, und man glaubt insgemein, sie thun dieses, weil sie grosse Vögel fangen, damit sie solche desto leichter in den Horst bringen können. Sie horsten auch in den Thälern,

lern, damit sie das Wild, so sie um den Horst fangen, leichter in den Horst bringen können, wann sie von der Höhe herunter kommen. Ja wann sie auch auf der Ebne oder in den Thälern ein Wild fangen, so führen sie solches mit vieler Mühe in die Höhe, damit sie hernach desto leichter damit in den Horst herunter kommen. Auch wegen des Wassers, weil in dem Sommer als der Heckzeit die andern Vögel häuffig zu dem Wasser kommen, zu schöpffen oder sich zu baden, und sie also ihrer Atz wegen nicht weit von dem Horst weggehen dörffen: und auch weil solche Orte feucht und kühl sind, und sie also einen Schutz vor die Sonnen-Hitze haben, und sie als Raub-Vögel, die eine hitzige Natur haben, die Höhe suchen. Ueberhaupt aber sind alle Raub-Vögel, die in dem siebenden Clima und weiter gegen den Pol hin horsten, grösser, stärcker, herzhaffter, schöner, besser und schneller, doch ein jeder nach seiner Art. Grösser sind sie, weil in dem siebenden Clima und weiter gegen den Pol hin eine strenge Kälte ist, wodurch ihre natürliche Hitze gemäßiget wird, und daher haben sie mehr Feuchtigkeit, und die Glieder und der Stelzel werden grösser, welches in dem vorhergehenden Capitul ist weitläufftig bewiesen worden, da man gezeigt, warum

warum der Falck grösser ist als das Terz. Stärcker sind sie, weil die Kälte und der rauhe Nord-Wind verursachen, daß der Stelzel stärcker wird: dann weil sie die Schweißlöcher zuschliessen, so lassen sie die natürliche Hitze und Geister nicht ausdünsten, welche zwey Stücke, da sie in dem Stelzel bleiben, denselben stärcker machen, welche Stärcke in den Nerven besteht, und das Blut und die andern Feuchtigkeiten bleiben reiner. Hingegen in den warmen Ländern dünsten die Geister, Hitze und Feuchtigkeiten aus, und die Krafft nimmt ab. Sie haben auch gröbere Glieder, welches ein Zeichen der Stärcke ist. Sie sind in den kalten Ländern herzhaffter, weil sie mercken, daß sie starck sind, und haben auch ein hitziger und reiners Blut als in den warmen Ländern. Dann durch die Erhaltung der Hitze und der Geister verdrucken die Vögel besser, und bekommen ein hitzigers Geblüt: Sie haben auch gegen ihren Stelzel ein grosses und sehr hitziges Herz, welche zwey Stücke auch etwas zur Herzhafftigkeit beytragen. Und weil sie sehr atzhitzig sind, so gehen sie auch auf das Wild zu. Ein Beweiß davon ist, weil wir gesehen haben, daß einige Habichte aus Norden dicke Herzen, und unten an denselben zwey Fell haben, und solche waren

waren ſehr herzhafft. Sie haben ſchönere und wohlgeſtaltere Glieder, dann weil, wie oben geſagt worden, bey dergleichen Vögeln die Feuchtigkeiten beſſer temperirt ſind, und aus ſolchen Feuchtigkeiten die Glieder ihre Nahrung und Wachsthum bekommen, und ſolche proportionirter ſind, ſo ſind ſolche Vögel auch ſchöner: Ferner haben ſie auch ein ſchöners Gefürt. Dann weil das Gefürt aus der Feuchtigkeit wächſt, und von dieſem die Hitz, und aus dieſer die rothe Farbe kommt, und dieſe Vögel von Natur hitziger ſind als alle andere, ſo haben ſie auch eine ſtärckere rothe Farbe als andere, welche Roßer-Falcken vor ſchön gehalten werden, wie man unten mit mehrem ſagen wird. Sie ſind auch der angeführten Urſachen wegen beſſer und raſcher. Wir ſagen daher, je näher an dem ſiebenden Clima die Raub-Vögel horſten, deſto gröſſer, ſtärcker, herzhaffter, ſchöner, beſſer und raſcher ſind ſie, doch ein jeder nach ſeiner Art.

Das 6. Capitul.
Von dem Eyerlegen.

Zwiſchen der Zeit, da ſie empfangen, und Eyer legen, machen wir keinen Unterſchied, da man eigentlich den Tag nicht weiß, wann

ſie

sie empfangen. Die Raub=Vögel legen
bißweilen zwey, manchmal drey, vier und
auch fünff Eyer, doch schlieffen sie nicht alle=
zeit alle aus, entweder weil einige davon
lauter sind, oder von dem Donner nieder=
sitzen, oder sonst durch einen Zufall verdor=
ben werden.

Das 7. Capitul.
Von dem Brüten.

Wie lang die Raub=Vögel brüten, wis=
sen wir nicht gewiß, weil die meisten
in allzuweit von uns entlegenen Ländern
horsten, daß wir keine Nachricht davon ha=
ben können. Doch glauben wir, daß sie in
weniger als 40. Tagen ausbruten.

Das 8. Capitul.
Von dem Dunst, kleinen und gros=
sen Federn.

Erstlich wachsen bey den Jungen die Teuf=
fels=Haar, welche eigentlich keine Haar
noch Federn sind, sondern etwas zwischen
diesen beyden, die sie vor der Kälte bede=
cken. Hernach wächst der Dunst, der dünn,
weich, doch länger und dicker ist, als jene,

und auch besser bedecket, und wann dieser
wächst, fallen jene aus. Drittens wach=
sen die grossen Federn, welche nicht so ge=
schwind groß und starck werden, weil sie ei=
ner trocknern Natur sind als die andern,
und das trockne Wesen den Wachsthum
hindert, und weil alle Raub=Vögel nach
Proportion ihres Stelzels längere Federn
bekommen. Es wachsen aber solche inner=
halb zwey Monaten. In dem ersten Jahr
heissen sie rothe, und maussen sich nicht wie
die Vögel, so nicht rauben, zweymal, son=
dern nur einmal. In den Flügeln und
Staart haben die meisten eine gewisse An=
zahl Federn, welches bey andern Vögeln,
die nicht rauben, nicht also ist.

Das 9. Capitul.
Wie sie von den Alten geatzt werden.

Die Art, wie die Mutter ihre Jungen
atzet, ist folgende: So lang biß sie
beflogen werden, und noch zart und jung
sind, daß sie nicht bequiren, und die Atz zer=
hacken können, so trägt sie ihnen solche in
dem Kropff zu, und wirfft sie vor sie hin.
Es ist aber solche Atz von Vögeln, oder in
Ermang=

Ermanglung dieser von vierfüßigten Thieren, die sie hat fangen können. Wann nun diese klein zerhackte Atz in dem Kropff erwärmet ist, und anfängt in die Verdauung zu gehen, so atzet sie ihre Junge davon. Dann eine solche Atz können sie leichter verdrucken. Sie atzen dieselben auch passable und zu den gehörigen Stunden, nemlich zu Früh und zu Abends. Wann sie aber einen stärckern Bec und Glieder bekommen, so bringt sie ihnen die Atz nicht mehr in dem Kropff, sondern trägt ihnen das Wild abgerupfft mit den Klauen zu, und legt es vor sie hin, bißweilen rupfft sie solches auch vor ihnen, oder wann sie keine Vögel hat, so bringt sie Fleisch.

Das 10. Capitul.
Wie die Mutter die Jungen fangen lehrt.

Wann die Jungen in dem Horst etwas groß und starck worden sind, so bringt ihnen die Mutter das Wild, und lehrt sie dasselbe abrupffen, und hernach solches aufatzen, und dieses thut sie öffter. Wann sie aber das Wild haben abrupffen gelernt, so bringt sie ihnen dasselbe lebendig, und zwar so berupfft, daß es nicht mehr recht fliegen kan.

kan. Zuerst zeigt sie ihnen solches, hernach läßt sie es fliegen, und die Jungen gehen auf dasselbe zu, und wann eines davon das Wild fängt, so lockt die Mutter die andern auch herbey, daß sie es miteinander aufatzen. Wann sie aber nicht vergiessen, so fängt das Alte das Wild wieder, und wann dann eines davon vergiest, und das Wild zu todt würgen und aufatzen will, so läßt das Alte die andern nicht hinzu, damit sie dasselbe nicht hindern. Also lehret sie die Jungen fliegen und fangen.

Das 11. Capitul.
Wie und warum sie von den Alten ausgetrieben werden.

Wann nun die Jungen fliegen und fangen können, so treibt sie die Mutter aus der ganzen Gegend des Horsts. Weil, wann sie bey derselben in einer Gegend blieben, und das Wild fiengen, die andern Vögel wegfliegen, und die Alten vor sich und ihre andere Jungen nicht mehr Atz genug bekommen würden, und wenn das Alte ein Wild fienge, würden die Jungen ihr solches wegnehmen, und eines dem andern. Nachdem sie dieselbe also fangen gelehrt, so treibt sie

sie solche von sich und aus der ganzen Gegend. Da trennen sie sich dann voneinander, und ein jeder fängt vor sich Grillen, Käfer, Roß=Käfer, und in Ermanglung der Käfer und dergleichen, als welche bey - - - und einer mäßigen Kälte sterben oder weggehen, fangen sie kleine Vögel und Thierlein, die sie bekommen können.

Das 12. Capitul.
Von dem Ort, wo sie sich aufhalten, so lang sie in dem Land bleiben.

Wann die Jungen ausgetrieben sind, so wehlen sie sich, in welchem Land sie auch seyn mögen, einen hohen und freystehenden Ort, entweder auf einem Baum oder Felßen, oder Hügel, damit sie weit herumsehen, und das Wild leichter fangen können. Sie tretten auch gern an einen solchen Ort zu ruhen, so lang sie in demselben Land sind, und nicht daraus vertrieben werden.

Das 13. Capitul.
Wie sie ausgehen ein Wild zu fangen.

Die Raub=Vögel gehen zu früh aus ein Wild zu fangen, und wann sie sich geatzet,

atzet, gehen sie wieder in ihren Stand zuruck. Wann sie sich aber nicht passable geatzet, daß sie biß auf den andern Tag bleiben können, weil sie etwa kein grosses Wild gefangen, oder, ehe sie dasselbe aufgeatzet, verjagt worden sind, so gehen sie nach der neundten Stunde des Tages noch einmal aus. Man hat auch gesehen, daß die Falcken bey der Nacht Wild gefangen haben, vornemlich bey dem Vollmond, weil sie bey Tag nicht haben vergiessen können. Woraus man muthmassen kan, daß es die andern Raub=Vögel auch bißweilen thun, nicht natürlicher Weise, sondern aus Noth gedrungen, weil sie bey Tag nicht haben vergiessen können.

Das 14. Capitul.
Von dem Wegstrich, warum und wie sie wegstreichen.

Die Raub=Vögel streichen einzeln weg, aus Furcht, es mögten ihnen die andern das Wild wegnehmen. Deßwegen fliegen sie niemals mit andern, sie mögen von ihrer oder von einer andern Art seyn, weil das der Raub=Vögel Eigenschafft ist, daß sie, wenn sie beysammen sind, einander das

das gefangene Wild wegnehmen. Es streichen aber die Raub=Vögel, wie die andern, weg, sowohl wegen der temperirten Lufft, ob sie schon hitziger sind als die andern, und die Kälte besser ausstehen können, als auch weil sie wegzustreichen gezwungen werden: Dann da die Vögel, so ihre Atz sind, wegstreichen, so ziehen sie ihnen nach).

Das 15. Capitul.
Von der Jahrs=Zeit und ihrer Beschaffenheit zu dem Wegstrich.

Die Raub=Vögel streichen mit den andern Vögeln zu gleicher Jahrs=Zeit weg, nemlich in dem Herbst, und bey gleicher Beschaffenheit derselben, bey Tag oder bey Nacht, wann sie eine dazu bequeme Zeit haben, und da lassen sie von allen, womit sie umgehen, ab, sie mögen sich atzen, oder ruhen und schlaffen, und ziehen mit dem Wind weg. Daher haben wir gesehen, daß sie, da wir ihnen ein Vorloß gegeben, und sie das Wild schon gebunden und aufzuatzen angefangen hatten, es haben liegen lassen, und mit dem zum Wegstrich günstigen Wind weggezogen sind.

Der König Manfried.

Die Ursach, welche die Falcken zwingt bey der Nacht zu fangen, ist folgende: Wann die Zeit zum Wegstrich kommt, so eilen die Falcken, damit sie die dazu gelegene und bequeme Zeit nicht versäumen, und atzen sich lieber einen Tag nicht, als daß sie eine solche Zeit versäumen sollten, und sind den Tag über um ihre Atz nichts bekümmert, daher kommt es, daß die Falcken, wann sie bey dem Vollmond sehen, ein Wild fangen und aufatzen.

Das 16. Capitul.
Von was vor Orten, wohin, und warum sie wegstreichen, und warum, und wie lang sie daselbst bleiben.

Von was vor Orten und wohin die Raub-Vögel wegstreichen, warum und wie lang sie daselbst bleiben, machen wir kein besonders Capitul, weil was überhaupt in dem Capitul von dem Wegstrich der andern Vögel ist gesagt worden, sich auch auf die Raub-Vögel schickt, und von ihnen gilt.

Das

Das 17. Capitul.
Von dem Zuruckstrich, warum, wie, zu welcher Zeit und bey was vor Beschaffenheit derselben sie zuruckstreichen.

Die Raub = Vögel streichen gegen den Frühling einzeln zuruck, weil die Lufft temperirter wird, und auch ihre Atz wieder kommt, wie sie mit derselbigen weggestrichen, und bey einer solchen Beschaffenheit der Zeiten, in welcher auch die andern Vögel zuruckstreichen. Sie ziehen zuruck zu horsten, damit sie ihr Geschlecht erhalten, wie schon gesagt worden ist in dem Capitul von dem Zuruckstrich der Vögel insgemein. Die Raub=Vögel sind in den kalten Ländern, nemlich in dem siebenden Clima und weiter hin sonderlich in dem Frühling und Sommer in grösserer Menge, weil sie einer sehr hitzigen Natur sind, und die Lufft des siebenden Clima sich besser vor ihre Natur schicket, als eines warmen Landes, vornemlich weil sie alsdann horsten wollen, und sowohl die Wasser= als Land=Vögel, die sie fangen, in den besagten Ländern in grösserer Menge sind, und sie daselbst viel Bäume, me, Wälder und hohe Felßen antreffen, worauf sie horsten, und vor dem, was ihnen schädlich ist, sich beschützen können: Die Wälder und Bäume vor die Habichte, die Felßen vor die Falcken. Weil dann auch die Landschafft unter dem siebenden Clima und weiter hin sehr groß und weitläufftig ist, daß sie daselbst, ohne daß einer den andern hindert, horsten und fangen können. In dem Herbst und Winter aber halten sie sich in grösserer Menge in den warmen Ländern auf, weil in denselben die Luft temperirter ist als in den kalten, und auch die andern Vögel, welche sie fangen, in solchen Ländern häufiger sind, wie in dem Capitul von dem Wegstrich der Vögel, so nicht rauben, ist gesagt worden.

Das 18. Capitul.
Wie man die Falcken aus den Gliedern und Gefürt erkennen soll, von der Gestalt und Farbe des Gefürts, und welches die schönsten.

Der König.

Da wir dieses Buch etwas daraus zu lernen öffters durchlasen, und zusehen, ob nicht aus Versehen des Abschreibers ein Fehler

Fehler ſey ſtehen geblieben, ſo haben wir nach der Vorrede gefunden, daß unſer Herr Vater beſchloſſen hatte, unter andern noch das Capitul, wie man die Falcken fangen ſoll, beyzuſetzen. Es waren aber zwiſchen der Vorrede und dieſem Capitul noch leere Blätter, deswegen glaubten wir, es fehle noch ein Capitul, welches darauf habe geſchrieben werden ſollen. Als wir aber die Bögen und Zeichen durchſuchten, indem wir ſahen, daß vieles wegen des Abſchreibers noch einiger Verbeſſerung nöthig habe, ſo haben wir nach einiger Zeit noch ein Capitul mit der Ueberſchrifft: Von dem Geſürt der Falcken, auf etlichen Papieren gefunden, in welchen der Unterſchied der Falcken an den Gliedern und Geſürt gezeiget wurde. Da wir uns nun wieder an den gehabten Zweiffel erinnerten, und bey dem durchleſen wieder auf das Capitul nach der Vorrede gekommen, wo wir glaubten, es fehle etwas, weil einige leere Blätter daſelbſt waren, ſo hat uns gedunckt, dieſes Capitul von der Geſtalt der Glieder und dem Geſürt der Falcken gehöre dorthin, weil das Capitul, wie man die Falcken erkennen, vor dem, wie man ſie fangen ſoll, hergehen muß, und unbekannte Dinge, die man ſucht,

nicht

nicht können gefunden werden: Dann wie will man finden, was man nicht kennet! und wenn man es auch findet, so ist es nicht aus Wissenschafft, sondern bloß ein blindes Glück. Damit nun der sie fangen will, sich nicht betrüge, und nicht einen Vogel vor einen andern fange, so haben wir gesehen, daß das Capitul, wie man die Falcken kennen soll, und worinnen sie in Ansehung der Glieder und des Gefürts mit andern übereinkommen, oder unterschieden seyn, vorgesetzt werden müsse.

Das 19. Capitul.
Von den Ger-Falcken.

Die beste Gestalt und Proportion der Glieder an den Ger-Stücken ist folgende: Daß der obere Theil des Kopffs platt und nicht rund sey: Der hintere Theil breit und groß, der vordere Theil über den Augen breit, weit herausgehende Schellen, hohle Augen, grosse Nassen-Löcher, einen dicken, krummen und harten Bec, gegen den Kopff einen dünnen, und gegen das Dach einen dicken Hals, breite Brust und Dach habe, die Hacken gegen den Kopff und nicht unter sich stehen, der Stelzel biß an den Stoß, wie

wie eine Pyramide, immer geschmeidig= und spitziger werde: Die beeden Flügel soll er zusammen geschlossen, und gegen das Dach hoch tragen, gegen den Staart soll ein Flügel über den andern creutzweiß schliessen: Sowohl die Deck=Federn, als auch die nicht decken, das ist die obern und untern Federn der Flügel sind breit und hart, je mehr die Deck=Federn andere bedecken, und je länger und weiter sie über dieselben hinausgehen, desto besser ist es. Wann er nicht fliegt, liegen alle Staart=Federn unter den zwey Deck=Federn. Der Ort, wo der Kropff liegt, ist breit und tieff: Wann er einen guten Kropff hat, bläht sich der Kropff nicht auf, und ist rund: Die Brust steht hervor, und ist fleischigt und dick: Die Diehn sollen lang seyn, und weit voneinander stehen: er soll dicke und kurze Füß, dicke und breite Ballen, lange, magere, knottigt und schuppigte, und weit voneinander stehende Klauen haben, die vornen mager, krumm und scharff sind. Die Federn unter dem Staart, so am Bruck heissen, sind dick, und gehen nach der Länge des Staarts hin, damit sie in dem Flug den Raum zwischen den grossen Federn decken. Die Federn an der Diehn sind lang, und gehen gegen den
Staart.

Staart. Ueberhaupt soll das Gefürt nicht rauh noch verschlagen seyn, sondern an dem Stelzel aneinander geschlossen liegen. Er hat auch einen grössern und schwerern Stelzel als alle andere Falcken.

Das 20. Capitul.

Von dem Gefürt der Ger=Falcken.

Das Gefürt der Ger=Falcken ist also beschaffen: Einige sind eluh, einige blanc; einige haben eine Farbe zwischen dem Eluh und Blanquen, und werden von etlichen Hanfgrau genannt. Die Blanquen werden auf der Brust heller. Die rothen Falcken sind theils rosser theils blanc. Die Rosser=Falcken werden schwarze hagard, und die Blanquen werden heller. Der Bec und die Füß des blanquen Ger=Falckens fallen mehr als bey andern Ger=Stücken in das Weise. Die Eluh=Falcken haben allerley Federn, dann einige sind schwarz einige rosser, und die auf zweyerley Art: Einige haben keine Tröpeln, einige haben Tröpeln, einige mehr, einige weniger. Die schwarzen Falcken werden eluh hagard oder rosser hagard. Die keine Tröpeln haben eluh oder rosser ha-

hagard, und die viel Tröpeln haben wer=
den eluh hagard. Diejenige so eine Farbe
zwischen dem Blanquen und Eluh haben,
verändern sich mehr als andere, dann eini=
ge werden heller, einige nicht, einige wer=
den mehr Eluh, einige weniger.

Das 21. Capitul.
Von der besten Art des Gefürts der Ger = Stück.

Wir können kaum sagen, welches die be=
ste Art des Gefürts der Ger=Stück
sey, weil man unter einer jeden Art des
Gefürts gute gefunden hat, und wir haben
schon von allen Arten des Gefürts gute ge=
habt. Aber weil die Blanquen schön, und selten
zu haben sind, auch weiter hergebracht wer=
den, als die andern, werden sie vor rarer
gehalten. Nach diesen sind die Eluh, um
gleicher Ursach willen. Welche Ger=Stü=
cke nun das besagte an sich haben, die wer=
den edler seyn, und je näher die andern die=
sen beykommen, desto edler werden sie seyn.

Das

Das 22. Capitul.
Von dem Sacre-Falcken.

Die Sacre-Falcken sind nach ihren Gliedern also beschaffen: Sie kommen an der Grösse des Stelzels vor andern Arten der Falcken dem Ger-Falcken am nächsten, doch sind sie kleiner. Sie haben einen grossen runden Kopff, einen kürzern Bec, und nach seiner Proportion einen dünnern und längern Stelzel, längere Flügel, einen längern Staart, keine so fleischigt und dicke Brust, kürzere Klauen als die Ger-Stück. Aus der guten und proportionirlichen Gestalt und schönen Gefürt kan man bey dem Sacre-Falcken, wie bey den Ger-Stücken und andern Falcken, kein gewisses Kennzeichen haben, welches die besten sind. Man hat öffters Sacre-Falcken gesehen, die eine gute Gestalt und ein schönes Gefürt gehabt, die doch weder rasch noch sonst gut gewesen sind. Hingegen hat man andere gesehen, die eine schlechte Gestalt und wüstes Gefürt gehabt, und doch rasch und gut gewesen sind. Damit man nun von ihrer Güte versichert sey, muß man auf andere Zeichen sehen.

Das

Das 23. Capitul.
Von dem Gefürt.

Die rothen Sacre-Falcken haben allerley Gefürt. Dann einige sind schwarz, einige rosser, einige gelb, welche alle in der Mauß sich wenig in der Farb verändern.

Das 24. Capitul.
Von den fremden Schlecht=Falcken.

Die fremden Schlecht=Falcken sind kleiner als die Sacre-Falcken, und die von ihnen haben eine bessere Gestalt, welche einiges von der besten Gestalt der Ger=Stück haben, nemlich einen dicken und krummen Bec, grosse Nasenlöcher, einen platten und runden Kopff, hohle Augen, weit herausgehende Schellen, an dem hintern Theil einen dicken Kopff, einen kurzen Hals, der gegen den Kopff dünner, und gegen das Dach dicker, und zwischen den Schultern erhöht ist, und zwischen der Brust und Hals eine tieffe Aushöhlung hat, worinnen der Kropff liegt, wohin die Atz am ersten kommt, ehe sie in die Bruck gehet: der Kropff, wann er sich geatzet, soll sich nicht aufblähen, und rund seyn: eine herfürstehende, dicke und fleischigte Brust, lange und viel Federn unter dem

Staart haben, die Federn an den Diehn sollen gegen den Staart gehen, dicke und kurze Füsse, breite Ballen, weit voneinander stehende, lang und magere Klauen, ein grosses und breites Dach haben. Wann die Flügel zusamm geschlossen sind, so stehen die Hacken gegen den Kopff gerad in die Höhe: die Flügel sollen nicht herab hängen, wann sie sich creutzweiß übereinander schliessen: die Federn auf dem Dach sind breit und vornen rund, die Flügel=Federn sind nicht gekraust, sondern glatt, breit und hart. Alle Federn liegen auf dem ganzen Stelzel genau übereinander geschlossen: Die Staart=Federn liegen unter den zwey Deck=Federn. Einige rothe Falcken von den fremden sind schwarz, und haben keine Plumage, einige rosser, und haben eine Plumage; einige eluh mit einer Plumage: einige rosser haben keine Plumage: einige derselben sind etwas dunckler mit einer gleichen Plumage: einige etwas heller mit einer Plumage: einige sind blau, und haben keine Plumage, einige haben eine Plumage. Von dem Kropff biß an die Bruck haben sie entweder ordinaire Tröpeln oder platen Tröpeln: einige haben von dem Halß biß an die Brust ordinaire Tröpeln, von der Brust aber hinunter platen Tröpeln. Ferner

ner haben einige von den fremden auf dem Dach-Flügel und Staart-Federn Tröpeln, einige nicht. Einige haben röthlichte, einige blasse, einige runde, einige Wasser-Tröpeln. Bey einigen sind sie grösser, bey einigen kleiner, einige haben viel, einige wenig Tröpeln. Einige schwarze fremde Schlecht-Falcken haben eine weißlichte Plumage, einige eine röthlichte, einige eine breite, einige eine schmale Plumage. Eben also können auch die rosser und blauen, wie die schwarzen Falcken, nach ihren Tröpeln und Plumage abgetheilt werden.

Wir wollen also von den schwarzen den Anfang machen. Ob schon einige davor halten, diese Art Falcken gehöre nicht unter die fremden Schlecht-Falcken, sowohl weil es derselben wenig giebt, als auch weil sie schwarz, und sehr unterschieden sind von den rossern und blauen, welche man in grösserer Menge bekommt als die schwarzen: so widersprechen wir ihnen doch, weil diese schwarzen die besten und schönsten fremden Schlecht-Falcken sind, wann sie vornemlich die besagte Gestalt der Glieder und Federn haben, wovon wir jetzo reden wollen. Man hat zu wissen, daß wir unter diesen schwarzen diejenige verstehen,

hen, welche eine solche mit schwarz und roth untermengte Farb haben, daß sie weder braun noch recht roth kan genennt werden. Die besten unter denselben sollen oben auf dem Kopff einen Ring von rothen Federn haben. Der Ring auf dem Ober-Bec soll in das Grüne fallen. Die Federn unter den Schellen sind röthlich, aber um die Ohren sollen sie blau seyn, auf dem Dach aber schwarz mit einer Plumage, und je breiter die Plumage ist, je schöner und besser steht es, und sollen auch keine Tröpeln haben. Die grossen Flügel-Federn sind schwarz mit einer Blum, die Staart-Federn haben mit dem Dach gleiche Farbe, und eine Blum, doch keine Tröpeln. Je grösser die Plumage an dem Staart ist, desto schöner und besser steht es: und wann die Plumage des Staarts in das Rothe fällt, so steht es besser. Ich rede von denen, welche eine Plumage an den Staart-Federn haben, ob sie schon nicht bey allen so roth ist, wie an den Dach-Federn. Bey allen Falcken pflegt die Plumage an den Staart-Federn mehrentheils weisser und blasser zu seyn als an den Dach-Federn. Und dieses kommt daher, weil die Staart-Federn weiter von dem Herzen, und dem Ursprung der natürlichen Wärme entfernt sind, wie das äusserste

an

an den Baum=Blättern blasser wird, weil
es nicht so viel Wärme und Nahrung hat,
und auch die Spitze der grauen Haare grauer
ist. Ferner wann solche Plumage an den
Staart=Federn blaß und gestuppt ist, so kan
es daher kommen, weil der Falck mit solchen
öffters auf die Erde und andere Cörper stößt
als mit den Dach=Federn. Die schwarzen
Tröpeln unter dem untern Bec sollen groß
und nicht gar lang seyn, und gleiche Grösse
und Farbe mit denen auf der Brust haben.
Die Federn unter den Flügeln sollen in das
Rothe fallen. Die Federn über den Diehn
sollen in der Mitte zimmlich breit schwarz
seyn, also daß die Plumage rund und blaß
sey, und in das Rothe steche. Die Federn
an den Diehn sollen mit denen auf der Brust
gleiche Farbe haben, und nicht klein noch
spitzig seyn, sondern in der rechten Ordnung,
Grösse und Farb, und nicht unordentlich un=
tereinander seyn: sie sollen auch ihre ordent=
liche Länge haben, und eine seyn wie die an=
dere. Die Farb der Füsse soll mit der Farb
des Gefürts überein kommen, auf folgende
Art: Der schwarze Falck ist ein bitur Fuß:
Der Rosser ein bitur Fuß und der blaue ein
gelb Fuß. Die Farb der Füsse kommt über=
ein mit der Farb des Rings auf dem Bec.

Doch

Doch geschieht es auch, daß die Farb der Füsse und des Becs nicht mit der Farb des Gefürts, und auch der Füsse nicht mit dem Ring des Becs überein kommt. Aber diese pflegen nicht so gut zu seyn, wie die, bey welchen sie überein kommt. Und wann die Farb des Rings auf dem Bec mit dem Gefürt überein kommt, so ist es nicht so schlimm, ob schon die Füsse nicht mit überein kommen, als wann keines mit dem Gefürt überein kommt.

Das 25. Capitul.

Welche von den schwarzen, rossern und blauen fremden Schlecht-Falcken die beste Farb und Gestalt haben.

Diejenige, welche von den schwarzen fremden Schlecht-Falcken von obbesagter Farb und Gestalt mehr an sich haben, werden vor schöner, theurer und höher gehalten. Wir nennen die schwarze, welche mehr schwarz als rosser sind: die aber heissen wir rosser, die röthlicht sind. Welche nun von besagter Farb auf dem Dach, und Gefürt, und andern Stücken mehr an sich haben, und bey welchen eine Feder wie die andere ist, von solchen hat man sich viel gutes zu versprechen.

Das

Das 26. Capitul.
Von der Ungleichheit des Gefürts und Gliedern der fremden Schlecht=Falcken.

Die fremden Falcken, welche blasse, und vornemlich schwarzbleiche Tröpeln, und keine Plumage haben, oder die Plumage blaß, und der Staart nicht wie das Dach gefärbt ist, und die Tröpeln auf der Brust klein sind, und die Federn über den Diehn gar schmale Tröpeln haben, und die Federn unter den Flügeln blaß sind, die Diehn=Federn weder in der Grösse noch Farbe nicht eine wie die andere ist, und unordentlich seynd, und sonderlich die gelbe Bec und gelbe Füß haben, und welcher andere Zeichen mit obbemeldten guten Zeichen nicht überein kommen, von solchen ist, was die Farb anbelangt, nicht viel zu hoffen. Diejenige nun, welche die vorbesagte schöne Gestalt nicht haben, sind wohlfeiler und werden nicht so hoch geachtet, und je mehr sie von der schlechten Gestalt an sich haben, desto schlechter sind sie. Die hagard haben einen dickern Stelzel, die Flügel= und Staart=Federn sind kürzer, breiter und härter als der rothen, vornen werden sie blanc, auf dem Dach eluh, und einige derselben hagard,

gard, vornemlich die keine schöne Federn haben, haben auf dem Dach und Staart quer Tröpeln, die in das Schwarze fallen, und solche mehr oder weniger, nachdem die Farb der rothen gewesen. Die blanquen Falcken werden als hagard noch mehr blanc; die schwarzen Falcken werden nicht blanc, sondern bleiben schwarz; Die Wasser-Tröpeln der rothen um den Kropff bleiben bey den hagard, doch werden sie kleiner. Die Tröpeln unter dem Kropff, so bey den rothen Falcken nach der Länge giengen, gehen bey den hagard über quer, und werden schwärzer, nemlich die Tröpeln der rothen, so schwarz gewesen, werden bey den hagard noch schwärzer, und die Schellen und Füsse werden gelb bey denen, die sich als Wildling gemausset.

Das 27. Capitul.
Von den Schlecht-Falcken.

Die rothen Schlecht-Falcken haben wie die fremden dreyerley Art des Gefürts, und die, so in der Gestalt und Gefürt der guten Gestalt der fremden näher kommen, werden vor besser gehalten. Ob man nun schon gesagt hat, die Schlecht-Falcken seyen mit den fremden einerley, so sind sie doch
dar=

darinnen unterschieden, daß sie einen kleinern Stelzel, einen rundern und kleinern Kopff, kürzern Bec, und nach Proportion kürzere Füsse haben als die fremden, und die Farb einer jeden Art der Schlecht-Falcken ist nicht so lebhafft und so schön wie der fremden, und alle Arten der fremden haben mehr von besagter Schönheit des Gefürts und der Gestalt, als die Schlecht-Falcken, ja einige haben sie nach allen Stücken, selten aber oder wohl gar nie die Schlecht-Falcken. Weil nun die fremden und die Schlecht-Falcken öffters einen gar geringen Unterschied in der Gestalt und Gefürt haben, daß man so genau nicht anzeigen kan, wie sie darinnen von einander zu unterscheiden sind, damit man sich nicht irre, so muß man dieselben durch die Erfahrung aus ihren Würckungen unterscheiden lernen, in welchen, wie unten in dem Capitul von ihren Würckungen erhellen wird, ein mercklicher Unterschied ist. Das Gefürt der hagard ist bey den Schlecht-Falcken in allem wie bey den fremden, ausser daß jene auf dem Dach und Staart mehr Tröpeln haben, und nicht so schön sind, wie die fremden.

Das 28. Capitul.
Von den Schweimern.

Die Schweimer sind kleiner als die Schlecht-Falcken, und haben nach Proportion ihres Stelzels einen dickern Kopff und Hals als die andern Falcken. Sie sind lang, dünn und nicht gar fleischigt, haben kleine und gelbe Füsse, dicke und kurze Klauen: Einige sind schwarz, einige rosser, und sind alle getröpelt, doch einige mehr, einige weniger. Wir können aber aus der Gestalt und Gefürt nicht sagen, welches die besten seyn, weil man bey einer jeden Art gute und schlechte findet. Doch halten wir die vor die schönsten, welche an der Gestalt und Gefürt denen Sacre-Falcken gleich sind. Die hagard der Schweimer sind auf der Brust weiß, und haben über dem Kropff schwarze Tröpeln, die unter dem Kropff und auf dem Dach über quer gehen. Einige sind eluh, und haben schwarze platen Tröpeln, die weiß eingefaßt sind, und die hagards werden schlechter, weil sie nicht mehr so herzhafft und rasch sind.

Nachdem nun von den Falcken, womit man beitzet, geredet worden, so wollen wir auch die Habicht und Sperber besehen. Wir
sollten

sollten auch von den verschiedenen Arten der
Habichte etwas sagen, weil wir aber ein
besonders Buch davon zu schreiben willens
sind, so wollen wir jetzo hievon nichts gedencken,
hingegen den Unterschied der Nestling und
der Deckling anführen.

Das 29. Capitul.

Nachdem wir von der Gestalt und Gefürt der rothen und der hagard geredet haben: so wollen wir nun auch von den Sperbern handeln.

Die Sperber sind kleiner als die Falcken,
und kommen an der Gestalt und Gefürt den Habichten gleich, ob sie schon einer
andern Art sind: doch sind diese die schönsten,
welche an der Gestalt und Schönheit des
Gefürts denen Habichten nah kommen: sie
haben Tröpeln, und wenn einer Tröpeln auf
dem Staart hat, so wird er vor schön gehalten.   Die rothen und hagard unter den
Sperbern haben vornen Tröpeln, die über die
quer gehen, und die sind schön, welche ein Gefürt haben, wie die hagard der Habichte.
Doch hat man zu wissen, daß, wann die Habicht und Sperber scharff auf etwas sehen,
es scheinet, als werde das Schwarze in dem

Aug

Aug gröſſer, hingegen kleiner, wann ſie auf nichts ſehen. Wir haben auch ſchon Habicht und Sperber geſehen, die einen groſſen Augapffel hatten, wie die Falcken, aber wir haben nie keinen Falcken geſehen, der Augen habe, wie die Habicht und Sperber.

Das 30. Capitul.
Von dem Unterſchied der Neſtling und Deckling.

Die Neſtling ſind von den Deckling unterſchieden. Die Neſtling können hart alſo aufgeatzet werden, daß ſie nicht einigen Schaden in den Gliedern bekommen ſollten, und wann ſie auch keinen Schaden haben, ſo iſt es doch kaum möglich, daß alle Federn ſo breit, ſo hell und ſo rein grün werden, als wie der Decklinge, und ſelten wachſen ſie ſo, daß nicht eine davon ſollte gebinzt oder geſtuppt ſeyn, ſie werden auch nicht ſo proportionirt untereinander, wie der Decklinge. Dieſes kommt daher, weil ſie von den Menſchen nicht ſo gut und ordentlich mit der gehörigen Atz und zur gehörigen Stund wie von den Alten geatzt, und auch in keiner ſo reinen Lufft verwahrt und aufgezogen werden, als wie in dem Horſt. Die Füſſe und der Bec iſt bey den

Neſtling weiſſer, und auch die Klauen und der Bec ſind nicht glatt, hell und ſcharff, wie bey den Decklingen. Die Neſtling lahnen, und machen auch den Bec mehr auf, als die Deckling. Wann die Neſtling geaͤtzt werden, ſo machen ſie ſich rauh, ſie decken die Atz mit dem Bec und Fuͤſſen, und wenn man ihnen die Hand reicht, ſo wehren ſie ſich um die Atz, und ſolche werden rauhe genennt, je fruͤher ſie aus dem Horſt abgeſtiegen werden, deſto mehr haben ſie von den beſagten Eigenſchafften an ſich, je ſpaͤter ſie aber abgeſtiegen werden, deſto weniger haben ſie derſelben an ſich, und gleichen denen Decklingen mehr. Sie ſind auch in ihren Wuͤrckungen unterſchieden, wie unten in dem beſondern Capitul von einem jeden wird angefuͤhrt werden.

Das 31. Capitul.
Wie man die Neſtling bekommt.

Wie man die Neſtling bekommt, giebt es mehrerley Arten: die erſte iſt, daß man ſie abſteigt. Die andere, wann man ſie, da ſie ſchon aus dem Horſt ſind, doch aber ſich noch nicht gar weit davon weg begeben, mit Werckzeugen faͤngt. Die dritte iſt, wenn ſie in dem Fruͤhling und Herbſt in dem Wegſtrich

strich gefangen werden. Die vierdte ist, wann sie in den Ländern, wo sie den Winter über bleiben, gefangen werden. Die fünffte ist, wann sie in dem Frühling, da sie zuruckstreichen, gefangen werden. Und sowohl unter den Dreck-Falcken als Ländnern fängt man rothe, hagard und forscher hagard. Die Nestling bekommt man auch auf vielerley Weise. Eine Art ist, wenn man die Eyer aus dem Horst nimmt, und sie zahme Vögel ausbrüten läßt. Weil aber dergleichen Vögel wenig oder gar nichts taugen, so ist diese Art nicht zu billigen. Die andere ist, wenn sie abgestiegen werden, da sie die Teuffels-Haar noch haben. Ferner wann die Teuffels-Haar schon ausgefallen, doch noch nicht alle, sondern zum theil noch unter den Federn stehen. Ferner wann die Teuffels-Haar völlig ausgefallen sind, und sie Federn bekommen haben, doch noch nicht aus dem Horst gehen. Unter allen diesen sind diejenigen die schlechtsten, die ganz klein und jung abgestiegen werden. Deßwegen soll man sie, so groß als man nur kan, absteigen. Dann je länger sie von den Alten geatzet werden, desto schönere Glieder und Gefürt bekommen sie, sie werden stärcker, schreyen auch nicht so, und machen den Bec nicht so auf, und es
ist

ist auch nicht so gefährlich sie aufzuatzen. Massen sie die Alten mit einem ihnen dienlichen Fleisch, zur rechten Zeit und in gehöriger Maaß atzen, daher bekommen solche Junge ein schöners Gefürt, und die Glieder und der ganze Stelzel wird grösser und besser. Wann man sie aber noch ganz klein absteigt, so ist es, da ein Mensch die rechte Maaß und Beschaffenheit des atzens nicht versteht, gefährlich, weil sie leicht crepiren, und bey einer geringen Gelegenheit entweder einigen Schaden an einem Glied bekommen, oder wenn sie auch gut und gesund bleiben, welches doch selten geschieht, so werden sie doch nicht so starck, und haben kein so schön und gutes Gefürt, als wie die, so in dem Horst aufgeatzet werden. Deßwegen soll man sie, so spät, als man kan, absteigen.

Das 32. Capitul.
Wie man zu dem Horst gehen soll.

Die Art, wie man sie absteigen soll, ist verschieden, nachdem der Horst an verschiedenen Orten ist. Dann wann der Horst auf einem Baum ist, so muß man solchen besteigen, sie aus dem Horst heraus nehmen, in einen Korb legen, und dahin tragen, wo man sie aufziehen will. Ist aber der Horst in den
Felsen,

Felsen, so bindet man einen an ein Seil, und läßt ihn hinab zu den Horst, der hinein langt, und sie heraus nimmt. Es haben einige noch andere Arten ausgedacht, zu dem Horst zu kommen, er sey, wo er wolle. Die Arten aber sind die besten, wobey man allen Fleiß und Vorsicht gebraucht, daß sie ohne Verletzung an den Ort, wo man sie aufzieht, gebracht werden.

Das 30. Capitul.
Von der Zubereitung des Orts, und wie sie sollen aufgezogen werden.

Nachdem gesagt worden, wie man sie absteigt, so soll auch angeführt werden, wie der Ort zubereitet werde, wo man sie aufzieht, und wie man sie aufzieht, und hernach wie man sie noch auf andere Arten bekommt, wann sie aus dem Horst ausgeflogen sind. Junge Falcken sollen auf einem Feld, wo keine Bäume und Wälder sind, in einem allein stehenden Thurm oder Haus aufgezogen werden, wie sie denn auch von den Alten an hohen und von Gehölz entfernten Orten aufgezogen wurden, und über diß die Falcken gern auf dem Felde sind, wo es nicht viel Bäume giebt, und daselbst das
Wild

Wild fangen. Daher, wann sie in einem Wald oder zwischen einigen Bäumen aufgezogen würden, so würden sie, wann sie groß worden, ob sie gleich noch nicht starck sind, von ihrem Ort in das freye Feld wegfliegen, weil sie von Natur gern in solchem sind, und würden nicht gern wieder an den Ort gehen, wo sie aufgezogen und geatzt worden sind: Ob schon die jungen Falcken, und auch andere junge Vögel, die von jemand aufgezogen worden, wann sie wegfliegen, wieder an den Ort, wo sie geatzet worden, zuruck gehen. Darum könnte man die jungen Falcken nicht leichtlich wieder bekommen, weil sie sich lieber in dem freyen Feld aufhalten, als an das Gehölz gehen, und weil sie von diesen wegzufliegen pflegen, so könnten sie leicht davon fliegen, und verlohren werden. Hingegen verhält es sich ganz anderst mit dem Ort, wo junge Habicht aufgezogen werden, wie in dem Tractat von den Habichten soll angeführt werden. Wann man nun einen bequemen Ort gefunden, so wird ein kleiner Ort, wie ihr Horst war, und von gleicher Materie, oder von einer andern, die sich dazu schicket, zugerichtet. Es muß aber dieser Ort auf drey Seiten offen seyn, damit der Nord- Ost- und West-Wind hineinstreichen, und

und die Morgen= und Abend=Sonne ihn be=
scheinen könne. Aber an der Mittags=Seite
soll er zugemacht seyn, damit ihnen der Süd=
Wind nicht schade, der ihnen die Feuchtig=
keit des Kopffs benimmt, und sie faul= und
schwächer macht, und daß nicht die Sonnen=
Hitze – – – des Gefürts und der bösen Feuch=
tigkeiten.   Man hat gesagt eine Atz, die sich
vor sie schicke, nun soll gesagt werden, wie sie be=
schaffen seyn soll. Die jungen Falcken soll man
mit rohen Fleisch atzen, weil solches der grossen
Hitze ihres Magens besser als das gekochte wi=
dersteht. Dann mit solchem pflegen sie auch die
Alten zu atzen, und sie würden sich auch selbst
damit atzen, wann sie sind grösser worden. Es
soll ein zartes Fleisch, und so zart seyn, als
man es haben kan, und daher soll es keine
Nerven, Blut=Adern, Pulß=Adern, Knor=
pel, Beine und Fett haben, welches alles hart
zu verdauen ist, vornemlich vor junge Vögel.
Das zarteste Fleisch aber haben die fetten
Vögel, zahme und wilde Thiere.   Es soll
frisch seyn, weil dieses noch seine Eigenschafft
behält, und da es noch seine natürliche Wär=
me hat, seinen guten Geschmack nicht verän=
dert, welches hingegen, wann es von dem
Thier abgeschnitten, lang gestanden, und
seine natürliche Wärme verlohren, und die
von

von aussen eindringende Wärme dessen Feuchtigkeit verdorben hat, daher einen übeln Geschmack bekommen, und böse Feuchtigkeiten zeugen würde. Wann man aber kein frisches Fleisch haben kan, so soll man es in einem warmen süssen Wasser so lang wärmen, biß es seine natürliche Wärme wieder bekommt, so wird es ihnen nicht so schädlich seyn. Es soll von einem gesunden Thier seyn, dann Fleisch von krancken Thieren würde wegen seiner bösen Eigenschafften, auch eine böse Nahrung geben. Es soll von Vögeln oder Thieren von einem mittelmäßigen Alter seyn, weil es leicht verdrucket wird, und in das Fleisch des Stelzels geht, daher ein stärckers und vesters Gefürt wächst. Da es hingegen, wann es von allzujungen Vögeln, oder einheimisch und wilden Thieren wäre, nicht so nahrhafft seyn würde, obwohl einiges mehr, einiges weniger. Daher sehen wir, daß sie das junge Hühner-Fleisch nicht so gut nährt, und weiches Fleisch zeuget, und bald verdrucket wird. Ein Zeichen dessen ist auch, weil man die Falcken manchmal mit Fleisch von jungen Thieren atzet, damit der Leib offen gehalten werde. Wäre aber das Fleisch von einem alten oder gar zu alten so würde die Nahrung davon gar zu hart und trocken seyn, und nicht ohne

ohne viel überflüßiges, weil es hart zu verdrucken wäre. Wann man nun Fleisch von besagter Beschaffenheit hat, so gehört es sich, weil die jungen Vögel noch keine Stärcke in ihrem Bec und Füssen haben, und solches nicht becweiß abziehen können, daß, ehe man ihnen die Atz ausgiebt, man solches klein zerhacke, und dann auf einer hölzernen Tafel vorlege, welches mit einer desto grössern Sorgfalt geschehen soll, je jünger sie noch sind, weil es gefährlich ist, sie so jung aufzuatzen, und wann sie auch aufgebracht werden, so sind sie doch nicht so gut, und man kan sie auch später dazu gebrauchen, wozu man sie haben will, weil sie von der Mutter nicht so viel und so lang sind geatzet worden. Deßwegen hat man oben gesagt, man soll sie so spät, als man könne, absteigen. Wann sie aber schon älter und grösser worden sind, so kan man ihnen ein stärckers und nicht so klein zerhacktes Fleisch geben, als wie zuerst, weil sie es nun selbst bequiren können. Dann was die andern Thiere, die sich mit Fleisch atzen, mit den Zähnen thun, das thun die Raub=Vögel mit den Klauen, womit sie es halten, und mit dem Bec, womit sie bequiren. Sie zerhacken es aber klein, damit sie es besser durchhohlen, und verdrucken. Die aber kein
Fleisch

Fleisch haben, und sie mit frischem Käß oder etwas abgekochten atzen, machen solches klein, und legen es vor sie hin, und nehmen sich in acht, daß weder der Käß noch das gekochte gesalzen sey. Die ihnen aber wegen Mangel des Fleisches Eyer mit Milch geben, machen es also: sie nehmen Hühner-Eyer, schlagen sie auf, und thun sie in ein irden oder eisern Geschirr, das aber gestählt seyn soll, und geben es ihnen aus. Sie thun aber die Schalen weg, und thun das Weise und den Dotter in das Geschirr, und füllen solches mit Milch, und rühren es untereinander, und so viel Eyer sie haben, so viel Geschirr nehmen sie dazu, und mischens darinn mit Milch, und wann es untereinander gerühret ist, so kochen sie es bey einem gelinden Kohl-Feuer, daß es weder zu hart noch zu weich sey, und eine solche warme Atz ist besser vor die jungen Raub-Vögel, als das Abgekochte oder Käß. Also haben wir gesagt, wie die Atz seyn, und zubereitet werden soll. Man soll sie aber passable atzen. Dann wann man ihnen zu viel giebt, werden sie es von sich werffen. Werffen sie aber die Atz, so gibt sie ihnen keine Nahrung, und sie werden Krafftloß. Werffen sie die Atz nicht, so können sie solche nicht verdrucken, weil es zu viel ist,

ist, und durch die allzuviele Atz würde die natürliche Wärme unterbrochen werden, und daraus eine üble Nahrung, schwache Kräfften, schwere Glieder, und ein schlechtes Gefürt erfolgen. Würde man sie aber zu wenig atzen, so würde die natürliche Wärme verlöschen, wie das Feuer, wenn man das Holz wegnimmt, und würden mager, schwach und staubfederricht werden, und nicht die gehörige Gestalt und Länge in dem Gefürt bekommen. Nach dem bißher besagten soll man sie also passable atzen, doch die Jungen, die schon grösser und älter sind mehr, die Kleinen weniger, und die hitzigerer Natur sind auch mehr. Dann es ist immer eine Art und ein Vogel hitziger als der andere. Ein Kennzeichen aber der hitzigen Natur ist, wann sie wohl verdrucken, wie Hippocrates in den aphorismis sagt. Diejenige, welche offt und viel atzen, und bald und viel schmelzen, haben einen hitzigen Magen, welcher geschwinder verdauet, und bald und gut schmelzen, und nach Proportion der Atz eine gute Schmelz von sich geben. Die langsamer schmelzen, und nicht etwa durch eine böse Atz oder Schwachheit daran verhindert werden, sind nicht so hitzig. Deßwegen kan man kein gewisses Maaß der Atz bestimmen, sondern wann

wann man die Atz ausgiebt, so soll man darauf acht geben, wie atzhitzig ein jeder sey. Dann eine gute Natur will so viel, oder doch ohngefähr so viel, als sie verdrucken kan. Daher soll man darauf acht geben, wann er sich genug geatzet, und zugleich sehen, ob er einen guten Kropff habe, da man ihm dann keine Atz mehr ausgeben soll. Ist das Fleisch gut, so kan man ihm mehr geben, aber schlechtes weniger, doch also, daß man nicht auf einmal, sondern nach und nach abnehme, hingegen bey dem guten Fleisch täglich wieder zustecke, damit so viel man bey dem schlechten Fleisch abgenommen, man dem bey guten wieder zustecke. Hat man ihm zugesteckt, so soll er das folgende mal darauf später geatzet, und ihm abgenommen werden; oder wenn man ihm, es sey zu abends oder zu früh abgenommen, so soll das andermal darauf ihm zugesteckt werden. Wann jemand zweymal atzen muß, und schlechtes Fleisch hat, so soll er zu früh abnehmen, abends aber wieder so viel gutes Fleisch zustecken. So viel von der Maaß des Atzens.

Das 34. Capitul.
Von dem Abwechseln und gehörigen Stunden des Atzens.

Nun soll gesagt werden, wie offt und wann man atzen soll. Die ganz kleinen Jungen, so man zu End des Frühlings und im Sommer, da der Tag lang ist, bekommt, soll man des Tags wenigstens zweymal atzen, weil wegen ihrer grossen Hitze es bey so langen Tägen nicht zureichen würde, wann man sie nur einmal atzete. Wollte man aber ihnen auf einmal viel geben, so würde die Tages Hitze den Magen schwächen, und derselbe die viele Atz nicht verdrucken. Man soll sie also zweymal atzen, das zweyte mal aber nicht eher, als bis die vorige Atz verdrucket ist. Dann wann man, ehe solche verdruckt ist, sie wieder atzen wollte, so würde solches die Ordnung der natürlichen Kräffte stöhren, und die Würckungen hindern. Das sind aber bey dergleichen Vögeln die Kennzeichen, daß die Atz verdrucket sey: Der Othem wird nicht übel riechen, sie werden nichts mehr in dem Kropff haben, und wann die Atz von dem Kropff in den Magen, und von diesem in die Gedärme gegangen, und lang in denselben geblieben ist, so werden sie vornemlich nach der

Pro-

Proportion der Atz offt schmelzen, und das schwarze in der Schmelz wird nicht gar viel und Körnicht seyn, und das weise wird sehr flüßig und weiß seyn, und die Schmelz wird nicht übel riechen. Hingegen ist das Gegentheil ein Zeichen, daß sie noch nicht verdrucket haben: Dann sie werden höigen, und wann noch etwas in dem Kropff ist, so haben sie noch nicht verdrucket. Und wann es auch alles von dem Kropff in den Magen und Gedärme gegangen, und sie offt schmelzen, so haben sie doch nicht wohl verdrucket, wann in der Schmelz viel schwarz, und dieses flüßig wäre, das weiche aber übel rieche, und sie mehr verdrucket als geschmelzt hätten. Es wird aber das schwarze in der Schmelz vermehrt, und das weise verringert durch die Wärme, so die Verdauung anfängt, aber nicht völlig verdrucket. Welches man in einem Kalch-Ofen sehen kan, wo die Steine Anfangs schwarz werden, wann sie aber ausgebrannt sind, so werden sie weiser.

Das 35. Capitul.
Von den Stunden zu atzen.

Die ordentlichen Stunden zu atzen sind zu früh vor der dritten Stunde des Tages, so fern er nemlich schon verdruckt hat,

damit die Atz bey der Mittags-Hitze nicht mehr in dem Kropff sey, wodurch die Verdauung verhindert würde: und zu Abends vor Untergang der Sonnen, damit sie bey der Nacht darauf ruhen und schlaffen, und besser verdrucken. Dann in dergleichen Stunden werden sie von den Alten geatzet. Man soll sie aber zu früh passable atzen, damit sie biß auf den Abend genug haben, und auch zu Abends, daß sie wieder biß auf den Morgen genug haben. Wer sie atzet, soll nicht viele Leute mit sich gehen lassen, sondern allein hingehen sie zu atzen, und, was sonsten noch dabey zu verrichten, zu thun, und so wenig als es seyn kan, hingehen, dann hiedurch erlangt man, daß sie nicht so lahnen, und den Bec nicht so aufmachen. Ferner wenn sie groß sind, und fliegen können, soll er sie nicht gleich lockmachen und berichten, sondern sie in der Nähe herum fliegen lassen, dann also werden sie ein härter und bessers Gefürt bekommen, weil das heitere Wetter, Regen, Lufft und Sonne ein gutes Gefürt machen, und sie selbst werden stärcker werden und besser fliegen. Man darf aber nicht sorgen, daß sie davon fliegen, dann sie werden wieder dahin kommen, wo sie geatzet werden, ja sie werden sich fast immer um diesen Ort
auf=

aufhalten und stehen, und man kan sie um so viel mehr fliegen lassen, weil sie hier niemand verjagt, wie sie die Mutter aus dem Horst und derselben Gegend ausjagt. Sie werden sich aber um diesen Ort aufhalten, und nicht wegfliegen, biß sie starck sind, und sich selbst ein Wild fangen können.

Das 36. Capitul.

Von der Zubereitung des Orts, wo die Falcken, nachdem sie aufgezogen sind, wieder sollen gefangen werden.

Wann man sie in dem Ort, wo sie sind aufgezogen worden, wieder fangen will, so sollen die Oeffnungen desselben, biß auf eine, zugemacht werden, und diese soll einen Deckel haben, welcher Abends zugemacht wird, massen sie durch diesen Deckel leichter und ohne Verletzung können gefangen werden, und dieses soll nicht eher geschehen, als biß die Zeit kommt, da man sie abtragen soll. Man könnte ihnen auch, ehe als sie fliegen, Schuh anmachen, und damit fliegen lassen. Massen wann man sie hernach fangen soll, jemand in dem Finstern sicherer hingehen, und sie fangen könnte. Doch wäre solches bey dem Herumfliegen gefährlich wegen der Adler und andern Raub-Vögel, die sie wegen der Schuh, wel=

welche sie vor ein Wild ansehen, fiengen oder verjagten. Deßwegen billigen wir es nicht, daß ihnen Schuh angemacht werden.

Drey Tag zuvor, ehe man sie fangen will, soll man die Oeffnungen biß auf eine zumachen, aber doch auch einen Deckel darauf machen, damit man die drey Abend zumache. Den Abend aber, da man sie fangen will, soll einer mit einem Licht und zwey oder wenigstens einem Cameraden an den Ort gehen, und zwar bey der Nacht, weil, wenn er sie bey Tag fangen wollte, da sie nun wieder wild sind, sie herumfliegen und sich anstossen würden, da sie gar leicht ein Glied oder auch Federn zerbrechen könnten, deßwegen soll man sie bey der Nacht fangen. Er soll ein Licht haben, damit er sehe, wo sie sind, und das Licht hernach wegthun, und sie fangen. Er soll ein paar Cameraden haben, damit sie ihm dieselben aufbräwen, und die Schuh anmachen helffen. Er soll einen jeden mit den beyden Händen fangen, und sie auf dem Dach so ergreiffen, daß die Finger biß an die Brust hinunter gehen, und sich wohl in acht nehmen, daß er weder in dem fangen noch halten kein Glied oder Feder zerstosse.

Das

Das 37. Capitul.
Von dem Aufbräwen.

Nachdem sie gefangen sind, soll man, ehe sie auf der Hand getragen werden, sie aufbräwen, die Klauen binzen, die Schuh, die Bell, und wann es nöthig ist, auch die Drahle, und den Langfessel anmachen. Man soll ihnen die Augen verbinden, damit sie niemand sehen, welches man aufbräwen heißt. Dann wenn man sie nicht aufbräwnte, so würden sie bey dem Anblick eines Menschen, oder dessen, so sie sonst zu sehen nicht gewohnt sind, nur wilder werden, da sie sollten lock gemacht werden. Aufbräwen ist, wenn die untern Schellen biß an die obern hinauf gezogen werden. Man nennt es ciliare, weil das Aug mit den untern Schellen bedeckt wird biß an die obern, die Cilium heissen. Wollte man sagen, es wären Nestling, und sie brauchten nicht, daß man sie aufbräwne, weil sie schon lock sind, und zimmlich ruhig stehen werden; so muß man sagen, daß sie dennoch sollen aufgebräwnt werden, dann sie werden geschwinder und besser lockgemacht, und leichter ohne Schaden an den Gliedern und Gefürt erhalten, sie leiden auch eher, was man im Anfang mit ihnen vorzunehmen hat. Sie
wer-

werden aber also aufgebrâwnt: Der sie fängt, hält sie mit beyden Händen, und druckt die Flügel und das Dach ganz sanfft zusammen, und nimmt sich in acht, daß er sie nicht gar zu sehr drucke, dann sonsten würde er ihnen den Othem verhalten, und nimmt sie also in die Hand, daß die Finger vorwärts auf die Brust gehen, einer hält die Füß, und verhütet, damit der Vogel, was man mit ihm vornimmt, mit den Füssen nicht hindern könne. Muß er sie aber bey Tag, da es heiß ist, fangen, so soll, der sie fängt, ein leinern Tuch naß machen, die Hände darein wickeln, und den Vogel also anfassen, daß das Tuch den Vogel berühre, und seine Hände über dem Tuch seyn, und soll ihn fangen, wie wir gesagt haben. Ein anderer soll die Füsse nehmen, und sie sanfft gegen die Bruck drücken, und also halten, und hernach der, so ihn aufbrâwen will, es also machen: Er soll eine runde Nadel haben, denn eine Schneidnadel würde einschneiden, daß das Aufbrâwen wegen des Schnitts in den Schellen nicht halten würde; mit der Nadelspitz ergreifft er die untern Schellen, und sticht von innen heraus, und zieht sie durch. Dann wann er von aussen hinein stechen wollte, so könnte er mit der Spitz den Augapffel verletzen.

letzen. Bey dem Durchstechen hat er auch zuzusehen, daß nicht das Häutlein, so zwischen dem Aug und den Schellen liegt, sondern allein die Schellen durchstochen werden. Er soll auch nicht zu wenig davon nehmen, damit es nicht vor der Zeit ausschlitze, noch zu viel, dann dieses würde abreissen, und dem Aug in dem zudecken schaden. Er soll es derohalben gerad unter dem Rand der Schellen nehmen, in der Mitte nach der Länge derselben, und einen grossen Theil des Fadens durchziehen, hernach die Nadel mit dem Faden über den Kopff thun, und auch durch die Schellen des andern Augs von innen herausstechen, als dann die Nadel wegthun, die beyden Ende des Fadens über dem Kopf zusammen nehmen, und die untern Schellen so weit in die Höhe ziehen, daß das ganze Aug bedeckt ist, und der Falck nichts sieht. Dann wird der Faden über dem Kopff so vest zusammen geknüpfft, daß die Schellen das ganze Aug bedeckt halten. Darauf wird der Faden genau an dem Kopff abgeschnitten, und mit dem andern Ende der Nadel werden die Federn des Kopffs über den Faden gestrichen und gelegt. Dann wann der Faden mit Federn bedeckt ist, so kan er nicht so leicht, wann der Falck auf dem Kopff kratzt, mit den

Klauen

Klauen zerrissen werden. Die scharffen Klauen des Falcken sollen mit einer Scheer gebinzt werden, und ob dieses alsobald geschehen soll, wann der Falck gefangen, oder wenn er aufgebrǎwnt ist, oder wenn man ihm die Schuh angemacht hat, darum bekümmern wir uns nicht. Bey dem Binzen soll man acht geben, daß man ihn nicht zu starck binze, denn da könnte es bluten, welches dem Falcken schädlich wäre. Man soll also allein die Spitze binzen, denn also wird er dem, der ihn trägt, destoweniger die Hǎnde verletzen, und wenn er Handschuh anhat, nicht so in die Handschuh oder Nad derselben greiffen, als wenn er seine scharffe Klauen behielte, und er stünde auch mit den scharffen Klauen nicht so gut auf der Hand, und wann ein Falck mit einem andern nach dem Wild geschicket worden, und der eine hätte das Wild gebunden, und es geschehe, daß der andere auch den Durchgang geben wollte, so würde er billard werden. Da ihm aber die Klauen gebinzt sind, so wird er ihm nicht so viel schaden, wie mit den scharffen Klauen. Es dient auch noch zu vielen andern, wie unten wird angeführt werden.

Das

Das 38. Capitul.
Von den Schuhen, wie sie geschnitten und angemacht werden.

Nun folgt von den Schuhen, Langfessel, Drahle und Bell, welche man alle haben muß den Falcken zu halten. Erstlich wird man sagen, was die Schuh sind, in was vor einer Gestalt sie am besten geschnitten werden, welches der inwendige oder auswendige sey, wie ein jeder den Fuß gehörig halte, wie sie angemacht werden, und was sie vor Nutzen haben. Die Schuh sind lederne Riemen, die man dem Falcken an die Füsse macht, daß er damit gehalten werde, biß er von der Hand geht. Welche deßwegen Jacti heissen, weil der Falck damit von der Hand geht. Es werden aber die Schuh auf unterschiedliche Art geschnitten. Aber die Art, die wir jetzt beschreiben werden, ist die beste, weil die also geschnittene Schuh stärcker, dauerhaffter und vor die Falcken bequemer sind. Wir schneiden die Schuh also: Man nimmt ein starck und gelindes Leder, und schneidet zwey gleiche Riemen daraus, jeden eine quere Hand lang, und so breit, als wir unten anzeigen werden. Von diesen beyden Riemen werden die

Schuh auf folgende Art geschnitten. Das Ende des Riemens, welches um den Fuß gehen soll, muß breiter seyn als das andere Ende, so herab hängt. Vornen an dem Ende, welches um den Fuß gehen soll, schneide man es auf beyden Seiten ein klein wenig schmäler, als es da ist, wo es um den Fuß geht. Der Rieme um den Fuß soll vor ein Ger-Stuck und Sacre-Falcken etwas breiter seyn als ein kleiner Finger, vor die Fremden, Schlecht-Falcken und Schweimer etwas schmäler. Also daß diese breite der Schuhe an demselben Theil mit dem Falcken, nachdem er groß oder klein ist, wohl überein komme. Der Theil des Schuhes, so herab hängt, soll bey nahe halb so breit seyn, als der um den Fuß. Wann nun die Riemen also zugerichtet sind, so schneidet man den breiten Theil gegen dem Ende nach der Länge so lang durch, daß das andere Ende des Riemens durch das Loch gehe. Nachdem dieses Loch eingeschnitten, so macht man an eben dem Riemen noch ein anders Loch wie das vorige, und so weit von demselben, als die Dicke des Fusses erfordert. Daher soll man denselben Theil um den Fuß herum thun, damit man die Weite zwischen beyden Löchern desto besser nehme.

Her=

Hernach wird das Ende des Riemens zu dem andern Loch herunter gebogen, und so weit durch daſſelbe geſchoben, daß jenes Loch ganz durch das andere hindurch gehe, alsdann wird der übrige Theil des Riemens, so nicht durchschnitten iſt, zu dem obern gebogen, und durch das erſte Loch geſchoben, das durch das andere geht, alſo daß dieſe zwey Löcher so ineinander zu ſtehen kommen, daß ein Knopff daraus werde. Wann nun das Loch an dem Ende des Riemens mit dem andern alſo vereinigt iſt, ſo entſteht daraus der Ring des Schuhs, so um den Fuß geht, und oben enger, unten aber weiter iſt, welche Weite unten dazu dient, daß wenn der Falck den Fuß in die Höhe zieht, solcher nicht durch den engen Riemen verletzt werde. Doch soll der weite Theil nicht ſo weit ſeyn, daß der Fuß durchgehe, und der enge nicht ſo eng, daß es den Fuß klemme. Daher ſchaden die, ſo es unten eben ſo eng machen als oben, darinnen dem Vogel, daß die Füß offt entzündet werden und geſchwellen, und der Falck die Binn bekommt. Ferner ſoll man zwey Ring haben, die Mallea heiſſen. Ob dieſe Mallea von Erz oder Eiſen ſey, daran liegt uns nichts. Das Ende des Schuhes, welches

ches nicht durchſchnitten iſt, und herab hängt, ſoll hinten an dem Fuß in die Mallea geſchoben, herumgebogen, und an den übrigen Theil, der nicht durchgeht, angeneht oder angeknüpfft werden. Aber dieſe Nad oder Knopf ſoll ſo genau an der Mallea gemacht werden, daß die Mallea ſich nicht hin und her bewegen kan. Die Nad aber und der vorhergemachte Knopff an den Fuß ſoll eines mittlern Fingers lang von einander ſeyn: welche Länge alſo gemeſſen wird. Man lege die Nad an der Mallea über das hinterſte Gelenck des Fingers, wo er auſſen an der Hand ſteht, und ſtrecke den Finger über den Riemen, daß das vordere Theil des Fingers an den Knopff des Schuhes an dem Fuß gehe. Eben ſo mache man es auch mit der Mallea an dem andern Schuh. Dieſes iſt die Geſtalt des Schuhes vor die Falcken. Der eine davon iſt der inwendige, der andere der auswendige, und man muß kennen, welches der inwendige oder der auswendige ſey, damit der inwendige den rechten Fuß, der auswendige den Lincken gehörig halte. Dann wie der Falck hurtiger und fertiger iſt, wann ein jeder Schuh an den gehörigen Fuß angemacht iſt, alſo wird das Gegentheil ſeyn, wann der inwen=

wendige an den lincken, und der auswendige an den rechten Fuß gemacht wird. Man unterscheidet aber den inwendigen von dem auswendigen Schuh folgender maßen: Der kürzere Theil des Schuhes, welcher um den Fuß gehet, soll von innen auswärts, der längere aber, so zwischen die Finger genommen wird, einwärts gehen. Die Schuh aber werden also an die Füsse gemacht: Wann der Knopff, so um den Fuß seyn soll, aufgelöset ist, so wird der Theil, so zwischen den beyden eingeschnittenen Löchern ist, um den Fuß herum gethan, und da der Ring gemacht, so thut man den obern durchschnittenen Theil durch das andere Loch, biß das erste Loch völlig durch ist, hierauf wird der untere Theil des Schuhs, so weit er hinein gehet, durch das erste Loch geschoben, daß ein Knopff daraus werde, und hierauf neht oder knüpfft man den untern Theil an die Mallea, daß also der obere Theil des Schuhs um den Fuß gehe, und der untere Theil, woran die Mallea vest ist, hinten an dem Fuß herab hänge, und dieses, so herab hängt, nimmt man von aussen in die Hand hinein zwischen den zwey untern und den zwey obern Fingern. Es dienen aber die

Schuh dazu, daß man den Falcken damit halte, daß er nicht davon fliege, und die Langfessel darein gezogen werden.

Das 39. Capitul.
Wie der Langfessel geschnitten werde, und wozu er diene.

Nun folgt von dem Langfessel, wobey man zu sehen hat, was er sey, wie er geschnitten, in die Schuh eingezogen, und um den kleinen Finger gebunden werde, und was er vor Nutzen habe. Es ist aber der Langfessel ein Riemen, womit die Falcken angebunden werden, und wird wegen seiner Länge gegen die Schuh der Langfessel genennt. Er wird aber auf folgende Art geschnitten. Man schneidet aus einem gelinden und starcken Leder einen langen Riemen in gleicher breite, bis unten an das Ende, wo er etwas schmäler, und so schmal seyn soll, daß er gerne und bequem durch die beyden Mallea gehe. Aber an dem obern Ende des Langfessels macht man einen Knopff, damit er nicht ganz durch die Mallea gehen kan. Nachdem der Langfessel also geschnitten ist, so wird das schmale Ende so weit durch die beyden Mallea gezogen, daß
gleich=

gleichſam zwey Theil davon durchgehen, und an dem dritten Theil ſoll gegen den Knopff ein langes Loch in den Langfeſſel geſchnitten werden, wodurch die zwey ſchmälern Theile des Langfeſſels bis an die Mallea durchgezogen werden, damit durch ein ſolches Verknüpffen die Mallea deſto veſter an dem Langfeſſel halte, oder man knüpfft nur die beyden Ende des Langfeſſels zuſammen, damit ſolcher die Mallea halte. Wann nun der Langfeſſel alſo eingezogen iſt, und der Falck auf der Hand getragen wird, ſo bindet man die zwey Theile des Langfeſſels auf, und wickelt ſie ganz weit und lang um den kleinen Finger, damit man ihn deſto bequemer trage. Wann man ihn aber nicht auf der Hand trägt, ſo wird er mit dem Langfeſſel an die Reeck gebunden, wie wir unten zeigen werden. Einige aber ziehen die Langfeſſel durch die Schuh, an welchen keine Mallea iſt, und binden ſie nur mit den Knöpffen, die an dem Ende des Langfeſſels gemacht ſind. Wir aber billigen alle diejenige Arten die Langfeſſel einzuziehen, nach welcher ſie am geſchwindeſten gebunden und aufgelöſt werden, welche Art wir bey der Mallea anführen wollen. Der Nutzen des Langfeſſels iſt, daß der Falck damit an die

Reeck gebunden, und die Lockschnur angemacht werde, wann man traint, und ihn auch daran halte, wann er sich badet.

Das 40. Capitul.
Von der Drahle, wie sie gemacht sey, und wozu sie nutze.

Nun folgt von der Drahle. Es besteht aber die Drahle aus zwey Ringen, die sich in einander schliessen, und auf solche Weise gemacht ist. Sie sind von Eisen, Erz, Silber, oder andern Metall, nach der grösse der Mallea an den Schuhen. Beyde Ring sollen an einem Theil etwas breit seyn, und an dem breiten Theil ein Loch haben, wodurch ein Stifft gesteckt, und an beyden Enden verniethet wird, daß er nicht heraus gehen kan, woran sich der eine Ring über dem andern gerne drehet. So offt man nun besorgt, der Falck mögte sich in die Schuh verdrehen, so wird die Drahle an die Mallea mit einem dünnen und starcken Riemlein gebunden, welches man zuvor an dem obern Ring anbinden kan, in den untern Ring aber wird der Langfessel eingezogen, wie in die zwey Mallea. Der Nutzen der Drahle besteht darinnen, daß der Falck sich nicht in die Schuh verdrehen könne.

Das

Das 41. Capitul.
Von der Bell, ihrem Nutzen, und Art sie anzubinden.

Nun folgt von der Bell, die sonst Rolle genennt wird. Diese ist von Erz, und soll hell klingen, und soll groß oder klein seyn nach der Grösse des Vogels, und zwey so kleine Löcher haben, daß der Falck mit seinen scharffen Klauen nicht hinein kommen kan, und also dadurch nicht gehindert werde. Sie soll auch an dem Ohr ein kleines Loch haben, wodurch man den Riemen schiebt, womit die Bell an einem jeden Fuß über dem Schuh angemacht werde. Sie wird aber also angemacht, daß sie den Fuß nicht klemme, noch weit herabhange, sondern nahe bey dem Schienbein. Die Bell hat mancherley Nutzen, dann aus ihrem Klang hört man gleich, wann der Falck von der Reeck springt, und kommt ihm desto eher zu Hülffe. Wann der Falck durchgeht, hört man auch in der Ferne, wo er ist, und kan ihn eher wieder bekommen. Erfahrne hören auch aus der Bell, ob der Falck springt, kratzt, oder an den Schuhen oder an der Bell zieht, oder beist, oder sonsten etwas macht. Einiger Art aber die Bell an den

Staart zu machen, indem sie eine oder zwey Federn durchbohren, und den Riemen der Bell hindurch schieben, billigen wir gar nicht, weil, wann die Bell also angemacht ist, der Falck den Staart hängt, und die Staart=Federn bleiben nicht so gesund.

Das 42. Capitul.
Wie man den Falcken auf der Hand tragen, und die Hand halten soll.

Nachdem dieses mit dem Falcken geschehen, so muß man sagen, wie man einen Nestling auf der Hand tragen soll. Wobey man zum voraus zu wissen hat, wie der so ihn trägt, den Arm und die Hand halten soll. Den Theil des Arms von der Schulter bis an den Elenbogen soll er gerad an der Seite herab halten, doch so, daß der Arm nicht an der Seite anliege, denn sonsten, wann er den Leib bewegte, würde er auch den Arm bewegen, wodurch er den Falcken unruhig machte. Den übrigen Theil des Arms von dem Elenbogen bis zur Hand soll er gegen den vordern Theil des Leibes biegen, damit er mit dem obern und untern Theil des Arms einen geraden Winckel mache. Die Hand soll er weder ein-
noch

noch auswärts biegen, sondern mit dem
Arm gerad halten, den Daumen gerad an
den Zeige-Finger legen, und den Zeige-Finger an die Spitze des Daumens herum biegen, auf die Art, wie die Rechen-Meister
70. mit der Hand anzeigen, die andern Finger unter diesen sollen einwärts gebogen werden, damit sie desto vester halten, wie man
3. mit der Hand anzeigt, und also den Daumen über den Zeige-Finger, und die übrigen
drey so halten, wie man 73. anzeiget, und
dieses ist die beste Gestalt der Hand einen
Vogel auf der Hand zu tragen.   Diese
Hand soll auch den Schultern gegen über
gehalten werden, damit er nicht dem Gesicht damit zu nahe komme; denn der Vogel scheuet sich vor dem Gesicht, vor welchem er einen natürlichen Scheu hat, und
flieht, wann er also aufgekappt oder abgehaubt getragen würde. Wie wir nun gesagt haben, daß eine Hand mit ihrem Arm
soll gehalten werden, eben so macht man es
auch mit der andern Hand und Arm. Dann
es ist gut, daß ein Falckonier einen Vogel
auf beyden Händen zu tragen wisse, damit
wann der Wind von der Lincken her wehrt,
er ihn auf der Rechten trage, und wann
der Wind von der Rechten kommt, er ihn

auf

auf die Lincke aufnehme, dann also wird der Falck gegen den Wind seyn. Dann wann er vor dem Wind wäre, so würde der Wind das ganze Gefürt in die Höhe blasen, welches der Falck nicht leiden, sondern sich herum drehen würde. Es giebt in einigen Landen Leute, die den Vogel allein auf der rechten Hand tragen, und nur ihre Art vor gut halten, und die andern verwerffen. Wir aber lassen einem jeden seine Art, und billigen beyde, so fern der Falck nicht vor dem Wind ist. Derohalben loben wir es, wenn man auf beyden Händen tragen kan: dann es dient, den Vogel zu bewahren, daß er nicht vor dem Wind ist, und auch dem Falckonier, wann er müd ist, zur Abwechslung, und auch den Vogel auf die andere Hand zu nehmen, wann er auf der einen Noth leidet, indem man vor zu sehen hat, daß er nicht springe, wie unten wird gesagt werden. Hernach soll man den Falcken gerad auf seine Füsse auf die Hand, welche einen Handschuh an hat, tretten lassen, also daß die beyden Füsse den Platz zwischen dem Gelenck der Hand an dem Arm und dem Ende der Finger innen haben. Auf die rechte Hand soll man ihn also auf tretten lassen, daß er den Kopff, Bec, Brust,

und

und vordern Theil der Füſſe gegen die lincke Hand kehre. Wann nun der Falck alſo auf die Hand genommen iſt, ſo nimmt man die Schuh zwiſchen den Daumen und Zeige-Finger, und läſt ſie zwiſchen den zwey obern und zwey untern Fingern hindurch auswärts gehen, ob es ſchon einige giebt, ſo die Schuh zwiſchen einen jeden Finger ohne Unterſchied nehmen, ſo werden ſie doch zwiſchen den zwey und zwey Fingern beſſer und veſter, als zwiſchen drey und einem gehalten. Wann der Falck von der Hand ſpringt, ſo läſt man ihn beſagter maſſen wieder auftretten. Den Langfeſſel aber wickelt man um den kleinen Finger. Wann dieſes geſchehen, ſo wird man den Falcken lang und bequem auf der Hand tragen können, und ohne Hindernus des Vogels. Den Langfeſſel, der um den kleinen Finger gewickelt iſt, läſt man etwas hinunter hängen.

Das 43. Capitul.
Wie man die Deckling fängt.

Nachdem geſagt worden, wie man die Neſtling abſteigt, atzet, zum Abtragen bereitet, und trägt, ſo muß man auch von den wilden Falcken, die Deckling heiſſen ſagen, wie

wie man sie fängt, zum Tragen zubereitet und trägt. Diese aber werden auſſer dem Horſt mit Garn, Leinen und andern Werckzeugen und Kunſtgriffen, nicht ohne viele Mühe und Geſchicklichkeit gefangen, welche Mühe und Geſchicklichkeit, als die nicht zu unſerm Buch gehören, wir denen Erfahrnen überlaſſen. Dann unſer Vorhaben iſt vornemlich von den gefangenen Falcken zu reden, wie ſie lock gemacht und berichtet werden. Doch ſagen wir dieſes, daß unter allen Werckzeugen, womit man die Deckling fängt, dieſes die beſten ſind, womit man am meiſten und ohne geringere Verletzung fängt, dann von dieſen alſo gefangenen kan man ſich gute Hoffnung machen. Die aber in dem Fangen verletzt werden, wann ſie entweder ſtörr ſind, oder nicht recht aus dem Garn heraus genommen werden, kommen ſelten oder niemals ohne Verletzung davon, und daß ſie hernach nicht davon entweder crepiren, oder doch lang, oder auch wohl beſtändig untauglich ſind. Derowegen rathen wir, daß man ſie vorſichtig, und ſo viel möglich ohne Verletzung fange, und ſo gut als nur immer ſeyn kan, geſund aufbehalte. Sie werden aber in folgenden 5. Zeiten gefangen: Erſtlich: da ſie bey dem
Horſt

Horst herum fliegen. Anderns: wann sie von den Alten von dem Horst weggejagt worden, doch in derselben Gegend sich noch aufhalten. Drittens: um die Zeit des Wegstrichs, und in dem Wegstrich. Viertens als Ländner. Fünfftens: wann sie zuruckstreichen. Um den Horst werden sie von der Mitte des Junii bis auf den Julius gefangen: In der Gegend des Horstes, da sie von den Alten ausgejagt worden, werden sie fast den ganzen Julius biß zu Anfang des Augusts, und auch in dem Wegstrich gefangen. Von dem August, wo es schon kalt wird, ziehen sie weg, und die man von dieser Zeit biß zum halben November fängt, heissen Dreck=Falcken. Von dem halben Junius biß zu End des Septembers fängt man in dem 6. 5. und 4ten Climaten mehr Schlecht=Falcken als Fremde. Also daß je näher die Orte an dem 3. und 2ten Clima liegen, desto mehr Schlecht=Falcken fängt man, weil sie um solche Zeit wegziehen in die Mittags=Länder. Aber von dem September und im Anfang des Oktobers fängt man daselbst mehr Fremde als Schlecht=Falcken, weil die Schlecht=Falcken schon weggezogen sind. Aber die Fremden, die später und weiter gegen Norden sind geheckt worden, ziehen alsdann

erst

erst weg, und je wärmer die Gegend ist, je länger dauret der Wegzug und der Fang. In den obbenannten Orten aber dauret er nicht so lang, weil die Kälte einfällt, und sie von den kalten Orten wegeilen. Weil nun die Falcken wegstreichen, so können wir keinen Ort besonders nennen, wo sie allein gefangen werden, denn man fängt sie alsdann an vielen Orten, wie auch, wenn sie zuruckziehen. Wann in dem Winter einige gefangen werden, so sind es Ländner, die zuruck geblieben sind, weil entweder ihnen die Lufft solcher Landschafft gegen der, wo sie gehorstet sind, anständig ist, oder es den Winter über Wild genug daselbst giebt, oder sie schadhafft sind, daß sie mit den andern nicht haben wegstreichen können, und diese werden an solchen Orten gefunden, wo sie das Wild im Uberfluß finden. In dem Frühling aber fängt man die zuruck streichen, und solche werden Ländner genennt. Man fängt aber zu allen Jahrs-Zeiten rothe und hagard, und in dem Zuruckstrich weniger, und wir können nicht, wie in dem Herbst sagen, daß man mehr Schlecht-Falcken oder Fremde fange, denn sie ziehen viel unordentlicher zuruck, als weg, und man hat auch mehr in und nach dem Wegstrich gefangen, und

es

es sind auch mehr crepirt. Ueberhaupt aber muß ich von dem Falcken-Fangen sagen, daß die, welche eher sind gehorstet worden, auch eher können und sollen gefangen werden, die aber später gehorstet, sollen auch später gefangen werden. Darum werden die Ger-Sacre- und Schlecht-Falcken eher gefangen, weil sie eher gehorstet sind. Denn ob schon die Ger-Falcken in kältern Gegenden horsten, so horsten sie doch nicht später, sondern so bald als die Schlecht-Falcken in den warmen Ländern. Werden aber von den Ger-Stücken einige spat gefangen, so geschieht es nicht, weil sie spat gehorstet sind, sondern weil sie nicht so bald wegstreichen, indem sie die Kälte besser als andere vertragen, und weiter weg, und in einer kältern Gegend als andere Ger-Stücke, die bald gefangen werden, gehorstet sind. Die Schweimer werden zu gleicher Zeit wie die Schlecht-Falcken gefangen, und einige wohl noch eher; die Fremden, so in entlegenen Orten und spät gehorstet sind, werden später als die andern gefangen. Also streichen die, so eher gehorstet sind, eher weg, und werden eher gefangen, die aber später gehorstet sind, streichen später weg und werden später gefangen.

R Das

Das 44. Capitul.
Von den Orten wo sie gefangen werden.

Die Orte, wo sie gefangen werden, sind nach den verschiedenen Arten der Falcken, und ihrer Atz, auch verschieden. Massen die fremden Falcken, so in kalten und wasserreichen Orten gehorstet werden, und mehrentheils Wasser= und wenig Land=Vögel fangen, auch öffters um die Wasser und Bäche gefangen werden. Die Sacre-Falcken und Schweimer, so auf dem freyen Feld Vögel, Mäuß, Eydexen, Grillen und dergleichen fangen, werden nicht bey den Flüssen, sondern auf dem freyen Feld gefangen. Die Ger=Stuck, so Wasser= und Land=Vögel fangen, werden bey den Wassern und auch auf dem freyen Feld, doch öffters auf diesem gefangen, weil sie die Gänß, so sich in dem Feld, wo es Graß giebt, aufhalten, fangen. Die Schlecht=Falcken, die mehrentheils Land=Vögel fangen, werden auch öffters auf dem freyen Feld gefangen. So bald ein wilder Falck gefangen, und wann der, so ihn gefangen hat, allein ist, so soll er ihn zu erst in einen Falcken=Sack einbinden, dann er wird

wird ruhiger stehen, und solches wird sonderlich gut seyn, wann er selbigen Tag noch mehr zu fangen hoffet. Wann er in dem Falcken=Sack eingebunden ist, so wird er allein ihn aufbräwen, die Klauen binzen, die Schuh und Bell anmachen können. Wann ihrer zwey sind, so kan er ihn zu erst aufbräwen, und hernach in den Falcken=Sack einbinden, oder auch umgekehrt, nach dem es ihm gefällt. Es ist aber der Falcken=Sack ein leinerner Sack nach der Länge und Dicke des Falckens, der an beyden Enden offen ist. Die Oeffnung, wodurch der Kopff geschoben wird, soll so weit seyn, daß der Kopff durchgehen kan, die andere aber, wodurch der Stelzel geschoben wird, soll weiter seyn, und der Falcken=Sack so lang, daß man den gantzen Stelzel von dem Dach biß an die Füsse einbinden könne, und soll Schnür haben, damit man das untere Loch zuziehet. Wann man nun die Flügel und Staart=Federn nebst dem Stelzel ergriffen, so bindet man ihn in den Falcken=Sack, daß der Kopff zu dem obern Loch heraus siehet, und die beyden Füsse, und spitzen der Flügel nebst dem Staart an dem untern Theil heraus bleiben. Wann der Falck in den Sack hinein geschoben, so zieht man die Schnur zu, und bindet

det sie zu. Es dient aber der Falcken=Sack dazu, daß ein Falck besser erhalten, und mit weniger Verletzung nach Hauß getragen werden kan, und auch zu dem oben bemeldten. Doch soll man ihn nicht lang in den Sack lassen, denn sonsten kan er nicht schmelzen, und die Schmelz würde in dem Leib vertrock= nen und verbrennen, welches sehr schädlich wäre.

Das 45. Capitul.
Von dem Aufbräwen.

Wann der Falck gefangen, und in den Fal= cken=Sack eingebunden ist, so muß man ihn gleich aufbräwen. Dann wann er nicht aufgebräwnt würde, so würde er bey dem Anblick eines Gesichts, und was er sonsten zu sehen nicht gewohnt ist, nur wilder wer= den, und sich loßmachen wollen, wodurch er das Gefürt verrucken, und nebst den Glie= dern zerbrechen würde, und deßwegen vor den Menschen einen Scheu haben, in der Meynung, solches wäre ihm von demselben geschehen. Daher giebt es viele, die, wann sie einen Falcken gefangen, und er in dem Garn, Leine oder andern Werckzeugen steckt, mit abgewandten Gesicht hingehen, und neh= men sich, so gut sie können, in Acht, daß der

Falck

Falck das Gesicht nicht sehe, und er wird von einem allein oder von zweyen aufgebräwnt, auf die Art, wie oben von dem Nestling ist gesagt worden. Der wilde muß um so viel mehr aufgebräwnt werden, weil er wilder, und nicht so viel bey den Menschen gewesen ist. Nachdem er aufgebräwnt ist, und in dem Falcken-Sack nach Hauß getragen worden, so kan er gehörig herausgenommen werden. Man läst ihn aber aufgebräwnt. Das aufbräwen aber hat vielerley Nutzen. Dann hiedurch erlangt man, daß der Falck nicht so unruhig ist, und nicht so springt, da er nichts siehet, weswegen er dergleichen thun sollte, und der Mensch wird ihm nicht so verhaßt, da er ihn nicht siehet, bis er begehrt, sich bey dem Mann zu atzen, und mit ihm gemein wird. Es werden auch das Gefürt und die Glieder besser erhalten, und er wird leichter lockgemacht, er gewohnt die Bell eher. Das aufbräwen ist nicht allein bey den wilden Falcken gut, sondern auch bey allen Vögeln, welche sich anfangs nicht wollen tragen, und mit sich umgehen lassen. Wann sie aber aufgebräwnt sind, werden sie besser getragen, und lassen sich auch besser tragen.

Das 46. Capitul.
Wie man sie auf der Hand tragen soll.

Eh man die Deckling auf die Hand nimmt, so muß man ihnen auch die Klauen bintzen, und die Schuh anmachen, wie von den Nestlingen ist gesagt worden, und der Falckonier soll auch auf besagte Art seine Hand und Arm halten. Wann hernach der Falck steht, so ergreifft man ihn mit der Hand bey der Brust, und nimmt ihn auf die Hand. Springt er von der Hand ab, so läst man die Hand sincken, daß er die Hand wieder finde. Es muß aber der den Falcken trägt, seine Hand steiff tragen und so regieren, daß er den Falcken sanfft trage. Dann wann er ihn incommode trägt, oder die Hand bewegt, so wird der Falck unruhig und springt, und wird an seinen Diehn und Lahnen matt. Es wird erfordert, daß ein Falckonier nicht allein zu tragen verstehe, sondern auch eine Erfahrung und Ubung darinnen habe, und in allem dem, was sonsten noch bey den Falcken zu thun ist. Welche Wissenschafft er aus diesem unserm Buch erlernen kan, daß er in der Kunst erfahren, und in der Ausübung geübt sey.

Die

Die Kennzeichen, woraus man abnimmt, daß der Arm recht regiert, und der Falck wohl getragen werde, sind folgende: Der Falck schliest die Flügel zusammen, und hoch gegen das Dach, er trägt den Staart gerad, und macht, wo er an das Dach geht, keinen Buckel, er trägt alle Staart-Federn schön zusammen geschlossen, und hält die Füsse gleichweit voneinander, er steht nicht auf dem einen Fuß vester als auf dem andern, er hält sich auch nicht auf der Hand, sondern steht ganz leicht, und wenn der Falckonier seine Hand bewegt, oder herum dreht, daß er den Falcken aufneheme, so wird er leicht und gerne auftretten. Wann aber die Hand und der Arm nicht recht gehalten werden, und der Vogel nicht recht getragen, noch mit ihm auf der Hand umgegangen wird, so werden wir das Gegentheil von diesen Zeichen sehen.

Das 47. Capitul.
Von der Beschaffenheit der Falckonier.

Nachdem wir erzehlt haben, wie und woher man die Falcken, sowohl Deckling als Nestling fängt, wie man sie zubereitet zum tragen, und wie sie auf die Hand genommen,

nommen, und getragen werden, so müssen wir, ehe wir anführen, wie sie lockgemacht und berichtet werden, ehe man sie nach dem Wild schicket, auch den Falckonier beschreiben, wie er beschaffen seyn, und was er vor eine Absicht haben soll, die Falcken zu fangen und zu berichten. Wer die Fauconerie lernen und treiben will, so daß er die Falcken warten, aufbehalten, lockmachen, tragen, berichten, beitzen, und wann es nöthig ist, heilen könne, der muß das, was wir jetzt sagen, an sich haben, und die Wissenschafft dieses Buchs. Wann er solche hinlänglich besitzt, so kan man ihn billig einen Falckonier nennen. Ein Falckonier soll von mittelmäßiger Grösse seyn, damit er nicht, wenn er allzugroß wäre, gar zu träg und langsam, noch wenn er allzu klein wäre, gar zu hurtig sey sowohl zu Pferd als zu Fuß. Er soll mittelmäßig dick seyn, damit er nicht, so er allzu mager wäre, die Kälte und Arbeit nicht ausstehen könnte, oder wenn er allzu dick und fett wäre, sich nicht vor der Hitz und Strapaze scheue, und träg und langsam sey. Er soll keinen Abscheu vor dieser Kunst noch vor der Arbeit haben, sondern sie so lieben, und dabey beharren, daß er, wenn er auch alt wird, doch nicht weniger darauf erpicht sey, welches alles von der Liebe be zu derselben herkommt. Dann da es viel zu lernen giebt, und in der Ausübung immer etwas neues vorkommt, so soll man niemals davon ablassen, sondern stets dabey beharren, damit man sie immer vollkommener lerne. Er soll einen guten Verstand haben, damit, wenn er schon sehr viel von erfahrnen Männern hierinnen gelernet hat, er doch auch durch eigenen guten Verstand erfinden und ausdencken könne, was zufälliger Weise nöthig seyn wird. Dann es ist unmöglich, alles, und was bey guten oder schlechten Vögeln neues vorkommt, zu beschreiben. Dann da sie von ganz verschiedenen Sitten sind, so wäre es schwer alles zu beschreiben, statt welchem einem jeden sein guter Verstand und dies Buch, was dienlich ist, an die Hand geben wird. Er soll ein gutes Gedächtnus haben, damit er, was etwa gutes oder böses bey den Vögeln und in dem Beitzen vorfällt, vor sich, oder auch des Vogels oder anderer Dinge wegen mercke, damit er ein andermal das Gute wehle, und das Böse verhüte: Er soll ein gutes Gesicht haben, damit er in der Ferne das Wild, oder auch seinen Vogel, oder was sonsten nöthig ist, sehe: Er soll gut hören, damit er aus dem Geschrey der Vögel desto leichter abnehme, wo die seyn, welche er sucht,

sucht, und auch seine Cameraden, und die Bell desto leichter höre, wenn sein Vogel weg ist, ja auch aus dem Geschrey der Vögel bißweilen mercken könne, wo sein Vogel ist: Er soll eine starcke Stimme haben, damit, wenn sein Vogel weit von ihm steht, er das Locken höre: Er soll hurtig und geschwind seyn, damit er, wann es nöthig ist, seinem Vogel geschwind zu Hülff komme: Er soll herzhafft seyn, damit er sich nicht scheue, wann er an rauhe Orte gehen muß: Er soll schwimmen können, damit wenn sein Vogel über ein tiefes Wasser geflogen, er durchschwimme, dem Vogel nachfolge, und wo es nöthig ist, ihm zu Hülffe komme: Er soll nicht gar zu jung seyn, damit er nicht aus Jugend etwas thue, das wider die Kunst wäre. Dann junge Leute sind gern gefreßig, und vergnügen sich mehrentheils an einen raschen Flug. Doch verwerffen wir die jungen Leute nicht ganz und gar, wenn sie klüger und verständiger werden können. Junge Leute taugen nicht die Vögel lock zu machen, zu berichten, oder damit zu beitzen, wann man nicht weiß, daß sie hierinnen verständig sind, sondern sollen von Erfahrnen lernen, bis sie älter werden, und eine vollkommnere Wissenschafft erlangen: Er soll nicht sehr verschlafen

schlafen seyn: denn er muß offt spät zu Bett gehen, bey der Nacht seinen Vogel suchen, und vor Tags auffstehen: Er soll einen leisen Schlaf haben, damit er die Bell höre, oder wenn sein Vogel unruhig ist: Er soll nicht gar zu gefreßig seyn, daß er, wann er ausser seinem Hauß oder auf dem Feld ist, oder auch seinen Vogel verlohren hat, nicht zuvor nach Hauß gehe zu essen, oder wann er auch zu Hauß ist, er nicht bloß auf das Essen dencke, und seinen Vogel darüber vergesse: Er soll kein Sauffer seyn, weil die Trunckenheit eine Art der Raserey ist, wodurch er gar leicht seinen Vogel verderben wird, ob er schon meint, er gehe recht mit ihm um, und ein Betrunckener und Rasender keinen Vogel bewahren soll: Er soll nicht hitzig noch jähzornig seyn: Dann der Vogel könnte leicht was thun, darüber er sich erzörne, und in dem Zorn eine böse Bewegung mache, dadurch er den Vogel, der ohnehin schwach ist, gar leicht verderbe: Er soll nicht faul oder nachläßig seyn, weil diese Kunst viel Mühe und Arbeit erfordert: Er soll nicht viel herumlauffen, damit er nicht über seinem Herumlauffen seinen Vogel aus der Acht lasse, und nicht so offt nach ihm sehe, als er soll. Dann der Vogel kan in einer kurzen Zeit einen

nen Schaden nehmen, wann man ihn aus der Acht läst, und nicht recht offt nach ihm sieht: Er soll einen langen Handschuh anhaben, der bis an den Elenbogen geht, und weit ist, daß er ihn geschwind an- und ausziehen kan, und der von einem dicken Leder gemacht ist, dann der Falck wird sich nicht so sehr in dem Handschuh halten, und mit dem Bec und Klauen nicht so leicht durchgreiffen können, und wann er von der Hand gehen soll, so wird er leichter von dem Handschuh gehen, und nicht hängen bleiben. Uber das soll er an seinem Gürtel eine Tasche haben, worein er das Fleisch und Zieget thut, welche deswegen die Falcken oder Waid-Tasche heist.

Das 48. Capitul.
Von der Absicht des Falckoniers die Falcken zu halten und lockzumachen.

Diejenige, so sich mit der Beitz beschäfftigen, sind sehr unterschieden. Dann einige haben die Absicht, daß sie Vögel und vierfüßigte Thiere zum Essen fangen, oder doch sonsten einigen Gewinn davon suchen: Einige sehen weder auf das Essen noch Gewinn, sondern haben ihr Vergnügen an dem raschen Flug der Vögel. Einige daß sie sich rüh=

rühmen und groß machen, sie hätten viel Vögel gefangen. Einige Beitzen weder des Essens noch Gewinns noch der Augenweide wegen, sondern daß sie gute und bessere Vögel als andere haben, wodurch sie sich vor andern einen Ruhm und Namen machen, und haben ein grosses Vergnügen daran, wann sie gute Vögel haben. Der erstern Absicht ist deswegen zu tadeln, weil, da sie ihre Vögel viel scheren und ermüden, damit sie zu ihrer Lust viel fangen, sie nicht lang gute Vögel haben können. Der andern Absicht ist auch nicht zu billigen, dann, da sie an dem raschen Flug ihre Augen offt weiden wollen, und sich doch nicht satt sehen können, so zwingen sie die Vögel zu vieler und unerträglichen Arbeit, wodurch sie schwach werden, und dieses ist nicht kunstmäßig, sondern kindisch. Der dritten Absicht wird auch verworffen, weil sie nicht thun, wie sichs gehört, und ihre Vögel gar zu sehr scheren. Aber der vierdten Absicht ist zu billigen, dann da diese die besten Vögel haben wollen, so mißbrauchen sie solche nicht, und sie bleiben länger gut, und dauren länger, und sie selbst folgen einer Art, die kunstmäßig ist, indem sie ihre Vögel also fliegen lassen, daß sie nicht viel geschoren werden, und sie mit mehrerm Fleiß be-

bewahren. Es soll also die Abſicht eines Falckoniers ſeyn, daß er berichtete Vögel habe, womit er andere Vögel und vierfüßigte Thiere fange, worinnen die Kunſt ihren Endzweck erlanget. Weil aber die Raub=Vögel von Natur den Menſchen ſcheuen, und nach ihren Eigenſchafften und natürlichen Art ſich von ihm entfernen, dann ſie fürchten, ſie mögten von ihm gefangen werden, und hierinnen ſowohl ihrer ſelbſt als auch ihres Gefürts wegen ſich vor Schaden hüten, ſo entfernen ſie ſich allezeit und natürlicher Weiſe von den Menſchen. Deßwegen haben wir unſern Vorſatz zu erlangen, Kunſt, Werckzeuge, und einen Kunſterfahrnen nöthig, wodurch die Raub=Vögel dahin gebracht werden, daß ſie ihre Natur, ob ſchon nicht ganz, ablegen, ihre natürliche Eigenſchafften aufhören, und durch die Kunſt ganz andere Eigenſchafften und Art bekommen, daß ſie mit dem Mann gemein werden, und wieder zu ihm kommen, welche Art mit der Zeit und durch beſtändiges Anhalten zu einer Fertigkeit, Gewohnheit und andern Natur wird. Aber auf Seiten des Vogels, der dieſe ſeiner Natur zu wieder lauffende Eigenſchafften bekommen ſoll, muß gleichſam ein Mittel ſeyn, wodurch er ſeine Natur verändert.

ändert. Dieses aber ist der Geschmack, da die übrigen Sinne hierinnen widerstreiten. Dann da sie eines Menschen Gesicht sehen, das ihnen und andern Thieren schrecklich anzusehen ist, und andere Dinge, die um den Menschen sind, und welche sie zu sehen nicht gewohnt sind, solche ihnen ungewohnte Dinge anrühren, und auch von solchen, die ihnen ungewohnt und schrecklich vorkommen, angegriffen werden, und mit sich müssen umgehen lassen, Menschen = Stimmen, und andere ihnen ungewöhnliche Lermen und Geräusch hören, so werden sie durch das Sehen, Hören und Fühlen dahin gebracht, daß sie weit von den Menschen entfernt seyn wollen. Dann daß sie von einem Mann gehalten werden, Schuh anhaben, angebunden stehen, auf der Hand geatzet werden, bey dem Mann stehen, nach ihrer Art weggehen wollen, und doch nicht können, die Bell anhaben, aufgekappt sind, nachdem sie loß gelassen, und in ihrer Freyheit sind, wieder zu dem Mann kommen, den, der auf sie zugeht, erwarten, in Häusern eingesperrt werden, ist alles ihrer Natur zuwider. Derohalben ist einzig und allein übrig, daß man sie durch den Geschmack lockmache, und gewöhne, daß sie einen Menschen sehen, berühren und hö=

hören, und alles das, was um den Menschen ist. Nicht allein der Falckonier soll so beschaffen seyn, und die Absicht haben bey den Falcken und andern Raub-Vögeln, wie wir gesagt haben, sondern damit seine Mühe die Falcken zu berichten, und wann sie kranck wären, zu curiren, nicht vergebens sey, so soll er auch die Kennzeichen wissen, woraus man einen gesunden Falcken erkennet, und folgende sind: Ein gesunder Falck trägt sein ganzes Gefürt genau an sich geschlossen, und macht sich nicht rauh, hingegen die kleinen Federn, so wie Haar aussehen, und oben auf dem Bec zwischen den Augen sind, und die untern Federn, die wir das Bärtlein nennen, sind rauh. Wenn er steht und ruht, und nicht geschreckt ist, so schließt er die in- und auswendige Staart-Federn unter die zwey Deck-Federn zusammen, steht gerad und vest, hat runde Augen, bewegt die Schellen nicht offt, und zieht sie geschwind auf und zu, und das Häutlein unter den Schellen, welches von den Thränen-Drüsen heraus geht, geht geschwind wieder zuruck; die Hacken hält er hoch gegen den Kopff, bewegt sich schnell, hohlt leicht Othem, wann er schreyt, schüttelt er sich, sein Gefürt, und Füsse: wann er gebadet ist, oder auch nicht, so dreht er den

Kopff

Kopff schön hinum, das Oel auf dem Staud zu nehmen, er atzt sich lustig, verdrucket wohl, schmelzet gut, ohne daß ihm der Leib kracht, der meiste Theil der Schmelz ist weiß und weich, und der übrige schwarz, körnicht und hart: Die Schmelz ändert sich auch manch=mal in der Farb und Beschaffenheit, wann er mit naßgemachtem oder allerley Fleisch, und sonderlich mit Eyern geatzet wird: er schleimet, und schüttelt dabey den Kopff nicht, wie der Habicht und Sperber, er läßt den Schleimsel vor sich hinfallen, und nicht weit weg, deßwegen findet man solchen offt auf der Reeck, wann sie breit ist. Das Schmel=zen ist nach Proportion der Atz. Wann er sich badet, so taucht er den ganzen Kopff offt und geschwind unter das Wasser, er schlägt das Wasser starck mit den Flügeln, badet sich munter und lustig. Wann er schläfft, steht er auf einem Fuß, steckt den Kopff unter die Flügel, ob er schon solches auch manchmal aus Hunger thut. Wann er springt, tritt er wieder auf, hohlt leicht Othem, und höigt nicht wie ein Krancker. Doch aber höigt er, wann er fett ist. Wann er den Bec aufmacht, so hält er immer einerley Weise in dem Othem hohlen, er hohlt offt Othem, und bewegt den Staart nicht dabey, wie die Krancken.

Das

Das 49. Capitul.
Von dem Lockmachen der Falcken.

Nachdem man gezeiget, wie man den Falcken auf die Hand nehmen, und die Hand bey dem tragen halten soll, so muß man auch sagen, wie er soll abgetragen werden, und man das übrige thun soll, damit er lock werde. Lockmachen ist nichts anders als den Falcken dazu bringen, daß er mit dem Mann gemein werde, und alles thue, was man von ihm haben will. Dieses geschieht auf vielerley Weise. Dann es giebt einige, die den Falcken niemals aufbräwen noch aufhauben, und ihn lock machen, bis er mit dem Mann gemein wird. Doch ein Falck, der auf diese Art lock gemacht ist, ist vielmehr geschleppt und forciret, und hat nicht ohne grosse Beschädigung dazu können gebracht werden. Ein Kennzeichen dessen ist, daß ein solcher Falck niemals viel taugt. Deßwegen verwerffen wir diese Art gänzlich. Es sind noch zwey andere Arten lockzumachen, die hierinnen übereinkommen, daß man anfangs den Vogel aufbräwnt, aber sonsten in andern sehr von einander abgehen. Nach der ersten Art wird der Falck aufgebräwnt, aber nicht aufgehaubt: nach der andern wird

er

er aufgebräwnt, und aufgehaubt. Diese zwey Arten sind auch hierinnen unterschieden, daß jene Art, wo man den Vogel nicht aufbräwnt und aufhaubt, älter, schwerer, und langsamer ist, und dabey der Vogel weit mehr geschleppt wird, als bey der andern, da man ihn aufbräwnt und aufhaubt. Wir wollen daher diese beyde Arten, die jetzo üblich sind, lehren, und von einer jeden so viel anführen, als hinlänglich seyn wird einen jeden Falcken lockzumachen. Dann da einige Falcken wilder sind, und deßwegen schwer lock werden, wie die meisten, so man wild fängt: einige aber nicht so wild sind, und leichter und geschwinder lock werden, als die Nestling und viel andere; so wird, was wir sagen, genug seyn, die allerwildesten Falcken lockzumachen, bey denen aber die nicht so wild sind, wollen wir nur etwas weniges anführen. Erstlich wollen wir sagen, wie sie ohne Hauben lockgemacht werden, denn dieses ist die erste und älteste Art, und wann man diese versteht, so weiß man auch, wie man mit der Haube lockmachen soll. Den Falcken ohne Hauben lockzumachen verfährt man also: Nachdem der Falck aufgebräwnt und auf die Hand genommen ist, wie wir schon gesagt, so soll man ihn lang auf der Hand, und

und zwar in einem finstern Hauß tragen, wo niemand ist, und so es möglich den ersten ganzen Tag und Nacht tragen, und weder auf die Reeck noch an einen andern Ort tretten lassen. Damit nun solches desto besser geschehe, so soll man ihn von einer Hand auf die andere nehmen, oder einer den andern ablösen, dann also wird man ihn länger tragen können, und wann man ihn nicht so lang tragen kan, so soll man ihn auf die Reeck tretten lassen, auf die Art, wie wir unten in dem Capitul von der Reeck und Jule sagen werden. Denselben Tag und Nacht soll man ihm nichts zu atzen geben, damit er den folgenden Tag desto atzhitziger sey, und sich nicht mehr so scheue, an demselben Tag soll man ihn von der Reeck auf die Art, wie wir sagen werden, wieder auf die Hand nehmen. Ehe er ihm die Atz ausgiebt, soll der Falckonier eine Diehn von einer Henne oder ein ander gutes Fleisch in der Waid-Tasche haben, wie wir oben von den Nestling gesagt haben. Wann der Falckonier ihn das erstemal atzen will, so muß er ihn in ein finsters Hauß tragen, wo niemand ist, dann da wird er sich am ersten atzen. Wollte man sagen, er seye aufgebräwnt, und sehe nichts, darum könnte man ihn auch in einem hellen Hauß

atzen,

atzen, so antworten wir, daß, ob er schon aufgebrâwnt ist, doch die Hellung durch die dünnen Schellen hineinfalle, da er sich dann nicht so lustig atzet, indem er sich wieder an die helle Lufft erinnert, in welcher er zu seyn gewohnt war. Derowegen ist es gut, daß er zu erst in einem etwas finstern Hauß, und wo niemand ist, geatzet werde, dann wann er Leute, Hunde oder einen andern ihm ungewohnten Lermen hörte, so würde er sich nicht so lustig atzen, indem er sich vor dergleichen Stimmen scheute. Man muß ihn aber zu früh atzen, dann zu einer solchen Zeit pflegte er sich zu atzen. Wollte man ihn später atzen, so würde man ihn nicht, wie sichs gehört, zu mehrern Stunden atzen können. Dann es würde die Nacht einbrechen, wo der Falckonier nicht wie bey Tag stets um seinen Falcken seyn kan. Er soll ihn aber also atzhitzig machen: Die Atz wird dem Falcken vorgehalten, daß er sie rieche, man berührt damit die Füsse und den Bec, damit er dadurch störr werde, daß er den Bec aufmachet, und anfängt zu ziehen, und wenn er das, so ihn angerührt, zu bequiren meint, er dann an der Atz ziehe, und also schmecke, dann dadurch bekommt er Lust sich zu atzen, vornemlich wann er atzhitzig ist. Wann er aber sich so lustig zu atzen anfängt,

fängt, daß er sich durch keine Stimme mehr hindern läßt, so soll der Falckonier zu locken anfangen, damit er, so offt er also locken hört, an die Atz gedencke, und also angelockt werde, daß er sich atzen wolle. Wie man aber locken soll, darum bekümmern wir uns nicht. Es dient das Locken nicht allein, daß man ihn auf die Atz locke, sondern auch verhüte, daß er nicht unruhig sey. Dann wann der Falck auf der Reeck oder Hand unruhig ist, oder auch werden will, und man hat keine Atz, oder es ist auch die Zeit nicht zu atzen, so soll man locken, da er nun auf das Locken acht geben wird, so wird er aufhören unruhig zu seyn, indem er sich zu atzen hofft, und bey solchem Locken wird er auch eher das sonst nöthige mit sich vornehmen lassen. Man soll ihn aber anfangs die Diehn nebst dem Hüner-Schenckel nicht auf einmal aufatzen lassen, sondern etwas davon aufbehalten, woran man ihn den Tag über öffter ziehen lassen kan, und allezeit nur ein wenig, wobey man jederzeit wieder so locket, wie man gelocket hat, da man ihn geatzet, oder öffters hat bequiren lassen. Also wird er mit dem Mann gemeiner und eher lock werden, sich lieber aus der Hand atzen, und nicht so unruhig seyn. Wann man den Falcken atzet, so soll man die Atz in eben

eben der Hand halten, worauf der Falck steht, also, daß sie zum Theil zwischen den drey Fingern unter dem Daumen gehalten werde, zum Theil bey den Daumen vor den Füssen des Falcken herfür sehe, und wann es nöthig ist, so soll er auch die andere Hand dazu nehmen, damit er sie desto vester halte. Denn wann man die Atz nicht vest hielte, so könnte der Falck, so sehr atzhitzig ist, sie auf einmal durchhohlen, welches ihm schädlich wäre in der Verdauung, da er gewohnt war, die Atz mit den Füssen zu halten, und becweiß abzuziehen, und durchzuhohlen. Man soll ihn, wie er sonsten pflegte, an der Diehn oder andern Atz, die man ihm vorgegeben, ziehen lassen, und acht haben, da man ihn öffter ziehen läßt, daß er sich nicht über= kröpffe. Wenn er aber also zieht, so muß man ihn gewöhnen, daß er sich angreiffen läßt, und mit dem Mann gemein wird. Dann wann er sich atzet, und man greifft ihn sanfft an, so wird er sich vor dem Angreiffen nicht so sehr scheuen, und gewohnen, daß er sich zu einer andern Zeit herzhaffter angreiffen und mit sich umgehen lasse. Doch hat man zu= zusehen, daß die Hände nicht übel riechen, weil das Gefürt einen übeln Geruch bekommen, eher naß werden, und sich binzen würde.

Er soll aber in dem Hauß herumgetragen werden, dann durch dergleichen Herumtragen lernt er vester auf der Hand stehen. Um den Abend oder zu Nachts soll man ihm das, was von der Atz noch übrig ist, und woran man ihn den Tag über öffters hat ziehen lassen, gar geben, doch ehe man ihn von der Hand auf die Reeck tretten läßt. Dann also wird er biß auf den andern Tag zu früh genug geatzet seyn, und lieber schlaffen, und ruhig stehen. Doch wann man ihn bey der Nacht so lang auf der Hand trägt, daß er einschläfft, so wird es weit besser seyn, daß er auf der Hand schlaffe, dann er gewohnt die Hand eher, und wird gern darauf stehen. Es wird aber genug seyn, wann man ihm eine Diehn von einer mittelmäßigen Henne, oder so viel Fleisch, als solche beträgt, ausgiebt. Dann dieses ist zum Anfang Atz genug vor einen mittelmäßigen Falcken, damit er dabey mager, und durch den Hunger leichter mit dem Mann gemein, und eher lock werde. Aber den Ger = Stücken gehört mehr. Hingegen vor einen Sacre-Falcken, ob sie schon nach den Ger=Stücken die grösten unter den Falcken sind, ist ein Hüner = Borst oder Diehn auch genug. Dann sie sind starck, und können zu frieden seyn, wann sie so viel bekommen, und es hält
auch

auch ſchwerer, ſie mager zu machen. Denn weil ſie ſchwach und nicht gar zu herzhafft ſind, ſo fangen ſie, ſo lang ſie wild ſind keine groſſe, ſondern nur kleine Vögel, als Staaren und dergleichen, Würm und Eydexen, womit ſie ſich eine zeitlang atzen und erhalten. Da ſie aber dergleichen nicht viel haben können, alſo, daß ſie bißweilen mit einer geringen Atz, bißweilen mit gar keiner den ganzen Tag beſtehen müſſen, ſo können ſie, da ſie lock gemacht werden, leichter mit einem Borſt oder Diehn beſtehen. Aber den Terzen und kleinern Falcken ſoll man noch weniger Atz ausgeben, da man nemlich die gröſſe der Atz und des Stezels des einen gegen des andern hält, und vergleicht. Man muß aber überhaupt ſagen, daß vor gröſſere mehr, vor kleinere weniger gehört. Aber wann man mehr oder weniger ſagt, ſo geſchieht es in Vergleichung gegen den Borſt oder Diehn einer mittelmäßigen Henne. Weil aber die eine Atz mehr Nahrung giebt, und beſſer mäſtet als die andere, ſo kan man ihnen von jener weniger ausgeben, daß, was die nahrhaffte Atz ihm zuſtecket, an der gröſſe wieder abgenommen werde. Aber von der ſchlechten Atz kan man ihm zuſtecken. Wann der wilde Falck, da er gefangen wird, ſchmurrfett iſt, von dem wir

reden

reden, wie er erstlich aßhitzig und mager soll gemacht werden, so kan man ihm abnehmen, und nach und nach immer mehr und mehr abnehmen, damit er aßhitziger und magerer werde. Dann wann er aßhitzig und mager wird, so wird er eher mit dem Mann gemein werden, indem er immer hofft, von ihm geaßt zu werden. Aber wie mager man ihn soll werden lassen, können wir kein gewisses Maaß angeben. Dann nachdem einige Falcken schwach oder starck sind, so können sie es auch ausstehen, wann man sie mehr oder weniger mager werden läst. Doch soll man ihn nicht allzumager werden lassen, dann da würde er so matt und krafftloß werden, daß er das, was wir von ihm fordern, nicht thun könnte, und es gienge schwer her, ihm wieder einen guten Flug-Leib zu machen, welches doch die Ursach ist, daß sie gern mit dem Mann gemein werden. Daß er aber allzumager sey, erkennet man an dem maußigten Fleisch der Brust. Dann das Fleisch an der Brust würde sich verliehren, und eingeschlagen seyn, das Borst-Bein würde herausgehen, und trockner seyn, welche beyde Stücke man siehet und fühlet: Die Farb des Gefürts, der Füsse und des Becs würde abstehen, und der Falck matt, träg und krafftloß in dem
sprin-

springen und andern Würckungen seyn. Man soll ihn weder nach und nach, noch vielweniger auf einmal allzumager werden lassen, sondern bey einem guten Flug = Leib erhalten, daß es nicht hindere das zu thun, was wir haben wollen, und er gemein werde mit dem Mann, und gern zu ihm komme, als von welchem er hoffet, geatzet zu werden. Doch lassen einige Falckonier den Falcken gar zu mager werden, um ihn dadurch zu forciren, daß er bald und gleichsam plötzlich lock werde. Es sind aber mehrere, die ihn nach und nach und durch einige Gewohnheit lock machen. Auf die erste Art werden die Falcken geschwinder, anf die andere langsamer lock. Dann solche Falcken, die gar zu geschwind mager worden sind, hassen hernach den Menschen, und wann sie durchgehen, kan man sie hart wieder aufnehmen, und vornemlich, wann sie über Nacht aus sind, und sich draussen geatzet haben. Hingegen ihn mit langer Hand lock machen ist löblicher. Dann was man nach und nach erlangt, ist nützlicher: Dann dadurch bekommt der Falck eine Gewohnheit, die ihm zur andern Natur wird, er wird mit dem Mann gemein, und ist nicht so schädlich, da er nicht schnell mager wird. Dann schnell warm oder mager machen, oder
wie

wie auch sonsten der Leib bewegt wird, ist der Natur zuwieder, allmählig aber nicht. Wir bleiben bey dieser Art die Falcken lock zu machen, weil man sich der oben besagten Gefahr dabey nicht zu befürchten hat.

Das 50. Capitul.
Von den Reecken.

Weil es nicht möglich ist, den Falcken immer auf der Hand zu tragen, sowohl wegen des Falckoniers, der nicht stets mit dem Falcken umgehen kan, sondern auch essen, schlaffen und andere nöthige Dinge verrichten muß: Als auch des Falcken wegen, welcher stets auf der Hand zu stehen verdrossen werden würde, da er von Natur gewohnt ist, auf vestern Dingen zu stehen, so müssen wir auch von den Reecken reden, worauf man den Falcken tretten läßt, wann man ihn von der Hand absetzet. Die Reeck ist also das, worauf man den Falcken bindet, wann man ihn von der Hand abstellt. Die eine heist die Reeck, die andere die Jule. Der Reeck sind zweyerley, eine hohe und eine niedrige. Die Jule aber nur einer Art. Wir wollen also zu erst von der hohen Reeck, hernach von der niedern, und dann von der Jule reden. Die Reeck soll von Holz seyn, oben einen
Schuh

Schuh breit, damit der Falck, der einen schweren Stelzel, kurze Diehn und Füsse hat, und in der Mitte der Reeck kurz angebunden ist, weder hinter noch vorwärts abspringen könne. Dann wann er nicht kurz angebunden, oder die Reeck schmäler wäre, so könnte er, wann er gesprungen, nicht so fertig wieder auf die Reeck tretten, sondern würde hängen, wodurch das Gefürt, Stelzel und Lahnen Schaden leiden würden. Sie soll aber so hoch seyn, daß sie einem Mann biß an die Augen gehe, damit er desto leichter das nöthige auf der Reeck sehen könne. Man wird aber das Schmelzen und Schleimsel, so bißweilen auf der Reeck liegen bleibet, und wann er sich in die Schuh verdreht, desto leichter sehen, welches man auf einer höhern Reeck nicht recht sehen könnte: wäre sie aber niedriger, so wäre es wieder nicht wohl schicklich, weil des Menschen Gesicht gerad dem Gesicht des Falcken gegen über käme, daher er sich mehr scheute, und wann Hunde oder auch andere Thiere, wovor der Falck sich von Natur scheuet, durch die Reeck lieffen, so würde er noch mehr erschreckt werden, und springen, weil sie ihm näher wären. Die Reeck soll auch allein stehen, und keine andere in eben der Kammer weder nahe dabey noch weit

weit davon stehen. Dann wann in einer Kammer zwey entweder nahe bey- oder weit von einander in gleicher Linie stünden, so würde der Falck immer von einer auf die andere springen wollen, und wir haben immer darauf zu sehen, daß er nicht springe. Deßwegen wann zwey oder mehrere in einem Hauße seyn, so sollen sie an verschiedene Wände gesetzt werden, doch ist eine einzige besser. Sie soll auch weit von der Wand weggestellt werden, damit der Falck, wann er springt, mit seinen Flügeln die Wand nicht erreichen könne, sie soll auch vest stehen, damit nicht, wann sie sich leicht bewegt, solches verursache, daß der Falck springe. Doch ist es gut, wenn man sie tragen, und von einem Ort an den andern setzen kan. Dann man muß sie an einen andern Ort stellen, so lang der Falck noch wild und noch nicht lock ist, nemlich an einen finstern Ort, und neben keine Thür, und wieder an einen andern, wann er lock ist, nemlich an einen hellen. Doch kan sie auch vest und unbeweglich an einem Ort stehen bleiben, und durch das Auf- oder Zumachen der Fenster derselbe hell oder finster gemacht werden. An einem Ort, wo auch kein Rauch oder sonst unanständige Dinge hinkommen. Sie kan lang oder kurz seyn,

nach

nach dem es der Platz leidet. Die niedrige Reeck kan auf zweyerley Art gemacht werden: von einem runden oder viereckigten Holz. Sie soll aber so hoch seyn, daß der Falck mit seinem Staart die Erde nicht erreichen kan. Man kan sie aber lang oder kurz machen, doch, wenn man mehr als eine hat, sollen sie so gestellt werden, wie wir von der Reeck gesagt haben. Die Jule ist aus Holz oder Stein gemacht, oben platt und eben, wie eine Säule rund und unten zu wird sie spitziger wie eine verkehrte Pyramide. An der Spitze der Jule wird ein Eisen eingesteckt, so eine quere Hand lang, einen Zoll dick, rund oder viereckigt, unten aber zugespitzt ist, damit man es desto leichter in die Erde einstossen kan, und vester stecke. Die Jule soll so hoch seyn, als die niedrige Reeck. Man soll auch einen eisernen oder hölzernen Reif haben, der von der Jule abgelöset ist, welcher auf die Erde gelegt wird, und das Eisen in der Jule stößt man in der Mitte dieses Reifens in die Erde. Dieser Reifen dient dazu, daß man den Langfessel daran binde, damit er daran sich herumdrehe, und durch die Jule nicht gehindert werde. Diesen Reifen soll man allezeit bey der Jule haben, und mittragen, und wann man mehr Julen zusammen stellt, so sollen sie
so

so gestellt werden, daß ein Falck den andern nicht hohlen kan. Es machen einige die Jule von Stein viereckigt, welches aber doch nicht gar zu bequem ist. Dann wann der Falck von der viereckigten Jule abspringt, so würde der Langfessel an einem Eck hängen bleiben, wodurch er gar leicht die Flügel oder Staart an einem Eck anschlagen könnte. Uber das wann der Falck gebadet, und auf die viereckigte Jule gestellt wird, und die Flügel ausbreitet, so werden die nassen Flügel-Federn an die Ecke anstossen, und gar leicht verruckt werden. Ferner kan er mit dem Ring nicht so auf die viereckigte, wie auf die runde Jule gebunden werden, sondern man muß neben der viereckigten Jule einen hölzernen Block in die Erde schlagen, daß man den Langfessel daran binde: dann kan man auch eine solche steinerne viereckigte Jule nicht so bequem, wie die runde hölzerne, von einem Ort zum andern tragen. Die Reeck und Jule soll man an die Wand stellen, damit sie nicht den Menschen oder Thieren im Weg stehen, doch soll man sie nicht so genau an die Wand stellen, daß die Falcken, wann sie springen, die Federn an der Wand anschlagen können. Um die niedrige Reeck oder Jule soll man Spreuer, Graß oder Sand streuen, weil der Falck,

wann

wann er springt, auf der harten Erden die Haut an den Vallen aufschärffen, und die Flügel- und Staart-Federn abstuppen könnte. Solche und so vielerley Arten der Reecken sind nun vor die Falcken, und also sollen sie gestellt werden. Wie man aber vor die Habicht die Reeck machen soll, wird am seinem Ort gesagt werden.

Das 51. Capitul.
Von dem Nutzen der Reecken und der Jule, und wie sie daran gebunden werden.

Nun wird man sagen, wozu eine Reeck vor der andern diene, und worinnen die Reeck vor der Jule einen vorzüglichen Nutzen habe, oder auch im Gegentheil. Es ist aber die hohe Reeck vor der niedern darinnen nützlicher, weil man auf jene mehr Falcken als auf diese stellen kan, und sie nicht so viele Hindernus im Hauß macht, und wann ein Mensch oder auch ein Thier kommt der Falck auf der hohen Reeck nicht so scheu wird, wie auf der niedern. Dann wann in der Abwesenheit des Falckoniers Hunde, Schweine und dergleichen auf die Reeck zulauffen, so werden sie, wann sie auch schon unten durchlauffen, doch dem Falcken nicht

nicht so viel schaden können, weil sie ihn nicht erlangen können, als wie auf der niedern. Deßwegen ist die Reeck vor Falcken mit einem Schein, oder die nur erst loßgebräwnt worden, und auch vor die wilden besser als die niedrige Reeck oder Jule. Vor die aufgebräwnten ist eine so gut als die andere, doch ist es besser wenn man sie auf die niedrige Reeck oder Jule stellt, weil sie auf der hohen Reeck die Schuh verdrehen, und das Gefürt abstuppen oder herabfallen können, wann sie sich etwa mit dem Bec in die Bell verbissen, welches auf der niedern Reeck oder Jule nicht geschehen kan. Die niedere Reeck ist auch hierinnen besser als die hohe, weil der Falck weder herabfallen, noch sich zu borsten springen, noch das Gefürt abstuppen kan, und wann er ruhen will, so kan er von der niedern Reeck sich auf die Erde herab legen: Der Langfessel verdreht sich auch nicht so leicht, weil er an die niedere Reeck und Jule ganz lang angebunden wird, und weil, wann der Falckonier etwa weggehen muß, und die Thür zuschließt, der Falck sicherer auf der niedern als hohen Reeck steht. Die niedere Reeck ist besser als die Jule, weil man sie lang machen, und mehr als einen Falcken auf=
stellen

stellen kan; Auf die Jule aber wird nur ein einziger gestellt. Die Jule hingegen hat mehr Nutzen als die niedere und hohe Reeck, weil der Falck sicherer darauf steht, und sich nicht so leicht verletzet, wie auf einer Reeck. Dann wann mehr Falcken an der Reeck stehen, so können sie einander leichter schaden, als auf der Jule, wo nur ein einziger steht und wann auch nur ein einziger Falck auf der Reeck steht, so ist es gefährlicher als auf der Jule, dann weil die Reeck lang ist, so kan er lincks und rechts springen, sich verletzen, und das Gefürt abstuppen, aber auf der Jule nicht, weil es um diese herum frey ist. Nun wollen wir auch sagen, wie sie sollen angebunden werden. Dann man bindt die aufgebräwnten nicht so an wie die loßgebräwnten, und auch nicht so auf die Reeck, wie auf die Jule. Wir müssen also sehen, was vor ein Unterschied ist. Wann der Falck aufgebräwnt ist, so kan man ihn ohne Unterschied auf die Reeck oder Jule stellen. Dann da er nichts sieht, so hat er auf der einen so wenig Ursache zu springen als auf der andern. Er soll aber also auf die Reeck gestellt werden. Wann man den Langfessel durch die Mallea gezogen, und einen Knopff gemacht hat, wie wir oben in dem Capitul von

von dem Langfeſſel geſagt haben; ſo ſoll man das Geſicht und Bruſt des Falcken nicht gegen die Reeck halten, wenn er hinauf tretten ſoll; dann weil er aufgebräwnt iſt, und nichts ſieht, ſo würde er alſo nicht hinauf tretten, ob er ſchon die Reeck mit der Bruſt berührt. Sondern der Falckonier ſoll die Hand, worauf der Falck ſteht, vor und über die Reeck halten, und hernach gemach neben der Reeck niederlaſſen, alſo, daß der Staart und die Bruck über der Reeck ſeyn, und die Diehn, und hinter Theil der Füſſe nebſt der Hand des Falckoniers die Reeck berühren, hernach ſoll er die Hand öffnen, und die Schuh gehen laſſen. Dann ein Vogel, der aufgebräwnt iſt, wird öffter und lieber ruckwärts auf die Reeck tretten auf die Art, wie wir von dem ſtehen auf der Reeck geſagt haben. Indem aber dieſes mit der Hand, worauf der Vogel ſteht, vorgeht, ſo nimmt man mit der andern Hand den Langfeſſel, und wirfft ihn über die Reeck hinüber, und ergreifft mit eben der Hand die beyden Ende des Langfeſſels unter der Reeck, und zieht ſie hinunter, daß der Knopff, womit der Langfeſſel an die Mallea gebunden iſt, mitten auf die Breite der Reeck zu ſtehen komme, und dann thut er die Hand, wor=

worauf der Falck ſteht, ſachte weg, damit
derſelbe von der Hand auf die Reeck trette,
hernach wird der lange Theil des Langfeſſels noch einmal um die Reeck gewunden,
und mit dem andern Theil unter der Reeck
mit einer Schleiffe angebunden, damit der
Falckonier ſolche nöthigen Falls geſchwinder
wieder aufmachen könne. Wann nun der
Langfeſſel alſo zweymal um die Reeck herum
gewunden iſt, ſo wird nur ein Knopff gemacht. Es wird aber der Langfeſſel zweymal um die Reeck gewunden, damit der
Knopff des Langfeſſels, ſo an der Mallea
iſt, in der Mitte der Reeck deſto veſter ſtehe.
Weil, wann man es nicht alſo machte, der
Knopff an den Schuhen mit dem Langfeſſel
ſich auf der Reeck hin und her ſchieben, und
wann der Falck ſpränge, er die Reeck nicht
leicht wieder finden könnte, wodurch er ſich
ſchaden würde. Auf ſolche Art wird der
Falck auf die Reeck gebunden. Wann er
angebunden iſt, kan der Falckonier, nachdem
er will, weggehen. Doch ſoll er nicht un-
geſtümm noch mit ſtarcken Geräuſch weggehen. Dann er muß ſich in acht nehmen,
daß der Falck nicht geſchreckt werde bey dem
Hinweggehen. Will man aber den Falcken
auf die niedrige Reeck binden, ſo ſoll es alſo

geschehen. Er soll den Langfessel bis an den Knopff, der am Ende des Langfessels ist, durch die Mallea ziehen, aber solchen nicht an die Mallea knüpffen, wie er es machte, da er den Falcken auf die Reeck binden wollte, sich bücken, und auf der Seite, wo er den Falcken nicht trägt, niederknien, mit der Hand, worauf er den Falcken nicht trägt, das Ende des Langfessels, woran kein Knopff ist, über die niedrige Reeck hinüber thun, und so weit hinüber ziehen, daß zwischen der niedrigen Reeck und den Schuhen von dem Langfessel nicht mehr als anderthalb Schuh übrig seyn, und solchen mit einer Schleiffen an die niedrige Reeck anbinden. Nachdem dieses geschehen, soll er die Hand, darauf er den Falcken trägt, so nahe an die Reeck halten, daß die Hand des Falckoniers und die Diehn des Falckens die niedere Reeck berühren: Die Bruck aber und der Staart sollen über der niedern Reeck seyn, denn auf solche Weise wird der Falck, so aufgebräwnt ist, lieber auf die niedere Reeck tretten, als wann man die Brust oder Gesicht vor dieselbe hält. Wann er den Falcken angebunden, so läßt er die Schuh gehen, und den Falcken hinauf tretten, hernach steht der Falckonier sachte auf, und geht alsobald weg.

weg. Will er den aufgebräwnten Falcken auf die Jule binden, so soll er es also machen. Der Langfessel wird bis an das Ende, wo der Knopff ist, durch die Mallea gezogen, aber nicht an die Mallea geknüpfft, wie auch oben nicht geschehen ist. Hernach soll der Falckonier sich bücken und niederknien mit dem Falcken vor der Jule, wie vor der niedrigen Reeck, und eben auch also, und in gleicher Länge den Langfessel anbinden, und den Falcken, wie auf die niedrige Reeck, auf die Jule tretten lassen, und auch also weggehen. Ob wir nun schon gesagt haben, der Falckonier könne den Falcken, der aufgebräwnt ist, ohne Unterschied, auf welche von diesen dreyen er wolle, stellen; so ist es doch, wie wir oben von dem Nutzen der Jule und Reeck schon gesagt haben, vor den Falcken auf der Jule besser. Diese drey Arten den Falcken anzubinden kommen hierinnen überein, daß ein Falck, der aufgebräwnt ist, auf eine jede derselben füglich kan gestellt werden, und man ihn hinterwärts auftretten läßt, und auch in andern Stücken. Sie sind aber hierinnen unterschieden, daß der Langfessel an die hohe Reeck ganz kurz, an die niedrige und Jule anderthalb Schuh lang angebunden wird.

Hernach iſt auch ein Unterſchied zwiſchen der hohen und niedern Reeck und der Jule, daß an dieſe nur ein Falck, an jene aber mehr angebunden werden. Es iſt auch zwiſchen der hohen und niedern Reeck ein Unterſchied in dem anbinden, wie aus dem, was wir geſagt haben, erhellet. Es werden aber mehr Falcken miteinander an die Reeck alſo angebunden. Wann der eine auf die beſagte Art angebunden, ſo wird ein anderer von eben der, oder doch einer ihm gleichkommenden Art ſo weit von dem erſten weggebunden, daß ſie weder mit den Flügeln noch mit dem Bec einander hohlen können. Daher ſollen groſſe weiter, kleine näher zuſammen geſtellt werden. Es erhellt alſo, daß der Bund ſo weit ſoll von einander gemacht werden, als die Falcken von einander ſtehen, und auf ſolche Weiſe können nach der Länge der Reeck mehr Falcken auf eine gebunden werden. Auf die niedere Reeck werden mehr Falcken alſo gebunden. Wann der eine Falck auf beſagte Art angebunden iſt, ſo ſoll der andere weit von ihm weggeſtellt werden. Doch aber werden bey der Langfeſſel an der niedrigen Reeck ſo nah, als es ſeyn kan, nebeneinander angebunden. Will er auch den dritten dazu ſtellen,
ſo

so soll er ihn so weit wegbinden, daß er we­der mit dem Bec noch Füssen noch Flügeln einen von diesen zweyen hohlen kan. Aber den vierdten wird er gegen den dritten, wie den ersten gegen den andern anbinden. Und also muß er mit mehren verfahren, daß all­zeit, nachdem die niedere Reeck lang ist, zwey und zwey nebeneinander stehen. Der Unterschied bey diesem anbinden ist, daß auf der Reeck mehrere mit dem Langfessel ganz kurz, und voneinander weggebunden werden, also daß ein jedes Band allein sey, und so weit von dem andern, als die Fal­cken voneinander stehen. Auf der niedern Reeck aber werden zwey und zwey mit dem Langfessel, und nicht kurz, noch weit von­einander, sondern allezeit zwey sehr genau nebeneinander gebunden. Es wird aber das Band zweyer Falcken auf der niedern Reeck deswegen ganz genau nebeneinan­der gemacht, weil da der Langfessel andert­halb Schuh lang gelassen wird, und diesel­ben weit voneinander wären, und also ein Falck über den andern springen könnte, so könnten, wann die Falcken zusammen kom­men, die Langfessel sich untereinander ver­drehen, welches ihnen schädlich seyn würde. Aber wenn allzeit zweyer Bande nebenein­

T 5

an­

ander sind, so kan dieses nicht geschehen. Ja wann sich auch die Langfessel miteinander verdreheten, so würde das Band nicht über, sondern unter sich stehen, und zwar nahe an den Knöpffen über der Reeck, und das Verdrehen würde den Falcken nicht viel schaden. Doch wenn ein Falckonier mehr Vögel an die niedrige Reeck binden will, und einen jeden allein, und so weit von dem andern, daß sie nicht übereinander springen können, wie es auf der hohen Reeck geschieht, so ist es desto sicherer, und kan dem Falcken nichts schaden, noch die Bande, die also weit voneinander stehen, verdrehen. Doch werden mehr auf der niedern Reeck stehen können, wenn zwey und zwey nebeneinander gebunden sind. Man soll also mehrere so an die niedere Reeck binden, daß es ihnen nicht schade, oder so nahe, daß sich die Langfessel nicht miteinander verdrehen. Das ist es nun wie ein Falck an die Jule, oder einer oder mehr an die Reecken gebunden werden, und was vor ein Unterschied in dem anbinden ist. Wie aber der Falck soll herab genommen werden, wird man in dem Capitul von aufgebräwnten finden, wie sie abgenommen werden.

Das

Das 52. Capitul.
Von dem unruhig seyn und springen, und derselben Unterschied.

Wann nun ein Falck, der aufgebräwnt ist, an die Reeck oder Jule gebunden ist, und steht zu ruhen oder zu schlaffen, so soll der Fälckonier öffter kommen, und ihm fleissig nachsehen. Denn weil der Falck mercket, daß er gefangen ist, und sich loßmachen will, so ist er bißweilen unruhig und springt. Wir nennen aber das unruhig seyn, wodurch der Falck sich erhitzt und müd macht, da er doch von dem Ort, wo er steht nicht wegfliegt, springen aber, wann er von der Hand oder Reeck wegfliegen will. Weil er aber mehr und mit grösserer Gefahr springt, wann er loßgebräwnt ist, so wollen wir bey den Falcken, die loßgebräwnt sind, davon reden. Jetzo wollen wir von dem unruhig seyn reden, damit wir zeigen, wie man ihn davor verwahren soll, weil das unruhig seyn dem Falcken allerley Schaden bringen kan. Es ist aber ein Falck, der aufgebräwnt ist, auf mancherley Art unruhig. Bißweilen beißt er in die Schuh, Bell oder Handschuh: bißweilen kratzt er mit den Klauen auf dem Kopff, vornemlich wo

der

der Faden iſt; bißweilen verdreht er die Schuh; bißweilen ballirt er mit den Flügeln. Die Urſach aber, warum er in die Schuh, Bell oder Handſchuh beißt, iſt, weil er nicht gewohnt iſt, an ſeinen Füſſen angebunden zu ſeyn, oder auf einem Handſchuh zu ſtehen, ſo will er die Schuh abbeiſſen, wodurch er, indem er die Schuh anzieht, ſich klemmt, und manchmal an den Füſſen ſchadet. Bißweilen beißt er in die Klauen oder Füſſe, und ermüdet ſich; manchmal beißt er auch in die Bell, wann ſie groſſe Löcher hat. Daß er aber nicht beiſſe, ſo halte man ihm einen Scherben oder hartes Holz oder Stein vor den Bec, wann er beiſſen will, damit er, weil die Sachen, ſo ihm vorgehalten werden, hart ſind, ſie ihm widerwärtig werden, und er zu beiſſen aufhöre. Die Löcher an der Bell ſollen ſo klein ſeyn, daß er mit dem Bec nicht hinein greiffen könne. Er kratzt aber, wo er aufgebräwnt iſt, um zweyer Urſachen willen. Erſtlich, damit er ſich loßbräwne. Anderns, weil ihm von dem aufbräwen die Schellen weh thun, ſo kratzt er, wo es ihn ſchmerzt, daher geſchieht es, daß er, wann er mit den Klauen unter den Faden kommt, ſowohl dieſen abreißt, als auch die Schellen
aus-

ausschlitzt. Es kratzen aber nicht alle Falcken. Man verhindert aber dieses also: Man bindet an beyden Füssen die Fang-Klaue mit einem Riemlein, daß sie drey Finger breit, oder auch mehr oder weniger, nachdem der Falck groß ist, voneinander stehen. Dann die grossen werden weiter, die kleinen nicht so weit voneinander gebunden. Auf solche Weise wird er mit den Klauen nicht auf den Kopff langen können. Er verdreht aber die Schuh, wann er von der Reeck weg will, und nicht kan, so geht er in dem Ring herum; wodurch die Schuh verdreht, und die Füsse zusammen gezogen werden, daß er nicht stehen kan, sondern nieder fällt, wodurch die Füsse sich entzünden, und noch anderer Schaden in den Gliedern und Gefürt entsteht. Diesem aber hilfft man also ab. Wann der Falckonier merckt, daß der Falck auf der Hand im Ring herum gehen will, so soll er sich also drehen, daß durch sein drehen und Bewegung der Hand und des Arms der Falck wieder recht auf der Hand zu stehen komme, oder er lasse ihn auf die niedrige Reeck oder Jule tretten, denn darauf können sich die Schuh nicht so verdrehen, weil der Falck länger gebunden ist, und er selbst spührt,

daß

daß er mehr Freyheit hat. Oder so er ihn auf der Hand behalten will, und die Schuh haben sich schon verdreht, so soll er sie mit der andern Hand ausdrehen. Und wann er ihn um einiger Ursachen willen auf die Hand nehmen muß, so soll er ihm ein Zieget vorgeben, und indem er daran ziehet, ihn auftretten lassen, und auf der Hand behalten, biß er das gehörige verrichtet, hernach kan er, wann er will, ihn wieder, wie zuvor anbinden. Weil der Falckonier nicht immer bey dem Falcken seyn, und auf ihn achtung geben kan, so kan er vermittelst der Drahle den Langfessel auf der Reeck in die Schuh einziehen, so können sich die Schuh nicht verdrehen, doch soll die Drahle zwischen dem Langfessel und Schuhen so kurz seyn, daß der Falck auf keine Seite springen kan. Wird er aber ohne die Drahle angebunden, so soll man offt nach ihm sehen. Dann wenn die Schuh sich verdrehen, so beißt er in die Schuh, wie er kratzt, wenn er aufgebräwnt ist. Er ballirt aber mit den Flügeln, weil er fliegen will, und wann er merckt, daß er angebunden ist, so verlangt er nicht zu springen noch weg zu fliegen. Deßgleichen sieht man an den jungen Falcken, ehe sie beflogen sind, sie mögen noch

in

in dem Horst oder abgestiegen seyn, und in einem Hauß aufgezogen werden, sie haben das Herz nicht weg zu gehen, weil sie sorgen, sie mögten fallen, aber doch balliren sie sich offt, weil sie fliegen wollen, und gehen doch nicht von ihrer Stelle, weil sie noch nicht beflogen sind. Dieses, glauben wir, sey die Ursach, warum sie sich balliren, und dadurch gewöhnen sie sich zum fliegen, daher kommt es, daß sie, wenn sie sich ballirt haben, offt springen. Das Balliren aber schadet nichts, wenn er nicht darauf springt. Wann nun der Falckonier sieht, daß der Falck sich ballirt, und er besorgt, er mögte darauf springen, und er auf der Reeck oder Jule steht, so soll er ihn abbinden, und auf die Hand tretten lassen. Denn das unruhig seyn oder springen auf der Hand ist nicht so gefährlich als auf der Reeck oder Jule, weil man ihm besser zu Hülff kommen kan. Ballirt er sich auf der Hand, und will springen, so soll man solches zu verhindern, locken, und wann das nicht hilfft, so giebt man ihm das Zieget vor. Wann er sich aber starck abspringt, und nicht aufhören will, so muß man ihn mit kalten Wasser naß machen, oder baden lassen, auf die Art, wie wir in dem Capitul, wie man den loßge=

gebräwnten Falcken lock mache, gezeigt haben.

Das 53. Capitul.
Von dem Lockmachen der Falcken, die aufgebräwnt sind nach dem Geschmack, Gehör und angreiffen.

Es ist gesagt worden, wie man den Falcken atzen, bequiren lassen, und lock machen soll, da man ihn mit den Händen sanfft an den Bec, Brust, Flügeln, Staart und Füsse angreifft. Anfangs soll man ihn etliche Tage in einem etwas finstern und einsamen Hauß haben, biß er gewohnt sich zu atzen, und schon etwas lustig sich atzet, und lock zu werden anfängt. Hernach soll man ihn in ein helles Hauß tragen, wo die Fenster und Thüren offen stehen, und viel Leute sind, die da reden, und Hund und andere Sachen, unter welchen er sich aufhalten, und welche er gewohnen muß, und da soll man ihn offt bequiren lassen, wie man in dem finstern Hauß that, und wann er bequirt, so soll man ihn auch offt sanfft angreiffen, damit er besser gewohne, sich angreiffen zu lassen, und dieses soll mehr Tage nacheinander geschehen. Wann er dann ohne Scheu sich atzet, so soll man, so offt

offt er bequirt, allerley Geschrey und andern Lermen machen, damit er solche gewohne, und nicht mehr davon scheu werde. Man soll ihn auch bey Tag und Nacht an allerley Orte des Haußes tragen, damit er desto besser allerley gewohne, und vester auf der Hand zu stehen. Also soll man mit dem Falcken verfahren, biß man siehet, daß er sich gern auf der Hand tragen und angreiffen läßt, und lustig sich atzet, und bey allerley Geschrey und Lermen gemein wird. Es erhellet nun, wie man den Falcken durch den Geschmack lock machen soll, damit er sich aus der Hand atzen lasse, welches er zuvor nicht gewohnt war, und daß er sich angreiffen lasse von denen, vor welchen er zuvor einen Scheu hatte, und nicht pflegte angegriffen zu werden, und durch den Geschmack und das angreiffen lock werde, daß er sich nicht mehr scheue das zu hören, was ihm zuvor ungewöhnlich war, und das alles soll er gewohnen, ehe man ihn loßbräwnt, und solche ungewöhnliche Dinge sehen läßt, es wäre auch sonsten schwer ihn bey allen Sinnen ohne Verletzung lock zu machen. Man fragt aber ganz unvernünfftig, ob, wie es nöthig gewesen, daß man den Falcken aufbräwne, damit er nichts sehe, wovor er erschreckt, und wenn er

er es sehe, unruhig werde; also es auch nütz=
lich wäre, wenn man ihm auch die Ohren
verstopffe, daß er nichts höre, wovon er
scheu und unruhig wird. Worauf man ant=
wortet, weil der Falck die ihm sonst unge=
wöhnliche Dinge durch die andern Sinne ge=
wohnt, und es gut ist bey dem atzen locken, da=
mit, so offt er locken hört, er sich erinnere, und
begierig werde sich zu atzen, so müssen die
Ohren offen bleiben, daß er das Locken höre.
Ferner war er besser gewohnt, die Stimme
der Menschen und anderer zu hören, als das
Gesicht der Menschen, oder das inwendige
des Hauses zu sehen, und sich angreiffen zu
lassen, und selbst solche zu greiffen. Dann
er hatte vor allem dem, so ihn angreiffen woll=
te, einen Scheu, indem er glaubte, wür=
de ihm an dem Gefürt und Gliedern scha=
den. Ferner konnte er unter dem, was er hör=
te, keinen solchen Unterschied machen, was ihm
schädlich sey, als wie unter dem, was er sahe,
und er scheute sich nicht so sehr vor dem was er
hörte, als was ihn angriff, und er sahe, und
man erkennt durch das Gesicht besser, was
nicht gut gesinnet ist, als durch das Gehör.
Dieses ist nun, so lang der Falck aufgebräwnt
ist, genug ihn lock zu machen, daß er durch die
drey Sinne Gehör, Geschmack und Gefühl am
ersten lock werde.   Der

Der König.

Ferner soll ein Falckonier darauf bedacht seyn, den Falcken also lock zu machen, daß er nach allen Sinnen ohne scheu zu werden mit sich umgehen lasse, solches zu erlangen, muß er ihm den Sinn benehmen, wodurch er am meisten vor den ihm zuvor ungewöhnlichen Dingen erschröckt wird, welcher das Gesicht ist, und die andern Sinne, die ihn nicht so scheu machen, lasse, als das Gehör und Gefühl, weil, ob er schon durch diese Sinne vor einigen Dingen geschröckt wird, ihm doch der Geschmack so angenehm ist, daß er dadurch lock wird, welches durch das Sehen nicht geschieht, indem er vor den Dingen, die er sieht, mehr erschröckt wird, als die er kostet. Ferner wenn man ihm die Ohren zustopffte, so würde er, wenn man sie wieder aufmacht, eben so wild seyn, als er war, ehe er die ihm ungewohnte Dinge hörte, und also würde ein Falckonier seine Absicht ihn lock zu machen nicht erlangen.

Das 54. Capitul.
Wie man die Falcken mit einem Schein nach dem sehen lock machen soll.

Wir haben gesagt, wie man die aufgebräwnte Falcken nach dem Geschmack,

Gefühl und Gehör lock machen soll. Nun wollen wir sagen, wie solches durch das Sehen geschehe. Solches aber soll, wie auch bey den andern Sinnen, nach und nach geschehen, und solches ist bey dem Sehen um so viel nöthiger, als mehr er vor den Dingen, die ihm ungewohnter sind zu sehen, als zu schmecken, zu fühlen und zu hören, erschröckt wird. Er wird aber mit langer Hand lock, und gewohnt nach und nach die ihm ungewöhnliche Dinge zu sehen, wann er nach und nach und nicht auf einmal loßgebräwnt wird. Dann wann er auf einmal völlig loßgebräwnt würde, so würde er nicht lock, sondern noch wilder werden, und so er auch lock würde, ohne daß er aufgebräwnt oder doch plötzlich loßgebräwnt worden, so käme solches nicht durch Kunst oder Gewohnheit, sondern der Falck würde mehr forciret als lock werden, welches ohne Schaden nicht abgienge, da er seine Stärcke schwerlich mehr bekommen würde. Derohalben muß man ihn anfangs nicht völlig auf einmal, sondern nur ein wenig loßbräwen. Er wird aber auf diese Art zum halben Aug loßgebräwnt: Der Falck wird, wie bey dem aufbräwen, auf dem Dach ergriffen und gehalten, und wann die Schellen, wodurch der Faden geht, nicht faul oder so weit

weit eingefreſſen ſind, daß man zu beſorgen hat, ſie mögten ausreiſſen, ehe er völlig loß= gebräwnt werden kan, ſo ſoll der Faden auf= und aufs neue angebunden werden, doch alſo, daß er mit halbem Aug ſehe, und die Federn wieder über den Faden gelegt werden. Wenn aber die Löcher an den Schellen ſo ausge= freſſen ſind, daß ſie nicht ſo lang halten wür= den, biß er kan völlig loßgebräwnt werden, ſo ſoll man den Faden aufbinden oder auf= ſchneiden, und völlig wegthun, und ihn ne= ben den vorigen Löchern wieder aufbräwen, und wie das erſtemal verfahren, doch nur mit halbem Aug. Er ſoll aber zu Nachts und in einem finſtern Hauß, wo nicht viel Leute ſind, auf das halbe Aug loßgebräwnt werden, wel= ches dazu dienet, daß, weil er den Mann und das Geſicht, und andere Dinge nicht deutlich ſiehet, er nicht ſo ſcheu wird, und nach und nach zu ſehen gewohnet, und ihm alſo zur Gewohnheit wird, und wird alſo eher mit dem Mann gemein werden, und die Bewegung der Hände, die gemacht werden ſowohl ihn anzugreiffen, als auch nicht, eher gewohnen, und ſich lieber angreiffen laſſen, und da er die Hellung des Lichts über ſich ſiehet, ſo wird er in die Höhe, und nicht un= terſich ſpringen, da er, was unter ihm iſt,

nicht

nicht ſiehet, und deßwegen ſich auch zu einem
beſſern ſpringen angewöhnen, wie unten wird
geſagt werden, und wird lernen gerad zur
Hand ſtehen, weil er in die Höhe ſiehet.
Wann er nun alſo zum halben Aug loßge=
bräwnt, und auf die Hand genommen iſt,
ſo ſoll man ihn, ehe man ihn auf die Reeck
tretten läßt, bey Tag und Nacht in dem
Hauß herum tragen, und mehrmalen Atz
ausgeben, und jedesmalen nur etliche Bec
einſchieſſen laſſen, und ſanfft angreiffen, und
an die mancherley Stimmen, die er hört,
gewöhnen, und alles andere, wie da er noch
aufgebräwnt war, etliche Tage mit ihm vor=
nehmen. Wann ſolches etliche Tage geſche=
hen, ſo kan man ihn von dem finſtern in ein
etwas hellers Hauß, wo Leute ſind, tragen,
und wieder etliche Tage darinnen laſſen, und
ſodann wieder in ein noch helleres, wo man
wieder eben ſo verfährt, damit er nach und
nach in mehr Hellung komme, und nach und
nach Licht und Finſternuß, und die Leute,
und was in dem Hauß iſt, zu ſehen und zu
hören gewohne, und ſich angreiffen laſſe.
Daß wir aber geſagt haben, es ſoll etliche
Tage geſchehen, ſo iſt es ſo zu verſtehen,
wann nemlich der Falck ſehr wild iſt, und da=
her langſamer lock wird, ſo muß man mit
dieſem

dieſem allem mehr Tage anhalten, wann er aber nicht gar wild iſt, und gern lock wird, ſo braucht man weniger Tage. Wann man denn ſieht, daß der Falck mit halbem Aug, wann er in dem Finſtern und auch in der Hellung getragen wird, und was in dem Hauß iſt, obwohl nicht deutlich ſiehet, nicht mehr ſcheu wird, ſo muß man denſelben in die freye Lufft tragen, und zwar zuerſt einer zu Fuß, hernach zu Pferd. Man macht es aber alſo: Wann der Falckonier mit dem Falcken mit einem Schein auſſer das Hauß gehen ſoll, ſo ſoll er vor Tags aufſtehen, und den Falcken von der Reeck auf die Hand nehmen, und indem er zur Thür hinaus geht, ſich drauſſen aufhält, und wieder zuruck hinein geht, die Vorſicht gebrauchen, die wir unten angeben werden. Wann dieſes einige Tage geſchehen, ſo ſoll ihn ein reitender tragen. Er ſteht gleichfalls vor Tag auf, nimmt den Falcken, geht zum Hauß hinaus, und ſetzt ſich zu Pferd mit dem Falcken, und bleibt in der Nähe, und hält ſich nicht lang drauſſen auf, dann er muß, ehe es Tag wird, zuruck, das andremal bleibt er länger drauſſen, und geht, wenn es Tag wird, zuruck. Wie man aber den Falcken bey dem auf= und abſteigen in Acht nehmen ſoll, wird bey den

U 4   Loß=

Loßgebräwnten gesagt werden. Dann der Falck mit halbem Aug ist nicht so unruhig, springt auch nicht so starck, und thut nicht so wild, als wie, wenn er völlig loßgebräwnt ist. Will aber der Falckonier den Falcken mit einem Schein nicht mehr auf der Hand tragen, so soll er ihn auf die Reeck tretten lassen, dann diese ist besser vor ihn als die niedrige Reeck oder Jule. Dann weil er nun einen Schein hat, so würde er auf der niedrigen Reeck oder Jule, wann sich ihm etwas nahet, mehr geschreckt werden, und springen. Ferner würde er, weil er siehet, vielleicht nicht so lang ruhig seyn, biß er angebunden ist, darum soll ihm der Falckonier, biß er ihn anbindet, das Zieget vorgeben, und wenn er angebunden ist, solches wieder wegnehmen, und das Gesicht und Brust des Falcken vor die Reeck halten, und ihn auftretten lassen. Dann ein Falck, der siehet, und die Reeck unterscheidet, tritt von der Hand lieber auf die Reeck, wann er sie siehet. In dem übrigen aber, was bey dem anbinden zu beobachten ist, soll er verfahren, wie man schon gesagt hat. Wann er aber keine Reeck hat, so kan er ihn auf die niedere Reeck oder Jule mit dem Langfessel anbinden. Doch muß er alsdann sehr fleißig auf ihn Achtung geben,

geben, und offt nach ihm sehen. Wie man
aber abhelffen soll, daß er nicht unruhig sey,
ist in dem vorhergehenden Capitul schon gesagt worden. Warum er aber springt, wie
solches verwehrt werde, und wie man ihm
zu Hülff kommen soll, und wie man den Falcken mit einem Schein von der Reeck abnehme, wird man in dem Capitul von den Falcken, so loßgebräwnt sind, sagen.

Das 55. Capitul.

Wie man die Falcken, so loßgebräwnt sind, lock mache, wie und wann sie loßge- bräwnt werden, und wie sie un- ruhig seyn.

Nachdem der Falck mit halbem Aug in und
 ausser dem Hauß, zu Fuß und zu Pferd
lock worden ist, so kan man ihn loßbräwen,
daß er auch also lock werde. Aber an
dem Tag, da er soll loßgebräwnt werden,
giebt man ihm die Atz nicht ganz aus, sondern behält etwas davon übrig, welches man
ihm, so bald er zu Nachts loßgebräwnt ist,
ausgiebt, aber doch von einem frischen Fleisch,
damit er also seine ganze Portion bekomme,
ehe man ihn, da er loßgebräwnt ist, auf die
Reeck tretten läßt. Bey Tag aber soll man
ihn nicht loßbräwen, weil er bey dem Licht

gar zu genau und schnell das Gesicht des Mannes und andere ungewöhnliche Dinge sehen, und sehr geschreckt werden würde, wodurch er unruhig würde, durchzugehen suchte, und sich zu borsten, springen, und wenn jemand zu ihm gienge, nur noch mehr scheu würde, indem er meinte, derselbe habe ihm dieses Uebel verursachet, und würde leicht schelmisch, und viel langsamer lock werden. Bey der Nacht wird er besser loßgebrâwnt, weil er alsdann, indem es finster ist, und auch die Schellen, so lang aufgebrâwnt gewesen, nicht geschwind sich herunter ziehen, weder das Gesicht des Mannes, noch was um ihn herum ist, und ihn scheu macht, deutlich, sondern nur, wie zuvor noch dunckel sieht, und nach und nach zu sehen gewohnt. Er wird also füglich bey der Nacht loßgebrâwnt, doch soll man ein Licht dabey haben. Er wird aber also loßgebrâwnt: Man fange und ergreiffe den Falcken, wie man es machte, da er aufgebrâwnt wurde, und knüpffe oder schneide den Faden auf, und thue ihn ganz von den Schellen weg. So bald aber der Faden weg, und der Falck loßgebrâwnt ist, so thue man das Licht weg, damit er nicht gleich sehe, und erschreckt werde, springe oder sonst unruhig werde. Dann da er durch das
halten

halten und loßbråwen scheu und etwas wild worden ist, so könnte er bey dem schnellen Anblick des Mannes und andrer Dinge geschreckt werden. Wann der Falck zur Hand steht, so soll man gleich anfangen zu locken, und ihm Atz ausgeben, und wann man sieht, daß er sich lustig atzet, so kan man das Licht wieder bringen, doch soll es nicht so hell brennen, wie zuvor, massen man das Licht nach und nach heller macht, damit er nach und nach lock werde, und des Mannes Gesicht und andere Dinge in dem Hauß zu sehen gewohne. Man kan aber des Nachts über das Licht in dem Hauß, wo er loßgebråwnt worden ist, lassen, damit er durch dessen Schein bey der Nacht sehe, und unterscheide, was in dem Hauß ist, so wird er sich zu früh daran erinnern. Dann wann er solches zu Nachts nicht gesehen hätte, so wäre ers des Morgens nicht so gewohnt, sondern erinnerte sich vielmehr an das, was er als wild, ehe er gefangen und aufgebråwnt worden, lang in dem Feld gesehen, und würde das, was er jetzo nur eine kurze Zeit gesehen, vergessen. Diese Nacht über, da er loßgebråwnt worden, soll der Falckonier mehr als in den vorigen wachen, und ihn im Hauß herumtragen, ehe er ihn zu Nachts auf die Reeck tretten

tretten läßt; damit wie die Schellen sich nach und nach herabziehen, also auch der Falck nach und nach das Gesicht des Mannes und andere Dinge in dem Hauß zu sehen gewohne, und nicht plötzlich bey Tag. Das Wachen dient, daß er die Dinge, die er zu Nachts stets siehet, auch hernach bey Tag sehe, und wann der Falckonier ihn zu Nachts im Hause herum trägt, und merckt, daß er geschreckt ist und springen will, so soll er locken, und ihm das Zieget vorgeben, damit wann er auf das locken merckt, und ziehet, er sich vester auf der Hand halte, und das, was ihn geschreckt hat, vergesse. Wann er aber nicht mehr geschreckt ist, so kan er das Zieget ihm wieder wegnehmen, daß es ihm nicht widerwärtig werde. Wann nun dieses alles ordentlich geschehen, und man gewachet, so soll man ihn auf die Reeck tretten lassen, und zu früh vor Tags wieder ab und auf die Hand nehmen. Da nun aber das Zieget bey dem lockmachen, vornemlich ohne Haube, einen grossen Nutzen hat, weil dieses das einzige Mittel ist, welches macht, daß er mit dem Mann gemein wird, so wollen wir sehen, was das Zieget, wie vielerley und wozu es dienlich sey. Das Zieget ist ein Glied von einem Vogel oder anderm Thier, das man dem Falcken
daran

daran zu ziehen giebt, damit er nicht unruhig werde, wann er geschreckt worden ist. Es ist aber solches zweyerley, eines vom frischen und guten Fleisch, als eine Diehn, Borst, Halß oder anders Glied von einem Huhn oder anderm Vogel, oder von einem vierfüßigten Thier. Dann wenn es gut Fleisch ist, wird der Falck lustiger bequiren und sich atzen, und da er das gute Fleisch schmecket, eine Begierde nach dem Zieget kriegen, und aufhören unruhig zu seyn. Das andere ist ohne Fleisch und heißt Zieget oder Kalter=Flügel, und besteht aus Bein mit Nerven, wo die Federn noch daran sind, welches man ihm vorgiebt, mehr, daß er daran ziehe, als sich damit atze, und der Kopf von den bösen Feuchtigkeiten gereinigt werde, wie in dem Tractat von den Kranckheiten erhellen wird. Es hat aber das Zieget vielerley Nutzen, damit er nemlich aufhöre unruhig zu seyn, mit dem Mann gemein werde, gewohne das ihm ungewöhnliche zu sehen, und zu vielen andern, welches bey dem lockmachen erhellet. Derohalben soll der Falckonier das Zieget stets bey der Hand haben, worauf er ihn nicht trägt, oder in der Falcken=Tasche, oder sonsten an einem Ort, wo er es geschwind haben kan, und soll es den Falcken nicht sehen lassen, als wenn er
sieht,

sieht, daß es nöthig ist. Wann es nun nöthig ist, so soll er es ihm also vorgeben, er soll locken, und dem Falcken, so lang er wild ist, nicht in das Gesicht schauen, noch ehe er, noch wenn er ihm das Zieget vorgiebt. Indem er es ihm vorgiebt, so soll er es ihm mit der andern Hand vor die Füß halten, und mit einer oder beyden Händen halten, wie bey dem atzen geschah. Wann es ihm aber vorgegeben ist, und der Falck ziehet, so kan der Falckonier ihn anschauen, und sehen, was er mit ihm zu thun habe, und solches thun, indem er ziehet. Man soll ihm aber das Zieget lassen, biß er aufhört geschreckt zu seyn, hernach nimmt man es weg, und läßt ihn nicht genug davon atzen, denn sonsten würde er es ein andermal nicht nehmen. Es nutzet aber den Falcken auf das Zieget lock zu machen dazu, daß so offt er geschreckt ist, man ihm dadurch den Schrecken benehmen kan, und wann er nicht an das Zieget gewöhnt wäre, da er geschreckt wird, so würde er durch das Zieget nicht aufhören unruhig zu seyn, und so er sich dadurch schadete, ein andermal das Zieget nicht so lustig, oder gar nicht nehmen, welches an dem lock machen sehr hinderlich wäre, da man sonsten nichts hat, wodurch man verwehre, daß er
nicht

nicht unruhig sey, ausgenommen die Haube, wovon an ihrem Ort wird gesagt werden. Indem man ihm aber das Zieget vorgiebt, so ist es gut, daß man, entweder zuvor, oder da man es vorgiebt, das, was ihn geschreckt hat, wegschaffe. Dann wann man solches nicht wegschafft, so kan es geschehen, daß er das Zieget, indem er daran ziehet, vor Schrecken fallen läßt, und solches würde ihm zur Gewohnheit werden, daß er, so offt er geschreckt worden ist, das Zieget entweder gar nicht nimmt, oder doch fallen läßt, und also gieng es schwer her ihn lock zu machen. Dieses soll genug seyn von dem Zieget. Wann man ihm aber eine Atz oder Zieget vorgiebt, soll der es ihm vorgiebt, es von oben her und gegen sein Gesicht halten, damit er das Gesicht gewohne. Die Nacht, da er ist loßgebräwnt worden, soll man ihm nicht bis es lichter Tag wird an der Reeck stehen lassen, sondern der Falckonier soll vor Tags aufstehen, ihn herab- und auf die Hand nehmen. Dann der Falck wird, was er zu Nachts gesehen, auch bey Tag fortsehen, und je mehr die Schellen sich öffnen, und des Tages Licht kommt, desto besser wird der Falck den Mann und das übrige zu sehen gewohnen. Deswegen soll man ihn auch alsdann
nicht

nicht plötzlich in die Hellung tragen, sondern in einem etwas finstern Hauß, darinnen die Hellung viel einem Laternen=Licht bey der Nacht gleich kommt, und soll es nicht auf einmal sondern nach und nach heller machen. Derowegen je wilder der Falck ist, desto finsterer soll das Hauß seyn, worinnen man ihn trägt, und je weniger wild er ist, desto heller soll das Hauß seyn. Weil aber der Falck, so noch ganz frisch loßgebräwnt ist, bey dem Anbruch des Tags das Gesicht des Mannes deutlicher siehet, und die Dinge in dem Hauß besser unterscheidet, und die Schellen völlig offen sind, und er auch bey Tag sich zu bewegen gewohnt ist, und bey der Nacht ruhig zu seyn, so ist er auch bey Tag unruhiger und springt mehr als bey der Nacht, dann er sieht nun deutlich, was ihm ungewohnt ist und er scheut, wovor er erschreckt wird, und fliehen will.

Das 56. Capitul.
Von dem springen und dessen mancherley Art.

Wir haben den Unterschied zwischen dem unruhig seyn und springen, und die Arten der Unruhe, und was man dawider thun

thun soll, angeführt. Nun ist noch übrig,
daß wir auch von dem springen reden, wel=
ches bey einem loßgebräwnten Falcken rascher,
gefährlicher und auch von mehrerley Arten
ist, als bey denen, die noch aufgebräwnt
oder mit einem Schein sind. Es springt
aber ein jeder Falck manchmal in dem Hauß
auf der Hand, manchmal auf der Reeck und
Jule, und manchmal auf der Hand zu Pferd.
Da wir aber von dem springen reden, so wol=
len wir zuerst alle Arten anführen, und wel=
ches die schlimmsten sind, und wie man den
Falcken zu denen, die nicht so böß sind, an=
gewöhnt, und macht, daß er die Hand wie=
der finde, und wollen auch die Ursachen an=
führen, warum der Falck springt, und die
Zeichen einer jeden solchen Ursach, und wie
man dem springen vorkommen, und was
man thun soll, wann er gesprungen ist. Dann
wann man ihm das springen nicht verwehrt,
wird er sich so starck abspringen, und das Ge=
fürt so verderben, daß er das, was wir, nach=
dem er lock worden, von ihm fordern, nicht
mehr thun könnte. Springen nennen wir,
wann der Falck von der Reeck oder von der
Hand wegfliegen will, und solches thut er,
wann er loßgebräwnt ist, offt in dem Hauß
auf der Hand, so lang er noch wild, und noch
X nicht

nicht lock ist. Die Arten des springens aber sind folgende: Wann der Falck auf der Hand steht, und etwas sieht, welches verursachet, daß er springt, so springt er bißweilen gegen den Mann und will über dessen Kopf wegfliegen. Auf diese Art springt er selten in dem Anfang, da er noch wild ist, weil er sich vor dem Gesicht scheuet, aber desto öffter, wann er lock worden ist: Bißweilen springt er einwärts, bißweilen auswärts, und dieses auf dreyerley Weise, nemlich in die höhe, unter sich oder gerad aus. Bißweilen springt er von einer Hand gegen die andere, nemlich von der lincken gegen die rechte, oder von der rechten gegen die lincke, von einer Seite gegen die andere, und auch hier über sich, unter sich oder gerad aus. Wann er aber auswärts springt, so springt er über sich oder unter sich oder gerad aus. Dieses sind alle Arten, wie der Falck auf der Hand springt. Weil aber unter diesen einige schlimmer sind als die andern, so muß man sehen, welche Arten nicht so böß sind, wie die andern, damit, da man dem Falcken das springen nicht ganz verwehren kan, er doch dahin gebracht werde, daß er mit wenigerm Schaden springe. Die erste Art des springens, da er gegen den Mann springt, ist am wenigsten schädlich

lich, weil er über ſich ſpringt, und die Hand
deſto leichter wieder findet. Dann weil der
Falck ſchwer iſt, und natürlicher weiſe alles
ſchwere von der Höhe herunter fällt, ſo findet der Falck die Hand, ſo unter ihm iſt, leichter wieder. Ferner kan der Falck, wenn er
in die Höhe ſpringt, ſich nicht verletzen, noch
das Gefürt abſtuppen, noch ſich ſehr erhitzen.
Springt er aber einwärts, ſo iſt es ſchlim-
mer als das vorige, weil es auf mehrere Arten als jenes geſchehen kan, und auch wenn
der Falck gewohnt wäre, daß er nur auf einer Hand getragen werde, ſo würde er, wenn
man ihn auf die andere tretten ließe, nicht
wie er gewohnt war, gegen die andere Hand,
ſondern auswärts ſpringen, und ſchwerer die
Hand wieder finden, dann er müßte durch die
Lahne gehen. Indem aber, daß die Hand,
welche ihn getragen, den Falcken, der ge-
ſprungen, geſchwinder und leichter zuruckzieht,
ſo iſt dieſe Art nicht ſo böß, wie die übrigen.
Springt er aber inwendig, ſo iſt es böß,
weil der Staart an die Hand ſtuppet, und
die Federn leicht zerbrechen. Dann wann
der Falck alſo ſpringt, ſo läßt er, ſowohl da
er ſpringt, als auch wann er die Hand wieder finden ſoll, den Staart niederſincken, daß
er hernach an die Hand ſtuppet. Springet
er

er auswärts, so ist es darum böß, weil er auf vielerley Arten springen kan, und durch die Lahne gehen muß, und die Hand nicht so leicht wieder finden kan. Dann er mag springen, wie er will, so soll man ihn inwendig der Hand zuruckziehen, daß er die Hand wieder finde, und zur Hand stehe, wie er soll. Springt er hinterwärts hinunter, so ist es böß, weil er auf mehrere Arten springen kan, und durch die Lahnen gehen muß, daß er die Hand wieder finde, da er solche von vornen wieder finden soll, wann er recht zur Hand stehen soll. Dann weil ein grösserer Umschweif und Creiß mehr Platz einnimmt, so erfordert es auch mehr Zeit, biß der Falck die Hand wieder finde, und recht zur Hand stehe, und daher ist solches springen böß. Denn der Falck mag springen, wie er will, so soll ihn der Falckonier so geschwind es seyn kan, wieder auf die Hand stellen. Dann wann er solchen wieder auf die Hand zu stellen zaudert, so hängt er unter der Hand, und je mehr er hängt, desto schädlicher ist es. Daher ist es am allerschlimmsten, wenn er auswärts springt. Von den drey Arten aber, da nemlich der Falck nach der einen aufwärts, nach der andern niederwärts, und nach der dritten gerad aus springt, es mag auf der
Hand

Hand seyn, wohin es will, ist dieses die beste, wenn er aufwärts oder gegen den Mann springt, weil er die Hand leichter wieder findet. Springt er aber niederwärts, so ist es am schlimmsten, weil der Falck unter der Hand hängt, und schwer ist, und das Schwere von Natur niederwärts fällt, und mit Gewalt muß in die Höhe gebracht werden, daher ist es schwerer und mühsamer, den Falcken wieder auf die Hand zu stellen. Springt er aber gerad aus, so ist es nicht so böß, als wann er unter sich springt, weil der Falck nicht unter der Hand hängt, und die Hand leichter wieder findet, aber doch ist es bößer, als wann er gegen den Mann springt, und da es das Mittel ist zwischen dem bösen und nicht so bösen, so ist es nicht so böß wie das ärgste, aber doch auch nicht so gut, wie das weniger böse. Aus dem besagten erhellet, daß, wenn der Falck einwärts springt, es schlimmer ist, als wenn er auf eine andere Art springt, am allerschlimmsten aber ist es, wenn er hinterwärts springt. Da aber der Falck, der mit Gewalt auf der Hand oder Reeck gehalten wird, nicht lang stehen kan, daß er nicht springe, vornemlich so lang er noch wild ist, so ist es gut, daß man ihn gewöhne, daß er nach der guten Art springe.

Dann dieses wird dienen, daß er aufhöre auf diese böse Arten zu springen, und sich zu der nicht so bösen gewöhne, und gegen den Mann springe. Dann da verletzt er sich nicht so sehr. Er gewohnt aber auf vielerley Arten gegen den Mann zu springen. Erstlich daß, so offt der Falckonier den Falcken will ziehen lassen, er ihm die Atz von oben herab vor seinem Gesicht vorgebe, damit der Falck, so atzhitzig ist, darnach fliege, und gegen den Mann springe, wo die Atz ist. Anderns daß, so offt der Falckonier den Falcken will auf die Reeck tretten lassen, er sich rücklings zwischen den Falcken und die Reeck stelle, und seine Hand, worauf er den Falcken trägt, vorwärts gegen die Brust biege, damit der Falck, so die Reeck siehet, und auf dieselbe tretten will, daselbst springe denn also wird er gegen den Mann zu springen gewohnen. So soll es der Falckonier machen, wenn die Reeck höher ist, als sein Kopf: Ist sie aber niedriger, so soll er sich so tief bucken, daß die Reeck über seinem Kopf sey, dann dadurch wird der Falck gegen den Mann zu springen gewohnen, und das Gesicht zu sehen. Dieses soll der Falckonier den Tag über offt, doch aber nicht zu offt thun, damit der Falck nicht zu viel geschoren werde. Auf eine andere Art wird

wird der Falck gewöhnt gegen den Mann zu springen. Wann der Falck in dem Hauß zur Hand stehet, und gegen das Fenster oder andere helle Orte siehet, so soll der Falckonier seinen Rucken gegen solche wenden, und er wird auf solche Art gegen den Mann springen. Wann aber der Falck auf diese drey Arten springt, so soll der Falckonier sich nach demselben richten, und ihm mit der Hand nachgeben. Dann wann er die Hand steif hält, so wird er ihm in den Lahnen und Diehn schaden. Noch auf eine Art wird der Falck gewöhnt gegen den Mann zu springen, nemlich wenn mehr Fenster in dem Hauße sind, so sollen sie alle biß auf eines vermacht werden, und dieses soll gegen die Reeck über, und höher als die Reeck seyn, worauf der Falck gebunden wird. Man soll also die Reeck an einen solchen Ort in dem Hauß stellen, der dem Licht entgegen steht. Dann also wird der Falck, der auf der Reeck seinen Kopff gegen das Licht wendet, in die freye Lufft fliegen wollen, und gegen das Licht springen. Gesetzt aber er springe nicht, so wird er doch gerad auf seinen Füssen stehen, und also von den bösen Arten zu springen ablassen, und die gute gewohnen, daher solches endlich zur Gewohnheit wird, und er gern in

die

die Höhe springt. Dieses ist unter allen sprin=
gen dasjenige, so am wenigsten schadet. Wann
er aber einwärts springt, so soll der Falckonier
also seinen Arm biegen, und die Hand gegen
das Gesicht wenden, daß der Falck sich gegen
das Gesicht wenden muß, und ihn alsdann
geschwind zuruck ziehen, daß er die Hand
eben so wieder finde, als wie wenn er gegen den
Mann springt. Springt er auswärts, so
soll der Falckonier die Hand wenden und ihn
zuruck ziehen, daß dadurch der Fakk auf die
andere Seiten des Falckoniers kommen muß,
hernach stellt er ihn eben so wieder auf die
Hand, als es geschiehet, wenn er von einer
Seite zur andern springt. Springt aber der
Falck inwendig, so soll der Falckonier, damit
es ihm destoweniger schade, mit der Hand
nachgeben, und sie nicht steif halten, welches
bey einem jeden Springen gut ist. Hernach
soll er sie sanfft und geschwind an den Ort zu=
ruck ziehen, wo sie war, da der Falck zu der
Hand stunde. Springt der Falck in die Höhe
gegen den Mann, so soll er mit der Hand
nachgeben, hernach zieht er sie zuruck, weil
der Falck also die Hand leichter wieder fin=
det. Springt er aber gerad aus, so muß er
die Hand sincken lassen, daß sie unter den
Falcken zu stehen komme, dann also wird er
sie

sie leichter wieder finden. Springt er unter⸗
wärts, so giebt er erstlich mit der Hand nach,
hernach hebt er solche auf, damit der Falck
durch Hülffe der Hand, die ihn an sich zieht,
sich besser in die Höhe hebe, und wann er sich
hebt, so läßt er die Hand wieder sincken, daß
sie unter dem Falcken zu stehen komme, denn
ein Falck, der in die Höhe steigt, findet von
oben herab die Hand allezeit besser wieder.
Was man aber gesagt hat, daß die Hand
dem Falcken nachgeben, man sie sincken las⸗
sen, und wann es nöthig ist, sich erheben,
und zuruck gezogen werden soll, so soll solches
alles, so geschwind, als es seyn kan, gesche⸗
hen. Denn aller Verzug ist hier gefährlich.
Was man aber von dem Tragen auf beyden
Händen gesagt hat, so ist solches sehr gut
und dienlich, den Falcken zu gewöhnen, daß
er von einer Seite gegen die andere, und nicht
auswärts springe. Springt aber der Falck
auswärts, so muß der Falckonier sich und sei⸗
ne Hand so wenden, daß der Falck die Hand
wieder so finde, als wie, da er inwendig ge⸗
sprungen, und man ihn wie sichs gehört wie⸗
der zuruck ziehe, Also hat man nun die Arten
des Springens von der Hand in dem Hauß
angeführt, und welches die schlimmste, oder
doch nicht so böß sey, und wie man ihn an⸗
gewöh⸗

gewöhne zu der nicht so bösen, und wieder zuruck ziehe, daß er die Hand wieder finde.

Das 57. Capitul.
Von den Ursachen des Springens.

Es sind vielerley Ursachen, warum ein Falck, der erst loß gebräwnt worden, und noch wild ist, springt: denn theils geschieht es des Manns wegen, der ihn auf der Hand trägt, und dessen, was er an ihm sieht: theils anderer Dinge wegen, die er ausser dem Mann sieht. Weil er nun des Manns wegen springen muß, da er ohne denselben nicht seyn kan, indem er von ihm lock gemacht wird: solches aber anderer Dinge wegen nicht so nothwendig ist, indem man verhüten kan, daß sie nicht zu ihm kommen; so müssen wir zuerst sagen, warum er des Manns und der Dinge wegen, die er an ihm sieht, springt. Dann wann ein Falck so lock ist, daß er diese zu sehen gewohnt, so wird es hernach leicht seyn, daß er auch die andern Dinge, und alles, was macht, daß er springt, zu sehen gewohne. Was wir aber hier von dem springen sagen, das muß man von einem wilden Falcken oder Deckling verstehen, weil es bey solchen mehrere und gefährlichere Arten giebt als bey den

den Nestling. Doch wenn ein Nestling springt, so wird demselben eben so begegnet, wie bey dem Deckling. So bald ein Deckling loßgebräwnt ist, und es hell wird, so sieht er, weil er noch wild und scheu ist, an dem Mann vieles, warum er springt, und durchgehen will. Unter diesen ist der Mann selbst, der ihn trägt, und den er sonst zu sehen nicht gewohnt war, noch mehr aber sein Gesicht, vor welchem sich die Falcken und alle andere Thiere scheuen. Deßwegen sagt man: Ein Menschen Gesicht ist ein Löwen Gesicht. Darum wenn der Falck loßgebräwnt ist, so erinnert er sich an die Zeit, da er gefangen, und vor dem Gesicht erschreckt worden, dahero scheut er sich vor dem Gesicht, als ihm etwas ungewohntes und schreckliches, noch mehr scheuen sich die Falcken vor dem Mann, die auf einmal und plötzlich loßgebräwnt werden, am allermeisten aber die, so gar nicht aufgebräwnt, und ohne Hauben sind lock gemacht worden, welche Art wir schon verworfen haben. Hiezu gehört ferner das Bewegen der Hände, da man den Falcken angreiffet, oder das man auch sonsten bey dem reden und zeigen macht, oder etwas anders an sich zu verrichten: Wie auch die Bewegung des ganzen Cörpers, da man sich setzt, buckt, oder aufsteht, auffſteht, oder ſich lincks oder rechts wendet, oder geht, nieſſet und huſtet gegen den Falcken, und im gehen ſtarck auftritt, dieſes ſind lauter Urſachen, warum der Falck, ſo erſt loßgebräwnt worden, ſpringt.

Das 58. Capitul.
Von den Kennzeichen des Springens.

Das ſind aber die Kennzeichen, wodurch ein Falckonier eine jede Urſach erkennen kan. Wann der Falck den Bec aufmacht, und höigt, ſich rauh macht, und manchmal ſchreyt, und einen Engel macht, den Mann an und in das Geſicht ſieht, ſo will er durchgehen, und ſpringt hinterwärts, und wann man ihn wieder auf die Hand nimmt, ſo ſpringt er wieder hinterwärts. Bißweilen ſpringt er auswärts, und da ſieht man, daß er des Manns und vornemlich des Geſichts wegen ſpringt, vor welchem er geſchreckt iſt, und durchgehen will. Sieht er aber die Hand bewegen, ſo macht er den Bec auf, und macht es eben ſo, wie bey dem Anblick des Geſichts, und ſpringt, doch nicht ſo ſtarck. Aber wenn man ihn mit der Hand angreifft, und er ſolche nicht vorher ſieht, ſo wird er, wann er das Gefürt hangen läßt, ſolches

zu-

zusammen schliessen, hat er es aber schon zusammen geschlossen, so schließt er es noch mehr zusammen, er macht einen Engel, er siehet nach der Hand, die ihn angreiffen will, und wenn er sie sieht, so springt er, damit er nicht angegriffen werde, indem er sich sowohl vor der Bewegung der Hand als auch angreiffen scheuet. Bewegt sich aber der Falckonier schnell mit dem ganzen Leib, hustet oder niesset gegen den Falcken, oder tritt in dem gehen starck auf, so thut der Falck nichts von dem vorbesagten, sondern springt gleich und will durchgehen. Doch wenn man hustet oder niesset, so springt er auswärts oder hinterwärts, und nicht gegen den Mann, sondern will von ihm weg und durchgehen.

Das 59. Capitul.
Wie man dem Springen begegnen soll.

Nachdem wir die Ursachen, Art und Zeichen des springens erzehlt; so werden wir auch zeigen, wie man, ehe er springt, demselben begegnen, und es verhindern, und was man thun soll, wenn er gesprungen ist, daß er nicht mehr springe, und es bey ihm zu keiner Gewohnheit werde. Wann ein Falckonier aus den angeführten Zeichen sieht, daß ein Falck auf vorbesagter Arten einer des Gesichts oder

des

des Mannes wegen springen will, so soll er das, wovor er erschreckt ist, zuerst wegthun, denn hierauf muß er bey dieser und allen andern Ursachen bedacht seyn: Hernach muß er auch auf das kommen, was solches bey dem Falcken verursachet hat. Daher soll er so viel möglich das Gesicht von dem Falcken wegwenden, und locken, und wenn denn der Falck aufhört, und nicht mehr springen will, so soll er ihm das Zieget nicht vorgeben, welches er ihm sonsten vorgeben muß, wie wir oben gezeigt, und auch besagter massen wieder wegnehmen. Damit er auch mit dem Mann gemein werde, und sich nicht mehr vor dem Gesicht scheue, so soll er ihm offtmals einige Bec einschiessen lassen, oder auch das Zieget vorgeben. Dann indem er von dem Falckonier begehrt geatzet zu werden, und atzhitzig ist, und einmal um das andere geatzet wird, so wird er mit dem Mann gemein, und dieses dient vor den Falcken, der nun ganz loßgebräwnt ist, und siehet. So lang aber der Falck noch frisch loßgebräwnt, und noch wild ist, soll er dem Falcken nicht in das Gesicht schauen, und wenn er um einiger Ursachen willen ihn anschauen muß, so soll er den Kopf unter sich kehren, und über die quer auf die Füsse, und nicht in das Gesicht des Falcken schauen,

schauen, und die Hand mit dem Falcken abwärts halten. Der Falckonier soll auch manchmal seinen Huth auffetzen und wieder herunter nehmen, damit ihn der Falck mit und ohne Huth zu sehen gewohne. Merckt aber der Falckonier, daß der Falck wegen der Bewegung der Hand springen will, so soll er bey dem reden seine Hand nicht bewegen noch damit etwas zeigen, und so er es ja thun muß, so soll er die Hand sachte und nicht schnell bewegen, und den Falcken, der noch wild ist, nicht angreiffen, und wenn er ihn angreiffen muß, das Gefürt zurecht zu legen, oder die Füsse recht auf die Hand zu stellen, oder sonsten etwas an ihm zu machen, so soll er zuvor locken, und das Zieget vorgeben, und wenn er daran ziehet, so soll er die Hand sachte ausstrecken, ihn anzugreiffen. Wann aber der Falck auf die Hand siehet, so er gegen ihn ausstreckt, so soll er sie weder weiter ausstrecken, noch zuruckziehen, damit nicht der Falck bey der Bewegung der Hand springe, sondern wann der Falck auf die andere Seite siehet, so soll er ihn angreiffen, damit der Falck nach und nach die Bewegung der Hand, und sich angreiffen zu lassen gewohne, und aufhöre zu springen. Besorgt der Falckonier bey einer schnellen Bewegung des Leibes

bes oder auch nur eines Gliedes, der Falck mögte springen, da er dergleichen Zeichen von ihm wahrnimmt, so soll er solche Bewegung unterlassen. Und wenn sie ja geschehen muß, so soll er ihm zuvor das Zieget vorgeben, und daran ziehen lassen, ehe er sich bewegt, hernach kan er sich sanfft und sachte niedersetzen, oder bucken, oder auffstehen, oder sich rechts oder lincks wenden, gehen, husten und niesen. Doch wenn er von ohngefehr husten oder niesen muß, daß er ihm das Zieget nicht zuvor vorgeben kan, so soll er nicht gegen den Falcken niesen oder husten, sondern so sachte als er kan, die Hand worauf der Falck stehet, zuruckziehen, und den Kopf von dem Falcken wegwenden. Also wird man verhüten können, daß der Falck nicht des Mannes wegen springt. Sollte der Falck ohne zu springen sich auf der Hand drehen, so daß er nicht recht stehet, so soll ihn der Falckonier nicht mit der Hand angreiffen, ihn wieder recht zustellen, sondern sich selbst herumkehren, und eine solche Wendung machen, daß wenn er den Falcken auf der rechten Hand trägt, der Falck nachdem er sich völlig gedreht, die Brust wieder gegen die lincke Hand kehre, und auch so in dem Gegentheil, und hiedurch soll er verwehren, daß er nicht hinterwärts

über

über die Hand springe. Solches geschieht auch folgender maſſen: Man lockt, und giebt ihm das Zieget vor, ſo wird er ſich wieder herum drehen, und recht ſtehen, alſo wird der Falck lock und gemein mit dem Mann, daß er nicht mehr des Manns wegen ſpringt, wie zuvor, da er noch wild war. Nachdem aber der Falck, ſo loßge= bråwnt iſt, lock worden, und die Dinge an dem Falckonier zu ſehen gewohnt iſt, ſo kan er auch leichter und beſſer bey denen Din= gen, die er in dem Hauße ſiehet, lock gemacht werden. Dergleichen ſind, wenn ungeſehr ein anderer Menſch, Hünd oder ein anders Thier im Hauß von vorne gegen den Falcken kommt, noch mehr aber, wenn ſie von hin= tenzu herkommen, vor welchen allen ein Falck, der noch wild iſt, und erſt loß ge= bråwnt worden, erſchreckt wird. Die Zeichen aber, woran man erkennt, daß, wenn ſie von hintenzu herkommen, er deß= wegen ſpringt, ſind folgende: Wann der Falck ſolches eher merckt, als der ihn trågt, ſo ſieht er ſich offt um, ſtreckt gegen das, ſo kommt, und ſpitzt den Kopff, ſo lang es noch weit weg iſt, kommt es nåher, ſo ſpitzt er den Kopff, macht ſich rauh, und je nåher das kommt, wovor er ſcheu iſt, je mehr thut er er solche dinge: hernach dreht er den Kopff bald da bald dorthin, und siehet, wo er hin fliehe, und springt hinterwärts. Kommen aber solche Dinge von hinten her, und der Falck siehet sie eher, als der Falckonier, indem er den Kopff vor und hinter sich, rechts und lincks drehet, so macht er solche Zeichen: Er dreht den Kopff rechts und lincks und vorwärts, damit er sehe, was kommt, und wovor er erschreckt ist, die Kopff-Federn schliessen sich zusammen, die Augen werden grösser, und gehen heraus, er macht einen langen Halß, er schließt das Gesürt zusammen, richtet sich auf die Höhe, und springt vor dem, was von hinten herkommt, vorwärts. Wann nun der Falckonier aus solchen Zeichen und dessen Herumsehen merckt, daß etwas von vornen herkomme, so soll er locken, und ihm das Zieget vorgeben, daß er daran ziehe, und nicht auf das, was kommt, mercke, und indem der Falck an dem Zieget ziehet, so soll der Falckonier besorgt seyn, wenn er kan, daß solches nicht herbey komme, oder doch so weit als es seyn kan, von dem Falcken weg vorbey gehe. Merckt der Falckonier aus den besagten Zeichen, daß etwas von hinten herkommt, so soll er sich gleich umsehen, und sehen,

hen, was es sey, und hernach locken, und das Zieget vorgeben, daß er daran ziehe, und indem er ziehet, besorgt seyn, daß solches nicht herkomme, oder er soll sich so geschwind, als er kan, von dem, so von hinten herkommt, wegwenden, und also ausweichen, daß wenn er den Falcken auf der rechten Hand trägt, dasselbe lincks vorbey gehe, trägt er ihn aber auf der lincken Hand, daß es rechts vorbey gehe. Dann der Falck wird nicht so sehr erschreckt, wann es vornen, als wann es von hinten vorbey gehet, und sobald solches vorbey ist, soll er ihm das Zieget wieder wegnehmen, und verbergen.

Der König.

Wollte man, weil gesagt worden ist, es sey nicht so böß, wenn die Sache vor- als hinterwärts vorbey gehe, einwenden, man habe gesagt, es sey schlimmer, wenn der Falck hinterwärts als vorwärts springt, so scheine es, es sey besser, es gehe etwas von hinten als von vornen vorbey, indem, wenn es hinter dem Falcken vorbey gehe, derselbe vorwärts, wenn es aber vornen vorbey gehe, hinterwärts springe. So antwortet man, es sey dennoch besser, wann dasselbe vor dem Gesicht des Falcken vorbey

bey gehe. Denn obschon der Falck hinterwärts springt, wann etwas vor ihm vorbey geht, so giebt ihm doch der Falckonier mit der Hand nach, und wenn er ihn wieder auf die Hand genommen, so stellt er sich zwischen den Falcken und die Sache, wovor er geschreckt ist, und weil der Falck solche alsdann nicht mehr siehet, so bleibt er ruhig auf der Hand, und hat keine Ursach mehr zu springen. Geht aber etwas hinter dem Falcken vorbey, und er springt inwendig, so muß ihn der Falckonier wieder auf derjenigen Seite auf die Hand tretten lassen, wo er das gesehen, wovor er geschreckt worden ist, darum, ob er schon wieder auf die Hand getretten ist, so wird er dennoch, weil er meint, es sey das, wovor er scheu ist, noch an dem Ort, und er hinter sich nicht recht sehen kan, es mag nun dasselbige weg seyn, oder nicht, wieder springen. Springt aber der Falck aus einer der vorbesagten Ursachen, so soll man ihm also abhelffen. Wenn der Falck, weder da man lockt, noch da man das Zieget ihm vorgiebt, aufhört hinterwärts zu springen, indem er sich vor dem Gesicht scheuet, so soll der Falckonier das Gesicht wegwenden, und die Hand geschwind zuruck ziehen, und sich also wenden, daß
der

der Falck wieder ordentlich wie zuvor zu der Hand zu stehen komme. Doch soll er ihn nicht mit Gewalt zuruck ziehen. Dann wenn er ihn schnell und mit Gewalt zuruck zieht, so wird er ihm schaden, und ihn noch wilder machen. Wenn er die Hand wieder gefunden hat, so soll er dem Falcken nicht in das Gesicht schauen, und das Zieget ganz langsam mit der andern Hand vorgeben, sonsten könnte der Falck wegen der Bewegung der Hand wieder springen, und dieses letztere würde ärger seyn, denn das erste: Springt der Falck wegen einiger Bewegung der Hand, so muß man ihm auf vorbesagte Weise abhelffen, und ohne Verzug wieder auf die Hand tretten lassen. Geht aber eine Bewegung des ganzen Leibs vor, man hustet oder niesset, so springt er gleich vor sich, wie er auf der Hand steht, und will durchgehen. Daher wenn er nicht gehöriger massen zur Hand steht, so wird er nicht inwendig springen, und schwerer wieder die Hand finden, steht er aber recht zur Hand, und springt, so findet er die Hand leichter wieder, und es ist dem Falcken nicht so widerwärtig: Indem der Falckonier nicht nöthig hat, sich zu wenden, sondern er darf nur die Hand sincken lassen, so wird er sie wieder

wieder finden. Geht aber ein Mensch, Hund oder ein anders Thier vorbey, und er springt hinterwärts, so muß man ihn vorbesagter massen wieder auf die Hand nehmen. Springt er aber, so etwas von hinten herkommt, auswärts oder inwendig, so muß man ihn, wie schon gesagt worden, wieder auf die Hand tretten lassen. Es soll also ein Falck, der loßgebräwnt ist, und vor einem Menschen oder andern Sache erschreckt worden, und springt, noch etliche Tage in einem etwas finstern Hauß lockgemacht werden, biß er fromm wird, und nicht mehr springt, wenn er solches sieht. Hernach kan man ihn in ein etwas helles, und sodann in ein noch helleres Hauß tragen, daß er bey den verschiedenen Sachen in dem Hauß immer mehr lock werde. In dem hellen Hauß soll man ihm das Zieget desto öffter vorgeben, jemehr er die Sachen wovor er erschreckt wird, in der Hellung unterscheidet, biß er solche gewohnt. Dann einen aufgebräwnten, mit halbem Aug, und loßgebräwnten Falcken lock zu machen, soll der Falckonier bey allen Veränderungen, die er mit ihm vornimmt, so langsam gehen, daß er nicht wegen einer Uebereilung gezwungen werde, ihn aus dem hellen wieder

der in ein finsteres Hauß zu tragen, und da er schon loßgebräwnt, ihn wieder aufzubräwen. Dann eine solche Art lock zu machen würde nicht ordentlich seyn, und der Falck dadurch verdorben werden, und nichts taugen. Ausser den bereits angeführten Ursachen des springens, ist noch eine andere, die wir jetzo anführen wollen. Allen Falcken, sowohl den lock gemachten als wilden, ist es widerwärtig zu der Hand zu stehen, und wollen weg, und an einen andern Ort tretten, und wenn man ihnen solches nicht zuläßt, so springen sie. Doch die incommode und lang getragen worden sind, springen mehr von der Hand ab, an einen andern Ort zu tretten. Die Kennzeichen, daß ein Falck von der Hand weg will, sind diese. Gegen Abend springt ein Falck mehr als zu andern Stunden, weil er zu einer solchen Zeit an einen Baum oder andere Höhe tritt. Derowegen sieht er zu Abends allenthalben herum, damit er einen Ort sehe, an welchen er tretten könne. Sieht er nun einen dazu bequemen Ort, so springt er gegen denselben, und machts ausser dem Hauß eben auch so, und wenn man ihn nicht auftretten läßt, so springt er offt, und springt sich starck ab. Diesem soll der Falckonier also

also abhelffen: Wenn er die vorbesagten Zeichen sieht, soll er den Falcken von der Hand an einen sich gehörigen Ort tretten lassen. Will er aber dieses nicht thun, so soll er ihm das Zieget vorgeben, damit er zu springen aufhöre, und gern auf der Hand stehe. Ueberdas soll der Falckonier von dem Ort weggehen, damit der Falck den Ort, an welchen er tretten will, nicht mehr sehe, so wird er zu springen aufhören.

Das 60. Capitul.

Wie man die loßgebräwnten Falcken auf die Reeck tretten läßt, und wieder abnimmt, wie sie springen, und sich dadurch schaden.

Der König.

Da in diesem Buch nicht enthalten ist, wie der Falck, so loßgebräwnt ist, auf die Reeck trette, oder wieder abgenommen werde, und wie er springt, und was er sich dadurch vor Schaden zuziehen kan, sondern nur an dem Rand stunde, daß dieses Capitul zu denen bißher von den Falcken gegebenen Nachrichten noch beygefügt werden sollte, so haben wir solches noch beyzufügen vor nützlich angesehen. Der Falckonier soll

soll den Falcken also auf die Reeck tretten lassen. Die Reeck soll obenbemeldter massen gestellt seyn; Der Ort soll nicht gar zu hell und nicht gar zu finster seyn, sondern so, daß der Falckonier dabey deutlich sehe, und unterscheide, was er dabey zu thun hat, und soll wohl zu sehen, daß der Reeck gegen über kein Fenster sey, weil es dem Falcken schädlich wäre, wenn er gegen daselbe springe. Wenn aber das Fenster nach der Länge der Reeck steht, so würde es nicht so schädlich seyn, wenn er springt. Deßwegen, weil, wenn er nach der Länge der Reeck springt, die Flügel von einer Seite der Reeck zur andern gehen, und sich nicht so an der Reeck abstuppen. Und er kan nicht längs der Reeck hin springen, wenn er in die Höhe springt, weil er nicht hinunter springen kan, indem die Reeck ihn hindert, noch auch gerad aus, weil sie ihn hält. Springt er aber quer über die Reeck, so ist es gefährlich, weil die Flügel auf beyden Seiten die Reeck berühren, wodurch die Federn gar leicht können zerstossen werden. Wenn auch die Flügel über die Reeck hinaus giengen, daß er sie damit nicht berührte, so würden doch, wenn er wieder auf die Reeck tretten will, da die Schuh nicht nachgeben, son-

dern ihn zuruck halten, die Flügel ausser=
halb der Reeck bleiben, und verletzt werden,
und er könnte, wenn er quer über die Reeck
springt, die einen Schuh breit seyn soll, die
Brust anstossen, und sich sehr schaden.
Dieses ist unter allen Arten des springens
die gefährlichste. Der Falckonier soll gegen
die Reeck hinzugehen, das Zieget vorgeben
und locken, und sich zwischen die Reeck und
den Falcken stellen, daß der Falck die Reeck
nicht sehe, und nicht, ehe der Falckonier
hinkommt, gegen dieselbe springe. Er soll
aber hintersich hingehen, weil er sich sonsten
nicht füglich zwischen die Reeck und dem
Falcken stellen kan. Wenn er genau genug
bey der Reeck ist, und der Falck an dem Zie=
get ziehet, so soll er mit der Hand, worauf
er den Falcken nicht trägt, so sanfft als er
nur kan, das lange Theil des Langfessels
nehmen, und um die Reeck herumbinden,
hernach soll er ihm das Zieget auf eine ge=
schickte Art wegnehmen, und die zwey En=
de des Langfessels mit der leeren Hand er=
greiffen, und dann erst seine Hand unter
den Füssen des Falcken hervor ziehen, daß
der Falck durch das wegziehen, ohne viel
beunruhiget zu werden auf die Reeck trette.
Wenn er die Hand hervor gezogen, so soll
er

er ihn so, wie in dem Capitul von dem Anbinden auf die Reeck gesagt worden, anbinden. Dabey soll der Falckonier sich in acht nehmen, daß er dem Falcken nicht in das Gesicht schaue, sondern soll den Kopf bucken, und dabey locken, er soll ohne Geräusch weggehen, und ihm nicht in das Gesicht schauen, damit der Falck ruhig bleibe. Doch soll er nicht zuweit weggehen, damit wenn der Falck springt, er ihm geschwind zu Hülff kommen könne. Der Falckonier soll also fleißig auf den Falcken achtung geben, wenn er einige Zeichen giebt, daß er springen will. Indem er vielleicht springen will, weil er atzhitzig ist, und sich, wie zuvor in seiner Freyheit, ein Wild fangen will, oder weil ein Fenster oder eine andere Oeffnung gegen ihm über ist, wodurch er durchgehen will, oder weil er in dem Hauß etwas sieht, davor er geschreckt wird, als Katzen oder Hund und dergleichen, oder etwas, das er fangen will, als eine Mauß und dergleichen, oder weil er fliegen will, indem er lang nicht geflogen ist. Daß der Falck springen will, weil er atzhitzig ist, erkennt der Falckonier daher: Der Falck wird auf der Reeck betteln, sich balliren, und nicht mit Gewalt springen, und dieses springen auf der Reeck

ist

ist nicht so schädlich wie die andern Arten. Wenn er aber einer Oeffnung oder Fensters wegen springen will, so wird er immer dahin sehen, und sich allezeit, er mag auf der Reeck seyn, wo er will, gegen dasselbe drehen, sich balliren, und gegen dasselbe springen. Will er springen, da er geschreckt worden, so wird er es eben so machen, wie auf der Hand, wenn er geschreckt worden. Er wird von dem, wovor er geschreckt ist, den Kopf wegdrehen, und sucht zu fliehen. Springt er, da er etwas sieht, das er fangen will, so wird er starr dahin sehen, wo solches ist, sich schnell balliren, und zugleich nach demselben springen. Ausser diesen vier Arten des springens auf der Reeck, geschieht es auch, daß er unruhig ist, und doch nicht springt, sondern auf der Reeck bettelt, und dieses thut er öffters, wenn er atzhitzig ist, oder er beist in die Schuh und Bell, entweder, weil er merckt, daß er angebunden ist, und das Band loßmachen und durchgehen will, oder weil ihm die Bell und die Schuh zuwider sind, und dieses thut er auch bißweilen, weil er atzhitzig ist. Springt der Falck wegen eines Fensters, so wird solchem dadurch abgeholffen, daß man es zumachet, und bey dem zumachen soll sich der Falckonier

nier vor den Falcken stellen, damit er das Fenster nicht sehe, und locken, damit er nicht mehr an das Fenster gedencke. Sieht er aber etwas, und ist geschreckt, so soll der Falckonier sehen, was dasselbe sey, und zwischen solches und den Falcken tretten, daß es der Falck nicht mehr sehen kan, und locken, und unterdessen das, was ihn geschreckt hat, wegjagen lassen, damit der Falck, da er locken hört, und das, so ihn geschreckt hat, nicht mehr sieht, aufhöre geschreckt zu seyn. Springt er wegen eines Wildes, so soll der Falckonier eben auch so verfahren, bis der Falck ruhig wird. Will aber der Falck doch nicht aufhören zu springen, so kan der Falckonier erkennen, daß der Falck springt, weil er lang nicht geflogen ist, und fliegen will, darum soll er ihn auf die Hand nehmen. Steht er aber auf der Reeck ruhig, und springt nicht, so soll er ihn stehen lassen, bis zu der Stund, da er soll auf die Hand genommen werden. Weil der Falck sich durch das springen schaden, und das Gefürt zerstossen kan, welches in dem lockmachen hinderlich wäre, so soll, wie oben schon gemeldet worden, der Falckonier nicht gar zu weit weggehen, damit er, wenn es nöthig ist, ihm zu Hülff komme, me. Dann wann der Falckonier ſieht, daß er ſpringen will, ſo ſoll er locken, und wann er denn aufhört, ſo ſoll der Falckonier zuruck bleiben, und ihn ruhen laſſen, doch nicht zu lang, daß nicht, da er gar zu lang wegbleibt, der Falck wieder ſchelmiſch werde. Wird er aber bey dem locken noch nicht ruhig, ſo ſoll er zur Reeck hingehen, ſich gegen den Falcken ſtellen, und locken, und wenn er denn ruhig wird, ihn ſtehen laſſen, und wieder weggehen; Wird er aber noch nicht ruhig, ſo ſoll er ihn alſo auf die Hand nehmen: Er ſoll das Zieget in die Hand nehmen, darauf er den Falcken tragen will, das Geſicht gegen die andere Hand wegwenden, die Hand, in welcher er das Zieget hält, über der Reeck dem Falcken mit dem Zieget vorhalten, ſo daß der Falck das Zieget deutlich ſehe, und die Hand ſteifhalten, und locken, bis der Falck entweder mit den Füſſen in das Zieget drein ſchlägt, oder mit dem Bec daran ziehet. Zieht er mit dem Bec an dem Zieget, ſo ſoll er es veſt halten, daß es ihm der Falck nicht aus der Hand reiſen könne, und die Hand ſo ſteif halten, und unbeweglich ſtehen bleiben, daß der Falck ſo beherzt wird, ihm auf die Hand zu tretten, und wenn er mit den Füſſen

sen in das Zieget schlägt, so soll er sachte hinlangen, und den Knopf an der Reeck aufbinden, und ehe er den Langfessel gehen läßt, mit der Hand, worauf er den Falcken trägt, wann er kan, die Schuh ergreiffen. Kan er aber nicht, so soll er den kurzen Theil des Langfessels halten, und den langen Theil von der Reeck loßmachen, und wenn er die zwey Theile des Langfessels in der Hand hat, mit der Hand, worauf der Falck nicht steht, nach dem Knopf der Schuh und des Langfessels greiffen, die Schuh neben dem Knopf ergreiffen, und, wie es schon gesagt worden, in die Hand nehmen, und die Hand mit dem Falcken ohne Geräusch von der Reeck aufheben, und zuruck ziehen, daß die Reeck vor der Brust des Falcken sey, also daß wenn der Falck springen, oder wieder auf die Reeck tretten will, er vor und nicht hinterwärts hinauf trette. Der Falckonier soll auch so geschwind er kan, zwischen die Reeck und den Falcken tretten, und hernach so weit von der Reeck weggehen, daß der Falck, wenn er die Reeck siehet, nicht auf dieselbe zu tretten begehre. Hernach kan er ihm das Zieget sicher wegnehmen. Doch soll ein Falckonier vorsichtig seyn, daß er, da er den Falcken

cken, der loßgebrawnt ist, von einem etwas finstern Hauß in ein etwas helles, und von diesem in ein helleres Hauß trägt, die vorgeschriebene Reguln und Arten beobachte, und so gemach hierinnen verfahre, daß der Falck in dem hellen Hauß lock werde.

Das 61. Capitul.
Wie man einen Falcken in dem Hauß und ohne Hauben lock mache.

Wann der Falck loßgebrawnt ist, so soll er anfangs in dem Hauß einige Tage über, nach der besagten Weise, auf der Hand lock gemacht werden. Wann aber die Zeit kommt, daß man ihn in die freye Lufft hinaus tragen soll, weil er daselbst vieles, das er im Hauß nicht gesehen, und auch noch deutlicher siehet, und merckt, daß er in der freyen Lufft ist, und sich erinnert, daß er zuvor wild gewesen, und nun mehr Ursachen zum springen hat als in dem Hauß, so muß man ihm einige Tage abnehmen, und atzhitzig werden lassen, ehe man ihn hinaus trägt, damit er hernach draussen desto lustiger an dem Zieget ziehe. Doch muß man bey dem abnehmen, darauf sehen, wie wild, mager und atzhitzig er ist.

Denn

Denn demjenigen Falcken, der sehr atzhitzig ist, soll man weniger, dem aber, der nicht gar zu atzhitzig ist, mehr abnehmen; und wenn er atzhitziger als wild ist, welches man daher erkennet, daß, wenn etwas kommt, wovor er nach seinem wilden Wesen sollte geschreckt werden, er doch nicht aufhört an dem Zieget zu ziehen, so können wir ihm weniger abnehmen. Wenn er aber wilder als atzhitzig ist, welches man daher abnimmt, daß, wenn er vor etwas geschreckt wird, er das Zieget fallen läßt und springt, so soll man ihm mehr abnehmen, und wenn er gar zu mager ist, weniger, wo er aber gar zu wild ist, mehr.

Das 62. Capitul.
Wie der Falck von einem zu Fuß in der freyen Lufft lockgemacht wird, und wie er springt.

Wenn er nun in dem Hauß genug lock, und recht atzhitzig worden ist, so soll er in die freye Lufft hinaus getragen werden, zuerst von einem zu Fuß, hernach zu Pferd, damit er ausser dem Hauß lock werde, solches geschieht folgender maßen: Wenn der Falckonier die dazu bequeme Zeit hat, wovon in dem folgenden Capitul wird geredt werden, soll er vor Tags auffstehen, und den Falcken von der Reeck auf die Hand tretten lassen, und wenn es noch finster ist, ihn hinaus tragen, daß wie des Tages-Licht nach und nach anbricht, also auch der Falck nach und nach das, was ausser dem Hauß ist, zu sehen gewohne, erstlich in dem Dunckeln, hernach in der Hellung, und endlich noch deutlicher. Derowegen ist es auch gut, wenn der Falckonier den Falcken mit einem Schein schon etliche Tage ausser dem Hauß trägt, hernach, da er loßgebräwnt ist, ihn zu Fuß trägt, und dabey folgendes beobachtet und thut.

Das 63. Capitul.
Wie er mit dem Falcken zur Hauß-Thür aus und eingehen soll.

Zum hinaustragen ist es am bequemsten, wenn es Neblicht oder Regenwetter ist, und rieselt, weil der Falck bey einem solchen Wetter das, was ausser dem Hauß ist, nicht so deutlich sehen kan, und das Gefürt naß wird, und also nicht so sehr geschreckt wird, und auch nicht so sehr zu springen verlangt, da er merckt, daß er naß ist, und auch bey einem solchen Wetter, wie alle andere Thiere, faul wird. Aber weil der Falckonier bey dem

dem Hinausgehen den Falcken durch die Hauß-Thür hinaus tragen muß, und dem Falcken gar leicht etwas böses begegnen könnte, vornemlich wenn er daselbst springt; so wollen wir sagen, wie er mit dem Falcken zur Hauß-Thür hinaus gehen soll, daß er ihm nicht schade. So offt der Falckonier mit dem Falcken in das Hauß hinein geht, so soll er bey dem ein und ausgehen locken, und ihm das Zieget vorgeben, und wenn der Falck an dem Zieget ziehet, so soll er auf der Seite, wo er den Falcken nicht trägt, am ersten hineingehen, und die Hand, worauf er den Falcken trägt, von der Thür und sich weit weghalten, und hineinsehen an den Ort, wo er hindurch gehen will, und wenn etwas daselbst wäre, wovor der Falck könnte geschreckt werden, machen, daß solches sich etwas entferne, oder gar weggehe. Wenn nun solches sich entfernet, oder gar weggeschafft ist, so soll er zur Thür hineingehen, und ihm hernach das Zieget wegnehmen. Dieses soll man thun, so lang man sieht, daß der Falck noch wild ist, und deßwegen sich etwas zu besorgen hat.

Das 64. Capitul.
An was vor Orte er ihn zu erst ausser dem Hauß tragen soll.

Wann nun der Falckonier mit ihm zum Hauß hinaus gegangen ist, so soll er an solche Orte gehen, wo nicht viel solche Dinge sind, deren der Falck nicht gewohnt ist, und wenn eine Wand draussen ist, wo niemand vorbey gehen kan, so soll er dahin gehen, und sich also wenden, daß die Wand hinter dem Falcken sey, und so nah an der Wand gehen, daß zwischen der Wand und dem Falcken nichts, so er nicht gewohnt ist, hinterwärts durchgehen kan, und wenn er etwas kommen sieht, wovor der Falck könnte geschreckt werden, so soll der Falckonier nicht zu demselben hingehen, sondern machen, daß solches nicht nahe herbey komme, oder weit von dem Falcken vorbey gehe, und wenn dasselbe vorbey gehen muß, so soll er, ehe es kommt, locken, und ihm das Zieget vorgeben, damit der Falck, der an dem Zieget ziehet, nicht geschreckt werde. Solches hat man noch vielmehr zu thun, wenn dasselbe hinter dem Falcken vorbey gehen muß. Man soll auch nach und nach mit dem Falcken an verschiedene Orte gehen, damit er allgemach aller=

allerley Orte und Thiere zu sehen gewohne. Ferner wenn ein Wind kommt, da er ihn auſſer dem Hauß trägt, wovon in dem folgenden Capitul ein mehrers wird geſagt werden, ſo ſoll der Falckonier ſich alſo drehen, daß er zwiſchen dem Wind und Falcken zu ſtehen komme, und verhüten, daß der Falck niemals vor dem Wind ſey, weil ſonſten der Falck nicht ruhig zur Hand ſtehen, und auf allerley Art ſpringen würde.

Das 65. Capitul.
Wann er wieder in das Hauß hineingetragen werden ſoll.

Nachdem er eine Zeitlang mit ihm auſſer dem Hauß geweſen iſt, und es beſſer Tag wird, und die Menſchen und Thiere häufiger hin und wieder zu gehen anfangen, ſo ſoll der Falckonier wieder mit dem Falcken hinein gehen, damit er was in und auſſer dem Hauſe iſt, und das Ein- und Ausgehen gewohne.

Das 66. Capitul.
Ein Falck der von auſſen wieder in das Hauß getragen wird, ſpringt raſcher.

Wenn aber der Falck auſſer dem Hauß getragen worden, ſo hat er viele Dinge geſe-

geſehen, die er zuvor in dem Hauß noch nicht geſehen, und auch deutlicher geſehen, und in der freyen Lufft ſich wieder an ſeine ehmalige Freyheit in dem Felde erinnert, und da er noch nicht ganz lock iſt, vornemlich wenn es einer von den ſehr wilden iſt. Derohalben hat er auſſer dem Hauß mehr Urſachen zu ſpringen, darum ſpringt er öffter und raſcher, als in dem Hauß, ehe er in die freye Lufft getragen worden iſt. Wenn er auch wieder hineingetragen worden, ſo weiß er, daß er drauſſen geweſen, und wird wilder, und will in die freye Lufft hinaus, und ſpringt raſcher. Solches erkennet man, weil, wenn er wieder iſt hineingetragen worden, ſo ſieht er in dem Hauß offt nach dem Fenſter, und andern hellen Orten, und ſpringt gegen dieſelben weit raſcher und öffter, als ehe er iſt hinaus- getragen worden, denn er ſprang auf alle die- ſe Arten, weil er noch wild war, aber vor dem Geſicht des Mannes, und denen Din- gen, die in dem Hauß ſind, wird er nicht mehr geſchreckt, weil er mit ſolchen ſchon ge- mein iſt, ſondern wenn er auſſer dem Hauß raſch ſpringt, ſo will er durchgehen, und wenn er wieder in das Hauß iſt hineingetragen worden, will er wieder hinaus.

Das

Das 67. Capitul.
Von den Mitteln wider das Springen, nemlich dem Zieget, naßmachen und Baden.

Damit nun der Falck fromm werde, so müssen wir dem vielen springen abhelffen, und sagen, wie solches geschehen soll. Man soll ihm nicht, so offt er springen will, eine Atz vorgeben, dann auf eine solche Weise würde er schmurrfett, und nicht bey einem guten Flug=Leib erhalten werden. Gebe man ihm aber das zieget nicht vor, und er spränge, so offt er eine Lust dazu hat, so würde es ihm an dem Gefürt, Gliedern und Krässten sehr schädlich seyn. Sondern man soll also verfahren: Siehet man aus den besagten Zeichen, daß er springen will, so soll man locken, und ihm einen kalten Flügel vorgeben, oder sonsten ein beinigt und nervigtes Glied, woran kein Fleisch ist.

Das 68. Capitul.
Von dem Naßmachen.

Wenn man ihm aber einen kalten Flügel vorgiebt, und er nicht aufhört zu springen, weil er sieht, daß er damit öffters ist betrogen

trogen worden, so soll man ihn naß machen. Es geschieht aber solches also: Der Falckonier spühlt seinen Mund drey oder viermal mit frischem Wasser aus, damit alle zähe Feuchtigkeit und Speichel aus dem Mund komme, und das Wasser desto kälter und frischer aus dem Mund gehe. Denn wenn man es nicht also macht, so würde, wenn man den Falcken naß macht, der zähe und schleimigte Speichel mit dem Wasser herausgehen, und sich an das Gefürt hängen, wodurch dasselbe schmierig würde, und das Wasser, so aus dem Mund kommt, würde warm seyn, welche zwey Stücke nichts taugten. Nachdem nun der Mund ausgespühlet, so wird er voll frisches Wasser genommen, und solches dem Falcken auf das Dach, Brust und an die Seiten in kleinen Tropffen geblasen, biß das Gefürt naß wird. Also wird er eine Stunde aufhören zu springen, und wenn er ganz und gar aufhört, so soll das Naßmachen nicht widerhohlt werden. Hört er aber auf das erstemal nicht auf, so soll er zum zweyten und drittenmal naß gemacht werden. Es soll aber, so lang der Falck noch wild ist, solches naßmachen an einem finstern Ort geschehen. Der Nutzen solches Naßmachens ist vielerley. Denn wenn der Falck naß-

naß gemacht wird, so hört er auf zu springen. Denn weil das Gefürt naß ist, so wird er unlustiger. So lang der Falck mercket, daß sein Gefürt naß ist, so getraut er sich nicht zu fliegen, daher stehet er ruhig, und begehrt das Gefürt nicht zu bewegen, noch davon zu fliegen, dann er spührt, daß er unlustig und zum fliegen untüchtig ist, und wartet biß er wieder abgetrocknet ist. Ein Zeichen dessen ist, daß der Falck, weil er die Flügel, Staart, und das Gefürt durchhohlt, sich öffters schüttelt, damit das Wasser desto geschwinder herabfalle, und er trocken werde. Solches naßmachen dient den Falcken abzukühlen. Daher kan er im Sommer, und wenn es warm ist, den Tag über öffters naß gemacht werden, und weil das Gefürt geschwinder trocken wird, solches öffter wiederhohlt werden und hiedurch erspart man auch, daß man ihm das Zieget nicht so offt vorgeben darff. Auf solche Weise soll der Falck in den vorbesagten Fällen lock gemacht werden, sowohl wenn man ihn naß machen oder das Zieget oder kalte Flügel vorgeben soll. Von dem Zieget aber soll man ihm nicht zu viel geben, damit er nicht zu viel Atz kriege. Das Naßmachen hat auch noch andern Nutzen, wie in dem Capitul von dem naß machen des Falcken

cken wird angeführt werden. Weil nun der Falck ausser dem Hauß fast auf gleiche Art springt, wie vorher in dem Hauß, so muß man ihn dafür verwahren, und wenn er gesprungen ist eben so abhelffen, als wir gesagt haben, daß es in dem Hauß geschehen soll, und um so viel fleißig und sorgfältiger, desto rascher und öffter er springt. Daher muß man beyfügen, daß, wenn er den Falcken auf die Hand nimmt, und ausser dem Hauß ist, und derselbe hinterwärts springt, er achtung geben soll, ob ein Wind geht oder nicht. Geht kein Wind, so soll er ihn von der Seite auf die Hand tretten lassen, wo es am wenigsten Umschweiff macht. Geht aber ein Wind, so soll der Falkonier so geschwind er kan, sich und seine Hand drehen, wie es am besten nach dem Wind ist, also daß er dem Wind den Rucken zukehre, und der Falck, der durch solches Drehen schon vor der Brust des Falkoniers ist, nicht mehr vor dem Wind sey, und wieder könne auf die Hand genommen werden, wie es bey dem springen gegen den Mann geschahe. Denn auf solche Weise wird er die Hand leichter wieder finden, da alle Vögel gewohnt sind, gegen den Wind zu stehen.

Das

Das 69. Capitul.
Von dem Baden.

Das Baden ist auch sehr gut wider das Springen, und daß der Falck fromm und mit dem Mann gemein werde. Deßwegen wollen wir von dem Baden reden. Weil die Falcken und andere Raub-Vögel eine trocknere und hitzigere Natur haben als die andern Vögel, so gewöhnen sie sich schon an das Baden, da sie noch wild und in ihrer Freyheit sind, und würden, wenn sie sich nicht badeten, allerley Kranckheiten bekommen, wie wir in dem Buch von den Kranckheiten anführen werden. Derohalben muß man sie nicht allein bey dem lockmachen, sondern auch so lang man sie hat, baden lassen. Es geschieht aber also: Man soll eine hölzern oder irdene Bad-Brennte haben, die in dem Durchschnitt wenigstens zwey Schuh lang, und so hoch seyn soll, daß das Wasser dem Vogel bis an die Bruck gehe, und mehr oder weniger Wasser hinein thun, nachdem der Vogel lange oder kurze Füsse und Diehn hat. Es soll aber frisches helles und süsses Wasser seyn, und das sonst keine böse Eigenschafft hat. Die Bad-Brennte soll auch nichts haben,

ben, wodurch der Wind gehen kan, denn sonsten würde derselbe durch das Wasser dem Falcken in das Gefürt dringen, und ihm schädlich seyn. Diese Bad-Brennte soll in dem Hauß, oder in einem Garten oder auf dem Feld an einem freyen Ort stehen, wo keine Hunde, Schwein oder andere Thiere hinkommen, und den Falcken nicht scheu machen. Was die Zeit des Badens anlangt, so ist es in dem Sommer besser, doch kan er auch in dem Winter, und zu andern Zeiten gebadet werden. Jedoch in dem Sommer, ehe es sehr heiß wird, und in dem Winter, wann die Sonne warm scheint, denn wenn er später, und zwar ausser dem Hauß gebadet würde, so würde er sich vor den Adlern, Geyern, Milanen, und andern grossen Raub-Vögeln, die zu solcher Zeit fliegen, scheuen. Derowegen ist es auch besser, die wilden Falcken in dem Hauß baden. Man soll aber im Winter, Sommer und zu allen Zeiten dieselben baden, nachdem sie sich geatzet haben. Doch soll man ihnen an solchen Tagen nicht so viel Bec wie an den andern einschiessen lassen. Ist aber der Falck mager, und man sorgt, er mögte gar zu mager werden, wenn man ihm an der Atz abnimmt, so kan man ihm, nachdem er gebadet, und die vorige Atz verdrucket,

cket, gegen Abend so viel ihm abgenommen worden, noch vorgeben, damit er passable geatzet sey. Man soll ihn aber nicht alle Tag baden, sondern allezeit einige Tage aussetzen. Vor die wilden Falcken, wenn sie loßgebråwnt sind, ist das Bad sehr gut, auch wenn sie schon lock und loßgebråwnt sind, auch vor die Aufgebråwnten. Daher wenn es einer thun will, so kan er von der Zeit, da sie aufgebråwnt worden, anfangen sie bey dem baden lock zu machen. Man låßt ihn aber auf folgende Weise baden. Wenn der Falck wild ist, so soll man einen Stein oder Jule zu der Bad-Brennte stellen, und ihn daran binden. Hat man aber keine Jule, sondern einen Stein, so soll man neben dem Stein einen Pfahl in die Erde schlagen, den Langfessel daran binden, und den Falcken auf die Jule oder Stein tretten lassen, und wenn man ihn auf die Haube lock macht, nicht abhauben. Den Langfessel aber soll man so lang lassen, daß der Falck in das Bad hinein, nicht aber über die Bad-Brennte hinaus tretten kan. Wenn er aber auf der Jule steht, und es ein solcher ist, der auf die Haube lock gemacht wird, so soll man ihn alsdann abhauben, und der ihn abgehaubt, so weit auf die Seite gehen, daß der Falck, wenn er

sich

sich badet, nicht von ihm geschreckt werde, er aber dennoch den Falcken sehen könne, indem er sich badet. Wann er aber frisch loßgebrawnt ist, und ohne Haube lock gemacht wird, so stellt man ihn auch neben das Bad, daß er sich bade, wenn er will. Der Falconier aber soll von dem Falcken, der noch wild ist, weggehen, indem er sich badet. Wenn der wilde Falck ausgebadet hat, und aus dem Bad heraus getretten ist, so geht er sachte wieder zu ihm.

Der König.

Er geht also hin, daß ihm der Falck auf der Seite stehe, auf welcher er ihn auf die Hand nehmen will, er schaut dem Falcken nicht in das Gesicht, geht ganz sachte hin, und lockt, und läßt ihn eben so auf die Hand tretten, wie von der Jule, und trägt ihn in die Sonne, bis er die Federn durch den Staart durchgehohlt, und das Gefürt trocken worden, wann er nicht von der Sonne geschreckt wird. Denn alsdann soll man mit ihm in den Schatten gehen. Wir nennen aber das die Federn durch den Staart durchhohlen, wenn der Falck entweder nach dem Baden oder auch sonsten mit dem Bec das Schmalz auf dem Staud, wo zwey kleine Drüssen nebst einem Röhrlein sind, nimmt, und sein Gefürt und Klauen

damit

damit durchhohlt. Solches thut der Falck, so offt er gebadet hat, und bißweilen auch, ohne daß er gebadet hat. Wenn der Falck sich gebadet hat, und der Falckonier zu ihm hingehen will und ihm das Zieget vor= giebt, und derselbe daran ziehet, so soll er so genau hingehen, als es der Falck leidet, und nicht geschreckt wird, und sich nicht gerad vor, sondern seitwärts neben den Falcken stellen, nemlich von der Seite, wo er den Falcken aufnehmen will, und warten bis das Gefürt abgetrocknet ist, und hernach ihm das Zieget wieder vorgeben, und auf die Hand tretten lassen. Und wenn er sich nicht durchhohlt, so soll er mit ihm in dem Schatten bleiben, bis er sich durchhohlt. Wenn er aber hüft, so ist es ein Zeichen, daß er gerne an der Sonne ist. Wenn aber der Falck, so baden soll, auf= gebräwnt ist, oder auch einen Schein hat, so soll er die Hand, worauf der Falck steht, zu dem Bad halten, und mit einer Ruthen in das Wasser schlagen, damit er das pat= schen höre. Wenn er sich denn baden will, so wird er sich gegen das Wasser bucken, und den Kopf spitzen, und dann soll er die Hand so weit in das Wasser thun, daß er solches mit seinen Füssen spührt, und wieder mit der Ruthe in dem Wasser patschen, denn wenn

er

er solches hört, und sich baden will, so wird er von der Hand in das Wasser tretten. Nichts destoweniger soll man noch immer manchmal mit der Ruthe patschen, damit er begierig werde sich zu baden. Wenn er nun ausgebadet hat, und heraus tretten will, welches man daher erkennet: er wird sich allenthalben herum drehen heraus zu tretten: So soll man die Hand, worauf man ihn nehmen will, hin thun, und die Schuh nah an den Füssen ergreiffen, und ihn also auftretten lassen, hernach an die Sonne tragen, bis er abgetrocknet ist, und die Federn durch den Staart durchhohlt. Wenn er aber nicht baden will, welches man erkennet, weil er aus dem Wasser springt, so soll man ihn nicht zum baden zwingen, und auch die andern Falcken sollen nicht gezwungen werden, wenn sie sich nicht baden wollen. Ist aber der Falck, so baden soll, schon lock, so bindet man ihn, wie schon gesagt worden, mit dem Langfessel an, oder hält ihn, und patschet mit einer Ruthe in das Wasser, und läßt ihn baden, und nachdem er sich gebadet, so soll man es mit ihm machen, wie wir bey dem andern gesagt haben. Man soll ihn gleich auf die Hand nehmen, bis er die Federn durch den Staart durchhohlt, und das Ge=
fürt

fürt abgetrocknet ist. Der Nutzen des badens ist, daß der Falck gesunder erhalten, und besser lock werde, und wenn er gar zu hitzig ist, sich abkühle, und aufhöre zu springen, welches nicht geschehen würde, wo er nicht gebadet worden. Auch dieses daß man ihn auf der Hand trägt, biß das Gefürt abgetrocknet ist, und er die Federn durch den Staart durchgehohlet, trägt sehr viel zum lock machen bey. Das baden, naß machen, und Zieget, so man ihm öffters vorgiebt sind die Mittel, wodurch man verwehrt, daß der Falck nicht so offt springt, und gewohnt, daß ihn einer zu Fuß ausser dem Hauß trägt, und lock wird. Dem der Falckonier, wenn er springt, eben auch so, wie in dem Hauß abhelffen soll. Ferner wenn der Falck ausser dem Hauß springt, und der Falckonier sich wendet, daß er denselben wieder auf die Hand nehme, oder auch wenn er sich eben nicht wenden muß, so soll er zusehen, daß er den Falcken so auf die Hand nehme, daß er nicht vor, sondern in dem Wind sey. Denn also tritt er besser auf die Hand. Sodann soll auch ein Falckonier zu Fuß ausser dem Hauß, so viel möglich, den Falcken zu dem springen angewöhnen, das am wenigsten schädlich ist, und vor dem schlimmern verwahren, wie er es auch in dem Hauß machte. Die Ursachen, warum der Falck ausser dem Hauß springt, werden füglicher in dem folgenden Capitul angeführt werden, da man sagen wird, wie er zu Pferd soll lock gemacht werden. Wie man ihn aber auftretten läßt, und auf was vor eine Reeck, und wie er an die Reeck gebunden, oder herab genommen werde, ist in dem vorhergehenden Capitul schon gesagt worden, da man gezeiget, wie man den Falcken, so loßgebräwnt ist, in dem Hauß lock machen soll. Alles dieses, das wir gesagt haben, daß mit einem Falcken geschehen soll, der von einem zu Fuß ausser dem Hauß lock gemacht wird, soll so lang fortgesetzt werden, biß der Falckonier sieht, daß der Falck lock und fromm sey.

Das 70. Capitul.
Wie der Falck zu Pferd lock gemacht werde, und welche Zeit sich dazu schicke.

Nachdem alles besagte den Falcken lock zu machen einige Tage von einem zu Fuß verrichtet worden, so soll er auch zu Pferd lock gemacht werden, wobey man das besagte zu beobachten hat. Was vor eine Zeit dazu dienlich sey oder nicht, wie der Reuter soll

soll beschaffen seyn, was er bey sich führen, wie er zu Pferd steigen, wohin er reuten soll, warum ein Falck zu Pferd springt, und wie man solches verwehren, wenn er sich wieder nach Hauß begeben, und wie er mit dem Falcken vom Pferd steigen soll, wird jetzt gesagt werden.

Obschon nicht ein jedes Wetter und Zeit vor einen jeden Falcken taugt, sondern das eine vor diesen, ein anders vor einen andern, so ist es doch vor alle Falcken gut, wenn es windstill und nicht stürmisch ist. Im Sommer aber ist es besser bey einem Nebel, weil es alsdann nicht so heiß ist, und später heiß wird, und je stärcker der Nebel ist, desto besser ist es vor wilde Falcken. Denn wann es neblicht ist oder rieselt, ist es allezeit gut, die wilden Falcken, sowohl Nestling als Deckling, ausser dem Hauß zu tragen, denn da wird das Gefürt naß, und der Falck unlustig, und das Gefürt taugt nicht zum fliegen, daher springt er nicht so, und wird leichter lock. Wenn es aber starck regnet, hagelt, schneyet, ein starcker Wind gehet, oder sonst ein rauhes Wetter ist, so taugt es nicht. Doch wenn der Falckonier vor dem Wind ist, und derselbe also den Wind aufhält, daß er den

Falcken, er mag zur rechten oder lincken Hand stehen, nicht angehen kan, so ist er nicht so gar schädlich. Massen der Falckonier die Hand, worauf der Falck steht, vor seine Brust halten kan, und deßwegen ist der Wind, so gerad her in den Rucken des Falckoniers geht, am allerwenigsten schädlich gegen andere, so von dem Rucken hergehen. Hingegen ist ein jeder Wind, der gegen den Falckonier geht, schädlich, weil alsdann der Falck keinen Schutz darwider haben kan. Daher der, so gerad gegen den Falckonier geht, schädlicher ist, als die andern, so von vornen kommen. Unter denen Winden, die von der Seite kommen ist der allezeit der schädlichste, der mehr gegen den Falcken kommt, und der so mehr hinter ihm kommt, nicht so schädlich. Von dergleichen Wetter aber wird ein mehrers gesagt werden in dem Capitul, wie man die Falcken aus einem Land in das andere tragen soll.

Das 71. Capitul.
Wie der Reuter beschaffen seyn, und was er bey sich haben soll.

Wie er beschaffen seyn, und was er vor eine Art an sich haben soll, wird in dem Tractat von der Kranich-Beitz mit den Ger-

Stücken weitläufftig gesagt werden. Es muß ein Falckonier ein Zieget bey sich haben, wie auch etwas Atz von einem solchen Fleisch, wovon sich der Falck lustig atzet, und welches er gut verdrucket, damit er so offt er es vor dienlich erachtet, ihn daran ziehen lasse. Doch können wir nicht sagen, was es vor ein Fleisch seyn soll, weil sich nicht alle Falcken gerne von einerley Fleisch atzen; einer atzet sich lieber von diesem, der andere von einem andern. Der Falckonier soll also Achtung geben, von welchem Fleisch, unter denen, so er in den vorigen Tagen vorgegeben, der Falck sich am lustigsten atzet, und am besten verdrucket, solches oder doch ein Zieget von demselben soll er bey sich führen. Der Falckonier, so den Falcken zu Pferd lock machen will, soll das erstemal vor Tags auffstehen, und den Falcken von der Reeck auf die Hand tretten lassen. Will er auf der lincken Seiten zu Pferd steigen, und er trägt den Falcken auf der lincken Hand, so soll er ihn also, wie von der Reeck, auf die rechte Hand tretten lassen. Hernach soll er ihm das Zieget vorgeben und locken: Dann tritt er in den Steig-Biegel, und ergreifft mit der lincken Hand den Sattel-Knopf, mit der rechten aber, worauf der Falck steht, den hintern Theil des Sattels,

tels, und dann soll er vest in den Steig-Biegel eintretten und auffsteigen, und ehe er den rechten Fuß hinüber schwingt, die rechte Hand, worauf der Falck steht, wegthun, und sich in den Sattel setzen. Dann also wird der Falck bey dem auffsteigen nicht so verletzt, und springt nicht so, oder wenn er auch springt, so ist es doch nicht so gefährlich. Trägt aber der Falckonier den Falcken auf der rechten Hand, und er will von der rechten Seiten auffsteigen, so muß er den Falcken auf die lincke Hand tretten lassen, und in den übrigen umgekehrt verfahren. Läßt er auch den Falcken von einer Hand auf die andere tretten, damit er mit desto weniger Gefahr auf das Pferd steigen könne, und es geht ein Wind, so muß er des Pferds Kopf vor den Wind stellen, läßt er ihn aber nicht auf die andere Hand tretten, so muß des Pferds Staart vor den Wind gestellt werden. Denn auf solche Weise wird der Falck bey dem Auffsteigen gegen den Wind seyn, welches besser ist, weil alsdann der Falck nicht so springt, wenn er gegen den Wind ist, als wenn der Falckonier anderst auffsteigen sollte. Zum Exempel: Wenn er mit der Hand, worauf der Falck stehet, den Sattel-Knopf, oder Halß oder Mähn des Pferds, wie viele thun,

er-

ergreiffen wollte, so könnte der Falck in dem Auffsteigen zwischen des Falckoniers Brust und den Sattel-Knopf oder des Pferds Halß gepreßt, oder wenn das Pferd den Halß bewegte, geschreckt werden, und springen. Ferner wenn der Falckonier den Falcken also auf der Hand trüge, und den Sattel-Knopf oder Pferd-Halß ergriffe, so würde er dem Falcken gerad in das Gesicht schauen, dadurch er noch mehr geschreckt, und springen würde, und wenn er dem Pferd auf den Halß spränge, so könnte das Pferd scheu werden und durchgehen, wodurch der Falck noch mehr geschreckt würde, und der Falckonier könnte leicht mit dem Pferd stürzen. Es ist also besser auf die von uns besagte Weise zu Pferd steigen. Es wird aber deßwegen dem Falcken bey dem Auffsteigen das Zieget vorgegeben, weil derselbe, da er noch wild und des Pferds und Auffsteigens nicht gewohnt ist, wo man ihm das Zieget nicht vorgebe, leicht springen mögte. Also hat man gesagt, wie der Falckonier soll zu Pferd steigen. Wenn er aber mit dem Falcken zu Pferd sitzet, soll er sachte, und an solche Orte reuten, wo der Falck nicht viel geschreckt wird. Denn ein Falck, der noch wild ist, könnte bey einer starcken Bewegung des Pferds und des Falckoniers

niers, und bey den Orten und Sachen die draussen sind, gar leicht geschreckt werden. Er soll aber mit dem Falcken an solche Orte reuten, wo keine Thäler, Wälder und Wasser sind, und nicht viel Wägen fahren oder Leute gehen, oder andere Thier, Gesträuch und Gebüsche sind, vor welchen allen, wenn man durchreutet, der Falck geschreckt wird. Wovon bey den Ursachen, warum ein Falck springt, weitläufftiger wird geredt werden.

Das 72. Capitul.
Von dem Tragen der Falcken, die noch nicht lock sind, von einem Land in das andere, und den dazu bequemen Zeiten, Wetter, und Stunden.

Man hat gesagt, wie die Falcken in- und ausser dem Hauß ohne Hauben lock gemacht werden, die man, ehe und bevor sie lock sind, nicht von einem Land in das andere tragen muß – – – welche man tragen muß. Ein Falck, der erst gefangen und aufgebräwnt worden, soll ehe er von einem Land in das andere getragen wird, zuvor in das atzen kommen, und biß er solches lernt, öffters hin und her getragen werden, als einer der in kein ander Land getragen wird, damit er er hernach bey dem tragen nicht so springe. Da auch alle Falcken, und vornemlich die wilden, wie oben schon gesagt worden ist, in dem Sommer, Herbst, und Frühling, selten aber in dem Winter und nur zufälliger Weiß, gefangen werden. Wenn nun ein Falck in dem Sommer ist gefangen worden, so soll er, besonders in den warmen Ländern, bey der Nacht getragen werden. Denn bey der Nacht sehen sie die Hellung nicht so wie bey Tag, die sie sehen, ob sie schon aufgebräwnt sind, sie hören auch das Geschrey der Vögel, die sie zu fangen pflegen, nicht, wobey sie springen würden, noch auch sonsten etwas, davor sie könnten geschreckt werden. So ruhen die Falcken, wie auch die andern Vögel, gerne bey der Nacht, und es ist auch nicht so heiß, wie bey Tag. Dann alles das angeführte würde nur machen, daß sie springen, daher sie nicht so bequem und beschwerlicher getragen würden. Doch wenn man sie bey Tag tragen muß, so soll der Falckonier sehr früh auffstehen, und sie tragen biß es anfängt heiß zu werden, und so lang es heiß ist, sie ruhen lassen. Muß er ihn aber auch tragen, wenn es heiß ist, so soll er ihn offt naß machen, und auch auf dem Weg atzen, und wenn er naß gemacht ist, soll er ihn nicht auf einmal

paſſable atzen, ſondern öffters einige Bec einſchieſſen laſſen, damit er ihm das ſpringen
verwehre. Denn wenn man ihn auf einmal
paſſable atzete, ſo würde es ihm in dem Verdrucken ſchädlich ſeyn, wegen der Bewegung
bey dem tragen. Es iſt auch gut, wenn die
Atz in kaltem Waſſer naß gemacht wird, weil
alle Raub-Vögel, und ſonderlich die Falcken, hitzig und trockner Natur ſind, daher
wenn ſie bey der Tages-Hitze im Sommer getragen würden, da ſie noch wild ſind, würden
ſie ſpringen, und noch mehr Hitz bekommen,
und trockner werden. Darum wenn die Atz
nicht wäre im kalten Waſſer naß gemacht
worden, ſo würde er ſie nicht gut verdauen,
und könnte kranck werden. Deßwegen giebt
man ihnen kalt und naß gemachte Atz, indem
dadurch verwehrt wird, daß ſie nicht ſpringen und Hitz bekommen. Alſo ſollen die Falcken, ſo erſt gefangen worden ſind, in dem
Sommer getragen werden. Sind ſie aber
in dem Herbſt gefangen worden, und ſollen
weggetragen werden, ſo werden ſie, ob es
gleich im Herbſt nicht ſo heiß iſt, wie im Sommer, um der ſchon angeführten Urſachen willen doch beſſer bey der Nacht getragen.
Muß man ſie aber in dem Herbſt bey Tag
tragen, ſo ſoll man es machen, wie in dem
Som-

Sommer. Hingegen in dem Winter werden sie besser bey Tag als bey der Nacht getragen, weil es zu Nachts kälter ist, wo man nicht zu besorgen hat, sie mögten bey Tag, da sie das Licht sehen, springen. Daher wenn man sich bey Tag mehr vor dem springen als vor der Kälte der Nacht zu besorgen hat, so wird er auch in dem Winter besser zu Nachts getragen. Man soll aber keine helle Nacht dazu erwehlen, weil es, und vornemlich in den kalten Ländern, bey hellen Nächten kälter zu seyn pfleget. Muß man sie aber bey Tag tragen, so ist es besser, wenn es ein heller Tag ohne Wind und Nebel ist, oder so es auch neblicht ist, doch kein Wind geht und nicht kalt ist. Denn ob ihnen schon die Hellung der angeführten Ursachen wegen schädlich ist, so ist es doch, wenn die Sonne scheinet, wärmer, welches in dem Winter vor den Falcken gut ist, deßwegen soll man ihm in dem Winter das Zieget desto öffter vorgeben, weil man ihn alsdann nicht naß machen darf, und der Falckonier soll ihn auch nicht eher, als wenn die Sonne aufgegangen ist, tragen. Es soll aber der Falckonier, er mag ihn bey Tag oder Nacht in den kalten Ländern tragen, Belz=Handschuh anhaben, damit der Falck darauf stehe, und seine Füsse

und

und den ganzen Stelzel erwärme, und ihm die Kälte weniger schade. Werden sie in dem Frühling gefangen, und man will sie in andere Länder tragen, so soll man fast in allen Stücken wie in dem Herbst verfahren. Denn der Frühling und Herbst haben eine grosse, obschon nicht vollkommne Gleichheit. Aus dem besagten erhellet, daß die Nacht zu allen Zeiten bequemer ist, als der Tag, die Falcken von einem Land in das andere zu tragen. Der Winter aber, man mag sie bey Tag oder Nacht tragen, ist nicht so bequem, als wie die andern Jahrs=Zeiten. Denn bey Nacht ist es gar zu kalt, bey Tag springen sie, weil es hell ist, und man darf sie nicht naß machen, denn sie erkalteten gar zu sehr, und der Winter ist auch rauher als die andern Zeiten. Auch in dem Sommer werden sie nicht so gut, wie in dem Frühling und Herbst getragen. Denn trägt man sie in dem Sommer bey Tag, so ist ihnen die allzugrosse Hitze schädlich, bey der Nacht aber kan man seinen Weg, vornemlich wenn er weit ist, nicht vollenden, ehe die Hitze kommt, und sonderlich in den kalten Ländern, wo die Nächte viel kürzer sind, als in den warmen Ländern. In dem Frühling aber ist es besser, als in dem Herbst, weil die Täge immer schöner werden.

Das

Das bequemſte Wetter die Falcken bey Tag zu tragen iſt, wenn es neblicht iſt, und kein Wind geht, und je dicker der Nebel iſt, deſto beſſer iſt es, dann bey ſolchem Wetter ſpringen ſie nicht ſo, weil ſie dadurch faul werden, und die Hellung nicht ſo ſehen. Es iſt auch gut, wenn es dabey rieſſelt, und kein Wind geht, ſowohl wegen der bemeldten Urſachen, als auch weil das Gefürt naß wird. Wann es keinen Nebel und Wind hat iſt es wohl auch gut, doch nicht ſo gut, wie das vorbemeldte Wetter. Dergleichen Wetter iſt gut im Sommer, Frühling und Herbſt, und auch im Winter, ausgenommen, wenn es im Winter regnet. Der Hagel iſt zu allen Jahrs-Zeiten ſchädlich, weil er die Falcken ſchlägt, und ſelten ein Hagel ohne hefftigen Wind fällt. Ein ſtarcker Regen iſt auch ſchädlich, weil es dabey allzeit windigt iſt, und der Falck allzunaß wird. Schneyet es in dem Herbſt und Frühling, ſo iſt es nicht ſo böß, wenn kein Wind dabey gehet, als wenn es regnet oder hagelt, doch wenn einen Falckonier zu Pferd dergleichen Wetter überfällt, und er ſiehet, daß es bald vorüber gehen werde, ſo ſoll er unter einem Baum oder andern Ort unterſtehen, biß es vorbey iſt, wo aber nicht, ſo ſoll er den Falcken mit ſeinem Leib und

und Hut, so gut er kan, bedecken, indem er denselben nahe an die Brust hält, und sich vorstellt. Kommt der Sturm von vornen her, so muß er sich umkehren, und den Rucken gegen denselben kehren, biß er vorüber geht, wo er keinen Ort hat, wo er unterstehe. Weil man doch aber auch bißweilen bey Wind tragen muß, und zwar alle Winde schädlich sind, doch immer einer mehr als der andere, so muß man auch sagen, welche Winde schädlicher sind, als die andern. Ein jeder Wind, wo der Falckonier vor dem Wind ist, ist nicht so schädlich als die andern, weil der Falckonier den Falcken, er mag ihn auf der rechten oder lincken Hand tragen, dawieder bedeckt. Denn er soll seine Hand mit dem Falcken vor die Brust halten, und wenn ein Hagel oder Platzregen kommt, so wird es dem Falcken nicht schaden, weil sie denselben nicht treffen können, indem er durch den Leib des Falckoniers davor bedeckt wird. Daher wenn der Falckonier gerad vor dem Wind ist, so ist derselbe nicht so schädlich, als die seitwärts hergehen. Ist aber der Falckonier im Wind, so ist solches schädlicher als alle andere Winde, weil, da der Falckonier gegen den Wind gehet, derselbe stärcker wird, indem beyde aufeinander stossen, und der Falck an dem

dem Falckonier keinen Schutz wider den Wind hat, daher ist dieser Wind schlimmer als die andern, wenn der Falck im Wind ist.   Ist er aber mit halbem Wind, so ist es am wenigsten schädlich, wenn er mehr vor dem Wind ist.   Geht aber der Wind von der rechten Seiten her, so kan der Falckonier den Falcken auf die lincke Hand tretten lassen, damit er nicht vor dem Wind sey, geht er aber von der lincken Seiten, so nimmt er den Falcken auf die rechte Hand. Daher ist es schlimmer, wenn der Falck gegen den Wind ist, als mit halben Wind, oder so er vor dem Wind ist, weil man ihn davor nicht bedecken kan, wenn man ihn gleich von einer Hand auf die andere tretten läßt, noch auch der Falckonier sich vor denselben stellen kan, indem er gerad gegen den Wind ist.

Das 73. Capitul.
Von den Orten.

Es ist auch ein Ort schädlicher als der andere.   Bey einem jeden Wetter ist es besser den Falcken in einem Wald tragen. Denn es mag warm oder kalt seyn, ein Wind gehen, oder ein Hagel fallen, schneyen oder regnen, so wird es dem Falcken nicht so schädlich seyn, wenn

wenn er in einem Wald, wo hohe Bäume sind, getragen wird. Wann kein Wind geht, ist es gut auf der Ebene, bey einem Wind aber ist es besser in den Thälern, weil der Wind in den Thälern nicht so starck ist. Berge und Höhen sind bey einem Wind schädlich, weil der Wind in denselben hefftiger ist. Gebüsche und Gesträuche sind schädlich, weil das Pferd an denselben ein Geräusch macht, und sie den Falcken vor Wind und Regen, Hitz und andern Dingen keinen Schutz geben, indem es nur niedrige Gesträuche sind. Aber Gegenden, wo Wasser ist, sind wegen des Geräusches schädlich, vornemlich, wenn der Falck noch wasserscheu ist. Durch Städte und Dörffer reuten wäre gut, wenn man sich nicht vor dem Geschrey anderer Thiere und dem Schall und Klang anderer Dinge zu förchten hätte. Ist aber ein Falck, den man in ein ander Land tragen soll, ehe man ihn fort trägt, schon auf das halbe Aug loßgebrāwnt worden, so soll man ihn wieder aufbräwen, damit er bey dem tragen nichts sehe, wovor er geschreckt werde. Wenn er wieder aufgebrāwnt ist, so trägt man ihn fort, und macht es, wie oben von den aufgebrāwnten ist gesagt worden. Ist er aber schon völlig loßgebrāwnt worden, so soll er wieder zum halben

ben Aug aufgebrawnt werden. Denn wenn man ihn wieder ganz aufbrawnte, so würde er wieder wild werden, und das lock machen wäre vergebens gewesen, wollte man ihn nicht wieder aufbrawen, so würde er sich auf den Weg zu borsten springen. Wenn er nun zum halben Aug aufgebrawnt ist, so soll man ihn tragen, und damit schon besagter massen verfahren, und ihm desto öffter das Zieget vorgeben, weil er einen Schein, und desto mehr Ursachen zu springen hat, als die ganz aufgebrawnten. Hat man aber einen so weiten Weg, daß das aufbrawen nicht halten mögte, und man ihn öffters aufbrawen müßte, wodurch er wieder wild, und vor dem Mann geschreckt werden, und auch die Schellen verderben mögten, so ist es gut, daß man ihn unter dem Tragen lock mache, und einige Tage mit ihm, wie in dem Hause, verfahre, hernach soll man ihm einen Schein geben, und etliche Tage so tragen, und wenn er also lock ist, völlig loßbrawen, und tragen, und auf dem Weg lock machen. Ob dieses schon nicht ohne Mühe abgeht, und der Falck dabey viel geschleppt wird, indem es nicht nach der Kunst geht, sondern forciret wird, und man das, was in dem Hauß geschah, nicht thun kan, noch auch in der Ordnung. Wenn

B b er

er ihn aber also tragen muß, so soll es auf solche Weise geschehen. Etliche Tage soll er bey der Nacht getragen werden, hernach kan der Falckonier vor Tags aufstehen, und denselben tragen, also daß er mit Anbruch des Tages an den Ort komme, wo er bleiben will, und in den folgenden Tagen wird er ihn immer nach und nach länger bey Tag tragen, biß er lock ist, und er ihn sicher bey Tag tragen kan. Aber er mag den Falcken, wenn er loßgebräwnt ist, bey Tag oder bey Nacht tragen müssen, so soll er das Zieget immer bey der Hand haben, damit er ihm solches, so offt es nöthig ist, vorgebe, auf daß er nicht springe. Ob man nun schon den Falcken, so aufgebräwnt ist, durch Wälder und Thäler tragen kan, weil er nichts siehet, davor er geschreckt werden kan, und springt; so soll man sie doch, wenn sie loßgebräwnt sind, nicht durch dieselbe tragen, weil ihnen solche von Natur zuwider sind, denn sie gehen immer an hohe Oerter, damit sie in die Ferne sehen. Wenn der Falck, so weggetragen werden soll, schon so lock ist, daß nichts mehr fehlet, als daß man ihn auf das Lujer locke, und was noch darauf folgt, so soll man ihn, er mag ein Nestling oder Deckling seyn, zu den gehörigen Zeiten loßgebräwnt tragen, und durch
das

das Zieget und andere Dinge ihm das sprin=
gen verwehrt werden.

Das 74. Capitul.
Von dem springen des Falcken auf der Hand, Reeck und Jule, und deſſelben Kennzeichen.

Ein Falck, der nicht auf beſagte Art und Ordnung iſt lock gemacht worden, wird im Anfang, und auch noch einige Zeit hernach es alſo machen: Wenn der Falckonier hin= geht, ihn von der Reeck herunter zu nehmen, ſo ſchließt er das Gefürt zuſammen, er ſpitzt den Kopf, ſchüttelt ſich gegen den Falckonier, macht einen langen Halß, und je näher der Falckonier kommt, je mehr ſchließt er das Gefürt zuſam= men, und macht einen langen Halß, und wenn er ganz genau bey ihm iſt, und ſchon hinlan= gen will, oder auch hinlangt, ihn loßzubin= den, ſo ſpringt der Falck längs die Reeck hin, oder auch auf eine andere Art, und will durch= gehen. Wenn er ihn von der Jule oder nie= dern Reeck aufnehmen will, ſo macht er es eben ſo, und noch mehr, je mehr er vor dem, was zu ihm laufft, geſchreckt iſt. Wenn er ihn auf die Hand genommen, ſo ſieht er dem Falckonier in das Geſicht, und dem, was von vornen, noch mehr aber dem, was von hinten gegen ihn herkommt, und will springen, und steht selten oder gar nie so zur Hand, daß er nicht das Gefürt zusammen schließt; Selten steht er auf einem Fuß, wie es die Falcken, so lock sind, offt machen, er durchhohlt selten das Gefürt, und sucht es selten mit dem Bec durch, er schüttelt sich selten auf der Hand, springt einwärts und hinterwärts, manchmal schreyt er, und springt auf andere böse Arten. Wenn man ihn wieder auf die Hand tretten läßt, schaut er dem Falckonier in das Gesicht: Bey dem atzen bequirt er etliche mal, hernach sieht er dem Falckonier und andern herumstehenden in das Gesicht, und wenn niemand da ist, sieht er allenthalben herum. So offt man mit ihm zu Pferd steigt, springt er; Trägt ihn einer zu Fuß, so erschrickt er vor allem; Steigt man mit ihm vom Pferd, so springt er: Er wird sich fast niemals baden, wenn der Falckonier genau bey ihm ist. Wenn er sich aber gebadet hat, wird man ihn, wenn er springt, hart wieder auf die Hand nehmen, auch mit dem Zieget. Denn ein jeder Falck, wenn er sich gebadet hat, wird das Zieget nur anschauen, und nicht ziehen wollen. Die Hülffs=Mittel darwider sind folgende.

Das

Das 75. Capitul.
Wie man das Springen auf der Hand, Reeck und Jule verwehren soll.

Ein Mittel vor das, was der Falck auf der Reeck thut, ist dieses: Der Falckonier soll ihm offt das Zieget vorgeben, und nicht ohne das Zieget zur Reeck hingehen, und wenn er ihn abnehmen will, so soll er ihm das Zieget vorgeben, und das soll er thun, biß der Falck mit ihm gemein ist. Ein Mittel wider das Springen auf der Hand ist, daß der Falckonier dem Falcken nicht unversehens in das Gesicht schaue, sondern soll ihm auf der Hand offt das Zieget vorgeben, und damit der Falck nicht mehr vor dem Gesicht des Falckoniers geschreckt werde, so soll er, so offt er den Falcken ansehen will, zwischen des Falcken und seinem Gesicht ihm das Zieget vorgeben, damit er zuerst etwas weiter weg, hernach immer näher gegen dem Gesicht an dem Zieget ziehe. Denn wenn man es offt so macht, so wird der Falck durch das Zieget mit dem Mann gemein und fromm werden. Wider das, was er thut, wenn man zu Pferd steigt, ist das das Mittel: Man soll, so offt man zu Pferd steigt, ihm das Zieget vorgeben, und der Falckonier soll, so sachte, als er kan, auffsteigen, wie oben ist gesagt worden. Wider das, was er auf der Hand thut, wenn man reutet, ist das Mittel: Der Falckonier soll wohl auf alles Acht geben, wovor der Falck kan geschreckt werden, und ihm das Zieget vorgeben, ehe er noch zu dem hinkommt, wovor er geschreckt wird. Auch ehe er absteigt, soll er ihm das Zieget vorgeben. Wider das Springen soll er es machen, wie wir oben schon gesagt haben. In dem baden soll er ihm das Zieget vorgeben, und die andern Stücke thun, biß er lock werde, und sich in Gegenwart des Manns bade. Einen Falcken aber, so schlecht lock gemacht ist, daß er noch vor dem Mann und andern Dingen geschreckt wird, ob er wohl gut getragen ist, soll man wieder aufbräwen, und mit ihm in allem verfahren, wie in dem Capitul, wie man ihn lock und mit dem Mann gemein machen soll, ist gesagt worden. Aber denjenigen, der gut getragen, aber schlecht lock gemacht worden ist, also daß er mit dem Mann noch nicht gemein ist, und auch durch den langen Marche sehr abgeschleppt worden, soll man entweder wieder ganz, oder mit halbem Aug wieder aufbräwen, nachdem er wild seyn wird. Denn wenn er sehr wild ist, so wird er ganz aufgebräwnt, wo er aber nicht

nicht gar zu wild iſt, mit halbem Aug, und man läßt ihn auf die Jule oder niedere Reeck tretten, wie wir oben gezeigt haben. Iſt er mager, ſo ſoll man ihm einen guten Leib machen, doch nicht ſo gut, daß er wieder ſchelmiſch werde, und nachdem er ausgeruhet, ſoll man ihn nach der Art lock machen, wie es ſein wildes Weſen erfordert. Den Falcken aber, der gut lock worden, und mit dem Mann gemein iſt, aber doch müd iſt, weil er einen weiten Weg getragen worden, und von der Art der Springer iſt, ſoll man in ein finſters Hauß ſtellen, und ruhen laſſen, und wenn er denn nicht zu ſpringen aufhört, und nicht fromm wird, wieder aufbräwen, und, wie ſchon geſagt worden, ſeinem ſpringen abhelffen. Aber die Springer werden auf einem weiten Weg weit mehr abgeſchleppt, als die andern. Denn ſie werden ſowohl von der Reiſe als auch dem ſpringen abgeſchleppt, und das geſchieht bey ſehr vielen, weil man ſie in dem Anfang des lock machens hat gar zu mager werden laſſen.

Das 76. Capitul.
Von den Kennzeichen, daß ein Falck incommode iſt getragen worden.

Ein Falck, der einen weiten Weg, oder auch lang incommode getragen worden, läßt

die Flügel sincken, steht mit einem hohen Staart, stuppt damit die Hand, schließt die Staart=Federn nicht zusammen, steht mit den Füssen nicht gleichweit voneinander, hält sich mit der einen Klauen vester als mit der andern, hält sich auf der Hand mit den Klauen: Wird die Hand, worauf er steht, bewegt, so fürchtet er sich anderst aufzutretten, hält sich vester an, und sorgt, er mögte hinabfallen, er schüttelt sich und springt schlapp, ballirt sich nicht, sondern breitet biß= weilen den einen, bißweilen den andern Flü= gel aus, bißweilen beyde, und so auch streckt er die Füsse, hält die Augen träg, und macht bißweilen eines, bißweilen beyde zu. Also macht er es auf der Hand, und auch auf der Reeck und Jule. Ein Falck der gut getragen worden, wird mehr springen, wenn er von ei= nem, der incommode trägt, getragen wird, als einer, der immer incommode getragen worden ist. Denn jener, der nie incommode ist getragen worden, ist es nicht gewohnt, und thut alles obbemeldte, er springt, ob er gleich sonsten kein Springer ist, weil er nicht gern auf der Hand steht, die ihn incommode trägt: dieser aber, der gleichsam schon forcirt, und gewohnt ist, incommode getragen zu werden, ergiebt sich darein. Ein gewisses Kennzei=
chen,

chen, daß ein Falck springt, weil er incommode getragen worden, ist, weil, wenn ihn ein anderer, der ihn gut trägt, von jenem auf die Hand nimmt, er sich auf der Hand dessen, der gut trägt, schüttelt, und hernach darauf ruht, wie er sich schüttelt, wenn er von der Hand auf die Reeck oder Jule tritt, wodurch er seine Glieder wieder in Ordnung bringt, und das Gefürt wieder zusammen schließt, und solches thut er noch lieber auf der Reeck oder Jule, weil solche vester stehen, als eine Hand, wenn sie auch noch so steif gehalten wird. Wenn aber einer, der incommode getragen worden, doch so lock ist, daß er mit dem Mann gemein ist, und auch vor andern Dingen nicht mehr erschreckt wird, so soll man ihm also helffen. Es brauchts nicht, daß man ihn wieder aufbräwne, weil er nicht mehr springt, sondern man stellt ihn in einem etwas finstern Hauß auf die niedere Reeck, und streut in dem Winter Spreuer, oder Heu, oder sonst etwas weiches, und im Sommer Sand unter, daß er sich darauf lege, und das Gefürt und die Füsse besser verwahrt bleiben, in dem finstern Hauß soll der Falckonier öffters nach ihm sehen, und das Zieget vorgeben, damit er nicht in der Finsternuß, und da niemand um ihn ist, wieder schelmisch werde.

So offt man ihn atzet, soll er aus dem finstern Hauß getragen, und bey den Leuten geatzet werden, damit er lock bleibe. Ist er gar zu mager, soll man ihm einen guten Leib machen, doch so, daß er nicht wieder schelmisch werde. Denn wenn man ihm einen so guten Leib machte, daß er nicht mehr an dem Zieget ziehen will, so würde er sich sehr schleppen, und die gegebene Ruhe würde ihn nichts helffen. Wenn er nun einen guten Flug-Leib hat, so soll man ihn dabey erhalten, und zusehen, daß er nicht incommode getragen werde, denn sonsten würde es nur ärger werden, und was man mit ihm vorgenommen hat, vergebens seyn. Wenn aber ein Deckling oder Nestling incommode ist getragen, und so schlecht lock gemacht worden, daß er sich starck abgesprungen, und dadurch gleichsam forcirt worden ist, welches bey solchen geschieht, die im Anfang nicht sind aufgebräwnt, und incommode getragen worden, so soll er, damit er gut werde, aufgebräwnt, und in ein finsters Hauß auf die Jule gestellt werden, und man ihm gute Atz vorgeben, und je länger er ist getragen worden, desto länger soll man ihn ausruhen lassen, und hernach wieder mit langer Hand lock machen. Wenn man auch sieht, daß ein Falck, der incommode oder

lang

lang ist getragen worden, sich auf die Reeck auffstellen will, welches sonderlich um den Abend geschieht, so soll man ihn nicht auf der Hand behalten, sondern, ehe er springt, ihn auffstellen und ruhen lassen, daß er wieder zu Leib oder zu Kräfften komme. Die Kennzeichen wenn ein Falck, der in dem Hauß ist lock gemacht worden, springen will, und wie man solches verwehren soll, ist in dem Capitul von dem springen angeführet, und soll daselbst nachgesucht werden. Nachdem aber die Falcken genug ausgeruht haben, so werden sie diese Zeichen geben: Sie haben muntere und runde Augen, halten die Flügel hoch, schliessen das Gefürt zusammen, stehen gerad auf den Füssen, sind schnell in ihren Bewegungen, schütteln sich rasch, balliren sich starck und offt, und wenn man diese Zeichen siehet, so können sie lock gemacht werden, ein jeder nachdem es seine Beschaffenheit erfordert, wie wir oben gesagt haben, sie durchhohlen die Federn offt mit dem Bec durch den Staart.

Das 77. Capitul.
Von dem lock machen mit der Haube, und wer die Haube erfunden.

Bißher hat man gezeigt, wie die Falcken ohne Hauben lock gemacht werden, nun wird

wird man man auch lehren, wie sie mit der Haube lock gemacht werden, damit, wenn man beydes gehört, man sich die Art erwehle, so einem am besten gefällt. Warum wir aber zuerst von der Art ohne Hauben lock zu machen geredet haben, ist oben schon gemeldet worden, weil sie nemlich bey uns älter ist, und wenn sie ohne Hauben sind lock worden, man sie auch leichter mit der Hauben lock machen kan, als ohne jene Art. Wir wollen also sagen, woher die Haube ihren Ursprung habe, was eine Haube ist, was sie vor eine Form, und Nutzen bey einem wilden Falcken habe. Wobey man auch zu mercken hat, erstlich: was man mit dem Falcken thun soll, ehe er aufgekappt wird, wann, wo und wie man ihn aufhauben soll; wie ein Falck wider die Haube störr ist, und man solches wehrt, wie er springt, wenn er aufgekappt ist, und man das springen verwehrt, und vornemlich verwehrt, daß er die Haube nicht herunter schnelle; wodurch man erkennt, daß er die Haube leidet, wie, warum und wann er soll abgehaubt werden; welche Falcken sollen gewöhnt werden, daß sie offt auf= und abgehaubt werden, und welche nicht; wann sie zu dem halben Aug, oder völlig loßgebräwnt, und ausser dem Hauß von einem zu Fuß, hernach zu

Pferd

Pferd zu der Haube lock gemacht werden sollen. Weil nicht allein ein wilder Falck, sondern der auch schon gut vor der Haube steht, hasseliret, wenn der Falckonier nicht recht mit der Haube umzugehen weiß, oder die Haube keine gute Form hat, oder auch verwechselt, und ihm eine andere aufgesetzt wird, und was dabey zu thun sey. Wie man erkennt, wenn man einen Falcken erst bekommt, ob er nach der Haube sey lock gemacht worden, oder nicht, und der Falckonier mit derselben umzugehen gewußt habe, und wenn er nicht recht damit umgegangen, so soll er durch einen geschickten Falckonier wieder mit der Haube lock gemacht werden. Von dem Gebrauch der Haube, wenn man den Falcken von einem Land ins andere trägt, und was vor ein Unterschied hierinnen sey, wenn man ihn nicht aus einem Land ins andere trägt; worinnen die Haube mit dem Zieget, einige Gemeinschafft habe, oder unterschieden sey, und was die Haube vor Nutzen habe.

Die Haube hat ihren Ursprung von Morgenländischen Völckern. Denn so viel wir wissen, so haben sich die Araber am ersten bey dem lock machen der Falcken der Hauben bedient, und wir haben, da wir über das
Meer

Meer geschiffet, gesehen, daß die Araber sich der Hauben bedienten. Denn die Arabischen Könige schickten ihre erfahrenste Falckonier mit allerley Falcken zu uns, und wir haben von der Zeit an, da wir den Vorsatz gefasset, ein Buch von der Beitz zu schreiben, sowohl aus Arabien, als auch andern Ländern erfahrne Falckonier zu uns beruffen, und von ihnen, was sie gutes wußten, uns sagen lassen, wie wir im Anfang gesagt haben. Weil nun die Haube eines von den besten Stücken war, die sie wußten, und wir selbst gesehen haben, was vor einen grossen Nutzen sie bey dem lock machen habe, so haben wir uns auch derselben bedient, und unsere heutige Falckonier haben solchen Gebrauch von uns gelernt, deßwegen wäre es auch billig, daß die Nachkömmlinge nicht davon abstehen.

Das 78. Capitul.
Von der Haube und ihrer Form, woraus und wie sie gemacht werde.

Die Haube wird aus Leder nach der Gestalt des Kopffs des Falcken gemacht, damit der Kopff biß an den Halß hinein geschoben werde, doch daß der Bec und die Nasen-Löcher heraus stehen: Sie wird am besten

sten von einem Leder, das weder allzuweich noch allzuhart ist, gemacht. Sie soll aber nach der Gestalt des Kopffs gemacht seyn, damit sie recht über den Kopff gehe: Sie muß sich um den Kopff schliessen, daß der Falck nicht sehe: Der Bec und die Nasen=Löcher sollen herausstehen, damit er ohne Hinderniß Othem hohlen könne: Uber dem Kopff soll sie breit, auf beyden Seiten der Augen lang, unter dem Halß eng seyn. Denn wenn sie oben breit ist, so kan sie nicht an den Augen anliegen, und da sie unten eng ist, so fällt sie nicht leicht herab. Doch soll sie nicht so eng seyn, daß der Kopff nicht hinein gehe, noch zu vest sich zusammen ziehe. Vornen soll die Haube ein Loch haben, wodurch der Bec und die Nasen=Löcher heraus gehen, welches Loch nach der Dicke des Becs groß oder klein seyn soll. Oben auf dem Kopff soll sie ein oder auch mehr Löcher haben, die dazu dienen, daß ihm die Haube nicht zu viel Hitz mache, und die Feuchtigkeiten in dem Kopff besser ausdünsten können. Diese Löcher in den Hauben haben wir erst erfunden, da sie zuvor dergleichen nicht hatten, indem wir den Nutzen sahen. Denn da die Haube keine solche Löcher hatte, und der Falck abgehaubt wurde, so bekam er, da der Kopff unter der

Hau=

Haube sehr erhitzt worden, und durch das Abhauben auf einmal in die Kälte kam, die nasse Frons, und noch andere Kranckheiten in dem Kopff. Solche Kranckheiten aber haben sie nicht so offt bekommen, nachdem wir oben in die Hauben haben Löcher machen lassen, und wenn man den Falcken auf oder abgehaubt hat, so geschahe die Veränderung von der Wärme in die Kälte, oder von der Kälte in die Wärme nicht so schnell. Der hintere Theil der Haube, so an den Halß gehet, soll an dem Ende etwas spitzig zugehen, woran dünne, weiche und so lange Strupffen sind, daß sie über dem Dach zwischen den beyden Flügeln biß an die Spitze der Staart-Federn gehen. So soll die Haube geformet seyn. Ehe aber der Falckonier den Falcken aufhaubet, hat er folgendes zu thun. Er soll ihm die Klauen binzen, die Schuh und Bell anmachen, denselben aufbräwen, und auf die Hand nehmen. Denn wo dieses nicht zuvor geschieht, wird es sehr schwer hergehen, den Falcken zu der Haube lock zu machen. Wann aber der Falck soll aufgehaubt werden, giebt es verschiedene Meynungen. Denn einige sagen, man soll einen wilden Falcken so bald er gefangen, aufgebräwnt und aus dem Falcken-Sack ausgebunden worden, und

und auf der Hand steht, gleich aufhauben, ehe man etwas mit ihm handiret, oder sonsten an dem Bec, Brust und Halß streicht, und führen diese Ursach an: Ein wilder Falck, der erst gefangen worden, sey noch so scheu, daß er sich leicht aufhauben lasse, oder wenig oder gar nicht wider die Haube wehre, und wenn er gleich aufgehaubet worden, so gewohne er die Haube, und könne hernach wieder aufgehaubet werden, doch so, daß man ihn mit derselben auf allerley Art tractiret, biß er wieder aufgehaubt wird. Andere sagen, so bald ein Deckling sey gefangen, in den Falcken=Sack eingebunden und aufgebrawnt worden, so sey er so vor dem Mann erschreckt, und wehre sich also, wenn man mit ihm handire, daß er sich auf alle Art wider die Haube wehre, und lasse sich gar nicht aufhauben. Daher sagen sie, man soll ihn nicht gleich aufhauben, sondern zuvor einige Tage mit ihm handiren, ihn angreiffen, oder abspinnen, und hernach ihn aufhauben, weil er alsdann die Haube besser leide. Wir aber sagen, es seyen einige Falcken, vornemlich die Sacre-Falcken und Schweimer von dem fangen und aufbrawen so geschreckt, daß sie sich anfangs gar nicht wider die Haube wehren: hingegen einige sind so wild, daß sie sich auf alle

alle Art wider die Haube wehren. Dieſe ſoll man hierdurch voneinander unterſcheiden. Ein Falck, der, wenn er aufgebräwnt und auf die Hand genommen worden, anfangs das Gefürt zuſammen ſchließt, die Hacken gegen das Dach hinauf zieht, und wenn man den Kopff und den Bec angreifft, den Bec nicht aufmacht, noch höigt, noch den Kopff bewegt, noch ſich rauh macht, iſt geſchreckt, und kan von Anfang gleich aufgehaubt werden, ehe man etwas mit ihm handirt, aber dergleichen findet man wenig. Hingegen ein Falck, der das Gegentheil thut, iſt wild, und den ſoll man zuvor abſpinnen, biß er den Bec nicht mehr aufmacht, und aufhört ſich rauh zu machen, hernach kan man ihn aufhauben, weil er ſich alsdann leichter aufhauben läßt. Hieraus erhellet, wenn ein Falckonier anfangen kan, den Falcken aufzuhauben.

Das 79. Capitul.
Wo man ihn aufhauben ſoll, und was ein Falckonier dabey zu thun hat.

Man ſoll aber in einem etwas finſtern Hauß anfangen aufzuhauben. Denn wenn es hell wäre, ſo würde er, ob er ſchon aufgebräwnt

bräwnt ist, doch die Hellung sehen, und wieder die Hauben störr werden. Es soll einsam seyn, damit er keine Stimme oder Geräusch darinnen höre, wovor er könnte geschreckt werden, wodurch er sich härter aufhauben lassen würde. Der Falckonier soll ihn also aufhauben: Er hält die Schuh kürzer und vester, daß der Falck vest auf der Hand stehe, wenn er aufgehaubt wird: Die Haube hält er mit dem Zeige = und mittlern Finger, daß der hintere Theil der Haube inwendig auf den Fingern liege, und der vordere Theil, wodurch der Bec kommt, in die Höhe stehe, und der Daume wird neben das Loch, wodurch der Bec geht, gelegt, also, daß solches Loch nicht zwischen den Daumen und Zeige=Finger zu stehen komme: die Strupffen läßt man ausser den besagten zwey Fingern hinunter gehen, und nimmt sie zwischen die zwey andern Finger in die Hand, und hernach, wenn er ihn aufhauben soll, hebt er die Hand vor dem Gesicht des Falcken so in die Höhe, daß der Theil, so in den Kopf gehet, vor das Gesicht des Falcken komme, und man sehe bey dem aufhauben, ob der Bec ohne Hindernuß in das Loch gehe, und soll achtung geben, daß der Daume nicht vor das Loch komme, weil er alsdann nicht könnte aufgehaubt

haubt werden. Ferner ſoll er mit dem Gold=
und Ohren=Finger, welche die Haube nicht
halten, den Falcken halten, damit er nicht
durch das aufhauben hinterwaͤrts geſtoſſen,
oder unruhig werde, oder hinterwaͤrts von
der Hand falle. Ob es ſchon offt geſchieht,
daß er bey dem aufhauben zuruck geſtoſſen
wird. Denn viele Falcken ſpringen hinter=
waͤrts, nicht nur, wenn man ſie ſachte auf=
haubet, ſondern auch ſchon, ſo bald ſie nur
die Haube ſehen. Deßwegen ſoll man den
Falcken ſachte aufhauben, daß er nicht vor
der Haube ſtoͤrr werde. Dann hiedurch wuͤr=
de er das ſpringen gewohnen, ſo offt er ſieht,
daß man ihn aufhauben will, und vor dem
Mann deſto mehr geſchreckt werden. Die
Strupffen, ſo zwiſchen den vier Fingern ge=
halten werden, ſollen ſachte zuſammen gezo=
gen, und mitten uͤber das Dach zwiſchen den
Fluͤgeln und den Staart hinunter gezogen
werden, daß der Staart zwiſchen den
Strupffen und dem Mann ſey, und denn
nimmt man die Strupffen von auſſen zwiſchen
die Finger, worauf der Falck ſteht, damit der
Falck die Haube nicht von dem Kopff herab=
ſchnelle, und man ſoll ſie nicht veſt, ſondern
locker halten, weil, wenn man die Strupffen
veſt anzoͤge, der Falck ſpringen wuͤrde, den

Kopff

Kopf herum drehte, mit dem Bec die Strupffen ergreiffen, und verrucken, oder, da er meinte er hätte die Strupffen, auf dem Dach die Federn bekommen, mit dem Bec abbeissen, oder weil die Strupffen zu vest angezogen, den Kopff offt schütteln und springen würde. Daß man die Strupffen zwischen die Finger nehme, ist auch hierzu gut, daß, wenn der Falck den Kopff schüttelt, oder mit den Klauen kratzet, oder sonst sich wider die Haube wehret, und die Haube herab kriegt, sie, da man die Strupffen zwischen den Fingern hält, nicht auf den Boden fallen kan. Doch wenn der Falck die Haube aufbehält, und sie so gut gemacht ist, daß der Falck sie nicht herab schnellen kan, so ist es besser, wenn man die Strupffen nicht hält, noch über das Dach ziehet, sondern vornen neben dem Halß hinunter hängen läßt. Die Strupffen dienen auch dazu, daß die Haube damit an die Reeck angebunden werde, und an derselben hängen bleibe. Also soll man den Falcken aufhauben, und mit den Strupffen verfahren.

Das 80. Capitul.

Von dem springen des Falcken, wenn er aufgehaubt wird, und auch schon aufgekappt ist, und wie man solches verwehrt.

Da es aber den Falcken ungewohnt, und wider ihre Natur ist, daß sie aufgekappt seyn, so wehren sich viele darwider, wenn sie aufgekappt werden, und sind unruhig, wenn sie aufgekappt sind. Einige wehren sich zwar nicht, wenn sie aufgekappt werden, aber da sie aufgekappt sind, so sind sie unruhig. Doch giebt es von diesen zwey Arten wenig. Derowegen müssen wir anführen, wie sie sich wider die Haube wehren, damit wir zeigen, wie man ihnen solches verwehren soll. Es wehren sich aber die Falcken also wider die Hauben: ob sie schon aufgebräwnt sind, so machen sie doch den Bec auf, höigen, und machen sich rauh, so bald sie nur mercken, daß man sie mit der Haube anrührt, weil sie solches kützelt, und erschreckt. Einige wehren sich auf alle diese Arten, einige nur auf etliche, einige lang, einige aber nur eine kurze Zeit. Die den Bec aufmachen, höigen, und sich rauh machen, soll man zuvor

vor abspinnen, damit sie gewohnen sich angreiffen zu lassen, und den Bec nicht mehr aufmachen, zu hoigen, und sich rauh zu machen aufhören, und die Hauben gewohnen: hernach soll man sie offt auf= und abhauben, und spinnen, wie oben ist gesagt worden. Wenn sie aber aufgekappt sind, sind sie also unruhig: sie schütteln den Kopff, die Haube herunter zu kriegen, sie hoigen, springen, und finden die Hand nicht selbst wieder, und wenn man sie wieder aufnimmt, springen sie wieder, oder wenn sie auch stehen bleiben, so halten sie sich mit den Klauen auf der Hand, beissen in die Schuh und Handschuh, und suchen mit dem einen Fuß die Haube zu greiffen, und ergreiffen sie auch manchmal, wodurch sie gar leicht die Haube abschnellen können. Einige Falcken sind mehr, einige weniger unruhig. Wenn sie sich wider die Haube wehren, so hat man vorzusehen, daß sie solche nicht herab schnellen, welches man also verhütet: Man nimmt die Strupffen zwischen die Finger, und wenn sie den Kopff schütteln, oder mit dem Fuß nach der Haube greiffen, oder kratzen, die Haube herab zu kriegen, so soll man die Schuh kürzer halten, die Haube vornen mit den Fingern halten, und die Hand, worauf er steht, umdrehen, denn weil sie

sie auf einem Fuß nicht vest stehen, so müssen sie alsdann auch mit dem andern auftretten, und werden also aufhören nach der Haube zu greiffen, oder zu kratzen. Wenn sie aber springen, und die Hand nicht wieder finden wollen, so soll man sie zuruck ziehen, und mit der andern Hand helffen: wenn sie beissen, soll man ihnen etwas hartes vor den Bec halten, und darein beissen lassen, so werden sie zu beissen aufhören. Aber diejenige, so sehr unruhig sind, und die Haube herab schnellen, wenn sie aufgekappt sind, soll man lang aufgekappt lassen, und nicht offt abhauben, und wenn sie aufgekappt sind, soll man sie nicht angreiffen, damit sie nicht unruhig werden. Hieraus erhellet, was man zu thun hat, wenn sich der Falck wider die Haube wehret, und, wenn er aufgekappt ist, unruhig ist, und was bey denen, die sich wider die Haube wehren, und nicht unruhig, oder die sich nicht wehren, hingegen unruhig sind, wenn sie aufgekappt sind, und denn die vielerley Arten des springens und wehrens. Die Kennzeichen, daß der Falck die Haube gewohnt ist, sind: wenn er aufgekappt ist, schüttelt er sich bißweilen, hernach putzt er sich, er hält sich nicht mehr so vest mit den Klauen auf der Hand, manchmal

schläfft

schläft er, vornemlich wenn man ihn lang auf der Hand getragen, und er nicht geschlafen hat, oder wenn er atzhitzig und geschleppt ist. Wann man diese Zeichen sieht, so steht der Falck gut vor der Haube. Er wird aber also abgehaubt: Man ergreifft die Haube von vornen auf beyden Seiten mit den Fingern, und druckt sie bey dem abhauben nicht zusammen, als nur so viel dabey geschehen muß, und zieht die Haube sachte herunter. Er soll aber abgehaubt werden, so offt er geatzet wird, und man ihn an dem Zieget ziehen läßt, und er an der Reeck oder Jule steht, und damit er die Haube gewohne, und desto ruhiger stehe und besser ruhe, auch wenn man ihn badet, oder fliegen läßt. Wenn er aber unruhig ist, soll er nicht abgehaubt werden. Ja wenn er auch ruhig wäre, da man ihn abhauben will, hernach aber, wenn man ihn abhaubet, unruhig würde, so soll der Falckonier die Haube nicht herab ziehen, damit er nicht hiedurch eine böse Gewohnheit annehme. Denn wenn er unruhig ist, und man zieht die Haube doch herab, so wird er solches öffter thun, und die Haube herab zu kriegen suchen. Man soll aber alle die Falcken offt auf= und abhauben, welche sich wider die Haube wehren, nicht aber die, so unruhig sind, wenn sie auf=

gekappt

gekappt sind. Denn die sich wider die Haube wehren, gewohnen, wenn man sie offt auf- und abhaubt, daß man den Bec und Kopff mit der Haube berührt, wodurch ihnen der Kützel vergeht. Bey denen aber, so sich nicht wider die Haube wehren, braucht es sich nicht, daß man sie offt auf- und abhaube. Wenn aber der Falck auf die Haube lock gemacht wird, soll er nicht loßgebräwnt werden, biß er gut vor der Haube steht, und wenn er vorher wäre loßgebräwnt worden, so soll man ihn wieder aufbräwen. Steht er aber gut vor der Haube, so soll er auf das halbe Aug loßgebräwnt werden, damit er die Hand und Haube, und Bewegung der Hand, so ihn aufhaubet nach und nach gewohne. Denn wenn der Falck loßgebräwnt würde, ehe er die Haube leidet, so würde er störr werden, weil er die Hand, das Gesicht, und andere Dinge sehe, wovor er geschreckt wird, ob er sie schon nicht deutlich sehe. Dieses würde er thun, wenn er auf das halbe Aug loßgebräwnt würde, ehe er die Haube leidet, noch mehr aber, wenn man ihn auf einmal völlig loßbräwnte, und würde bey dem aufhauben auf allerley Arten unruhig seyn und springen. Wenn er nun gehöriger massen zum halben Aug loßgebräwnt ist, so soll man eben

eben so, wie da er noch aufgebräwnt war, mit spinnen thun: Nemlich, man trägt ihn in ein etwas finsters Hauß, und haubt ihn darinnen offt auf und ab, damit er in dem dunckeln die Hand und das Gesicht des Manns nicht so deutlich sehe. Denn wenn er solche sähe, würde er den Kopff hin und her drehen, da man ihn aufhauben sollte, den Bec aufmachen, und sonsten hasseliren. Denn daß er der Hauben wegen dergleichen thue, ist ein Kennzeichen, weil er ruhig wird, wenn er aufgekappt ist. Nachdem man aber in dem dunckeln Hauß dieses etliche Tage mit ihm vorgenommen, und der Falck mit einem Schein sich auf= und abhauben läßt, so soll man in einem hellern, und hernach noch hellern gleiches mit ihm thun, und dann ihn hinaus tragen, und zwar erstlich einer zu Fuß, hernach zu Pferd, und wenn dieses genug geschehen, so wird er völlig loßgebräwnt, und man verfährt wieder eben so mit ihm, zu erst in dem Hauß, und dann ausser dem Hauß. Doch weil er ausser dem Hauß vieles siehet, das er in dem Hauß nicht gesehen hat, und sich der Wildniß erinnert, so hat er, so offt er abgehaubet wird, mehr Ursach zum springen, als in dem Hauß. Deßwegen hat ein Falckonier desto fleißiger Achtung zu geben,

daß

daß er ihm das springen wehre, und er die Haube gewohne. Dieses aber wird desto besser geschehen, wenn er ihm bißweilen das Zieget vorgiebt, und indem er daran ziehet, und sich nicht mehr so sehr wehret, so soll er ihn aufhauben, und offt naß machen, und vornemlich auch, wenn er aufgekappt ist, und ihn bißweilen baden. Doch soll er alsdann abgehaubt werden. Auf solche Weise wird er die Haube besser gewohnen, da er, nachdem er loßgebräwnt ist, in und ausser dem Hauß getragen wird, und man wird ihm auch eher verwehren, daß er nicht der Haube wegen springt. Es sind aber nicht allein die wilden, sondern auch die schon lock sind, störr, und hasseliren wider die Haube, wenn der Falckonier mit der Haube nicht umzugehen weiß, oder dieselbe nicht recht gemacht ist, und solche verwechselt, und ihm eine andere gegeben wird. Ob nun schon ein Falck gut vor der Haube steht, so soll man ihn doch keinem Falckonier übergeben, der mit der Haube nicht umzugehen weiß. Denn wenn man ihn einem solchen überliesse, der ihn nicht gut auf= und abhaubt, so würde man den Falcken wieder verderben, und hernach mit mehrerer Mühe als zuvor wieder lock machen. Und wenn dieses bey einem Falcken geschieht;

der

der schon gut vor der Haube steht, da er einem Unerfahrnen überlassen worden ist, so wird es noch mehr und mit grösserm Nachtheil bey einem wilden geschehen, wenn er von einem, der mit der Hauben nicht umzugehen weiß, lock gemacht wird. Man soll also weder einen wilden, noch einen der schon gut vor der Haube steht, einem Unerfahrnen anvertrauen. Wenn die Haube nicht nach dem Kopff formirt ist, wie wir gesagt haben, so wird der Falck störr seyn und springen, wenn er aufgekappt ist. Eine Haube aber, die nicht gut gemacht ist, liegt dem Falcken an einem theil des Kopffs an. Wenn sie an den Augen anliegt, so erkennt man solches daher: Der Falck wird auf beyden Seiten des Kopffs kratzen, oder nur wo es ihn druckt, und die Haube wird inwendig, wo sie an dem Aug anliegt, naß seyn von dem Wasser, so aus dem Auge geronnen. Liegt aber die Haube an dem Bec an, so erkennt man es daher: er macht den Bec auf, schüttelt den Kopff, als wenn er die Atz werffen wollte, er kratzt mit den Klauen, wo es ihm weh thut, und der Bec wird oben roth und geschwillt, und die Federn fallen aus, und unter dem Bec fallen die Federn auf beyden Seiten aus. Liegt sie aber an dem Hals an,

an, so macht er sich an dem Halß rauh, und er scheint aufzulauffen, und er wird immer suchen, die Haube herab zu schnellen. Ist die Haube nicht gut gemacht, so ist er störr und springt, wenn er ab= oder aufgehaubt wird. Ist auch die Haube gut gemacht, so springt doch ein Falck, der gut vor der Haube steht, etwas, wenn er mit einer andern aufgehaubt wird. Geschieht aber solches nur deßwegen, weil ihm eine neue Haube ist gegeben worden, so hat es nichts zu bedeuten. Dann das springen wegen der neuen Hauben ist nicht so beschaffen, als wie wenn er wild ist. Denn ein wilder ist unruhig, wenn er aufgekappt ist, weil er noch wild, und der Haube nicht gewohnt ist, und noch weit mehr wird sowohl der wilde, als auch der schon gut vor der Haube steht, hasseliren, wenn er mit einer andern aufgehaubt wird, und dieselbe nicht recht gemacht ist, alß wenn die Haube gut gemacht ist. Was man mit einem Falcken, wenn der Falckonier mit der Haube nicht recht umzugehen weiß, thun soll und kan, ist oben schon gesagt worden, daß man weder einen Falcken, den man erst anfängt lock zu machen, noch der gut vor der Haube steht, einem solchen übergeben soll, und
wenn

wenn er durch einen solchen wäre lockgemacht worden, so wollen wir hernach sagen, wie man ihn verbessern solle. Bey einer schlecht gemachten Haube ist kein ander Mittel, als ihn mit einer andern aufhauben, oder dieselbe ändern, so daß sie nirgends mehr anliege. Wie aber eine gute Haube beschaffen seyn soll, haben wir im Anfang gesagt, da wir gezeigt haben, wie er auf die Haube soll lock gemacht werden. Bey der Verwechslung der Haube, um welcher willen der Falck unruhig wird, soll man also verfahren: Man soll von Anfang den Falcken an eine gute Hauben gewöhnen, welche man mit einer andern zu verwechseln nicht Ursach hat, und wenn man sie verwechseln muß, so soll man ihn mit einer guten aufhauben, und so viel, als möglich ist, verhüten, daß man solche nicht offt verwechseln darff. Wenn man aber einen Falcken erst bekommt, so erkennet man aus folgenden Zeichen, ob er auf die Haube lock gemacht ist, oder nicht, und solches durch einen erfahrnen Falckonier geschehen. Der Falck, so nicht auf die Haube lock gemacht worden, wird, wenn man ihn aufhaubt, sich nicht darwider wehren, wenn er aber aufgekappt ist, wird er unruhiger werden.

Der

Der aber gut vor der Haube ſteht, und durch einen erfahrnen Falckonier iſt lock gemacht worden, wird nicht ſtörr ſeyn, weder wenn er aufgehaubt wird, noch wenn er aufgekappt iſt, indem er gut auf die Haube iſt lock gemacht worden. Der aber durch einen unerfahrnen lock gemacht worden, wird ſtörr ſeyn, wenn er aufgehaubt wird, da er weiß, was die Haube iſt, und ſie ihm nicht recht iſt aufgeſetzt worden. Doch wird er nicht unruhig ſeyn, wenn er aufgekappt iſt, indem er die Haube gewohnt iſt. Mit denen, die ſich ohne ſich zu wehren aufhauben laſſen, und hernach, da ſie aufgekappt ſind, haſſeliren, hat man ſo zu verfahren, wie mit denen, die erſt auf die Haube lock gemacht werden. Mit denen aber die weder ſtörr ſind, noch ſich wehren, hat man nichts anders mehr vorzunehmen. Doch nimmt man daraus ab, daß er gut ſey lock gemacht worden, weil er nicht ſtörr iſt. Iſt er aber durch einen, der mit der Hauben nicht umzugehen weiß, lock gemacht worden, ſo muß man ihn wieder aufbräwen, und ſo ſachte und ſanfft, als man kan, aufhauben, damit er die Wildniß vergeſſe und lock werde, hernach wird er auf den Schein loßgebräwnt, und alles nach

der

der besten Weise und Ordnung, wie wir oben gesagt haben, mit ihm vorgenommen, und durch einen erfahrnen Falckonier auf die Haube lock gemacht, und wohl vorgesehen, daß er keinem ungeschickten in die Hände komme, und die Haube auch eine gute Form habe. Nach dem bißher besagten soll ein Falck, der nicht von einem Land in das andere getragen wird, in und auffer dem Hauß auf die Haube lock gemacht werden. Die aber müssen weggetragen werden, soll man folgender maßen lock machen. Die, so erst sind gefangen worden, und weggetragen werden, soll man aufbräwen, und hernach aufhauben, weil sie alsdann besser getragen werden, und nicht so unruhig sind. Und wenn man sagen wollte, weil sie aufgebräwnt seyn, und nicht sehen, so könnte man sie bequem an andere Orte tragen, und wäre weiter nicht nöthig, daß sie aufgekappt seyn, so muß man sagen, das aufbräwen allein sey nicht hinlänglich, weil sie nicht so gut aufgebräwnt, und die untern Schellen nicht so hoch hinauf gezogen werden können, daß das Aug völlig zu wäre, wie bey der Haube. Gesetzt aber, das Aug wäre von den Schellen ganz bedeckt, so fällt doch etwas Licht hinein, weil die Schellen dünn sind, das Licht auch von oben hinein fällt, indem er nicht lang kan

D d auf=

aufgebräwnt seyn, daß die Schellen nicht nachlassen sollten, wegen des langen Fadens, der sich ausdehnt, oder weil die Federn sich niederlegen, und die Schellen sich herabziehen, und da der Kopff ohne Hauben freyer ist, als mit der Haube, so hasselirt der Falck mehr, wenn er nicht aufgekappt ist, ob er gleich aufgebräwnt ist. Durch das Othem hohlen zieht er die Lufft an sich, und merckt, daß er in der freyen Lufft ist. Ueber das bedeckt die Haube auch die Ohren, daß er nicht so gut höret, und deßwegen hasselirt er nicht so, wenn er aufgekappt ist, als wie wenn er nicht aufgekappt ist. Es erhellet also, daß man einen Falcken, der aufgekappt ist, besser von einem Land in das andere trägt, als wenn er nicht aufgekappt ist. Wenn er nun aufgebräwnt ist, soll man ihn etliche Tage zuvor, ehe er fortgetragen wird, besagter massen an die Haube gewöhnen, biß er entweder ganz fromm, oder doch wenigstens nicht mehr so störr ist. Diese Tage über soll man ihn öffters angreiffen und hin- und hertragen, als wenn er nicht von einem Land in das andere getragen würde. Im Sommer, und vornemlich in warmen Ländern soll man ihn bey der Nacht tragen. Denn wenn man ihn bey Tag trägt, so wird ihm die

Hau-

Haube in dem Kopff gar zu warm machen, und folglich sich auch der ganze Stelzel erhitzen, wodurch er kranck werden könnte, und sonderlich in dem Kopff. Solches erhitzen zu verwehren müßte man ihn öffters naß machen, oder baden lassen, welches vielleicht wegen Mangel des Wassers nicht so offt, als es nöthig wäre, geschehen könnte. Ob es schon nicht nöthig ist, daß man ihn naß mache, wenn er aufgekappt ist, weil er nicht so unruhig ist, so muß man ihn doch naß machen, damit er sich nicht so sehr erhitze. Bey der Nacht ist es auch besser als bey Tag, weil man ihn manchmal abgehaubet tragen kan, und deßwegen soll man ihn gewöhnen, daß er sich ab- und aufhauben lasse. Muß man aber einen Falcken bey Tag, da es warm ist, tragen, so soll man ihn zu früh, eh es heiß wird, tragen, und Abends, wenn es kühl wird, keineswegs aber bey der Hitze. Wenn man ihn bey besagten Stunden des Tages trägt, so atzet man ihn auf dem Weg mit Fleisch, das in ein kaltes Wasser gelegt worden, und läßt ihm zu verschiedenen malen nur etliche Bec einschiessen. Denn wenn man ihn auf einmal passable geben wollte, so würde es ihm wegen der in dem Capitul von dem tragen der

Dd 2 Fal=

Falcken ohne Hauben schon angeführten Ursachen schädlich seyn. Muß man ihn in dem Herbst tragen, so ist es besser und bequemer bey Nacht als bey Tag. Denn ob es schon in dem Herbst nicht so heiß ist als wie in dem Sommer, so muß man doch solche Tage erwehlen, da es nicht so gar heiß ist. Denn es pflegt auch in dem Herbst sehr heisse Tage zu geben, und die sehr veränderlich sind, da es bald heiß, bald kalt wird. Wann es sehr heiß ist, soll man bloß bey der Nacht oder zu Früh und zu Abends tragen; Aber in dem Winter bey Tag, und da hat man nicht zu besorgen, daß sie bey dem Tages-Licht unruhig seyn, weil sie aufgekappt sind, und das Licht nicht sehen. Muß man sie in dem Winter auch zu Nachts tragen, so soll man sie nicht bey gar zu hellen Nächten tragen, weil es da, sonderlich in den kalten Ländern, gar zu kalt ist. Wie man sie vor der allzugrossen Hitze, also muß man sie auch vor der allzugrossen Kälte verwahren, deßwegen soll man sie auf Belz-Handschuh tragen, wie die, so abgehaubet sind. Denn durch die Handschuh werden die Füsse, und durch die Haube der Kopff erwärmet, und solche Wärme ziehet sich auch in den Stelzel, welches ihm in der Kälte des Winters, und

son=

sonderlich in den kalten Ländern dienlich ist. In dem übrigen wird er bey der Kälte verfahren, wie wir gesagt haben, daß es bey denen geschehen soll, die abgehaubt getragen werden. Muß man sie aber in dem Frühling tragen, so verfährt man fast bey allem, wie wir bey dem Herbst gesagt haben. Da wir oben gesagt haben, welche Lufft vor die Falcken, so ohne Haube getragen werden, dienlich oder schädlich sey; So wollen wir auch jetzo anführen, welche sich vor einen Falcken, der aufgekappt ist, schicke oder nicht. Wann es hell ist, so schadet es einem Falcken, der aufgekappt ist, nichts, weil er nichts siehet. Auch schadet ihm der Wind nicht so viel, als wenn er nicht aufgekappt ist, weil er alsdann die Flügel und das Gefürt besser zusammen schließt, daher der Wind ihn auf der Hand nicht so aufheben kan. Von der übrigen Beschaffenheit der Lufft muß man sagen, daß welche sich vor einen Falcken, der ohne Haube getragen wird, sich schicke oder nicht, die schicke sich auch oder auch nicht vor den, der aufgekappt ist. Von den Orten wodurch sie getragen werden, muß man sagen, daß derjenige Ort, wodurch ein Falck, der aufgebräwnt ist, bequemer getragen wird, als wenn er loßgebräwnt ist, eben derselbe sey viel besser vor einen, der aufgekappt, als aufgebrawnt ist, und noch weit besser, als wenn er loßgebrawnt ist. Das übrige aber, das man gesagt hat, so geschehen soll mit einem Falcken, der ohne Haube getragen wird, biß man denselben zum halben Aug oder völlig loßbrawnt, wenn er lock ist, das soll auch mit dem, der aufgekappt ist geschehen. Und wenn man einen Falcken, der aufgekappt ist, einen weiten Weg tragen muß, so soll er, wie der, so ohne Haube getragen wird, unterwegs lock gemacht werden. Wenn aber der Falck, er mag von einem zu Fuß oder zu Pferd getragen werden, auf dem Weg die Haube herabschnellen, und solche, weil er die Struppfen nicht zwischen die Finger genommen, auf die Erde hinunter fallen sollte, und der Falck wild und nicht aufgebrawnt ist, und ohne Haube nicht ruhig steht, so soll der Falckonier zu Pferd ihm das Zieget vorgeben, und die Haube sich jemand aufheben lassen, das Pferd aber soll er um und von der Haube wegwenden, damit ihm derselbe die Haube von der Seite reiche, wo er den Falcken nicht trägt, doch so daß es nicht von hinten her des Falcken sey. Ist er aber allein, so soll er ihm das Zieget vorgeben, und so sachte,

als

als er kan, absteigen, die Haube aufheben, und den Falcken aufhauben, und dann wieder aufs Pferd steigen. Ist er aber zu Fuß, so soll er sich solche aufheben lassen, oder selbst aufheben, und den Falcken wieder aufhauben. Steht aber der Falck schon gut vor der Haube, so wird er sie leicht aufheben, und ihn aufhauben können. Nun soll auch gesagt werden, worinnen die Haube mit dem Zieget einige Gemeinschafft hat, oder unterschieden ist, daß man daraus erkenne, worinnen das eine nützlicher als das andere sey. Hierinnen kommen sie überein, daß sie einerley Entzweck haben, nemlich die Falcken lock zu machen. Dann durch das Zieget und Haube werden sie mit dem Mann gemeiner, lassen besser mit sich handiren, und verwehren auch beyde das hasseliren, wodurch er seine Kräffte, Stelzel und Gefürt besser erhält, und daß alle Arten der Falcken durch die Haube und das Zieget können lock gemacht werden. Sie sind aber hierinnen unterschieden, daß man den Entzweck, so man mit dem einen auf diesen Weg und Ort erhält, mit dem andern auf eine andere erlangt. Denn die Haube verwehrt dem Falcken das hasseliren, indem sie macht, daß er nichts siehet. Das Zieget aber, das den Geschmack ergötzet, macht, daß er aufhört zu hasseliren, und wenn man dem Falcken das Zieget zeiget, und er es sieht, so wird er gemeiner mit dem Mann, und läßt ihn eher zu sich hingehen, als wenn man ihm die Haube zeiget; und mit dem Zieget läßt er sich lieber von der Reeck oder Jule auf die Hand nehmen, als mit der Haube: Das Zieget macht, daß er nicht mehr vor dem Mann geschreckt wird, aber die Haube nicht, und mit dem Zieget wird auch das Gefürt und die Klauen leichter zugerichtet, wenn eine Feder zerbrochen, und die Klauen nicht tüchtig sind, wie unten wird gezeigt werden, und mit dem Zieget kan man ihm auch die Schuh und Bell besser anmachen, die Arzeneyen geben, und auch andere Dinge, die ihm widerwärtig sind, vornehmen, als mit der Haube. Aber die Haube hat in einigen andern Stücken mehr Nutzen, als das Zieget, weil die Haube, da sie die Augen verdeckt, wenn der Falck fett oder gar zu wild, oder scheu ist, um welcher drey Stücke willen er an dem Zieget nicht ziehen und unruhig seyn wird, denselben fromm machet, welches mit dem Zieget, als woran er nicht ziehen will, nicht erlanget wird, und mit der Haube wird der

Falck

Falck leichter als mit dem Zieget einen Flug-Leib erhalten, welches mit dem Zieget nicht möglich seyn wird, weil er zu viel Atz bekäme, und daher gar zu fett würde. Die Haube macht auch, daß er nicht sehen kan, und weil ihn das sehen unruhig macht, so wird ihm also solches verwehret, welches durch das Zieget nicht so gut verwehret wird. Denn weil er bey demselben siehet, so hat er mehr Ursach zum springen - - - durch das Gesicht, - - - als durch einen andern von den Sinnen. Ein Falck der aufgekappt ist, läßt sich auch eher angreiffen, und mit sich handiren, und ist nicht so wild, wenn man ihn angreiffet, da er die Hand nicht siehet, als wenn man ihm das Zieget vorgäbe, und nicht aufhaubete. Ferner wenn man einen Falcken einem Unerfahrnen auf die Hand geben muß, so wird es nicht so schädlich seyn, wenn er aufgekappt ist, als nur mit dem Zieget. Dann wenn der Falck aufgekappt ist, so kan ihn ein Unerfahrner tragen, welches er mit dem Zieget nicht könnte, und es ist auch leichter ihn auf- und abhauben, als das Zieget vorgeben, man kan auch, wenn sie aufgekappt sind, die Atz theilen, und einen allein bey den andern atzen. Denn wenn sie die

Atz, so dem andern vorgegeben wird, nicht sehen, werden sie nicht unruhig seyn, welches sich mit dem Zieget nicht so gut thun liesse. Denn wenn man einem das Zieget vorgäbe, so würde der andere, der es sehe, unruhig werden, und ihm solches wegnehmen wollen. Desgleichen wenn die Falcken aufgekappt sind, so kan man zwey auf einer Hand tragen, wenn es nöthig wäre, welches sich mit dem Zieget nicht thun ließ, denn ein jeder würde dem andern das Zieget wegnehmen, einer den andern hohlen, und sich blessiren. Deßgleichen wenn zweyen Falcken, die man bißweilen auf einer Hand tragen soll - - -

Das übrige fehlt in der Handschrifft.

Albertus Magnus
Von den
Falcken
und
Habichten.

Das 1. Cap. Von der Natur der Falcken überhaupt.

Das 2. Cap. Von der Farb der Falcken.

Das 3. Cap. Von der Eigenschafft der Falcken.

Das 4. Cap. Von dem schreyen der Falcken, und wie man sie locket.

Das 5. Cap. Daß 17. Geschlechte der Falcken sind, und von dem ersten dem Sacre-Falcken.

Das 6. Cap. Von den Ger-Stücken.

Das 7. Cap. Von den Berg-Falcken.

Das 8. Cap. Von den fremden Falcken.

Das 9. Cap. Von den Hocker-Falcken.

Das 10. Cap. Von den schwarzen Falcken.

Das 11. Cap. Von den blanquen Falcken.

Das 12. Cap. Von den rosser Falcken.

Das 13. Cap. Von dem Blau-Fuß.

Das 14. Cap. Von dem Schmirlein oder Weißback.

Das 15. Cap. Von dem Schweimer.

Das 16. Cap. Von den vermischten Falcken.

Das 17. Cap. Von dem lock machen, Herzhafftigkeit, und Erhaltung der Gesundheit.

Das 18. Cap. Von den Curen nach dem Falckonier des Wilhelms.

Das 19. Cap. Von den Curen nach dem Falckonier des Kaiser Friederichs.

Das 20. Cap. Von den Curen der Habicht nach dem Kaiser Friederich.

Das 21. Cap. Von den Curen der Habicht nach dem Wilhelm.

Das 22. Cap. Von dem lock machen der Habichte, und beitzen mit denselben.

Das 23. Cap. Von den Curen aller Raub-Vögel nach dem Aquila, Symachus und Theodotion.

Das 24. Cap. Von zwey andern Arten Falcken, und ihrem Aufenthalt, und der Beschreibung der Habichte.

Albertus Magnus
Von den
Falcken und Habichten.
Aus dessen 23. Buch
Von den Thieren.

Das 1. Capitul.
Von der Natur der Falcken überhaupt.

Indem wir die Natur der Falcken, welche viele zu wissen begierig sind, genau beschreiben wollen, so wollen wir zuerst von derselben Natur überhaupt: Hernach von den verschiedenen Arten: Drittens von dem lock machen: Vierdtens von ihren Kranckheiten und Curen reden. Zum Anfang sagen wir, das Geschlecht der Falcken habe 4. Eigenschafften,

ten, wodurch es sich von allen andern Raub=
Vögeln unterscheidet. Die erste ist die Ge=
stalt des Stelzels: Die andere die Hitze:
Die dritte ihre besondere Art und Eigen=
schafft: Die vierdte ihr Geschrey. Was
ihre Gestalt belanget, so haben insgemein
alle Falcken einen dickern Kopff, kürzern
Halß, kürzern Bec, eine grössere Brust,
ein scharff= und spitzigers Borst=Bein, län=
gere Flügel, kürzern Staart, und kürzer
und stärckere Füsse nach ihrem Stelzel als
alle andere Raub=Vögel. Indem wir aber
die Einrichtung solcher Glieder bestimmen,
so beschreiben wir die, so dem Falcken=Ge=
schlecht in Vergleichung mit andern Raub=
Vögeln zukommen. Denn ob wir schon ge=
sagt haben, er soll einen dicken Kopff haben,
so soll er doch nicht ungeheuer dick seyn, weil
eine solche Gestalt der Nacht=Eulen gleich=
kommen würde, die alle ungeheuer dicke
Köpff haben, und furchtsam sind. Weil die
ungeheure Grösse mehr überflüßige Materie
als grosse Tapfferkeit anzeigt. Eben so hat
man es auch von dem runden Kopff zu ver=
stehen. Dann ein guter Kopff eines Thie=
res ist nicht völlig rund. Weil in einer Ku=
gelmäßigen Runde die Geister sich allzusehr
zertheilen, und nicht recht beyeinander blei=
ben.

ben. Aber da der Habicht einen länglichten Kopff hat, der sich allmählig zuspitzet gegen den Bec zu, wie auch der Kopff des Adlers zugespitzet ist, so ist der natürliche Kopff eines Falcken nicht länglicht noch zugespitzt, sondern der Bec scheint an einer Kugel zu stehen: Die Stirn ist rund und breit, oben platt, und auf beyden Seiten zimmlich rund und kurz. Dann eine solche Einrichtung bezeichnet eine cholerische Feuchtigkeit, hurtige Bewegung und Herzhafftigkeit. Weil auch der Falck die Eigenschafft hat, daß er rasch auf das Wild zugeht, und keinen Unterschied macht, so ist er offt herzhaffter, als er Kräfften hat. Gleiches sage ich auch von dem kurzen Halß, dann insgemein hat der Falck einen kürzern Halß als der Adler, Habicht und Sperber. Doch wird ein gar zu kurzer Halß nicht gelobet, weil solcher entweder eine phlegmatische Kälte oder cholerische Truckne anzeiget, nebst geringerer Stärcke, und auch der Natur der Nacht-Eulen mehr gleich kommt, und es ist, wie wir in der Physiognomie gesagt haben, nicht möglich, daß ein Thier von der Gestalt eines andern etwas an sich habe, und nicht auch zugleich etwas von dessen Art und Eigenschafft an sich

ſich haben ſollte. Ob wir aber ſchon ſagen, die Falcken ſollen kurze Fuͤſſe haben, ſo loben doch alle Kenner der Falcken an ihnen die langen Diehn, weil da der Fuß von den Diehn beweget wird, und die Diehn kurz waͤren, ſolches ein kaltes und boͤſes Temperament anzeigte. Die Diehn ſollen alſo lang ſeyn, viele Federn haben, und die Fuͤſſe kurz ſeyn, wohl voneinander ſtehen, ſtarcke Klauen haben, vornemlich in den Gelencken, und die ein wenig einwaͤrts gebogen ſeyn. Eben ſo verſtehen wir es auch von dem kurzen Staart nemlich in Vergleichung gegen den Habicht und Sperber. Dann ein allzu kurzer Staart hat eine Gleichheit mit den Kaͤutzlein und Eulen, ſo bey der Nacht fliegen. Er ſoll aber ſo lang ſeyn, daß ihn die vordern Fluͤgel=Federn, wenn ſie zuſamm geſchloſſen ſind, erreichen oder doch bey nahe erreichen, und ſoll nicht weit daruͤber hinausgehen, noch den Staart haͤngen laſſen wie die Habicht und Sperber. Weil ein langer Staart die viele Feuchtigkeiten, ſo durch den Ruckgrad herab gehen, und eine Furcht anzeiget.

Das 2. Capitul.
Von der Farb der Falcken.

Was die Farb der Falcken belangt, so sollen sie auf beyden Kinbacken schwarze Tröpeln, und um die Augengrüblein auf beyden Seiten des Becs weise Tröpeln, und schwarze Schellen haben, der Kopff oben, das Dach, der obere Theil des Halses, und das Ende der Flügel und des Staarts soll schwarzgrau seyn, sonsten aber Wasser-Tröpeln haben, da immer 5. Tröpeln sind, die schwarz sind: Aber die rothen Falcken sind rosser, und die hagard und forscher hagard werden blanc. Die Augen sind rothgelb, der Augen-Stern schwarz, die Füsse gelb, und ziehen in das Weise, und je weniger sie in das Weise fallen, desto schlechter sind sie. Fallen sie in das Blaue, so ist es eine schlechte Farbe, weil solche aus dem Dampff der Erden, so sich an die Füsse hängt, kommt, und anzeigt, daß sie furchtsam und faul seyn, daher hängeln sie, und ehe sie den Durchgang geben, so fliegt ihnen das Wild davon. Und wenn man bißweilen von solchen Falcken gute bekommt, so gehört viele Mühe und fleißiges Berichten darzu, wie auch bißweilen ein von Natur träger Mensch durch fleißige Uebung gut wird. Doch ſind die Arten der Falcken in beſagten Farben der Füſſe und des Gefürts unterſchieden, wie aus dem folgenden erhellen wird. Nach dem Geſchlecht aber kommt ihre Farbe ſowohl in dem ganzen als in den Theilen, und ſonderlich auf dem Kopff in etwas mit der Raub=Vögel, ſo bey der Nacht fliegen, überein, und in ſofern kommen dieſe den Falcken nah. Weil aber mehr die Geſtalt als die Farbe ihre Beſchaffenheit und Eigenſchafft anzeiget, ſo werden ſie ſchlechterdings nicht unter die edlen Falcken gerechnet: So viel von der Farbe.

Das 3. Capitul.
Von der Natur und Eigenſchafft der Falcken.

Die Eigenſchafft eines Falcken iſt, daß er raſch auf das Wild zugehet, und daher ſoll ihm ein Falkonier das Wild nicht gleich zeigen, ſondern wenn ſolches ſchon etwas entfernt iſt, ihn nach dem Wild ſchicken, damit er nicht zu raſch ſchlage. Wenn er aber fangen will, ſo iſt das eine Eigenſchafft des Falcken, daß er kliemet, die Klauen vorwärts auf die Bruſt leget, und ſo raſch ſchlägt, daß es in der Lufft pfeiffet, er macht einen Bund,

weil

weil er auf solche Weise eine grössere Wunde macht, daß er bißweilen das Wild von dem Staart biß an den Kopff voneinander schlägt, oder gar den Kopff wegschlägt. Weil aber bey zweyerley Arten der Bewegung auch wieder zweyerley Arten der Ruhe seyn müssen, und der Falck kliemet und streicht, so ruht ein guter Falck fast nichts, wenn er streicht oder kliemet, sondern wenn er den Durchgang gegeben, so fliegt er bißweilen unter dem Wild und flieget ihm vor, und hält es auf, biß ihm sein Camerad, der da kliemet, den Durchgang giebt. Denn also geht das Beitzen am besten von statten, wenn zwey oder auch mehr Falcken einander helffen. Es geschieht auch bißweilen, daß der Falck, so über dem Wild fliegt, demselben folgt, biß er ihm einen Stecken gesteckt hat. Man hat aber dabey zuzusehen, daß er nicht hångeln lerne, weil das ein Zeichen der Furcht ist, und daß er nicht das Herz habe, etwas anders als bloß auf der Erden kriechende Thiere zu fangen. Weil aber der Falck mit der Brust stösset, so hat er von Natur vornen an dem breiten Borst=Bein noch ein dreyeckigtes starckes Bein, wovon das eine in einem geraden Winckel vornen an der Brust herfür steht, und sehr hart und starck ist, und dar=

Ee 2 auf

aufleget er die Klauen, und schlägt mit der Fang=Klaue. Der Falck so rasch schlägt, ist der beste, der aber hängelt, nimmt die Art der Blau=Füß, die sonsten auch Schwei= mer heissen, an sich. Ein guter Falck fängt allein, doch besser mit einem Cameraden, weilen bey dem Kliemen oder Durchgang ge= ben derselbe sich aufhalten muß, und das Wild in solcher Zeit sich entfernet, wo es der Camerad nicht aufhält. Das ist auch die Ursach, daß, obschon die Falcken, wie alle andere Raub=Vögel zornige Vögel und ger= ne allein sind, sie doch bey dem beitzen gerne Cameraden haben, und das Wild mitein= ander ganz friedlich aufatzen, welches der Habicht und Sperber nicht thut. Weil nun, wie wir gesagt haben, der Falck auf das, was ihm vorkommt, verwegen zugeht, so muß er, wenn er auf der Hand getragen wird, und nicht fliegen soll, aufgekappt werden, damit er nicht zu viel fliegen wolle, weil er, da er ein guter Flug=Vogel ist, offt fliegen will, und daher muß ihn der Falckonier zuruck hal= ten. Die andere Ursach ist, weil da er auf= gekappt ist, und abgehaubt wird, und etwas sieht, er auf solches, gleich als aus einer Verwunderung, rascher und herzhaffter zu= geht, dadurch wird er auch eher mit dem

Mann

Mann gemein, und vergißt der andern Ge=
sellschafft.

Das 4. Capitul.
Wie die Falcken schreyen, und man sie lockt.

Die Falcken schreyen insgemein gröber, langsamer und heller als die Habicht und Sperber. Wann sie der Falckonier lo=
cket, so pfeifft er nicht, wie den Hunden, son=
dern er locket mit starcker Stimme. Doch lockt man nicht wie den Hunden, sondern wirfft den Lujer aus, der aus vier oder mehr Flügeln, wie ein Vogel, zusammen gebunden ist, worauf et=
was frisches Fleisch gebunden ist. Die Falcken schreyen auch bißweilen zu viel, welches eine Anzeige ist, daß sie entweder störr, oder gar zu mager sind. Wann sie störr sind, so soll man sie aufhauben, oder wieder einen guten Flug=
Leib machen, weil das allzuviele Schreyen zum beitzen sehr schädlich ist, indem die Vö=
gel vor dem Geschrey davon fliegen, ehe er ihnen einen Stecken stecken kan. Deßglei=
chen kommen sie manchmal, wenn der Fal=
ckonier locket, nicht herzu, und vornemlich die Berg=Falcken, und das geschieht um zweyer Ursachen willen, davon die erste ist, daß er erzörnt ist, weil ihm das Wild davon ge=

geflogen: Die andere weil man ihm zu viel gegeben, weßwegen er der Atz überdrüßig ist. Wenn aber der Falck von einem guten Falckonier von jungen an ist aufgeatzet worden, so darff man sich nicht hefftig darüber bekümmern, weil er, wann ihm der Zorn vergeht, oder er atzhitzig wird, von selbsten herzu fliegen wird. Denn die Falcken und Sperber sind so getreu, daß, wenn sie gut geatzet und wohl berichtet worden sind, sie, wie die Tauben, heimfliegen. Denn ich habe Falcken gesehen, welche, ohne, daß ihnen Schuh angemacht worden sind, aus- und eingeflogen sind, und da wir asen, auf den Tisch kamen, vor uns sich in die Sonne legten, und ausbreiteten, gleich als wenn sie uns liebkoseten, und wann man beitzen wollte, so stunden sie an das Hauß, und flogen zum Fenster hinaus, und kamen, wann es der Falckonier haben wollte, auf das locken. Wenn sie aber nicht recht lock gemacht sind, und nicht wieder kommen wollen, so ist die Ursach, daß sie mit dem Mann noch nicht gemein sind, und da soll man sie nicht von der Hand gehen lassen, als wann sie atzhitzig sind, weil sie alsdann gewohnen her zu kommen. So viel von dem schreyen der Falcken, und dem locken.

Das

Das 5. Capitul.
Von den 17. Geschlechten der Falcken, und dem ersten Sacre-Falcken.

Die edlen Falcken, die zu uns gekommen sind, sind zehnerley Geschlechte, und drey der unedlen, und drey so von edlen und unedlen vermischt sind, und ein vermischtes, welches, weil es von einem nicht gar unedlen Vater herkommt, sehr gut zum Feder-Spiel ist. Das erste Geschlecht der Falcken heißt Sacre-Falcken. Der Symachus nennt ihn den Britannischen, einige den Aelius gleichsam den Lufft-Falcken, einige den Aeriphilus, der die Lufft gleichsam liebet, und hievon haben wir oben gesagt, daß er gerne hoch fliegt, und nicht gerne in der niedern ist. Er hat dicke, rauhe Füsse, schärffere Klauen als der Adler, siehet fürchterlich aus, hat sehr feurige gelbe Augen, einen grossen Kopff, starcken Bec, grosse Hacken, und dieses Geschlecht hat allein unter den Falcken einen langen Staart. Er ist aber fast so groß als ein Adler, und es fliegt kein anderer Vogel mit ihm; sondern sobald die andern Vögel einen Sacre-Falcken sehen, so fliegen sie mit grossem Geschrey auf die Wälder zu, oder kommen auf die Erde, und lassen sich eher mit den

den Händen fangen, als daß sie wieder in die Höhe gehen sollten. Es fliegen aber gemeiniglich zwey miteinander, und daher werden sie lock, wenn man sie zusammen auf eine Reeck stellet, und folgen dem Mann nach, als wenn sie ohne ihn nicht seyn könnten. Es ist auch kein grosser Vogel, den sie nicht fangen; Sie lassen sich auch nicht an einem begnügen, sondern so viel sie antreffen, schlagen sie herab, sie fangen auch die Gemsen, und reissen ihnen die Augen und das Hirn aus. Sie wollen aber sehr zärtlich gehalten, und vornemlich mit frischem Herz und Hirn und gesunden Fleisch geatzet werden, das seine natürliche Wärme noch hat, und atzen sich so viel als ein grosser Adler. Dieses ist das edelste Geschlecht der Falcken, fliegt sehr lang, und verfolgt das Wild, auf zwey, drey oder auch wohl vier Stunden, biß es vergießt. In Gesellschafft ist er lustiger auf den Fang, doch ist er auch allein sehr gut: Er ist gemein mit dem Mann, und liebt die Jagd-Hunde, und ist viel lustiger zu fangen in ihrer Gegenwart, gleich als wenn er in ihrer Gegenwart seine Stärcke wollte sehen lassen. Es haben aber diese Falcken, was wir oben gesagt haben, daß es alle Falcken haben, die Tröpeln, Gestalt, Stimme und andere Eigenschafften. Aber
ihre

ihre Stimme ist starck, und schreyen selten, und wenn man lockt, muß man laut und starck locken, weil er hoch und weit flieget. Der Lujer soll auch sehr groß seyn, damit er ihn weit sehen kan. Doch wenn er nicht gleich zuruck kommt, so hat es nichts zu sagen, weil er von selbsten wieder nach Hauß zu fliegen pflegt. Dieses ist nun das edelste und erste Geschlecht unter den Falcken.

Das 6. Capitul.
Von denen Ger-Stücken.

Das andere Geschlecht sind die Ger-Falcken, die dem Sacre-Falcken am nächsten kommen. Dann das Ger-Stuck hat in der Gestalt, Farb, Würckung und Geschrey die vollkommene Eigenschafft eines Falcken. Er ist aber grösser als der Habicht und kleiner als der Adler, und heißt Ger-Falck von Gyrare, weil er vielmals Ring hohlet: die kleinen Vögel achtet er nicht, und fängt nur die grossen, als Kranich, Schwanen, und dergleichen. Dieser Falck ist ein sehr schöner Vogel, hat nach Proportion seines Stelzels keinen langen Staart, sehr starck und schöne Flügelbogen, glatte und keine rauhe Füsse, starcke Klauen und sonderlich starcke Fang-Klauen, er fängt allein, doch besser mit einem Cameraden. Unter allen Falcken steht er am aufrechtesten, schließt das Gefürt wohl zusammen, und verfolgt das Wild lang. Deßwegen braucht der Falckonier ein gutes Pferd ihm nachzureuten, und gute, schnell, und dazu abgerichtete Hunde, daß sie ihm zu Hülff kommen, wenn er geschlagen hat. Diesen Falcken aber muß man zuvor wohl berichten, daß er nicht auf dem Wasser schlage, weil er offt weit von dem Falckonier weg ist, und in dem Wasser schaden nehmen könnte. Darum soll man ihn nicht längs dem Wasser hin nach dem Wild schicken, sondern warten, biß das Wild über das Wasser hinüber geflogen ist, und dann das Ger-Stück nach dem Wild schicken, weil die Vögel alsdann wegen des Ger-Stücks nicht das Herz haben in das Wasser zu gehen. Wenn man aber das Ger-Stück auf dem Land gegen das Wasser fliegen läßt, alsdann gehen alle Vögel auf das Wasser zu, und wenn er sie schlägt, so fallen sie in das Wasser, und der Falck nimmt Schaden, oder ersaufft gar, und wenn er heraus kommt, so wird er doch furchtsam. Andere Falcken und die Habicht fliegen nicht gern mit dem Ger-Stück, und auch der Adler läßt sich nicht leicht mit ihm in einen Streit

Streit ein. Er will aber mit zarten, frischen und gesunden Fleisch, das noch seine natürliche Wärme hat, geatzet werden, und sonderlich was um das Herz ist, weil solches am besten zu verdrucken ist. Wir nehmen solches daher ab, weil das Ger = Stück, so lang es wild ist, nichts als das Herz, und was am nächsten um dasselbe ist, gegen den rechten, selten gegen den lincken Flügel aufatzet. Er will auch mit frischen Vögeln, die eine hitzige Natur haben, als Tauben, Holz=Tauben und dergleichen, geatzet werden. Dieses erkennen wir daher, weil kein Falck oder Habicht oder Sperber, so lang er wild ist, mit dem, was er übrig gelassen, sich noch einmal atzt, sondern läßt es liegen, wenn er einen guten Kropff hat, und wenn er sich wieder atzen will, so fängt er ein neues Wild, und dieses thun die Adler nicht. Die Falcken gehen auch nicht, wie die Adler und Milanen auf das Luder. Das Fleisch, so seine natürliche Wärme noch hat, ist also gut vor die Ger=Stück, welches wir daher beweisen, weil das Ger=Stück, so lang es in der Wildniß ist, das Wild aufzuatzen anfängt, eher als er dasselbe zu todt gewürget, es soll auch gesundes Fleisch seyn. Daher gefällt mir nicht, daß einige heute eine Diehn oder

Borst

Borst von einer Henne, und hernach den andern Tag die andere Diehn oder Borst davon nehmen, und den Falcken damit atzen. Weil eine solche Henne ganz gewiß schon zu faulen anfängt, und bey der Fäulung eine Fieber=artige Hitze entstehet. Daher taugt eine solche Atz nicht vor den Ger=Falcken, der ein zärtlicher Vogel ist. Dann ein Falckonier soll allen Fleiß anwenden, daß er bey dem atzen, so viel möglich sich nach der Natur richte, die ein Vogel in seiner Wildniß und Freyheit zeiget, und also wird ein Ger=Stück seine natürliche Stärcke und Kräfften lang behalten. Wenn man aber anderst mit ihm verfährt, so wird er allgemach schwach und krafftloß und crepirt. Dieses sind nun die zwey ersten und edelsten Geschlechte der Falcken, die wir bekommen haben.

Das 7. Capitul.
Von den Berg=Falcken.

Das dritte Geschlecht der Falcken sind die Berg=Falcken. Diese haben einen kurzen und dicken Stelzel, einen kurzen und sehr dicken Staart, eine runde und grosse Brust, starcke, und nach Proportion des Stelzels kurze und rauhe Füsse, und starcke Klauen.
Auf

Auf dem Dach und aussen an den Flügeln ist er eluh, und wird bey den hagard und forscher hagard heller, mit schwarzen Tröpeln. Dieses Geschlecht der Falcken ist sehr störr und zornig, und es ist selten ein Falckonier, der seine Art recht kennet, daher hat Ptolomæus, König in Egypten gelehrt, man soll ihn selten auf der Hand tragen, ausser zu früh, oder wenn man auf die Beitz gehet. In den andern Zeiten soll man ihn in eine finstere Kammer thun, und darinnen zwey biß dreymal ein helles Feuer, so nicht raucht, machen, und ihn nicht auf der Hand tragen, als in den besagten Zeiten und wenn man atzet, weil er hiedurch mit dem Mann gemein, und fromm wird. Wenn er störr ist, soll ihm der Falckonier flatiren, weil hiedurch sein Zorn eher gebrochen wird. Dieser Falck ist so dick als ein Habicht, ob er schon viel kürzer ist, und hat sehr blasse Füsse, und die wie schuppicht sind, und wenn er steht, so ist er wie eine Pyramide gestaltet, wenn man sich eine etwas niedergebogene Pyramide vorstellt. Dieser Falck erzürnt sich sonderlich sehr, wenn er das Wild nicht bekommen hat, also daß er bißweilen vor Zorn auf den Falckonier, der ihn lockt, stößt, und ihm den Kopff und das Gesicht zerkratzet, oder auch auf das Pferd, worauf

auf er reutet, oder auch auf die Hund, biß=
weilen wird er auch billard. Darum muß ein
Falckonier in solchem Fall sehr gedultig seyn,
und ihm nicht zuwider thun, und nicht lo=
cken, biß sich der Zorn gelegt. Wenn auch
der Berg=Falck, da er auf den Lujer gelo=
cket wird, nicht käme, so darf man sich darum
nicht viel bekümmern, ausser daß man ach=
tung giebt, daß er nicht von einem andern ge=
fangen werde, weil er, wenn der Zorn ver=
gangen, selbsten wieder nach Hauß kommt.
Aber dieser bösen Art wegen ist dieses Falcken=
Geschlecht nicht zu verwerffen, weil es sehr
herzhafft ist, und die grösten Vögel fänget,
also daß es auch bißweilen den Adler fänget,
und ihn zu todt würget. Ptolomæus giebt
den Rath, ein erfahrner Falckonier soll dieses
verhüten, weil, wenn man ihn offt auf grosse
Vögel, die über seine Kräffte und Stärcke
sind, fliegen läßt, und er zu hefftig erzürnt
wird, er sich in den Tod stürzet. Eine solche
Begebenheit haben einige von unsern Came=
raden in den Alpen=Gebürgen gesehen, als
ein Berg=Falck von einem Felsen kam, und
auf ein Rebhun zugieng, und ein Adler es
ihm wegfieng, so suchte er solches dem Adler
wieder wegzunehmen. Da er aber solches nicht
vermogte, und sich eine Zeitlang vergebens
bemü=

bemühte, so kliemte er, und schlug den Adler mit solcher Force, daß er ihm den Kopff abgeschlagen, und sie beyde todt blieben. Deßwegen soll man dem Berg=Falcken dergleichen Zorn verwehren. Diese Falcken bekommt man öffter als jene zwey vorbemeldte Geschlechte, und er hat an seiner wilden Art ein grosses Wohlgefallen, und man bekommt offt dergleichen, die sich nicht begnügen, ein Wild zu fangen, sondern sie prangen gleichsam damit, daß sie viel fangen, und ergötzen sich an ihrer wilden Art manchmal so, daß sie darüber sich zu atzen vergessen, aus Begierde zu fangen und todt zu würgen. So viel von den Berg=Falcken.

Das 8. Capitul.
Von den fremden Falcken.

Unter den vorangeführten Geschlechten der Falcken hat der fremde Falck die vierdte Stelle. Er heißt aber um zweyer Ursachen willen der fremde. Die erste und wahre Ursach ist, weil er immer von einem Land in das andere fliegt, gleich als wenn er alle Länder durchzöge, die andere ist mehr der Falckonier=Meynung, weil man nicht weiß, noch findet, wo sie horsten, sondern weit von dem Ort, wo sie gehorstet, gefangen werden.

Die=

Diese beyde Ursachen hab ich von einem erfahrnen Falckonier gehört, welcher lange Zeit auf den Alpen-Gebürgen an einem Felsen in einer Einöde gewohnet hat. Er sagte die fremden Falcken horsteten auf den hohen Bergen und steilen Felsen, und man habe niemals anderst zu dem Horst kommen können, als daß man jemand von der Höhe an einem Seil herunter gelassen habe, welches Seil offt 100. 150. ja 200. oder 300. Klaffter lang seyn müsse, und bißweilen sey es wegen der allzugrossen Höhe oder rauhen Felsen nicht möglich beyzukommen, und daher sey die Meynung entstanden, man wisse nicht, wo diese Falcken horsten. Er sagte: er habe offt gesehen, daß die Alten ihren Jungen das Wild in die Höhlen und Steinklüffte zugetragen, und fügte hinzu, daß diese Falcken ihre Jungen, wenn sie beflogen sind, austreiben, weil es daselbst wenig Vögel gebe. Deßwegen fliegen die Junge alsbald in das ebene und freye Feld, wo mehrere Vögel sind, und fliegen herum, da sie keine gewisse Wohnung und Aufenthalt haben. Ich habe aber solche Falcken auf zweyerley Art fangen gesehen. Die erste ist, die fast allenthalben gemeine und gebräuchliche Art, daß ein grosses Garn ausgebreitet wird, welches leicht zu ziehen ist, und

und schnell schlägt, und vor dieses bindet man einen Schweimer mit einem andern Vogel mit einem Strick, oder etwas von Wollen oder Haaren, das einem Vogel ähnlich siehet, also, daß wenn man den Strick anziehet, es scheint, der Schweimer wolle den Vogel fangen, und dieser Strick wird offt angezogen, damit, wenn es der vorbey fliegende Falck siehet, so will er dem Schweiner das Wild abnehmen, und wird also gefangen. Ich habe eine noch weit bessere Art gesehen. Man macht zwey Höltzer creutzweiß übereinander, und am Ende macht man zwey andere Reifen, so daß die Ende derselben in das Ende der Höltzer gesteckt werden, und zwischen diesen vier Enden der Reifen werden andere wie ein halber Circul eingebogen, und unterwärts eingesteckt, so daß ein Reife 3. oder 4. Zoll breit von dem andern sey, und an diese Reifen werden von oben biß unten viel Schlingen gelegt. Dieses Instrument soll 7. bis 8. Schuh hoch, und 5. oder 6. Schuh breit seyn. In die Mitte setzt man ein Kefich 6. Schuh hoch, also daß die Seiten des Instruments einen Schuh weit von dem Kefich weg seyn. In diesem Kefich sollen von oben biß unten Hölzlein übereinander liegen, und 6. oder 7. Vögel hinein gethan werden. Denn
die=

diese werden auf den Hölzlein immer auf- und abhupffen, und dieses soll auf einer Mauer oder Thor, oder auch im freyen Feld wohl vest gemacht werden. Wenn denn der Falck vorbey fliegt, und solche Vögel sieht, und sie fangen will, wird er sich selbst an den Schlingen fangen. Auf diese Art hab ich die besten Falcken fangen sehen. Der Einsiedler sagte: Er habe nur allein einen Vogel ohne Schweimer vor das Garn gebunden, weil der Falck, der auf das Wild begierig sey, rasch auf das Wild zugehe, und sich fange. Auf solche Weise habe er diese Falcken alle Jahr gefangen. Es ist aber dieser Falck, der fast in allen Ländern gefunden wird, kleiner als ein Berg-Falck, hat einen kurzen Staart, und lange Flügel, dicken Kopff, lange Diehn, und kurze Füsse, und wenn er rauhe Füsse hat, ist er besser, und ist gut, wenn er wohl gehalten wird. Er fängt aber gemeiniglich die Enten, und wenn er durch einen erfahrnen Falckonier wohl berichtet wird, so wird er herzhafft, und geht auch auf die Reiger, und bißweilen auf die Kranich, welches er aus grosser Herzhafftigkeit thut. Soviel von diesem Geschlecht.

Das 9. Capitul.
Von dem Hocker-Falcken.

Das fünffte Geschlecht ist dasjenige, welches besagter Einsiedler den Hocker-Falcken genennt hat, und hat mir deren drey, die er bey sich hatte gezeiget, und gesagt, er habe dergleichen viel verkaufft: Dieser Falck hat einen sehr kleinen Stelzel, ist aber von grosser Stärcke und sehr herzhafft, und hat einen raschen Flug, wenn er das Wild verfolgt. Er ist wenig grösser als der Sperber, und hat wie der fremde und andere Falcken in dem Gesicht Tröpeln. Er wird aber der Hocker-Falck genennt, weil er einen so kurzen Halß hat, daß man kaum vor den Hacken der Flügel den Kopff siehet, wenn er sie zusammen schließt. In Proportion des Stelzels hat er einen grossen Kopff, einen sehr kurzen und runden Bec, sehr lange Flügel, kurzen Staart, starcke Diehn, und gegen die andern Glieder lange Füsse, die gleichsam wie eine Schlange oder Eyder schuppicht und unten, und sonderlich an den Ballen rauh sind, und feurige Augen. An der Farb ist er den fremden Falcken gleich. Oben ist der Kopff platt, hinten zu flach, und mit dem Halß fast eins. Er läßt sich leicht lock ma-

chen

chen, ist von guter Art, und horstet in Felsen, wo man nicht beykommen kan, wie die fremden Falcken, und wird auch wie diese gefangen, wenn er aus dem Horst flieget. Er ist so herzhafft, daß er die wilden Gänß, Reiger und Kranich fängt: Fliegt sehr rasch, und kliemt so hoch, daß man ihn nicht mehr sieht. Er ist nicht zufrieden, daß er nur ein Wild fängt, sondern schlägt viele, und will bey dem beitzen Cameraden haben, wegen seines kleinen Stelzels und der grossen Vögel, die er fängt. Es erzehlte dieser Falckonier mir auch eine Geschichte, daß er deren 3. an einen Edelmann verkaufft habe, der sie in seiner Gegenwart probirt habe, indem man ohngefähr weise wilde Gänß angetroffen, und die, da man den Falcken nach ihnen geschickt, sehr hoch geflogen, aber die Falcken hätten so hoch gekliemet, daß man sie nicht mehr gesehen habe. Als nun der Edelmann gemeint, die Falcken seyen verlohren, so seyen die Gänß von den Falcken voneinander geschlagen um sie herab gefallen, und derselben wären mehr als 20. gewesen, und endlich seyen auch die Falcken, da man gelocket wieder gekommen. Diese Gänse wären alle voneinander geschlagen gewesen, als wenn man sie mit einem Messer aufgeschnitten hätte. Die Ursach hievon ist, weil

weil dieser Falck nicht, wie die andern, schlägt, wenn er den Bund macht, sondern wenn er gleichsam wieder zu steigen anfängt, indem er den Bund machet, so schlägt er mit der Fang-Klaue das Wild voneinander, und macht eine lange Wunde. Bißweilen schlägt er so rasch, daß er die Klaue zerbricht, oder sich selbst an der Brust verletzet, oder tödtet. Es ist auch eine Art Falcken, welche immer balliren, als wenn sie fliegen wollten, und sind viel herzhaffter als starck. Solche wollen beständig mit frischem Fleisch, das seine natürliche Wärme noch hat, geatzet werden, und schlagen alsdann wohl fort. Atzet sie aber der Falckonier bißweilen mit anderm Fleisch, so soll es zartes Fleisch von Vögeln seyn, das noch frisch ist, oder wenigstens nicht übel riechet, und im kalten Waßer wohl abgewaschen werden, weil die Raub-Vögel einen schwachen Magen haben, der gar ein zartes Häutlein hat, und gar leicht von einer bösen Atz schaden nimmt. Daher werffen sie gar leicht die Atz unverdaut, und vornemlich wenn sie mit unverdaulichem hartem Fleisch geatzet werden, oder mit solchem, das schon zu faulen angefangen. Diese Falcken wollen zu früh lang auf der Hand getragen werden, weil, wenn sie einmal die Hand gewohnt,

gar

gar gerne zur Hand stehen und kommen. So viel von dem Hocker-Falcken.

Das 10. Capitul.
Von den schwarzen Falcken.

Das sechste Geschlecht ist der schwarze Falck, der dem fremden in der Gestalt sehr gleich, doch etwas kürzer ist, und eine andere Farbe hat. Dann auf dem Dach, Flügel-Spitzen und Staart, ist er ganz schwarz, und an der Brust, Bruck und Seiten hat er Tröpeln, und unter den Augen hat er, wie alle Falcken, sehr schwarze Tröpeln mit einer Plumage. Die Diehn, Füsse und Bec sind wie bey den fremden Falcken. In der Gestalt gleicht er dem Bussart viel, von dem wir oben schon Meldung gethan haben. Der Kaiser Friedrich sagt nach dem Bericht des Wilhelms, Falckoniers des Königs Rogerius, dieser Falck sey sonsten auf dem Geburg Gilboa gesehen worden. Als hernach die Jungen von den Alten seyen ausgetrieben worden, so seyen sie nach Salamin auf die Gebürge Asiens gekommen, und von da wären dieser Jungen auf die Gebürge in Sicilien, und hernach nach Italien gekommen. Jetzt findet man sie auf den Alpen und Pyrenäischen Gebürgen, und sind auch nach Teutschland gekommen, wiewohl sie da noch rar sind. Solche Falcken sind in der Herzhafftigkeit und Atz den fremden gleich. Sie scheinen cholerisch zu seyn, und das von der Hitze verbrandte gehet in die Federn, daher werden sie schwarz, doch werden die hagard etwas heller, und es ist wahrscheinlich, daß sie in warmen Ländern schwärzer als bey uns sind, weil in den warmen Ländern das Ey mit grösserer Hitze ausgebrütet wird, und daher wird auch das Junge viel schwärzer. Hingegen in den kalten Ländern hat das Ey mehr Feuchtigkeit, welches, weil es durchsichtig ist, die weise Farbe verursachet, und von dem, was sich von der Erde anhängt, Tröpeln bekommt. Da wir aber an dem Stelzel äusserlich zwey Stücke betrachten, die Gestalt und Farbe, so zeigt die Gestalt an, wie fern sie mit dem Falcken=Geschlecht übereinkommen, oder abgehen. Denn wir haben auch schon gesehen, daß es in kalten Ländern weise Dohlen und Raben giebt. Da man doch aus ihrer Gestalt sieht, daß sie unter das Dohlen und Raben=Geschlecht gehören. Und in sofern ist diese Art Falcken denen fremden gleich, ob sie schon eine ganz andere Farb haben, und weil sie auch besagter massen ihre

Ff 4   Jun=

Jungen austreiben. So viel von den schwarzen Falcken.

Das 11. Capitul.
Von den blanquen Falcken.

Das siebende Geschlecht ist der blanque Falck, der aus Norden, und dem Meer, aus Norwegen, Schweden, Esthen, und den umliegenden Bergen und Wäldern kommt. Dieser Falck hat weise Tröpeln, wie der Schwarze schwarze Tröpeln hat. Die Ursach solcher weisen Farbe ist die Kälte und Feuchtigkeit der Länder, wo sie gehorstet werden. Auf dem Dach und Flügeln ist er weißlich, aber an den andern Orten hat er sehr weise Tröpeln, und ist grösser als der fremde, und kommt dem weissen Schweimer, der Mäuß fängt, viel gleich. Daher behaupten einige Falckonier, er sey von dem Terz eines fremden Falcken und weissen Schweimer gezeuget worden, welches doch nicht wahr ist, weil er sehr herzhafft ist, und in keinem Stück von der Natur eines Falcken abgeht, und nichts von des Schweimers Art an sich hat. Dann er hängelt nicht wie der Schweimer, sondern giebt den Durchgang wie ein Falck. Die Gestalt der Füsse und Klauen, des Becs und ganzen Stelzels zei=

zeigen, daß er von der Falcken Art sey. Ob er wohl gröbere und rauhere Füsse als der schwarze Falck hat, welches von seiner feuchten Natur herkommt, wovon die Füsse gröber und dicker werden, als bey denen, die hitziger Natur sind. Es ist aber die kalte und feuchte Natur dieses Falckens kein hinlängliches Zeichen, daß er deßwegen nicht so herzhafft und rasch als wie der schwarze Falck sey. Weil die Stärcke eines jeden Thiers nach seiner Grösse sich vergrössert, wofern solche nicht die Grenzen der natürlichen Grösse überschreitet, und daher ist dieser Falck stärcker und lustiger als der schwarze Falck. Und weil er von Natur starck ist, so wird er daher auch herzhaffter. Ob er nun schon nicht so rasch fliegt, wie der schwarze Falck, so verfolgt er doch das Wild länger, und darauf wird bey einem Falcken sonderlich gesehen. Dann die schwarzen hitzigen Körper haben sehr viele Schweiß-Löcher, daß die Geister, wovon doch die Stärcke und Munterkeit kommt, leicht ausdünsten, und denn werden sie faul und schwach, ob sie schon von Natur rasch sind. Hingegen haben die weissen, die kälterer Natur sind, ein vesters Fleisch, und haben, weil sie sehr feucht sind, viele Geister, und dünsten nicht so geschwind aus; und halten lang in der Arbeit an. Ueberdieß

dieß geht auch die flüßige Feuchtigkeit in die Nerven, und Mäußlein, und hindert daß sie von der Hitze aus der Bewegung nicht steif werden und verhärten, und daher können sie zu der Bewegung lang gut und geschickt bleiben. Dieses ersetzt bey den blanquen Falcken, was ihnen in Ansehung der schwarzen Falcken abgeht. Dieses nun soll genug von demselben gesagt seyn, weil er in der Atz und fangen nichts oder wenig von den andern unterschieden ist.

Das 12. Capitul.
Von den rosser Falcken.

Das achte Geschlecht ist der rosser Falck, welcher so genannt wird, nicht als wenn er ganz roth wäre, sondern weil die Tröpeln, so bey andern Falcken weiß sind, bey diesem roth, und wie bey den andern mit schwarzen Tröpeln untermenget sind. Er ist auch weder auf dem Dach noch Flügeln roth, ausser wenn er die Flügel ausbreitet, da man dann eine dunckelrothe Farbe sieht. Es wird dieser Falck von einigen, die der Falcken Natur beschrieben haben, fälschlich vor einen Bastard von einem rothen Schweimer und Falcken gehalten. Welches ohne allen Grund ist, weil er er auſſer der Farb mit dem Schweimer gar keine Gleichheit hat. Vielmehr kommt solche rothe Farb von der schwachen Hitze, die in dem obern Theil des Stelzels ist, wovon die dämpffigte Feuchtigkeit erhitzt und heraus getrieben wird, daß das Gefürt davon wächst, und macht zwischen der weiſſen und schwarzen eine Mittel-Farbe. Dann wie die Natur, so eine Ursach der Ordnung ist, nicht bey den andern, also fällt sie auch bey diesem Geschlecht nicht von einem äuſſersten auf das andere, sondern behält bey dem Falcken-Geschlecht die Mittel-Straſſe. Denn andere Mittel-Farben schicken sich nicht vor die Falcken. Weil das grüne, blaue und gelbe ganz von einer herzhafften und zum fangen geneigten Natur abweicht. Denn die grüne Farb zeiget Kälte an, wie auch die grüne Farb in dem Urin eine tödtliche und verzehrende Hitze anzeigt: die blaue ein flüchtiges Temperament: die gelbe ein verderbendes cholerisches Temperament. Ob wir nun schon jene zwey an Vögeln, und die dritte an Pfauen finden, so kommen sie doch, wie wir schon geſagt haben, mit der Herzhafftigkeit und raschen Flug nicht überein. Es ist aber dieſer Falck nicht groß, etwas kleiner als der fremde Falck, aber er hat starcke Klauen,

Füſſe

Füſſe und Bec, und iſt ſehr raſch im Flug, hält aber nicht gar lang an, wird leicht lock, und der hagard und forſcher hagard wird beſſer, lebt aber nicht ſo lang, wie die andern Falcken. Daher muß man ihm friſches Fleiſch, das noch ſeine natürliche Wärme hat, doch nicht gar zu viel geben, noch offtmals den Tag über, ſondern nur des Morgens und Abends. Man muß ihn auch wohl vor dergleichen Dingen in acht nehmen, die eine Veränderung in dem Temperament verurſachen, weil er ſich gar gerne verändert. Man ſoll ihn auch nicht zu viel fliegen laſſen, dann die roſſer Art kan die Arbeit nicht ausſtehen, ob ſie gleich anfangs raſch auf das Wild loß geht. Das Alter aber, welches ein wenig temperirt, und die viele erhitzte Feuchtigkeit, und vornemlich die Mauß verbeſſern ſolches Temperament zimmlich. Die rothe Feder iſt auch mürb, und weich, und kan die Arbeit im Flug nicht lang aushalten, daß ſie nicht zerbrechen ſollte. Auf dieſes alles muß ein kluger Falckonier ſehen. Das ſoll genug ſeyn von dem roſſer Falcken.

Das

Das 13. Capitul.
Von dem Blau-Fuß.

Das neunte Geschlecht, welches schon von der guten Art der Falcken etwas abgeht, ist der Blau-Fuß, welcher zwar in der Grösse und Gestalt dem fremden Falcken gleicht. Aber das Dach und die Flügel-Spitzen sind nicht so schwarz, und ist auch auf der Brust weisser, hat auch keine so lange Flügel, aber einen etwas längern Staart, auch eine hellere Stimme, weil er von einer feuchtern und phlegmatischern Natur ist, und ist auch nicht so herzhafft. Der Blau-Fuß fängt selten grössere Vögel als Atzeln und Krähen. Aber die fremden und andere Falcken fangen alle auch grosse Vögel. Daher wenn der Blau-Fuß einen Durchgang geben soll, so fängt er aus Furcht an zu hängeln, und stößt nicht rasch herab. Doch wenn er berichtet wird, so wird er zwar herzhaffter, doch wird er nie so gut, wie ein rechter Falck. Es geht aber bey den Raub-Vögeln, wie bey den Soldaten. Dann es giebt auch Soldaten, die von Natur schwach sind, und kein Herz haben, doch aber durch die Kriegs-Wissenschafft, und öffters siegen, durch die Erfahrung den Feind anzugreiffen, zu schlagen,

gen, und in einen Hinterhalt zu locken, und zu wenden, und indem sie sich auf ihre Cameraden verlassen, offt herrliche Siege erlangen. Eben so ist es auch mit dieser Art Falcken, die, ob sie gleich von Natur furchtsam, doch durch das berichten, und öffteres fangen, und weil sie sich auf den Beystand des Falckoniers verläßt, herzhaffter und besser wird. Also ist auch der Sperber, der grössere Vögel als er selbsten ist, fängt, und es ist kein Wunder, da auch die Schweimer, wenn sie berichtet werden, fangen, die von Natur so furchtsam und so langsam sind, daß sie nichts als Mäuß oder junge Vögel, die noch nicht fliegen können, und auf der Erden lauffen, oder im Nest sitzen, fangen. Wie aber ein furchtsamer Vogel durch das berichten herzhafft gemacht werde, wird hernach gesagt werden.

Das 14. Capitul.
Von dem Schmirlein oder Weißback.

Das zehende und letzte und der Grösse nach kleinste Falcken-Geschlecht ist das Schmirlein, sonsten auch Mirle genannt. Ob dieses Geschlecht gleich kleiner ist als die vorangeführten Falcken, so giebt es doch

in

in der Herzhafftigkeit keinem nichts nach, vornemlich wenn es berichtet ist, und sich auf den Beystand eines erfahrnen Falckoniers verlassen darff. Der Falckonier Wilhelm sagte, er hab einmal sogar einen Kranich damit gefangen. Dann wenn sie nicht berichtet sind, so fangen sie sonsten nur Lerchen, Rebhüner und Tauben. Es hat aber dieses Geschlecht, wie alle andere Falcken, unter den Augen Tröpeln, und nach Proportion des Stelzels die längsten Flügel, einen mittelmäßigen Staart, glatte gelbe Füsse, und ist kleiner als der Sperber, und fast so groß wie das Terz vom Sperber. In der Wildniß fängt er Distelfincken, denn er ist sehr geschwind, und passet listig auf, und wenn er fängt, giebt er wie die Falcken einen Durchgang. Weil solches fast jedermann bekannt ist, so soll dieses genug davon gesagt seyn.

Das 15. Capitul.
Von den Schweimern.

Der geringern und unedlern Falcken sind dreyerley, welche, wie die alten Falconier, Aquila, Symachus und Theodotion an den Ptolomæus schreiben, mehr Schweimer

mer als Falcken heissen sollten, und die einige Teutsch Lanete, einige aber Schweimer nennen. Diese Schweimer, so Mäuß fangen, sind an der Farb dreyerley, der blanque, und schwarze, die so groß sind als die Falcken, und der rosser, der kleiner, und dem Schmirlein gleich ist. So lang sie jung sind, haben sie wegen der Feuchtigkeit und geringen Hitze fast gar keine Herzhafftigkeit, wie auch alle Knaben furchtsam sind. Die hagard und forscher hagard, wenn sie gut berichtet werden, werden herzhaffter, und fangen Tauben und Enten. Man hat aber dabey vornemlich zu beobachten, daß man sie im ersten Jahr, da sie lock gemacht werden, nur mit lebendigen Vögeln atzet, und wenn sie solche ein wenig abgerupffet, so soll man sie ihnen aus den Füssen nehmen, und nur lauffen lassen, daß sie dieselbe fangen, und wenn sie solche haben fangen lernen, so soll man sie lauffen und fliegen lassen. Wenn sie aber auch diese offtmals gefangen, so schneidet man dem Wild die Flügel etwas ab, und läßt es ganz langsam fliegen, und endlich läßt man dasselbe rasch fliegen. Hierbey soll man allezeit locken, und der Falckonier ihm das Wild halten helffen, wodurch er herz-
haff=

haffter wird. In dem andern Jahr nimmt man gröſſere Vögel, und in dem dritten noch gröſſere, weil dadurch alle Raub-Vögel beſſer berichtet und herzhaffter werden, ein jedes Wild, ſo der Falckonier haben will, zu fangen. Dann ob ſchon die 8. erſten Falcken dergleichen nicht nöthig haben, ſo dient es doch bey allen, daß ſie herzhaffter und beſſer berichtet werden. Dieſes iſt nun von dem berichten der Falcken.

Das 16. Capitul.
Von den vermiſchten Geſchlechten der Falcken, und ihrer Vermiſchung.

Weil aber ein jedes dieſer Geſchlechte ſich mit einem andern vermiſchet, ſo entſtehen daher vielerley Geſchlechte der Falcken, deren wir viererley bekommen haben. Denn der fremde Falck vermiſcht ſich offt mit dem Blau-Fuß, und wenn das Terz ein fremder, der Falck aber ein Blau-Fuß iſt, ſo ſchlägt es wenig aus der Art, weil durch den Saamen die Tapfferkeit des Terzes mit fortgepflanzet wird, daß das Junge dem Terz nachſchlägt, ob es gleich etwas blaue Füſſe bekommt. Iſt aber das Terz von der geringern, hingegen der Falck von der guten Art, so ſchlägt das Junge dem Terz nach, und hat wenig von der edlen und guten Art des Falckens an ſich. Wie wir nun geſagt haben, daß dieſe zwey Arten ſich miteinander vermiſchen, alſo vermiſchen ſich auch die fremden, die einzeln herum fliegen, bißweilen mit dem ſchwarzen, manchmal mit dem blanquen, und manchmal mit dem roſſer Schweimer, und wegen der Gleichheit und einerley Natur des Saamens, und einerley Zeit der Empfängnuß und des brütens wird der vermiſchte Saame in Bewegung miteinander geſetzt, und vereinigt, und das Vögelein bleibt, und es kommt ein junges von ſeiner Art heraus, wie es bey vielen Vögeln und und Thieren geſchiehet, welches aus den vorher beſchriebenen Büchern von dieſer Wiſſenſchafft erhellet. Solche Vermiſchung geſchiehet, wenn Falcken von verſchiedenen, aber doch einander zimmlich nahkommenden Arten, wann ſie reiſchen, zuſammen kommen, und ihres gleichen, mit dem ſie ſich vermiſchen, nicht haben können. Ob wir nun ſchon geſagt haben, daß dergleichen viererley Geſchlecht zu uns gekommen ſeyn, ſo darff man doch glauben, daß es dergleichen noch mehrere

rere Arten gebe, uud wir halten dieses vor die Ursach, warum man so vielerley Arten der Falcken in verschiedenen Ländern findet. Dann ob wohl die Lage der Länder verschiedene Farben und Arten herfür bringt, so kommt doch solcher Unterschied der sonst sich gleichen Geschlechten vornemlich aus besagter Vermischung, wie wir bey den Geschlechten der Gänß, der Hunde und der Pferde sehen. Es ist wahrscheinlich, daß solches nicht allein mit der Vermischung der Falcken Geschlechte, sondern auch der Falcken mit den Habichten und Sperbern und Adlern geschieht, daraus so vielerley Arten der Raub=Vögel entstehen. Aber bey besagten vier Arten haben wir gesagt, die Vermischung geschehe vornemlich mit dem fremden Falcken. Weil sie von den Alten bald ausgetrieben werden, und weil sie sehr zornig sind, und auch ihrer Atz wegen sich von einander trennen, und, wenn sie reischen, ihres gleichen nicht finden, so vermischen sie sich mit andern Geschlechten, die ihnen am ähnlichsten sind. Geschieht solche Vermischung mit dem Blau=Fuß, so ist das junge dem fremden gleich: vermischt er sich aber mit dem schwarzen Schweimer, so wird es ein unedler schwarzer Falck, geschieht es aber mit einem blanquen, so wird es ein blanquer, und mit einem roſſer Schweimer wird es ein roſſer Falck. Dieſe Falcken werden leichter berichtet, als die ſo ganz unedel ſind, und vornemlich wenn das Terz ein edler Falck geweſen iſt, weil ſie alsdann viel von deſſen edeln Art an ſich haben, wie wir ſchon geſagt haben. Wenn aber der Falck edel und das Terz unedel iſt, ſo iſt zwar das junge nicht ſo edel, doch, wenn es wohl berichtet wird, kan es verbeſſert werden, vornemlich die hagard, und auf die Art des lockens und berichtens, die wir vorhin ſchon angeführt haben. Dieſes iſt nun von den Geſchlechten und Naturen der Falcken geſagt, woraus man auch die andern wird erkennen können.

Das 17. Capitul.
Von dem lock machen, Herzhafftigkeit und Erhaltung der Geſundheit des Falckens.

Nun wollen wir von der Ordnung und den Arzeney-Mitteln der Falcken reden. Wir haben bey den Falcken dreyerley zu beſehen, das lock machen, die Geſundheit und die Kranckheit. Das lock machen hat zweyerley Endzweck. Der eine iſt, daß er die Hand gewohne; der andere, daß er herzhafft

hafft und geschwind werde, das Wild zu fangen. Den ersten erlangt man, wenn man den Falcken allezeit auf der Hand atzet, weil er dadurch die Hand gewohnet, und gern auf der Hand, die ihm gutes thut, steht, wie Symachus sagt. Anfangs wenn er soll lock gemacht werden, soll man ihn vor Tags aufhauben, und biß um die dritte Stunde des Tags auf der Hand tragen. Hernach gebe man ihm einen Hüner-Vorst vor, und wenn er solchen aufgeatzet, so lasse ihn an einen Wasen tretten, und stelle ihm Wasser vor, daß er sich bade, wenn er will. Hernach lasse ihn an der Sonne stehen, biß er sich geputzet, und dann stelle ihn an einen finstern Ort biß auf den Abend, da man ihn wieder auf die Hand nimmt, und trägt biß zur Zeit des ersten Schlafs, und dann wieder an einen finstern Ort tretten läßt. Alsdann zünde man ein helles Feuer an, oder stelle eine Laterne vor ihn, und haube ihn auf, und stelle sich eine zeitlang mit ihm zum Feuer. Man hat auch zu wissen, daß die Deckling besser sind, und stärckere Federn haben. Doch wenn die Nestling, ehe sie völlig beflogen sind, abgestiegen werden, so soll man ihnen, so gut als man kan, einen Horst machen, der dem gleiche,

gleiche, daraus ſie genommen worden, und ſie offt mit jungen Hüner-Fleiſch atzen, weil ſolches temperirt iſt, und bißweilen auch mit friſchem Bären-Fleiſch, weil das Geſürt davon wächſt, und ſtarck wird, und wenn man ſie nicht alſo hält, ſo werden ſie in den Flügeln und Diehn ſchwach, daß ihnen auch wohl ein Flügel oder Diehn zerbricht. Es iſt auch ſehr gut, daß man ſie nicht mit der Hand berühre, biß ſie beflogen ſind. Wann man ihn aber hernach auf die Hand nehmen, und aufhauben ſoll, ſo ſoll man wohl zuſehen, daß man nicht hart, ſondern ſanfft mit ihm umgehe. Zur Herzhafftigkeit iſt gut, daß er offt lebendige Vögel fange, und zu todt würge, wobey der Falckonier zu locken pflegt, und, wie wir oben geſagt, ſie ihm offt entwiſchen laſſe, daß er ſie ſelbſt fange, und zu todt würge. Dabey aber ſoll man zuſehen, daß ihn das Wild mit dem Bec oder Klauen nicht verletze, weil der junge Falck dadurch zaghafft wird. Wenn er aber das Wild ohne Schaden gebunden und zu todt gewürget, ſo wird er herzhafft, dazu ſoll auch der Falckonier ihn immer anreitzen, und Hunde dabey haben, und auch das Wild immer ändern, und je länger je ſtärckeres vorgeben. Wenn er er nun genug berichtet ist, so soll man ihn zu früh nach dem Wild schicken, und so er lustig fängt, so erhalte man ihn dabey, und lasse ihn das Wild aufatzen, und dieses soll man drey oder vier Tage thun. Wenn er aber das erste mal faul und unlustig ist, so soll man ihn wieder auf die Hand nehmen, und das beitzen unterlassen, und denselben Tag nur einen halben Hüner=Borst geben, und in das finstere stellen. Den folgenden Tag lege den halben Hüner=Borst in kaltes Wasser, und lasse ihn biß an den dritten Tag liegen, und gieb ihm am dritten Tag solchen halben Hüner=Borst nebst drey Ge=wöllen, die bißweilen von Federn, oder besser von Baumwollen gemacht werden, und wenn er sich geatzet hat, so stell ihn biß auf den Abend ins finstere, und auf den Abend atze ihn wieder auf besagte Art nebst den Gewöllen, und gehe zu früh mit ihm auf die Beitz. Wenn er alsdann lustig fängt, so erhalte ihn bey dem Leib, den er hat. Wenn er aber noch nicht lustig fängt, so gieb ihm denselben Tag nichts, als drey Gewöll aus kaltem Wasser, und so er den folgenden Morgen noch unlustig ist, so gieb ihm einen Borst von einem jungen Hun, der in scharffen Eßig gebeitzet ist, nebst drey

Gewöllen von Baumwollen, und hernach trage ihn auf der Hand biß zum ersten Schlaf, und mache ein Wasser warm, und bade ihn mit warmen Wasser, und stelle ihn, wann es nicht regnet, biß an den Morgen unter freyem Himmel. Dann wärme ihn bey dem Feuer auf deiner Hand, und gehe sodann mit ihm auf die Beitz. Wenn er dann noch nicht lustig fängt, so ist er gewiß faul und kranck. Diese erst erzehlte Art heißt man mager machen. Es machen auch einige die Gewöll anderst, als wir erst gesagt haben. Denn sie nehmen Fleisch, und beitzen es in scharffem Eßig, und tuncken es in ein Pulver von gestossenem Pfeffer, Mastix und Aloe, und geben es dem Falcken. Aber dergleichen Gewöll soll keinem Raub-Vogel gegeben werden, ausser wenn sein Eingeweide mit zäher Feuchtigkeit angefüllt ist. Zur Gesundheit gehöret, daß der Falckonier den Falcken zur rechten Zeit und Maaß atze, wie er sich in der Wildniß zu atzen pflegte, und vornemlich mit leichtem Vogel-Fleisch, das noch seine natürliche Wärme hat, und ihn bey einem guten Flug-Leib erhalte. Weil wenn er allzumager ist, er die Kräfften und Herzhafftigkeit verliehrt, und zaghafft wird, und
schreyt

schreyt, und wenn man ihn von der Hand gehen läßt, fliegt er auf die Erde neben dem Falckonier, und schreyt. Wo er aber gar zu fett ist, so wird er unlustig zum fangen, er soll also bey einem guten Flug=Leib erhalten werden, daß es ihm nicht an Kräfften fehle, und er lustig zum fangen sey nicht aus einem allzugrossen, sondern natürlichen Hunger. Dieses geschiehet am besten, wenn man ihn nicht eher wieder atzet, als biß er das vorige verdrucket und geschmelzet hat. Doch soll hier ein erfahrner aufmercken, weil einige Falcken besser fangen, wenn sie einen etwas bessern als Flug=Leib haben, als wenn sie mager sind, und einige fangen besser, wenn das Gegentheil bey ihnen ist. Keiner aber fängt gut, wenn er allzu fett oder allzu mager ist. Ferner sind auch die von verschiedenen Arten von verschiedenen Temperamenten und Eigenschafften, und zwar die schwarzen sind eines melancholischen Temperaments, und solche muß man mehr mit blutig=warm=und feuchter Atz atzen, als mit jungen Hünern, Tauben, Böcklein und dergleichen Fleisch. Wenn man ihnen Arzeneyen giebt, sollen sie hitzig seyn, als Pfeffer, Aloe, und Latwergen, die Paulinum heißt, und dergleichen.

Aber die blanquen haben ein phlegmatisch=kalt= und feuchtes Temperament, welchen man hitzige und trockne sowohl Atz als Arzeneyen geben soll, als Bocks= Hunds= Atzeln= und Sperling=Fleisch, Pfeffer, Zimmet, Galgant und dergleichen. Die rosser Falcken haben viel hitziges Geblüt, und denen muß man kalte und feuchte Sachen geben, weil die kalte trocknen ihnen den Tod bringen, als Hüner= und Wasser=Vögel, und bißweilen Krebs, Zimmetrinden, Tamarinden=Marck, und das alles in Eßig. Es giebt aber unter einer Art Falcken einige, die edel sind, bey welchen man ihres Lebens wegen grosse Sorgfalt gebrauchen soll. Das ist unter einer jeden Art ein edler Falck, welcher einen mäßig dicken Kopff hat, der oben platt, und sonsten rund ist, einen krummen, zimmlich dicken, und nicht gar zu langen Bec, grosse Hacken, lange Flügel= und Staart=Federn, weit aus einander stehende und magere Füsse hat, und der seine Füsse offt anschauet. In eben dem Geschlecht aber ist derjenige unedel, der in einem oder mehrern dieser Stücke einen Mangel hat, und ein unedler Falck ist bißweilen zum beitzen so gut oder wohl noch besser als ein edler, worauf ein Falckonier achtung geben muß.

muß. Die Füsse und Klauen zu bewahren soll ein Falckonier den Falcken niemals anderst als an einen Stein oder Mauer, nicht aber an Kalch oder Mertel tretten lassen. Daher billige ich nicht, daß sie einige auf die Reeck andere auf geflochtene Hürden tretten lassen. Denn die Kunst soll es der Natur nachmachen, und man sieht die Falcken in der Wildnuß allezeit an einem Stein oder an der Erde stehen. Er soll auch zusehen, daß sie keine Federn zerbrechen, und sie allemahl über den dritten Tag naß machen, daß sie nicht allzusehr vertrocknen, und an solchen Tagen soll man ihnen etwas Aloe geben, denn solches stärcket den Magen und Eingeweide, und reinigt sie, und stärcket das Gefürt, und wenn die allzuviele Feuchtigkeit verursachet, daß sie ihre gehörige Stärcke nicht haben, so soll man zwey Stunden zuvor die Atz in einen Safft von gestossenen Rettig und Regenwürmern legen. Denn diese zwey Stücke machen das Gefürt trocken und hart. Vornemlich aber hat man zu verhüten, daß die Flügel- oder Staart-Federn nicht zerbrochen werden. Dieses und dergleichen hat man bey dem Warten der Falcken und anderer Raub-Vögel zu beobachten.

Das

Das 18. Capitul.
Von den Curen der Kranckheiten der Falcken nach dem Falckonier Wilhelm.

Nun wollen wir von den Arzney-Mitteln der Raub-Vögel handeln, damit aber solches desto deutlicher geschehe, so wollen wir zuerst von den Arzeneyen der Falcken, hernach der Habicht und Sperber, und drittens von einigen, die vor beyde dienen, reden. Die erste Kranckheit eines Falcken ist der Sod. Dessen Kennzeichen ist, daß der Falck die Augen zumachet, und den Kopff stets herumdrehet. Dann atze man ihn mit Speck mit gestossenen Pfeffer vermengt, und über den andern Tag gebe man ihm etwas Aloe mit Hüner-Fleisch, weil solche Kranckheit von den Ausdünstungen des Magens kommt, und, wenn dieser durch solche Atz gereiniget ist, curirt wird. Wann er aber gapt, als wenn er den Krampff hätte, und mit dem Bec an dem Fuß beist, oder mit dem Fuß an dem Bec kratzt, so ist es ein Zeichen, daß sich in dem Kopff eine böse Feuchtigkeit gesammlet: Alsdann soll man ihm mit einem goldenen oder silbernen Griffel in die Nasen stupffen, daß die Feuchtigkeit herausfliesse, und wann sie herausgeflossen, so schmiere man ihn

ihn, wo er geſtupfft worden, mit Baumoel, oder in Ermanglung deſſen mit Butter. Hat er aber die naſſe *Frons*, ſo iſt es ein Zeichen, daß er allzuviel Feuchtigkeit im Gehirn hat, welche man alſo curirt: Nimm 3. Körner Steinbrech, und eben ſo viel Pfeffer=Körner, und ſtoſſe ſie in einem ſteinernen oder küpffernen Mörſel, zertreibe das Pulver mit ſcharffen Eßig, und thue es dem Falcken mit Baumwollen in die Naſenlöcher und in den Halß, hernach atze ihn mit Hüner=Fleiſch. Wann er einen dicken Halß hat, ſo iſt es ein hitziger Fluß. Dann berupffe ihm den Halß, und öffne ihm die Ohren=Ader, damit der Fluß durch die neuen Federn, ſo wachſen, ſeinen Ausgang bekomme, und atze den Falcken mit einem Froſch, ſo wird er, wann er ſolchen verdrucket hat, geſund werden. Wann er das Höigen hat, ſo wird ihm alſo geholf=fen: Nimm Pfauen=Blut, Mußcatnuß, und groſſe Mirabolanen, Nägelein, Zimmet, Ingber, von jedem eine Unze, und mach 9. Pilluln daraus, und gieb ihm alle Tag um die dritte Stunde des Tages eines davon, hernach um die neunte atz ihn mit einer Mauß. Wann es ihm in den Lenden fehlt, und die Nieren geſchwollen ſind, daß er nicht ſprin=gen, oder nicht, wie ſonſten, mit ausgebrei-
teten

teten Flügeln von der Hand gehen kan, welche Kranckheit einige vor tödlich halten: So nimm rothe Beer von dem Hagedorn, und zerstoß sie, und mische sie mit Hasenhaaren und mit gesottenen Fleisch, und atze ihn 9. Tag damit. Wenn er diese Atz bey sich behält, so wird er gesund. Wann er die Plage hat, so fängt die spitze des Becs und der Klauen an weiß zu werden. Diese wird also curirt: Man nimmt eine schwarze Schlange Tyrus genannt, und schneidet den Kopff und Staart eine Spanne lang ab, das mittlere Theil aber bratet man in einem neuen Hafen, und nimmt das herausgebratene Fett, und atzet den Falcken damit, wenn es warm gemacht ist, nebst Pfauen-Fleisch 8. Tag lang: Hernach nimm von einem gebrühten Spanferckelein das zarte Fleisch an der Brust nebst einer Mauß, und atz ihn damit, wenn er solche Atz wohl verdruckt, so wird er gesund werden. Wenn der Falck den Fuß offt aufhebt, und an der Diehn beisset mit dem Bec, so hat er einen salzigten Fluß, denn lasse ihm die Ader zwischen der Diehn und dem Knie, so wird er gesund werden. Wenn er aber Ungeziefer hat, so nimm Quecksilber, und mische es mit Speichel, biß es getödtet ist, hernach nimm altes Schmeer, und mische es untereinander,

und

und schmier des Falcken Kopff damit, und tuncke einen Faden darein, und binde ihm solchen um den Halß, so werden die Läuß sterben. Oder nimm Pfeffer und Leindotter-Saamen, stosse sie miteinander, und koche sie in einem neuen Topff, und gieß Wasser daran, und wasche den Falcken damit, so wird ihm geholffen werden. Oder koche Steinbrech mit Wasser, und lasse ihn darinnen baden, hernach lege ein leinern saubers Tuch auf Graß oder Stein, und laß ihn darauf tretten, so wird er die Läuß auf das Tuch schütteln, und so macht es ein jeder Raub-Vogel. Wann ein Falck das Fieber hat, so sind seine Füsse sehr heiß: Dann nimm Aloe und Hüner-Fett mit starckem Eßig vermischt, und atze ihn damit Wechselsweise, und das anderemal gieb ihm rothe Schnecken, wenn er solche Atz bey sich behält, so wird er gesund. Wenn der Falck sich zwar atzet, aber gleich oder doch nicht lang hernach die Atz wieder wirfft, so hat er einen zähen Schleim in dem Kropff, Magen und Eingeweide, welche Kranckheit die *Frons* heißt. Alsdann mache ein Pulver von Nägelein, und streue es auf Sperling-Fleisch, und gieb es ihm über den andern Tag, und darzwischen atze ihn mit jungen Hünern, oder gieb ihm ein Gewöll,

so wird er geſund werden. Wenn er aber lang nicht ſchmelzet, ſo hat er eben auch die *Frons*, dann gieb ihm ein Schweins=Herz, mit klein gehackten Schweins=Borſten, drey Tag lang, ſo wird er geſund. Wann der Falck Würm hat, und man ſolche in dem Schmelzen ſiehet, ſo ſtreue Feilſtaub von Eiſen, oder vornemlich von reinem Stahl auf Schweinen=Fleiſch, und giebs dem Falcken 3. Tag lang, ſo wird er geſund werden. Wenn er aber Milben hat, die das Gefürt zerfreſſen, ſo nimm roth Wachs, Mirabolan, Steinſalz, Gummi Arabicum, und Waitzen=Körner, und leg ſolches alles in ſcharfen Eßig, und laß es 9. Tag in einer Multern oder Becken liegen, hernach thue es in ein Geſchirr, und waſch den Falcken oder auch andern Vogel damit, biß er ſchön und gut wird, und dann waſch ihn mit Roſen= Waſſer, und ſtell ihn nach dem waſchen an die Sonne, ſo wird er geſund werden, und von dieſen Stücken nimm eines jeden ſo viel als des andern, aber des Wachſes nimm weit mehr. Es ſagen auch einige, es ſey ſehr gut, wenn man die Milbe mit einer Nadel aus der Haut grabe, und hernach den Ort mit Aloe waſche, und dann mit Roſen=Waſſer wieder auswaſche, und reinige. Aber
dabey

dabey soll man acht haben, daß er sich, so lang die Aloe an ihm ist, nicht mit dem Bec berühre, dann solches wäre ihm schädlich. Bißweilen kriegt der Falck zu viel, wie das Pferd sich überfrißt, und solches erkennet man, wenn er sich nicht atzet, und aufgeschwollene Augen hat, dann mache man eine Lauche von Weinreben-Aschen, und seihe sie dreymal durch, und schütte ihm davon in den Halß, und laß ihn also, biß er schmelzet, daß man siehet, er habe die Atz verdrucket, hernach atze man ihn mit einer Eydex. Oder man nehme warmen Wein mit gestossenem Pfeffer, und schütte es ihm in den Halß, und laß ihn stehen, biß er die Atz verdauet hat, so wird er befreyet werden. Wenn dem Falcken die Füß von freyen Stücken aufgeschwellen, so hat er die Binn, da nimm Butter und Baumöl jedes eine Unze, und eine Unze Aloe, diese mische untereinander, und schmier ihm die Füß 3. Tag damit, und stell ihn an die Sonne, und atz ihn mit Katzen-Fleisch, so wird er gesund werden. Oder zünde Baumwollen an, und brenn ihm die Ballen damit, und denn laß ihn an einen Stein tretten, der mit altem Schmeer geschmieret ist, so wird er gesund werden, und unterdessen atze ihn mit Mäussen. Wenn sich der Falck mit den

Füssen kratzet, und die Staart=Federn aus=
reisset, so hat er hefftiges jucken und beissen,
und darwider nimm Geiß=Koth und Schaaf=
Koth und Aloe, jedes gleichviel, und leg es
in einen scharffen Eßig, und laß es in einem
ehrnen Gefäß 3. Tag an der Sonne stehen,
oder wann die Sonne nicht heiß scheinet, so
koche es an einem gelinden Feuer langsam,
und wasche damit den ganzen Falcken, und
atze ihn mit Tauben=Fleisch mit Honig be=
strichen und mit Pfeffer bestreuet, und stelle
ihn an einen finstern Ort, und verfahre 9.
Tag lang also mit ihm, und wenn in dem
Staart neue und gute Federn wachsen, so
wasche ihn mit Rosen=Wasser, so wird er
genesen.   Wo aber der Falck harte Flüsse
und das Gicht bekommt, so nimm Gänß= oder
Tauben=Koth nebst Ulmen=Baum=Rinden,
und sied die Rinde so lang, biß das Wasser
roth wird, und dann thue den Koth in das
Wasser, und wasch ihn 3. Tag damit, so
wird er gesund.   Wenn der Falck verwun=
det worden, so nimm das Weise von einem
Ey und Baumöl, und mische solche unter=
einander, und leg es auf die Wunde, und gieb
acht, daß die Wunde nicht vom Wasser naß
werde, und wenn du das aufgelegte abneh=
men, und ein frisches auflegen willt, so wa=
sche

sche die Wunde mit warmen Wein aus, und solches thue so lang, biß die Wunde eine Kruste oder Rinde bekommt, und zuheilt. Wenn aber der Falck die Wunde selbst mit dem Bec erreichen kan, so schmier ein wenig Aloe hin, und so er unter den Flügeln, oder an der Brust, an den Riebben oder Diehn verwundet ist, so drehe mit einem Messer einen Meisel von Werg hinein, biß das faule Fleisch verzehret ist, hernach nimm Weyrauch und Wachs, jedes gleichviel, und Unschlitt und Harz, und koch es in einem Hafen an dem Feuer, und heb es auf, und wann es nöthig ist, so laß es bey einem Kohlfeuer zergehen, und duncke ein Federlein darein, und schmier ihn damit, biß es zuheilet. Wenn faules Fleisch in der Wunden wächst, so thue grosse Nesseln=Safft oder das grüne davon hinein, biß es das faule Fleisch heraus frißt, hernach schmiere es mit Bleyweiß=Salbe, so wird es heilen.

Wenn aber ein Raub=Vogel muß *cauterisirt* oder gebrennt werden, so soll er, wie die alten Griechen lehren, das erstemal unter den untern Schellen gebrennt werden, dann solches ist vor das Gesicht gut. Das zweytemal über den obern Schellen, und ist vor den Kopff gut. Das drittemal über den Hacken, und ist wider das Gicht. Das viertemal an den Ballen, und ist vor die Binn gut. Es ist aber am besten, wenn solches cauterisiren im Monat Merz geschiehet.

Wenn der Falck rotzet, und sich nicht atzen kan, und der Rotz übel riechet, so hat er eine Fistul, und wird also curirt. Man nehme von dem hintern Kopff=Haar, Schmeer, oder statt dessen Butter, und lasse ihm die Ader, so von den Nasen=Löchern zu den Augen geht, und brenne dieselbe mit einer gluenden Nadel auf der andern Seiten, wo die Fistul nicht ist, und schmiere solchen Ort alle Tag mit Butter, und stelle den Falcken 9. Tag an einen warmen Ort, so wird er curirt.

Wenn der Falck eine Klaue verlohren, so wächst sie nicht wider, sondern schneide eine Mauß auf, und binde die Klaue also warm hinein, hernach schmiere ihn mit dem Fett von einer Schweins=Klaue, biß er heilet. Wenn der Falck gebadet worden, so stelle ihn auf kein faules Holz, damit er nicht vergifftet werde. Wenn er aber vergifftet ist, so nimm Theriac, und 3. Pfeffer=Körner, und zerreib sie mit einem Stein, und giebs ihm, und

und dann verwahre ihn 9. Tag, und dann verbrenne wieder Theriac und Pfeffer-Körner auf einem Stein, und streue das Pulver davon auf die Atz, und atze ihn also. Wenn der Falck von einem Thier ist gebissen worden, so muß man den Biß abrupffen, und wenn die Wunde klein ist, so mache sie mit einem scharffen Messer grösser, dann schmiere ihn mit warmen Butter, und hernach mische Weyrauch, Harz, Wachs, Unschlitt untereinander, und schmiere ihn damit, biß er heilet. In diesen Curen haben wir vornemlich den Erfahrungen des Wilhelms, Falckoniers bey dem König Rogerius gefolget, und wenig vor uns hinzugethan.

Das 19. Capitul.
Von denen Curen, nach des Kaisers Friederichs Falckonier.

Einige, die dem Falckonier des Kaisers Friederichs gefolget, haben die Curen der Falcken also angegeben. Wenn man dem Falcken den Kopff reinigen will, so nimm einer Bohnen groß des allerreinesten Bechs oder Harzes, und mache es an dem Feuer in den Fingern warm und weich, und hernach reibe dem Falcken den Halß so lang damit, biß es hän-

hängen bleibt, dann nimm 4. Körner Staphisagria (Läuß=Saamen) und auch so viel weise Pfeffer=Körner, und stoß sie zu einem klaren Pulver, und streu es auf das Pech, so an den Gaumen klebt, und das übrige von dem Pulver thue ihm in die Nasen, und wenn die Sonne recht heiß scheinet, so laß ihn an der Sonne stehen, biß der Kopff von aller bösen Feuchtigkeit und Rotz gereinigt ist. Dann atze ihn zwey Tag mit guten süssen Fleisch.

Wenn sich aber die Feuchtigkeit in den Halß gesetzet, so nimm alten Butter und Schellwurz, eines so viel als des andern, und mach ein Pulver daraus, und gibs dem Falcken mit warmen Fleisch. Für die Flecken der Augen des Falcken nimm gestossenen Pfeffer und Aloe gleichviel, und leg es auf den Flecken, und wenn du Schlehen haben kanst, so laß von den Schlehen 3. Tropffen auf den Flecken tropffen, solches wird sehr dienlich seyn.

Wenn aber die Lunge oder Lufft=Röhre des Falcken verstopfft ist, so nimm Sperling= und Mauß=Koth, von jedem eine Unze, und 5. weise Pfeffer=Körner, 2. Unzen Steinsaltz, eine Unze ungewaschene Wolle, sol=

solches alles stoffe, und mische es mit Honig und reinem Oel, von jedem 6. Tropffen, und 9. Tropffen Frauen-Milch, die ein Knäblein säuget, und solches selbst gebohren, und Butter, so viel genug ist, solches alles mische, und mach mit der Milch drey Pilluln daraus, so groß als eine Haselnuß, und steck sie ihm in den Halß, und trag ihn zwey Stunden auf der Hand, daß er es alles wieder werffe, und wenn er es geworffen hat, so stelle ihn bald darauf zum Wasser, und wann er geschöpffet, so atze ihn darauf mit der Lunge und Herz eines Säug-Lamms, das noch kein Graß frißt, und das Fleisch soll recht warm seyn, hernach atze ihn beständig mit gutem Fleisch, zu Abends aber atze ihn passable mit Sperling und jungen Hüner-Fleisch, so wird er gesund werden. Wenn er aber engbrünstig ist, so nimm eine Unze Aurum pigmentum 9. Pfeffer-Körner, und giebs dem Falcken mit warmen Fleisch. Oder nimm 3. Stücklein Speck, so groß als sie der Falck durchhohlen kan, und tuncke sie in Honig, streue Eisen-Feil-Staub darauf, und stecks dem Falcken in den Halß, und halte damit 3. Tag an, und gieb ihm weiter nichts zu atzen, aber an dem vierdten Tag nimm ein Spanferckelein, und fülle es mit gutem starcken Wein,

daß

daß es ganz truncken wird, halte es an das Feuer, daß die Brust ganz warm werde, und wenn sie recht warm ist, so stoß es hart an die Brust, damit das Blut in die Brust lauffe, hernach stich es geschwind, und tuncke die noch warme Brust gleich in warme Geiß-Milch, und atze den Falcken 3. Tag mit solchem Fleisch, so wird er gesund werden. Hat aber der Falck Würm, so nimm einen jungen Hüner-Darm, und wasche ihn wohl mit Wasser aus, und nimm ein Stücklein eines halben Daumens lang davon, binde es auf der einen Seiten mit einem Faden zu, und fülle es mit einem reinen und hellen Oel, dann binde die andere Seite auch zu, und steck es dem Falcken in den Hals, wie man ihm auch die andern Getränck einzugeben pflegt. Beissen ihn aber die Würm den andern Tag, so nimm geschabtes Helffenbein, Indianischen Spatzen-Koth, oder auch nur gemeinen Spatzen-Koth, von jedem eine Unze, mach es zu Pulver, und giebs dem Falcken mit warmen Fleisch. Halten sie aber noch den dritten Tag an, so ziehe dem Fisch, so man Schleiche nennt, also roh die Haut ab, und verbrenne sie über den Kohlen auf einem Stein zu Pulver, und nimm nebst diesem geschabtes Helffenbein und Spatzen-Koth, eines so viel als des andern,

und

und stoß es mit einander, und giebs ihm mit warmen Fleisch, und wenn es nöthig ist, so thue den vierdten Tag noch Feil-Spän und Römischen Coriander wohl gepülvert dazu, und giebs ihm mit warmen Fleisch.

Wieder alle Gebrechen der Nieren nimm Candria-Pulver, oder wenn du solches nicht haben kanst, gepülverten Brunnen-Kreß, und giebs ihm in einem jungen Hüner-Herz ein, solches ist gut. Nimm Eichen-Rinden und Bolus, eines so viel als des andern, stoß es, und giebs dem Falcken mit dem Fleisch eines Huns, welches vorher mit starckem Wein truncken gemacht worden, so wird es wieder alle Gebrechen der Leber helffen. Wenn der Vogel unlustig und ausgezehrt ist, so schlage ein Ey in Geiß-Milch, und sied es darinnen in einer Pfannen hart, doch laß keinen Rauch hinein schlagen, und giebs ihm, und wenn er es verdruckt, so wird es helffen. Dieses Mittel ist wider allerley Kranckheiten gut.

Wann die Läuß die Federn fressen, so gieß einen Tropffen reinen Balsam in das Loch, wo die Federn ausgefallen, so wird die Lauß vergehen, und eine neue Feder wachsen.

Oder nimm eine Unze Orientalischen Saff=
ran, 3. Löffel voll frischen Gänß=Koth durch
ein Tüchlein gepreßt, und eben so viel starcken
Eßig, und laß es so lang in einem ehrnen Ge=
fäß stehen, biß es zimmlich dick wird, hernach
wasche den Ort, wo die Federn ausgefallen,
dreymal mit Eßig wohl aus, und schmiere
dann solche mit dieser Salbe. Oder man
nimmt auch Blut=Egeln, und brennt sie auf
einem Ziegelstein zu Pulver, und hält Pfauen=
Federn über einen Rauch, und nimmt den
Ruß, so sich daran hänget, und macht ein
Pulver davon, in gleicher Schwere mit je=
nem, und macht es mit scharffem Eßig, doch
nicht gar zu dünn an, sodann wäscht man den
Ort, wo die Federn ausgefallen, mit scharffem
Eßig aus, hernach dunckt man Stücklein
Speck in die von den Pulvern gemachte Sal=
be, und streicht den Ort, wo die Federn aus=
gefallen, die Woche dreymal damit, biß sie
wider wachsen. Ferner giebt man dem Fal=
cken sehr klein gehackte Roß=Haar auf dem
Fleisch zu atzen. Deßgleichen nimm gepül=
verte Bertram=Wurzel mit Rettig=Safft
und starckem Eßig vermengt, und schmiere
den Ort, wo die Milben sind, damit, so wird
er gesund werden. Oder brenne eine Kröte
zu Pulver, und atz den Falcken damit. Es
ist

ist auch gut, wenn man Feil-Spän auf die Atz streuet.

Wann er die Binn hat, so nimm das mittelste von Wachholder-Rinden, dörre und stoße sie zu klarem Pulver, und gieb es ihm 9. Tage lang allzeit über den andern Tag auf der Atz, so wird er gesund werden. Sind aber die Füß geschwollen, so stoße Aloe, und misch sie mit Eyer-Weiß, darnach nimm einen Schleifstein, woran etwas Eisen von dem schleiffen hängen geblieben ist, und kratze solches ab, und mache es zu Pulver, und leg es auf die Füß, biß es eine Rinde wird, und hängen bleibt, den folgenden Tag schmiere sie starck mit Seiffen, und den dritten Tag mach es, wie es dich gut dünckt.

Wenn aber an dem Stelzel des Falcken faules Fleisch wächst, so nimm Galmey und Aloe gleichviel, und mache ein Pulver daraus, und sprenge es darein, so wird es heilen. Die Füsse des Falcken zu curiren, nimm Schafgarben, Steinbrech, Eisenkraut, und Wegerich, gleichviel, stoß es zu Pulver, und giebs ihm mit warmen Fleisch, so wird er gesund.

Wenn der Falck verhext ist, so mache ein Pulver aus dem Kraut von Hanenfuß, und giebs

giebs ihm mit warmen Fleisch. Daß er aber den Falckonier nicht verlasse, so nimm Eppigkraut, Bachmünzen, und Petersilien, stoß sie und giebs ihm mit warmen Fleisch. So viel haben wir von Arzeneyen vor die Falcken aus der Erfahrung geschickter Falckonier anführen wollen. Doch wird ein kluger und geschickter Falckonier nach der Zeit und Erfahrung solche verringern oder vermehren, wie er selbst sieht, daß es dem Falcken nach seiner Natur dienlich sey. Denn die Erfahrung ist hier die beste Lehrmeisterin.

Das 20. Capitul.
Von den Habichten und ihren Franckheiten nach des Kaisers Friederichs Erfahrung.

In diesem Capitul wollen wir von den Arzneyen vor die Habicht handeln, weil der Theodotion, da er an Ptolomæus König in Egypten schriebe, die Habicht unter die Falcken gesetzet, indem er alle Vögel, womit man beitzet, Falcken nennt. Damit nun dieses Buch vollständig sey, so wollen wir hier, was in dem vorhergehenden ausgelassen ist, noch beybringen, und die Erfahrungen des Kaisers Friederichs anführen. Wenn der
Falck

Falck das Hungermal hat, welche Kranckheit von einem Schaden, so innerlich in der Wurzel der Federn ist, herkommt: So mische Menschen=Koth, der die Krafft eines Theriacks hat, und Salz untereinander, und tuncke das Gefürt des Habichts darein, und bestreiche auch die Wurzeln der Federn damit, so wird er gesund werden: Hernach lasse ihn schöpffen, und tuncke die Atz in den Safft von Haußwurzeln. Deßgleichen nimm Pappelkraut, Saturey, und röste sie in Schweinen=Schmalz, und gieb dem Habicht 3. Löffel voll davon, hernach atze ihn mit einer ganzen Schweins= oder Hüner=Galle nebst warmer Schweins=Lunge, und laß ihn, biß er gesund wird, alle Morgens nüchtern schöpffen, zu Abends aber atze ihn mit Butter. Wenn der Habicht erkaltet, und davon in der Brust einen Schaden bekommen hat, so nimm Läußkraut=Saamen, und stoß ihn in einem Mörsel, und mische Pisanum und Honig, so viel als genug ist, darunter, und reibe damit den Halß des Habichts, und stell ihn hernach an die Sonne. Deßgleichen nimm Rettig=Saamen, wilde Rauten und Pfeffer gleichviel, zerstoß und vermische sie mit Honig, und mache davon Pilluln in der grösse eines Pfefferkorns, und gieb sie ihm 3.
Tag

Tag lang, so offt er solchen Frost hat, oder wegen der Erkältung spretzt, und allzuofft schmelzet. Oder mische 2. Theil weisen Andorn=Safft und gestossenen Pfeffer, und einen Theil Honig und Eppigkraut=Saamen, der durchgesiebt worden, untereinander, und atze ihn damit, wann er atzhitzig ist. Die Brust des Habichts zu curiren, mache ein Pulver aus Krausse=Münz, und mische es unter etwas Honig, und giebs dem Habicht, welches sehr dienlich ist. Kreß=Saamen mit Honig vermischt mit Schweinen=Fleisch gegeben, ist auch gut. Senff=Wurzel und Klee gleichviel gestossen, und mit Ysop=Oel und Milch vermischt und dem Habicht gegeben, ist auch dienlich. Wenn der Habicht höigt, so stosse Ziegelmehl, und giebs ihm mit warmen Fleisch und Bocks=Blut 3. Tag lang, und nimm Wermuth=Safft und vermisch ihn mit Esels=Milch, und gieß es in ein Hüner=Diehn zwischen Haut und Fleisch, und laß ihn damit sich atzen. Wenn aber der Habicht die Atz 3. Tag in dem Kropff behält, und nicht verdrucket, so mache eine Lauche von Weinreben=Asche, seihe sie wohl durch, und giebs ihm 2. Tag mit warmen Fleisch, hernach atze ihn die 3. folgende Tage mit Geiß=Fleisch, mit Butter und gepülverten

verten Mastix vermischt, wenn er aber solche Atz nicht nehmen will, sondern mit dem Bec wegstößt so gieb ihm Kranich-Fleisch, und lege ein Körnlein Läußkraut-Saamen unter seine Zunge, so wird er die Atz alsobald werffen. Wenn du ihn *purgiren* willst, so nimm Meer-Rettig, der noch keine grüne Zäserlein hat, schneide ihn in 3. kleine Stücklein eines kleinen Fingers lang, und spitze sie an beyden Enden wie ein Gersten-Korn zu, und überstreich sie mit Butter, und gieb sie dem Vogel, hernach stelle ihn an die Sonne, so wird er purgiren. Daß er aber stets gesund bleibe, und nicht im Leib verstopfft werde, so nimm Pappelkraut mit dem Stengel, und koche es so lang, biß das Wasser eingesotten ist, hernach dörre und stosse es, und dann koche es in einem Hafen voll Butter wohl ab, und dann seihe es, wie ein Wachs wohl durch, und atze den Habicht zu verschiedenen malen damit. Wenn ihm aber diese fette Materie widerwärtig ist, so atze ihn mit Katzen-Fleisch, welches damit wohl bestrichen ist. Oder nimm Attichkraut, Weinrauten, Pappelkraut, Quendel, Roßmarin, und von diesem mehr als von den andern, oder wenn du keinen Roßmarin hast, Seven-Baum, und Schweinen-Schmalz, von einem Schwein, das

nie

nie keine Eicheln gefressen, zerstoß solche Stücke wohl, und laß sie in Wein sieden, und druck es hernach, wie ein Wachs, aus, und atze zu Abends den Habicht damit, so wird er nicht schwach werden. Wenn es aber ein forscher hagard ist, so muß man den Habicht den ersten Januarii in die Mauß thun. Ist es aber ein rother, so thut man ihn den ersten Julii in die Mauß, und atzet ihn mit lebendigen Vögeln, wenn man sie bekommen kan. Die Mauß-Kammer soll groß und weit genug seyn, und wann er sich gemausset hat, soll er heraus genommen werden. So er sich aber nicht bald mausset, so soll man eine von den gesprengten Schlangen, die am wenigsten Gifft haben, und Teutsch Huter heissen, nehmen, und mit Waitzen kochen, und mit dem Waitzen und Brühe eine Henne atzen, und solche den Habicht aufatzen lassen, so wird er sich maussen, und wenn er sonst eine Kranckheit an sich hat, curirt, und frisch und gesund werden. Es werden auch kleine Fluß-Fischlein gedörrt, und zu Pulver gestossen, und das Pulver auf die Atz gestreuet. Man atzt ihn auch mit Mäussen, so wird er sich bald maussen. Deßgleichen tunckt man Schweins-Nieren in Lamms-Blut, und schneidet sie sehr klein, und atzet ihn damit,

welches

welches dienet, daß er sich geschwind mausse. So auch das Pulver von einer verbrannten Eyder hilfft dazu. Oder grabe in dem September Holderbeer in die Erde, netze hernach Gersten mit derselben Safft, und gieb sie den Hünern zu fressen, und lasse sie ihn aufatzen. Atzest du ihn aber mit anderm Fleisch, so tuncke es in diesen Safft, welches sehr gut ist. Oder zerschneide Wasser=Egeln klein, und gieb sie entweder allein oder mit dem Fleisch dem Habicht, oder brenne sie zu Pulver, und streue es auf die Atz des Habichts. Oder atze ihn mit lebendigen Mäusen, oder zerschneide sie klein, und stecke sie ihm in den Halß, welches sehr gut ist. Wenn er eine Feder zerbricht, so nimm eine andere Feder, und schiffte sie an. Ist aber die Feder in dem Kiel zerbrochen, so schiffte sie mit einer andern Habichts=Feder, oder wenn du keine Feder haben kanst, so stecke ein Horn mit einer eisernen oder kupffernen Schneid=Nadel in dieselbe hinein, welche die Erfahrung besser machen lehrt, als man in einem Buch zeigen kan. Wenn du aber den Habicht mager machen willst, so gieb ihm gestossenen Knoblauch mit Poley=Kraut, oder magers Fleisch von einem gesalzenen Schuncken, welches

ches zuvor über Nacht im Wasser gelegen, und hernach laß ihn viermal schöpffen. Willst du ihm aber einen guten Leib machen, so laß ihn etliche Tag ruhen, und atz ihn mit Schweins=Nieren und fetten Hünern, und es soll ihn stets nur einer atzen, und der ihn trägt, sachte mit ihm reuten, und offt mit Hammel= oder Widder=Hirn atzen. Wenn er aber von der Sonnen=Hitz einen Schaden bekommen, so spritze ihm Rosen=Wasser in die Nasen, und atze ihn mit Honig und Geiß=Fleisch, und mache ihn an dem Kopff mit Wein naß. Wenn er aber, da er auf das Wild loß geht, durch das Wetter einigen Schaden erlitten, so hebe seine Flügel auf, und mache ihn so naß, daß es die Bruck hinab tropffe, dieses wird sehr gut seyn. Wenn er aber in den innern Theilen schwach worden ist, so atze ihn 3. Tag mit noch warmen Nachteulen und Fleder=Mäussen, und wenn er es nimmt, so gieb ihm auch 3. Stücklein Schweinen=Fleisch in Eßig eingedunckt, das macht ihn auch lustig zu atzen, und ist sehr gut wider alle Franckheiten des Kopffs und der Brust. Wenn aber eine Klaue ab ist, so schneide eine Mauß auf, und binde die Klaue in das noch warme Einge=

geweide mit einer Binde hinein, und so dieses noch nicht hilfft, so zerbrich die rechte Klaue von einem Schweins=Fuß, und schmiere den Fuß des Habichts drey Tag mit dem Marck oder Schmalz derselben, so wird er heilen. So viel aus der Erfahrung des Kaiser Friederichs von den Habichten.

Das 21. Capitul.
Von den Curen der Habicht nach des Wilhelms Erfahrungen.

Da wir die Cur der Habicht wiederhohlen, so wollen wir des sehr erfahrnen Wilhelms Proben hersetzen. Wilhelm sagt einen Habicht, der höigt curire also: Nimm Nägelein, Zimmet, Ingber, Römischen Kümmel, Pfeffer, Aloe, Traganten=Salz, Weyrauch, jedes gleich viel, solche stoß klein, und vermische sie miteinander, lege sie auf einen Ziegelstein, und mach es bey dem Feuer warm, und blase ihm mit einem Röhrlein von solchem Pulver in die Nasen, das übrige von dem Pulver vermische mit wohl zerstossenem Speck oder Butter einer Haselnuß groß, und steck es dem Habicht in den Halß, und laß ihn hernach an der Sonnen stehen, biß er solches wieder wirfft, den folgenden Tag atze ihn mit einer Unzen Speck, den dritten Tag mit einer rothen jungen Tauben, den vierdten Tag laß ihn sich baden, so wird er gesund. Wider das Ungeziefer des Habichts nimm Tausendblat, zerstoß es, und thue es in Eßig, und mische Gänß-Koth darunter, und laß es 3. Tag beyeinander stehen, hernach drucke es durch ein Tuch rein aus, und schmiere mit solcher Salben den Ort, wo die Läuß sind, und vornemlich die Flügel und Staart. Alsdann stosse Eisen-Rost zu Pulver, und streue solches zu dreymalen allezeit über den dritten Tag auf die Flügel und Staart. Wenn der Habicht die Atz unverdauet wirfft, so nimm Zimmet, Nägelein, Kümmel und Lorbeer-Blätter, jedes gleich viel, stoß, und thue es in einen neuen Topff mit weisen Wein, und laß es wohl einsieden, daß wenig Wein mehr übrig sey, gieb aber wohl acht, daß es nicht überlauffe, hernach drucke es durch ein starck leinern Tuch, und schütte dem Habicht so viel, als nöthig, davon in den Halß; selbigen Tag gieb ihm keine Atz vor, den folgenden Tag stosse Fenchel, und drucke den Safft heraus, und tuncke die Atz in solchen Safft.

Wenn

Wenn dem Habicht in der Galle etwas fehlt, und gar zu viel böse Feuchtigkeit hat, so nimm einer Erbsen groß Gallen von einem Bären=Weiblein, und thue es in das Herz einer Henne, und ätze ihn 9. Tag damit, ehe du ihn in die Mauß thust, hernach nimm Seven=Baum, Roßmarin, Saturey, Bethonien, Bachmünze, und Salbey, jedes gleich viel, Rettig etwas mehr, stoß es miteinander, und mische etwas Honig darunter, und gieb ihm nüchtern davon, hernach thue ihn in die Mauß. Wider den Stein des Habichts nimm Zimmet, Aloe, Nägelein, Zucker, Steinbrech, Heuschrecken, von einem so viel als von dem andern, stoß es und temperire es mit Rosen=Syrup, und wann du den Habicht ätzest, so gieb ihm 2. Bohnen groß davon. Wenn der Habicht die Atz aus dem Kropff wirfft, so gieß ihm einen Löffel voll Weinreben=Laugen in den Halß, und so er solche nicht nehmen will, so nimm Violen=Syrup, und misch ihn unter frisches Wasser, und schütte ihm davon drey Löffel voll in den Halß, und wenn er geworffen hat, und wieder zu sich kommt, so laß ihn bey einem hellen Wetter baden. Es ist auch sehr gut, wenn man ein wenig Steinsalz

salz unter die Lauge von Weinreben mischt und ihm giebt, welches sehr wohl reinigt, und werffen macht. Wenn der Habicht das Gicht hat, so nimm einer mitteln Bohnen oder Haselnuß groß Latwergen Aurea Alexandrina genannt und giebs ihm, und am dritten Tag gieb ihm Theriac.

Wenn der Hahicht rauhe Füsse hat, so schneide Schweinborsten klein, und streue sie auf die Atz des Habichts, und atze ihn also 9. Tag, hernach zerstoß Klee, und gieß den Safft auf die Atz. Wenn die Augen schäumen, so hat sich daselbst eine bösse hitzige Feuchtigkeit gesammlet, so nimm Silermontan und Schierling=Saamen, lege sie auf Kohlen, und räuchere die Atz damit, und atze ihn über solchem Feuer, daß ihm der Rauch in den Halß und in die Augen gehe: den andern Tag gieb ihm einer halben Bohnen groß Aloe und eine grüne Heuschrecke, kanst du aber keine frische haben, so stosse eine gedörrte zu Pulver, und streu es auf die Atz. Wenn er Feigblattern in dem Hintern hat, so nimm die obersten Zincklein von den Flügeln, dörre sie, und streu das Pulver auf die Atz und atze ihn 9. mal damit. Wenn der Habicht hefftigen

tigen Durſt hat, ſo nimm Süßholz, Rha=
barbara, Bethonic, und Violen=Syrup, leg
ſolche über Nacht in ein Waſſer, und laß ihn
8. Tag lang zu früh, ſo viel er will, davon
ſchöpffen, und atze ihn mit Fröſchen. Wenn
der Habicht verhext iſt, ſo nimm Myrten=
Baum=Schwammen, Weyrauch, Juden=
Pech, Stech=Palmen, lege ſolches alles auf
einen Scherben, und räuchere den Habicht
damit. Wenn er aber in dem Kopff kranck
iſt, ſo nimm Rettig, Sevenbaum, Roßma=
rin, Holderblätter, Saturey, Münz, Rau=
ten, Salbey, Betonic, miſche und zerſtoß ſol=
che wohl miteinander, thue Honig darunter,
und gieb ihm einer Haſelnuß groß davon.
Willſt du dem Habicht bald einen guten
Leib machen, ſo atze ihn offt mit Gänß und
Bloch=Tauben. Wenn er Läuß hat,
ſo ſtoſſe Römiſche Münz und temperire ſie
mit gutem Wein, und thue Läuß=Kraut da=
zu, und wenn es ſchön und warm Wetter iſt,
ſo bade ihn damit, iſt es aber trüb und kalt,
ſo nimm Hüner=Schmalz, und miſche es
darunter, und ſtelle es eine Nacht auf den
Miſt, und ſchmiere den andern Tag die
Flügel, das Dach, und den Staart des Ha=
bichts damit. Wenn der Habicht Gewächſe
hat,

hat, so nimm Blut-Egeln, und setze sie an, den folgenden Tag nimm die Milch vom Feigen-Baum, so celsa oder ficus fatua heißt, und schmiere das Gewächs damit, dann nimm Wolffs-Pappeln-Kraut, stoß und misch es mit der Milch von dem besagten Feigen-Baum, und leg es auf die Beulen, und laß ihn 3. Tag und 3. Nächte stehen, dann nimm die Wurzel von Säu-Fenchel, und laß sie sieden, und ihn früh und abends auf 3. Bohnen schwer davon schöpffen. Hat aber der Habicht Körner, so nimm alt Schmeer, Schwefel und Quecksilber, nebst etwas Nägelein und Zimmet, und stoß es mitzinander, und schmiere ihn damit entweder bey einem Feuer oder in einer warmen Stube.

Vor das Augen-Weh nimm Ingber, Aloe, Weyrauch, jedes gleich viel, stoß es miteinander klein, thue es mit gutem Wein in ein Becken, und laß es eine Nacht stehen, hernach laß es ihm in die Augen tropffen. Deßgleichen nimm Aloe, Bleyweiß jedes gleich viel, schabe aus einem alten Speck das mittlere heraus, und mische diese Stücke miteinander, und Abends bey dem schlafengehen thue ihm etwas davon in die Augen. Wenn
der

der Habicht die Diehn zerbricht, so stoſſe Maſtix, Weyrauch, bolus Armenus, Natter-Wurzel und Wall-Wurzel klein, und miſche es mit Eyer-Weiß, und ſtreich es auf ein leinern Tuch, und richte die zerbrochene Diehn ein, und wickle ſolche veſt in das Tuch ein, und nimm eine groſſe Geyer-Feder, ſchneide den Kiel ab, und reiß ihn auf, und binde die zerbrochene Diehn hinein, und laſſe es alſo 5. Tag und Nacht zugebunden. Vor den Stein und Lenden-Weh nimm einen Theil Koppen-Schmalz, zwey Theil Eiſen-Kraut, ſtoß es und drucke den Safft heraus, und gieb dem Habicht den dritten Theil eines Löffel volls nüchtern davon, und laß ihn alſo biß auf den Mittag, und wenn ihm ſolches widerwärtig iſt, ſo gieb ihm 3. Löffel voll Violen-Syrup oder Roſen-Honig, und am vierdten Tag nimm Wegtritt, breiten oder ſpitzigen Wegerich, ſtoß es, und gieß ihm von dem Safft nüchtern den dritten Theil eines Löffel volls in den Halß, ſo wird er geſund werden. Wenn er die Binn hat, ſo ſtoſſe Wolffs-Milch, und miſche Honig und Eßig darunter, und ein wenig Kalch, und bind es um die Füß, und wenn ſie weichet, ſo ſchmiere ihn mit Aloe in gutem Wein zerrieben, ſo wird

er gesund werden. Wider die bössen Feuchtigkeiten, nimm Schnecken=Häußlein, grüne Frösch, Steinbrechkraut, Salbey, und Olivenblätter, den Schaum eines jungen Follens, welcher ihm aus der Nasen fließt, wann es gefüllt wird, die Galle von einem Aal, dieses alles thue in einen neuen Hafen, und brenne es zu Pulver, und gieb ihm zu früh nüchtern einer halben Haselnuß groß davon, mit etwas Atz. Hernach nimm Rhabarbara, leg es einen Tag ins Wasser, und laß ihn davon schöpffen, und solches thue zu dreymalen allzeit über den dritten Tag. Wenn der Habicht das Gicht hat, so nimm Gänß= Bärn= und Fuchs=Schmalz, ziehe eine Katz ab, nimm sie inwendig aus, und schneide die Bein mit einem Messer heraus, und zerhacke das Fleisch, und nimm ein wenig Wachs, und Gummi Ladanum, Paradieß=Holz, oder Aloe=Holz, und stoß solche zu Pulver, und den Safft von groß und kleinem Flöh=Kraut, und zerschneide eine weise Zwiebel klein, und thue es untereinander in einen Gänß=Bauch, und nehe denselben wieder vest zu, und lasse es einen Tag, stehen, hernach brate die Ganß wohl, und sammle das abgetropffte Fett in ein irden
Ge=

Geschirr, und schmiere damit den Ort, wo das Gicht ist, und dieses dient allen Thieren, so mit dem Gicht behafftet sind. Dem Habicht helle Augen zu machen, nimm süß Kraut, Aloe und Bleyweiß, jedes gleich viel, stoß es klein, und lasse es nebst Oel und Schmeer in einem irdenen Geschirr bey dem Feuer schmelzen, hernach thue die obbemeldten Stücke darein, und rühre sie recht untereinander, und mache eine Salbe daraus, und thue Morgens und Abends dem Habicht etwas davon in die Augen, so werden sie hell werden. Dieses sind die Curen der Habicht nach dem Wilhelm.

Das 22. Capitul.
Wie man den Habicht lock machen, und mit ihm beitzen soll.

Wenn du mit dem Habicht oder Sperber beitzen willt, so siehe zuvorderst zu, daß der Habicht der Hand gut gewohnt, und wohl berichtet sey. Solches zu erlangen, binde ihn zuerst Tag und Nacht mit dem Langfessel an, und laß ihn offt auf die Hand tretten, und so offt er auf die Hand tritt, so lasse ihn an dem Zieget ziehen, damit

mit er die Hand gewohne. Wenn du trainen willſt, und ihm ein Vorloß giebſt, ſo rupffe zuerſt einer Taube die Flügel-Federn aus, und laß ſie vor ihm fliegen, damit er ſie fange, hernach nimm eine, die beſſer fliegen kan, und immer eine beſſere, und anſtatt der kleinern Vögel nimm hernach gröſſere und ſtärckere, wie wir bey den Falcken gelehrt haben, weil in dem berichten aller Raub-Vögel einerley Art iſt. So offt er aber das Wild fängt, ſo laß ihn ſolches aufatzen, und locke dabey, und habe Hunde dabey, weil er dadurch herzhafftiger wird. Willſt du ihn aber nach wilden Vögeln ſchicken, ſo atze ihn zuvor mit zartem Rind-Fleiſch, oder Schweins-Zungen, welche etwas in Eßig oder Urin gelegen, und den folgenden Tag gehe ſehr früh mit ihm auf die Beitz. Doch aber wenn es ſeyn kan, ſo laß den Habicht nicht von der Hand gehen, als nur gegen das Wild, damit er daſſelbe ſehe, und das Wild nicht weit weg ſey, wann du ihn nach demſelben ſchickeſt. Doch ſagen einige: wenn man die Atz in Urin lege, und ihn Morgens und Abends damit atze, den folgenden Tag aber mit einer Schweins-Zunge, und hernach Abends mit

mit ihm an den Ort hinaus gehe, wo die Vögel sind, so werde er herzhafft, grosse Vögel zu fangen. Wenn du aber siehest, daß der Habicht zwar das Wild siehet, aber doch nicht vergießt, so wisse, daß er zu fett, und das Gefürt von dem Fett schmalzig ist, weil er gar zu gut ist geatzet worden. Derohalben nimm ihm von der Atz ab, und gieb ihm eine solche Atz, die er gut verdrucket, weil er, wenn er atzhitzig ist, lustiger werden wird, grosse Vögel zu fangen. Hernach sollt du bey diesem Maaß zu atzen beständig bleiben. Und wenn er gar zu fett ist, so gieb ihm Aloe mit gepülvertem Poley=Kraut. Aber siehe wohl zu, daß er nicht gar zu mager und unlustig werde. Denn von dem August biß November soll man den Habicht bey einem mittelmäßigen Leib erhalten, aber von dem November an soll man ihn fetter machen. Man soll ihn auch bey Tag lang auf der Hand tragen, und um die dritte Stunde mit einer Hüner=Diehn atzen. Hernach lasse man ihn eine Stunde baden, sodenn stelle man ihn an die Sonne, biß er die Federn mit dem Bec durch den Staart durchgehohlt und sich geputzet hat. Dann stelle man ihn biß an den Abend an einen

finstern

finstern Ort, und auf die Reeck mache man ein leinern Tuch, damit er die Klauen nicht verletze. Zu Abends trage man ihn wieder biß in die Nacht auf der Hand: Dann lasse man ihn wieder auf die Reeck tretten, und die ganze Nacht ein Licht vor ihm brennen: Zu früh mache man ihn mit gutem Wein naß, und stelle ihn zu einem hellen Feuer, und wenn es ist Tag worden, so gehe mit ihm auf die Beitz. Wenn du siehest, daß er lustig ist, zu fangen, so laß ihn von der Hand gehen. Wo aber nicht, so wiederhohle das vorbesagte noch einmal. Wenn er aber fängt, so laß ihn das Wild aufatzen. Man hat sich aber wohl vorzusehen, daß die Habicht, Falcken und andere Raub=Vögel, vornemlich wenn sie sich gebadet haben, einen nicht anhauchen, beissen, oder mit den Klauen verletzen, weil da sie die Federn durch den Staart durchhohlen, ein Oel an ihrem Bec hangen bleibt, welches vergifftet ist, und alsdann ist ihr Gefürt, Füsse und Othem vergifft, und ist gefährlich, wenn sie mit den Klauen oder Bec verletzen, und sind auch schon einige daran gestorben. Wenn aber der Habicht sehr schreyet, so atze ihn mit einer Fledermauß, die mit ge-
stos=

stoffenem Pfeffer angefüllet ist. Wenn er aber die nasse *Frons* hat, und nicht hell und laut schreyen kan, und allzuviel Feuchtigkeit im Kopff hat, so stupffe ihn mit einem ehernen Griffel in die Nasen. Dieses sind nun die Curen der Habicht und Falcken, welche wir von solchen, die einige Erfahrung und Wissenschafft darinnen haben, gesammlet, und man hat solches nicht vor etwas überflüßiges zu halten, woran viele die zu beitzen pflegen, ihr vergnügen haben. Damit aber unser Unterricht desto vollständiger sey, so wollen wir auch die Bemühungen der allerältesten beyfügen.

Das 23. Capitul.
Von den Kranckheiten aller Raub-Vögel nach dem Aquila, Symachus und Theodotion.

Unter den ältesten hat man die Briefe des Aquila, Symachus und Theodotion an den König in Egypten Ptolomæus Philometor, in welchen von den Eigenschafften und Arzeneyen der Raub-Vögel überhaupt gehandelt wird. Wenn ein Raub-Vogel dunckle Augen hat, so schmiere ihn öffters mit

mit Oel, sonderlich wenn ihm an den Schellen etwas fehlet. Wächst ihm aber ein weiser Flecken in dem Augen-Stern, so streue gepülverten Fenchel-Saamen mit Weiber-Milch, so ein Knäblein gebohren hat, hinein. Wenn er aber Alters halben dunckle Augen kriegt, so cauterisire ihn mit einem silbernen oder güldenen Stefft über den Nasenlöchern mitten zwischen den Kopff und dem Bec. Wenn die Nase verstopfft ist, so blase ihm durch einen Federkiel gestossenen Pfeffer und Steinbrech hinein. Wenn er die nasse *Frons* hat, so lege ihm Weinrauten um die Nasenlöcher, und tuncke die Atz in Weinrauten-Safft ein. Oder zerstosse Knoblauch, und thue ihm solchen im Wein in die Nasen, und stelle ihn den ganzen Tag an einen finstern Ort, und atze ihn denselben Tag nicht. Wenn er die nasse *Frons* hat, so ziehe ihm die Zunge heraus, und reibe sie mit gestossenen Steinbrech mit Butter vermischt. Wenn dieses nicht hilfft, so atze ihn mit Butter. Hiezu dient auch das Pulver von Kohl-Stengeln. Wenn er gar zu viel schreyet, so nimm eine Fledermauß, stecke sie voll gestossenen Pfeffer, und atze ihn damit. So du aber keine Fledermauß hast,

so

so wird ein anderer Vogel also mit Pfeffer angefült eben auch dienlich seyn. Das all= zuviele Schreyen aber ist ein Zeichen, daß er kranck, oder mager ist, oder Eyer in sich hat. Wenn der Vogel unlustig ist, so atze ihn mit lebendigen Spitzmäusen oder einen jungen Hund, der noch blind ist. Wenn er die Atz nicht verdrucket, so nimm 3. Gersten=Korn schwer Scammonium, und eben so viel Küm= mel, zerstoße solche, und streue das Pul= ver auf fettes Schweinen=Fleisch, und atze ihn davon. Wenn er aber von solchem Fleisch sich nicht atzen kan, so nimm das Weise vom Ey, lege besagtes Pulver dar= ein, und steck es ihm in den Halß. Ferner wenn er die Atz wirfft, nimm frische Eyer, schlag sie in Geiß=Milch, laß sie wohl ko= chen, und atze ihn dreymal davon, so wird er gesund werden. Wenn er sich zu mauß= sen anfängt, so enthalte ihn von aller Ar= beit, und atze ihn so viel er will, denn so offt er atzhitzig ist, so viel Brüche wird er an den Federn haben. Es ist auch gut, wenn man zu solcher Zeit den Vögeln einen grünen Wasen unterlegt, daß sie daran ste= hen; Mäßige Sonnen=Hitz ist ihnen auch gut, aber allzugroße Kälte schädlich. Wenn er

er das Fieber hat, so gieb ihm drey oder viermal Beyfuß=Safft mit Hüner=Fleisch. Ferner binde ihm den rechten Fuß vest, so wird mitten in der Diehn eine Ader auflauffen, die öffne ihm. Dann es sind in der Diehn der Vögel 4. Adern, eine vornen, die andere unten, die dritte ausserhalb, die vierdte hinten über der Fang=Klaue. Die Kennzeichen des Fiebers sind, wenn er den Kopff und die Flügel hängen läßt, die Atz wirfft, als wenn er einen Frost hätte, ohne Ursach unlustig zur Atz ist, und knauert. Wenn er einen hefftigen Durst hat, so nimm gepülverten Liebstöckel, Dill und Fenchel, koche sie in Wein, und mische einen Löffel voll Honig darunter, seihe es durch, und laß ihn davon schöpffen, oder schütt es ihm ein, wenn er nicht davon schöpffen will, den einen Tag bestreiche die Atz mit Honig, den andern mit kalten Rosenöl. Wenn ihm etwas in der Galle fehlet, so nimm Weiden=Blüh oder Bollen, streue sie auf die Atz. Wenn er die Flügel hängt, und doch kein Fieber hat, so nimm Geiß=Blut und Schmalz, und schmiere ihn mit dem Blut an der Sonne, aber mit dem Schmalz atze ihn. Oder welches besser ist, nimm Lor=
beer=

beeröl, hebe ihm die Flügel auf, und schmiere ihm die Hacken wohl damit, und die Flügel schmiere mit Schweins=Galle, und die Atz tuncke in Eisen=Kraut oder Salbey=Safft. Wenn er aber in den Flügel die Gicht hat, so siede Gundelreben im Wasser, und zerstosse solche gesottene Blätter wohl, und binde sie ihm an der Seite über die Flügel, und die Atz tuncke in das Wasser davon. Wenn er die Binn oder Läuß hat, so tuncke Bocks=Fleisch in Eßig, und atze ihn damit, und reibe die Flügel öffters mit warmen Eßig und Lorbeeröl. Wenn du die zerbrochene Federn ohne Schmerzen herausziehen willst, so nimm Grillen= oder Mäuß=Blut, und schmiere den Ort, wo die Feder steckt, so wird sie heraus fallen. Darnach koche Honig, biß er recht dick wird, davon mache ein Zäpfflein, nach der Grösse des Lochs, worinn die Feder gesteckt ist, und stecke es in dasselbe, so wird die neue Feder wachsen. Deßgleichen nimm warmen Mahnsaamen=Safft, schmiere die Federn damit, und tuncke auch die Atz in solchen Safft. Wenn er in der Diehn oder an einem andern Ort ein Bein bricht, so binde warme Aloe über, und laß sie einen Tag und Nacht darüber, ferner binde Hüner=Koth in Eßig darüber. Wenn der Vogel auf der Hand oder Reeck unruhig ist, so siede Myrrhen im Wasser, und mache damit den Stelzel naß, und tuncke die Atz neunmal in solches Wasser. Wenn er den Krampff hat, so tuncke die Atz in Beyfuß=Safft, oder schmiere die Füsse mit warmen Lamms=Blut, oder warmen Wein, worinnen Brennessel gesotten worden, tuncke auch die Atz in solchen Wein. Wenn er nicht schmelzen kan, so gieb ihm die Galle von einem Hahn, oder gesottene weise Schnecken. Wenn er sprezt, so gieb ihm ein wenig Bilsenkraut=Safft ein, und tuncke die Atz darein. Wenn er Läuß hat, nimm Wermuth=Safft, oder Wasser, darinnen Wermuth gesotten worden, und wenn er an der Sonne steht, so mache den ganzen Stelzel damit naß. Wenn er den Stein hat, so atze ihn mit Schmalz und Butter, thue auch Aloe mit gepülverten Epheu in das Herz kleiner Vögel, und atze ihn damit. Nach diesem wirst du also auf gleiche Weise bey der Arzeney aller Vögel verfahren. Willst du ihm einen guten Leib machen, so atze ihn mit Ochsen= oder Schwein=Fleisch, willt du ihn aber mager

ma=

machen, so atze ihn mit jungen Hüner=Fleisch, das im Wasser naß gemacht worden. Willst du ihm aber einen guten Flug=Leib machen, so atze ihn mit alten Hünern. Willst du ihn lustig zum beitzen machen, so mache ihm einen guten Kropff, und schließ ihn an einen finstern Ort ein, und laß ein kleines Licht bey ihm brennen, und gehe allzeit über den andern Tag mit ihm auf die Beitz. Wenn er Hasen oder Caninchen fangen soll, so must du ihn, wenn er noch jung ist, dazu berichten, und mache ihm die Schuh an, so daß ein Fuß eine Hand breit von dem andern sey, weil er alsdann ohne sich zu verletzen fangen wird. Ein wilder Habicht wird eher lock, wenn man ihn recht atzhitzig werden läßt, und wenn er jung ist, so soll der Ort, wo man ihn hat, weder gar zu warm noch gar zu kalt seyn, und wo er steht, soll allezeit Salbey und Bachmüntze seyn. Wenn es ein Habicht ist, so soll man Weiden=Laub unterstreuen, und ihn auf eine Reeck stellen, die von Weiden= oder Tannen=Holz gemacht ist, und wenn man ihnen offt Vögel=Blut giebt, so werden sie starck und herzhafft, und bekommen eine Lust zum fangen. Man soll ihn auch in frischem

Wass=

Waſſer baden laſſen, und ihm die Flügel nicht offt zuſammen thun, auſſer wenn er ſie hången låßt.

Das 24. Capitul.
Von zwey andern Arten Falcken, und ihrem Aufenthalt und der Beſchreibung der Habicht.

Was wir bißher von der Natur und Curen der Falcken und Habichte geſagt, haben wir von den Alten genommen. Aber auſſer den angeführten Geſchlechten der Falcken, giebt es bey uns noch zwey andere Geſchlechte, nemlich den Stein=Falcken, und den Baum=Falcken. Der Stein=Falck iſt von mittler Gröſſe und Stårcke zwiſchen dem Hocker= und fremden Falcken, und wird auf den Alpen=Gebürgen gefunden, und wie der Fremde geåtzet. Aber das Baum-Fålcklein hat die mittlere Gröſſe und Stårcke zwiſchen dem Hocker=Falcken und Schmirlein, und wird wie der Schmirlein gehalten, und deßwegen iſt es nicht nöthig, daß man ins beſondere davon handle. Vielleicht findet man bey andern Völckern auſſer den beſagten noch andere Arten der

Fal=

Falcken, aber aus dem, was bißher von ihrer Natur und Atz gesagt worden, kan man gar leicht auch auf die andern schliessen. Hier aber hat man noch beyzufügen, wie wir oben schon gesagt haben, daß, weil alle Thiere an dem Ort, wo sie ihre Atz und Nahrung im Ueberfluß finden, sich in der Menge aufhalten, auch die Vögel, so andere fangen, da, wo sie dieselben antreffen, in der Menge sich aufhalten werden. Dergleichen aber sind die Wasser-Vögel, die so wohl langsamer fliegen, als auch viel Fleisch haben, und deßwegen giebt es gegen Norden viel Habicht, Falcken und Adler, als in Britanien, Schweden, Liefland, Sclavonien, Preussen, und Reussen, und weil solche Länder kalt sind, und in den kalten Ländern die Körper groß sind, und viel Blut und Geister haben, und daher herzhaffter und wilder sind, wie in der Wissenschafft von der Natur der bewohnten Länder gesagt worden ist. Daher sind auch die Raub-Vögel in den besagten Ländern groß, herzhafft und wild. An andern Orten haben sie auch eine mit ihrer Grösse übereinkommende Stärcke und Herzhafftigkeit. Es ist auch nicht mit Stillschweigen zu übergehen,

hen, daß der Aquila, Symachus und Theodotion alle Geschlechte der Habichte Falcken nennen, und sie in 4. Geschlechte abtheilen. Die Tauben=Habicht setzen sie wegen ihrer Grösse unter das erste Geschlecht, und das Terz derselben unter das zweyte: den Sperber unter das dritte, und sein Terz unter das vierdte Geschlecht. Daß man aber diesen nicht beyzustimmen habe, beweiset, weil das Terz des Habichts in dem Horst des Habichts, und des Sperbers Terz in dem Horst des Sperbers gefunden wird, und also der Habicht und das Terz nur bloß in dem Geschlecht unterschieden sind, weil der Habicht das Weiblein, und das Terz das Männlein ist, und eben so sind auch der Sperber und das Terz unterschieden; der Sperber ist das Weiblein, und das Terz das Männlein. So viel von den Raub=Vögeln.

Damit diese Seiten nicht mögten leer stehen, so hat mich nicht uneben zu seyn gedunckt, noch die artig ausgedachte Fabel von dem Anfang der Habicht aus eines unbekannten Urhebers zweyten Buch Hieracosophia, beyzufügen.

Ihr Musen! saget mir, woran es immer liegt,
   Daß das geflügelt Heer einander selbst bekriegt:
Und dennoch auf den Winck der grossen Herren gehet,
Durch Kunst wird lock gemacht, und zu Geboten stehet?
   Woher der Habicht nun die widrige Natur
   Und eingepflanzte Art, die keiner Creatur
Auf Erden eigen ist, doch habe hergenommen?
Ihr Musen! saget mir, wo dieses hergekommen?
   Laßt hören, was ihr doch hier für ein Urtheil fällt,
   Erforscht, erzehlt, wie sich der Sachen Lauff verhält.
Neptun, der Meere GOtt, das schändliche Verbrechen
Der Trojer, die ihm einst den Lohn versagt, zu rächen,

Gießt seine Wasser aus, verheert der Phryger
Land.
Die Arbeit ist umsonst, die Saat im schlimm=
sten Stand.
Simois fänget an am Ufer aufzuschwellen,
Vereinigt seine Fluth mit Xanthus stolzen Wellen.
Man kan vor Wasser kaum des Ida Spitzen
sehn.
Kaum kan daselbst das Vieh mehr auf der
Weide gehn.
Das schöne Ilium steht mitten im Gewässer:
Die Noth erhebet sich: Der Mangel wird nun grösser.
Die Früchte werden rar. Doch wird der Muth
nicht matt.
Man sucht bey dem Apoll und Lyciens Göttern
Rath.
Gleich als wenn GOtt nicht selbst die Noth geschicket
hätte.
Man sendet Boten aus in alle nahe Städte
Nach Hülffe, Rath und Trost, nach Früch=
ten und nach Brod.
Die Menschen und das Vieh befinden sich in
Noth.
Der grossen Fische Heer wirfft Wasser aus, wie
Flüsse,
Und macht am hellen Tag, wie Wolcken, Finsternüsse.

(Das

(Das war der höchste Grad der Noth, die
GOtt gesandt.)

Man rüstet Flotten aus, und nimmt das
Schwerd zur Hand.

In dieser Unglücks-Zeit, die von dem Himmel rührte,
Als jedermann den Zorn der grossen Götter spührte,

Regierte Hierax, ein Herr von grosser Macht:
Er nahm Gerechtigkeit und Gottesfurcht in acht:

Es mußte Asien Gehorsam ihm erzeigen:
Deßgleichen mußten sich vor seinem Zepter beugen

Der Marjandyner Volck und der Cauconer
Heer:

So Elateens Macht, als Synop an dem Meer:
Dann Heracleens Stadt von Milesern erbauet,
Und was man sonst für Volck auf solcher Küste schauet.

Zu diesem werden gleich Gesandten hingeschickt,
Sie sind mit einem Kranz vom Oelbaum aus-
geschmückt.

Sie klagen ihre Noth, um ihm sein Herz zu lencken:
Er mögte ihnen doch den süssen Frieden schencken:

Sie bitten ihn zugleich um Schiff, Getraid
und Brod.

Er nimmt sie freundlich auf, erbarmt sich ihrer
Noth,

Und spricht: so heisset mich die Gottesfurcht regieren;
So muß von ihr alsdann der schönste Nutzen rühren,

Den

Den meine Seele stets mit grosser Mühe sucht:
Nur das ist meiner Macht, Gewalt und Herr-
schafft Frucht,
Daß ich um jedermann mich wohl verdienet mache,
Dem Armen in der Noth, dem Freund in seiner Sache
Zum Trost, zur Hülffe bin: Dem Leidenden
zum Schutz:
Dem Widerwärtigen zum Schrecken und zum
Trutz.

So sagt denn eurer Stadt, ich wolle nicht verweilen,
Mit Mannschafft, mit Gewehr und Schiffen zu ihr
eilen.
So bald er dieses sprach, so bald stund auf der
Höh
Der grossen Schiffe Macht, in welche die Armee
Gleich eingeschiffet ward.   Man fänget an zu schiffen;
Von ihnen wird der Marsch ins schwarze Meer er-
griffen.
Die Insul Tenedos war allbereits schon da,
Und gähling waren sie den Mauren Trojens nah.
Die Trojer hatten sie mit Freuden schon erblicket:
Die Flotte war ins Meer Aegeens eingerücket.
So fieng Neptunus an vor Zorn erbost zu schreyn:
Wer wird wohl künfftig mir Gebet und Opffer
weyhn?

Wer

Wer wird mich wohl mit Dienst, mit Gold und
　　　　Weyhrauch ehren?
Wenn sich die Menschen nicht an unsre Rache kehren:
　　Wenn jeder Sterblicher der Götter Zorn ver=
　　　　　lacht,
　　Und sich so ungestrafft bey Lastern sicher acht?
Hercul gedachte dort das Wunder=Thier zu tödten,
Und die Hesione aus ihren Todtes=Nöthen
　　Durch mitgetheilte Krafft des Himmels zu be=
　　　　freyn:
　　Die Götter halffen ihm: Er mußte glücklich seyn.
Doch sollte Hierax nicht seinen Frevel büssen!
Nein, nein! er wird den Grimm der Götter fühlen
　　　　müssen,
　　Der nur auf seine Macht, Gewalt und Herr=
　　　　schafft baut,
　　Und dem ererbten Gut, und nicht der Vorsicht
　　　　traut.
Ob er die Götter gleich mit vieler Furcht bekennet,
Und manches Opffer=Feur auf den Altären bren=
　　　　net;
　　So muß er doch einmal von seiner Wuth ab=
　　　　stehn,
　　Des Meineyds Strafe wird schnell über ihn
　　　　ergehn.
　　　　　　　　　　　　　　　So

So sprach Neptun im Zorn, und überzog den Himmel
Mit schwärzlichtem Gewölck und tobendem Getümmel.
Die Winde stürmeten starck aufeinander loß;
Das Meer erregte sich: Die Wellen wurden groß.
Den Trojern, die bereits am Rand des Meeres stunden,
War gleich der Schiffe Macht aus dem Gesicht verschwunden:
Das Wasser rauscht daher, und schallet fürchterlich.
Der Steuermann erschrickt, und ist ganz ausser sich.
Indem er aus dem Schiff des Wassers Wuth betrachtet,
Umsonst den Göttern rufft, und fast vor Angst verschmachtet;
So flieget unversehns der Vögel Schaar herbey,
Und machet wider ihn ein trauriges Geschrey.
Der König Hierax zieht thöricht seinen Degen,
Und will durch Feur und Schwerd der Vögel Heer erlegen.

Allein

Allein sie setzen ihm nur immer stärcker zu,
Und lassen ihm erbost mit Schreyen keine Ruh,
Biß er ermüdet wird. Zunächst am besten Lande
Strandt alsobald sein Schiff auf dem verborgnen
Sande.

Und weil der Sand sehr tieff, der Ort voll
Klippen war,
Daran die Flotte stieß, so war sie in Gefahr,
Auf ewig in den Grund des Meeres zu versincken.
Die Leute schrien schon: O wehe! wir ertrincken.

Jedoch Olympens HErr, als Er vom Himmel
sah,
Daß König, Schiff und Volck dem Unter-
gange nah,
Ward zur Barmherzigkeit durch ihre Noth bewogen,
Sie werden schnell von Ihm aus der Gefahr gezogen:
Er stellet mit Gewalt Neptunens Feindschafft ein,
Und heisset Meer und Wind und Vögel ruhig
seyn.

Damit nicht mit dem Leib, wenn er im Abgrund sterbe,
Zugleich des Menschen Geist im Schlund der See
verderbe.

Er macht den Hierax von allem Jammer frey,
Und leget ihm sogleich behende Flügel bey:

An

An Füssen wachsen ihm krumm und sehr scharffe
Klauen:
Man konnte nun an ihm nichts menschliches mehr
schauen.
Rachsüchtig ward sein Herz; doch heilig, wie
vorhin,
Deßwegen hat der Falck noch jetzund diesen
Sinn:
Der Vögel jede Art verfolgt er stets mit Rache,
Und suchet, wie er sie mit seiner Klaue schlage.
Doch blieb in ihm die Treu: Die Menschen
hat er lieb,
Zur Hülffe gegen sie ist stets in ihm ein Trieb:
Wird mit dem Mann gemein, und lässet sich berichten,
Kommt, wenn man lockt, mit Lust, Befehle zu verrich-
ten.

Register.

A

Abhauben wie man soll	409
Aufbräwen was es ist	237
Aufbräwen der Nestling	237
Aufbräwen der Deckling	260
Aufhauben wo man soll	402
Augen der Vögel	75
Augen dunckle	511
Augen-Flecken	486. 512
Augen helle zu machen	507
Augen schäumen	502
Augen-Weh des Habichts	504
Atz der Raub-Vögel	226
Atz wenn der Habicht nicht verdruckt	494. 513
Atz werffen	479. 500. 501. 513
Atzen zu welchen Stunden	233
Atzens abwechseln und gehörige Stunden	232

B

Baden	363
Baum-Falcken	518
Bec	78

Bein

Bein wenn der Habicht bricht	515
Beissen und hefftiges Jucken der Falcken	482
Beissen in die Bell, Füß und Schuh wie verwehrt wird	300
Beitz Nutzen	4
Beitz vortrefflicher als das andere Waidwerck	5
Bell	249
Berg-Falcken	444
Binn, Binnemann	481. 491. 505. 515
Biß von einem Thier	485
Blanquen-Falcken	456
Blau-Fuß	461
Bruck	100
Brust	97
zu curiren	494
Brüten	193
Bürzel	113

C

Cauterisiren den Falcken	483
Curen nach dem Aquila, Symachus, Theodotion	511
Curen nach dem K. Friederich	492
Curen nach des K. Friederichs Falckonier	485
Curen nach dem Wilhelm	476
Curen nach des Wilhelms Falckonier	499

D

Dach	94
Deck-Federn	139
Deckling	253
Deckling wie man fangen soll	253
Deckling, wie man auf der Hand tragen soll	262

Deckling,

Deckling, wo sie gefangen werden	258
Diehn	102
Diehn zerbrochene zu curiren	505
Drahle	248
Dreck-Falck	255
Dunst	129. 193
Durst des Habichts	503. 514

E

Engbrüstig	487
Erkaltet wenn der Habicht ist	493
Eyer legen	192
Eyerstock	121

F

Falck edler welches	474
Falck grösser als das Terz	179
Falck gebissen von einem Thier	485
Falcken Eigenschafft	438
Falcken Farb	433
Falcken, daß den Falckonier nicht verlassen	492
Falcken loßgebräwnte, wie man auf die Reeck tretten läßt	344
Falcken Natur	429. 434
Falcken noch nicht lock gemachte, wie von einem Land ins andere getragen werden	376
Falcken-Sack	259
Falcken 17. Geschlecht	439
Falcken Schreyen, und wie man lockt	437
Falcken-Tasche	268
Falcken vermischte Geschlechte	465

Falcken welche gesund sind	272
Falcken wenn unlustig zum fangen sind, was zu thun	471. 517
Falcken wie man erkennen soll	202
Falcken wie man auf der Hand tragen soll	250
Falcken zwey Arten	518
Falckonier wie er beschaffen seyn soll	263
Falckoniers Absicht, warum er die Falcken lock macht	268
Fangklaue	108
Federn grosse deren Stellung	133
Federn inwendige und auswendige	139
Federn kleine	128
Federn mit dem Bec durch den Staart durchhohlen	366
Federn schifften	497
Federn zerbrochene	497
Federn zerbrochene ohne Schmerzen heraus ziehen	515
Federn daß nicht zerbrechen	475
Feigblattern	502
Feuchtigkeit allzuviele macht schwach	475
Feuchtigkeit böse	506
Feuchtigkeit in dem Halß	486
Fieber	479. 514
Fistul	484
Flaggen	132
Flecken der Augen	486
Fleisch faules	483. 491
Fliegen was es sey	131
Fliegens Art	142
Flug der Vögel	141

Flug-

Flug-Leib einen guten machen	517
Flügel	88
Flügel-Federn	131
Flügel-Federn Anzahl	132
Flügel hangen	514
Fluß salziger	478
Fremde Falcken	447
Fremde Schlecht-Falcken	209
Fremder Schlecht-Falcken beste Farb und Gestalt	214
Fremder Schlecht-Falcken Ungleichheit des Gefürts und Gliedern	215
Frons	31. 479
Füß geschwollen	491
Füß zu curiren	491
Füß rauhe	502
Füß und Klauen wie zu bewahren	475

G.

Galle	120
Gallen Kranckheit	501. 514
Gapt wenn der Falck	476
Gefürt	121
Gefürts Farb	123. 459
Ger-Stücke	204. 441
Ger-Stücke Gefürt	206
Ger-Stücke Gefürts beste Art	207
Ger-Stücke Name woher	187
Gewächs des Habichts	503
Gewöll	471
Gicht	482. 502 506
Gicht in den Flügeln	515

Glieder

Glieder der Vögel	66
Glieder innerliche	112

H.

Habicht	189
Habicht daß stets gesund bleibe	495
Habicht wenn er erkaltet ist	493
Habicht wann man fett machen soll	509
Habicht wenn von der Sonnen-Hitz einen Schaden bekommen	498
Habichts Name woher	185
Habichts Brust zu curiren	494
Halß	84
Halß dicker	477
Hauben Gestalt, und woraus sie gemacht werde	398
Hauben und Zieget Unterschied und Gemeinschafft	423
Hauben wer erfunden	397
Hocker-Falck	451
Hödlein	121
Hölgen	477. 494. 499
Hörner auf dem Kopff	84
Horst wie man dazu gehen soll	223
Horsten	186
Horsten wo die Falcken	186
Hungermal	493

J.

Jagd was ist	6
Incommode getragen wie man erkennet	391
Jule	284

Jungen

Junge warum von den Alten ausgetrieben werden	196
Junge wie die Mutter fangen lehrt	195
Junge wie von den Alten geaßt werden	194

K.

Kalter Flügel	317
Kamm auf dem Kopff	84
Klauen	110
Klauen verlohren	484. 497
Knauern	514
Kopff	71
Kopff-Kranckheit des Habichts	503
Kopff reinigen	485
Körner des Habichts	504
Krampff	476. 516
Kriegen zu viel	481
Kropff	119

L.

Ländner	51. 256
Land-Vögel was sind	12
Land-Vögel und ihre Aß	34
Land-Vögel aus- und zuruckgehen sich zu aßen	42
Langfessel	246
Läuß	489. 503. 515. 516
Leib guten machen	472. 498. 503. 516
Leber	120
Lenden	95
Lenden-Kranckheit	477
Lenden-Weh des Habichts	505

(o)

Lockblanck, Lock-Fleisch	174
Locken	437
Lock machen was sey	274
Lock machen der Falcken	274
Lock machen der Habicht	507
Lock machen, Herzhafftigkeit und Gesundheit des Falckens	468
Lock machen ausser dem Hauß	353
Lock machen in dem Hauß und ohne Hauben	352
Lock machen der loßgebräwnten	313
Lock machen der aufgebräwnten nach dem Geschmack und Gehör	304
Lock machen mit einem Schein	307
Lock machen zu Pferd	370
Lock machens Endzweck	469
Loßbräwen	313
Lufft-Röhre	117
Lufft-Röhre verstopfft	486
Lunge	118
Lunge verstopfft	486

M.

Magen	119
Mager machen	280. 472. 516
Mager machen den Habicht	497
Mallea	243
Maul	114
Mauß der Vögel	163
Mauß wenn der Habicht darein gethan wird	496
Mauß wie darinn zu atzen und zu halten	513
Mauß-Kammer	496
Mausset so der Falck sich nicht bald	496

Meß-

Meßquen	133
Milben	480
Mooß-Vögel welche	12
Mooß-Vögel und ihre Atz	44
Mooß-Vögel Ausgang sich zu atzen	46. 47
Mooß-Vögel verschiedene Atz	45
Mooß-Vögel zuruck gehen und Stand	48

N.

Nachteulen warum zu Nachts fliegen	34
Nasen	77
Nasen verstopfft	512
Nasse Frons	477. 511. 512
Naß machen	359
Nestling und Deckling Unterschied	220
Nestling wie man bekommt	221
Nestling wie man auf der Hand trägt	250
Nieren	120
Nieren-Gebrechen	459
Nieren geschwollen	477

O.

Ohren der Vögel	76
Oel-Drüssen	96
Orten von denen	383
Orts Zubereitung, wo die Nestling wieder gefangen werden	235
Ort wo sich die junge Raub-Vögel aufhalten	197

P.

Plage	478
Purgieren den Habicht	495

Ll 5   R. Raub.

R.

Raub-Vogel was ist	175
Raub-Vögel junge wie von den Alten geatzet werden	194
Raub-Vögel junge, wie die Mutter anweißt das Wild zu fangen	195
Raub-Vögel junge wie sie ausgetrieben werden	196
Raub-Vögel wie ausgehen ein Wild zu fangen	197
Reeck	284
Reeck Nutzen, und wie darauf angebunden wird	289
Reeck wie darauf die loßgebräwnten gestellt und abgenommen werden	344
Reuter wie beschaffen seyn soll	372
Rosser Falck	458
Rotzen der Falcken	484
Ruckgrad	112
Ruckgrads-Marck	113

S.

Sacre-Falcken	208.	439
Sacre-Falcken Gefürt		209
Schwäche der innern Theile		498
Schwarze Falcken		454
Schlecht-Falcken		216
Schlund		119
Schmelzen wenn der Vogel nicht kan	480.	516
Schmierlein		462
Schreyen der Habicht	510.	512
Schuh		241
Schultern		77
Schweimer	218.	463
Seiten		99
Seule		132

Sod

Sod	476
Sperber	219
Spretzen Mittel darwider	516
Springen was sey	321
Springen und Unruhe der Falcken	299
Springen und dessen Arten	320
Springen auf der Hand, Reeck und Jule und Kennzeichen	387
Springen Mittel darwider	359. 369. 389
Springen rascher, wenn sie wieder in das Hauß getragen werden	357
Springen wie demselben zu begegnen	333
Springen bey dem aufhauben wie man verwehrt	406
Springens Kennzeichen	332
Staart	95
Staart-Federn Anzahl	138
Staart-Federn Lage und Gestalt	138
Stein des Habichts	501. 505. 516
Stein-Falcken	518

T.

Teuffels-Haar	121
Tragen wie man die Deckling auf der Hand soll	262
Tragen wie man die Nestling auf der Hand soll	250
Tragen von einem Land ins andere	376
Tragen incommode woher man erkennt	391
Trainen mit dem Habicht	508

U.

Ungeziefer	478. 500
Unlustig wenn der Falck ist	471. 489
Unruhig was es sey	299
Unruhig wenn der Vogel ist, Mittel darwider	516

V. Van-

V.

Vannen	132
Vergifftet wenn der Falck ist	484. 513
Verhext wenn der Falck ist	491
Verstopfft daß der Habicht nicht werde	495
Vögel Art zu fliegen	142
Vögel Eintheilung in Wasser- Land- und Mooß-Vögel	11
Vögel Eintheilung in Raub-Vögel und solche die nicht rauben	16
Vögel was heissen	142
Vorbericht	1
Vorrede des zweyten Buchs	170

W.

Wannen	132
Wann der Falck wieder in das Hauß getragen wird	357
Wasser-Vögel welche	12
Wasser-Vögel Atz	19
Wasser-Vögel Ausgang sich zu atzen	24
Wasser-Vögel Ordnung in dem Ausgang	28
Wasser-Vögel Zuruckgang von dem Atzen	29
Wasser-Vögel wie in dem Wasser stehen und schlafen	30
Wegstrich was ist	49
Wegstrich der Vögel	49
Wegstreichen welche Vögel und wenn	50
Wegstreichen Bereitung dazu	55
Wegstreichen zu welcher Jahrs-Zeit	57. 199
Wegstreichen in was vor Ordnung	60

Wegstreichen wovon und wohin	64. 200
Wegstreichen wohin und warum	65
Wehren wie sich die Vögel	161
Wehren bey dem aufhauben und Mittel darwider	406
Wehren womit sich die Vögel	156
Weißback	462
Wie man mit dem Falcken zum Hauß hinaus und hinein gehen soll	354
Wohin man ausser dem Hauß am ersten tragen soll	356
Wunden der Falcken	482
Würm der Falcken	480. 488

Z.

Zäpfflein haben die Vögel nicht	114
Zehen	104
Zieget was ist	316
Zieget ein Mittel wider das springen	318
Zungen	114
Zungen haben die Störch nicht	114
Zu viel kriegen	481
Zuruckstrich	49
Zuruckstrich der Raub-Vögel	201
Zwerchfell	118

Erklärungen
der Redens-Arten.

A.

Abstuppen, abstossen.

Atz, Fraß.

Atz abnehmen, weniger geben.

Atzen *passable*, so viel als sich gehört, geben.

Atzhitzig, hungerig.

Atz-Klaue, die inwendige erste Klaue.

Atz werffen, von sich speyen.

Atz zustecken, mehr geben.

Aufbrawen, die Augen zunehen oder zubinden.

Aufbrawen mit halbem Aug, oder mit einem Schein, das Aug nur halb zubinden.

Aufbreelen, eine Schnur um die Flügel binden, das springen zu wehren.

Aug gegen den Mann, das rechte Aug.

Auswerffen, eine Taube oder ander Wild fliegen lassen.

B.

Ballen, der Fuß unten, wo er aufsteht, die Sohlen.

Balliren, in dem stehen mit den Flügeln schwingen.

Bec,

Bec, Schnabel.
Becweiß abziehen, klein zerhacken.
Becweiß einschiessen lassen, Bissenweiß atzen lassen.
Bell, Rolle.
Bequiren, zu früh atzen.
Bequirt er, er atzt sich mit dem Atz.
Berichten, abrichten.
Betteln auf der Reeck, hin- und hergehen.
Billard seyn, wenn ein Falck den andern fängt.
Binn, Binnemann, Zipperlein.
Binzen, abschneiden.
Bittur-Fuß, citronen-grün.
Borst, ein vorders Viertel.
Borst daran ziehen lassen, sich damit atzen lassen.
Borst-Bein, Brust-Bein.
Bruck, der Bauch.
Bruck am, die Federn unter dem Staart.
Bund machen, den Bogen-Schuß machen, wenn er fängt.

C.

Cage, Gestell worauf die Falcken getragen werden.

D.

Deckling, ein Falck, der wild gefangen wird.
Diehn, ein hinters Viertel oder Schenckel.
Drahle, 2. meßinge Ring an den Schuhen, die sich drehen.
Dreck-Falck, der im Wegstrich gefangen wird.
Dunst, Flaum-Federn.

Durch-

Durchgang geben, wenn er nach dem Wild stößt, und nicht fängt.

Durchhohlen, verschlucken.

Durchhohlen mit dem Bec die Federn durch den Staart, sich mit dem Oel aus der Oel-Drüssen schmieren.

E.

Eingeschlagen seyn oder stehen, so mager seyn, daß an der Brust eine Eintieffung ist.

Eluh, aschgrau.

Engel machen, wenn er, da er geschreckt ist, die Flügel aufhebt.

Falck, das Weiblein.

Falcken-Sack, ein Sack worein die gefangenen Falcken eingebunden werden.

Falcken-Tasche oder Waid-Tasche, des Falckoniers Tasche.

Falzen, schreyen in der Heck-Zeit.

Fang-Klaue, die hintere Klaue.

Federn mit dem Bec durch den Staart durchhohlen, mit dem Oel aus der Oel-Drüsse schmieren.

Feld-Aug, das lincke Aug.

Flaggen, die 4. nächsten Flügel-Federn an dem Stelzel.

Forscher *hagard*, der sich 2. oder auch mehrmals gemausset.

Frons, wenn der Kropff hart wird wie ein Stein.

Füß nicht Fänge wie bey den Jägern.

G. Gapen,

G.

Gapen, jähnen.
Gefürt, Federn.
Gemein werden mit dem Mann, den Falckonier gewohnen, und heimisch werden.
Glänzel, die Fahnen an den Federn.

H.

Hacken, Flügel-Bug an dem Stelzel.
Hagard, der sich einmal gemausset.
Hängeln, mit ausgebreiten Flügeln schweben, wie die Wanne-Weiher thun.
Hauben gut davor stehen, die Haube gewohnt seyn.
Hauben, heißt Rausch- oder Steck-Haube.
Höigen, hart schnauffen, keichen.
Hohlen einer den andern, erreichen.
Hüfen, sich putzen.

J.

Incommode tragen, schlecht tragen.
Jule, ein niedrig Gestell vor die Falcken.

K.

Kalter Flügel, ein Flügel, woran kein Fleisch ist.
Klaue, Zehe.
Klaue die kleine, die auswendige Klaue.
Klaue die lange, die mittlere.
Kliemen, hoch steigen.

Knauern,

Knauern oder biteeren, die Atz lustig nehmen, und nicht durchhohlen.

Körner, kleine Blätterlein oder Beulen um den Bec, Halß, oder Stelzel.

Kropff einen guten machen, wohl atzen.

L.

Lahnen, schreyen der Jungen in dem Horst.

Lahnen, die Lenden.

Lahnen, durch die Lahnen gehen, verkehrt springen.

Ländner, der über Winters zuruck geblieben, oder auf dem Ruckstrich gefangen wird.

Langfessel, ein langer Rieme, womit der Falck angebunden wird.

Lapart, der noch rothe Federn, und sich nicht ganz ausgemausset hat.

Lein, Strick.

Lock-blanck, Lock-Fleisch, ein Fleisch womit man auf den Lujer lockt.

Locken, ruffen.

Lock machen, zahm machen, daß er mit dem Mann gemein werde.

Lock-Schnur, eine Schnur, womit der Vogel anfangs gehalten wird, da man ihn auf den Lujer lockt.

Loßbräwen, die Augen loßbinden.

Lujer, ein von Flügeln gemachter Vogel an einer Schnur, womit man lockt.

M. *Mal-*

M.

Mallea, Ring an den Schuhen, wodurch der Langfessel geschoben wird.

Meßquen, die 4. vorderſten kleine Federn, ſo vor der Seule nach der Länge ſtehen.

N.

Naſſe *Frons*, Strauchen.
Neſtling, der aus dem Horſt abgeſtiegen wird.

P.

Platen Tröpeln, groſſe weiſſe Tröpeln.
Pleene, wenn ſie zwiſchen dem Kiel und Fleiſch Waſſer bekommen.
Plumage oder Blum, die Einfaſſung an den Federn.

R.

Raſch, ſchnell.
Reeck, Stange, worauf man die Vögel ſtellt.
Reecken thun, gerad aus fliegen, von dem Reiger.
Reiger giebt ſich, wenn er herunter geht auf die Erde.
Reingrün, hellgrün.
Ring, ein zwiſchen den Augen auf dem Bec etwas erhöhtes Fleiſch.
Ring hohlen, in dem Ring herum fliegen.
Roſſer Falck, der röthlicht iſt.
Rother Falck, der ſich noch nicht gemaußt hat.

S. Schein

S.

Schein mit einem, zum halben Aug loßbräwen.

Schellen, Augen-Lieder.

Schlagen mit der Fang-Klaue, mit der hintern Klaue das Wild fangen.

Schelmisch wieder werden, wild werden.

Schleimen, die Federn von der Atz auswerffen.

Schleimsel, die ausgeworffene Federn.

Schlingern, wenn die Schwing-Federn vor der Mauß ausfallen.

Schmelz-Federn, Oel-Drüsse.

Schmelz, Koth.

Schmelzen, schmeissen.

Schmurr fett, sehr fett.

Schuh, Riemen an den Füssen.

Schuh inwendige, der rechte, auswendige der lincke.

Seule, die erste grosse Flügel-Feder.

Silber, die glänzende Haut an den Kielen, so lang sie noch blutig sind.

Spinnen, abspinnen, den Falcken mit einer Feder streichen, damit er lock werde.

Sprezen, durchfällig seyn.

Springen sich zu borsten, zu todt springen.

Staart, Schwanz.

Stecken stecken, wenn der Falck so über dem Wild ist, daß er den Durchgang gebe.

Stehen an einem Baum, auf einem Baum stehen.

Stelzel, Cörper oder Leib.

Streichen, gerad fort fliegen.

Strupffen, Riemen an der Haube.

Stück-Staart, der den Staart hoch hält.
Stuppen, anstossen.

T.

Terz, das Männlein.
Teuffels-Haar, bey den jungen Vögeln, die ersten Haar und Stupffeln.
Thun er will nichts, wenn er hinkommt, und das Wild nicht fängt.
Trainen, ist, da man den Vogel zu berichten ein Wild fliegen läßt, damit er das Wild, welches man haben will, fangen lerne.
Tretten an einen Baum, sich aufstellen.
Tröpeln, Tüpeln oder Flecken.
Tröpeln *ordinaire*, kleine Tröpeln.
Unlustig, faul, oder auch die Atz nicht nehmen wollen.

V.

Vannen, die 12. Flügel-Federn nach den Flaggen.
Verdrucken, verdauen.
Vergiessen, fangen.
Verrucken die Federn, wenn sie nicht stehen, wie sie sollen.
Verschlagen das Gefürt, gestrobelt seyn.
Vorloß geben, ein Wild bey dem trainen fliegen lassen.
Vogel-Stange, eine hohe Stange, wovon man bey dem trainen das Wild fliegen läßt.

W. Was-

W.

Waſſer-Tröpeln, länglichte Tröpeln.
Werffen die Atz, ausſpeyen.
Wild, was der Falck fängt.
Wild nach demſelben ſchicken, darnach fliegen laſſen.
Wild das hat er gebunden, gefangen.
Wind in oder gegen den Wind ſeyn, wenn der Wind von vorne herkommt.
Wind vor demſelben ſeyn, wenn er von hinten herkommt.
Wind mit halben, wenn er von der Seite kommt.

Z.

Zieget oder kalte Flügel, woran man ihn ziehen läßt.
Zuſtecken Atz, mehr geben.

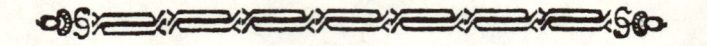

Seite 87. lin. 9. und 20. ließ Vorſt-Bein. 178. l. 14. anzeiget. 224. 33. Capitul. 306. l. 17. es würde. 423. l. 25. Art. Die übrigen Fehler wird ein jeder leicht ſelbſt verbeſſern können.

Nachwort

von

Sigrid Schwenk

Jagd in allen ihren Ausformungen - Jagd auf Haar - und Federwild, Vogelfang und last but not least Beizjagd - stellt ein Kulturgut dar, das aus der Geschichte der Menschheit nicht wegzudenken ist, die menschliche Entwicklung vielleicht stärker als irgendetwas anderes beeinflußt hat und noch in unseren Tagen - trotz veränderter historischer, sozialer und landschaftlicher Gegebenheiten - einen wichtigen Stellenwert besitzt, gerade auch in unserer dichtbevölkerten und damit mehrfachen Nutzungsansprüchen ausgesetzten Kulturlandschaft. Doch im Gegensatz zur unbestrittenen Bedeutung des Kulturguts Jagd ist heute in Deutschland - im Unterschied zu vielen europäischen Staaten und überseeischen Ländern und trotz der einmal vielversprechenden wissenschaftlichen Ansätze in unserem Land - die Jagdgeschichte und die wissenschaftliche Erforschung dieses Kulturguts ein Stiefkind der ministeriell geleiteten wissenschaftlichen Forschung und Lehre an den Universitäten. Dies ist umso unverständlicher, als gerade jetzt, zu einem Zeitpunkt, zu dem emotional aufgeheizte Diskussionen und Auseinandersetzungen um Naturnutzer und Naturschützer, um Jagd-, Forst-, Teich- und Landwirtschaft, Natur- und Tierschutz die Gefahr mit sich bringen, dem gemeinsamen Anliegen, der Sache der Natur, nicht wiedergutzumachenden Schaden zuzufügen, eine wissenschaftliche Auseinandersetzung mit dem Kulturgut Jagd entscheidend zu einer Versachlichung der Diskussionen beitragen könnte.

Eine besondere Freude ist es deswegen für die Verfasserin dieses Nachworts, die jagdhistorische Forschung als Leiterin der Forschungsstelle für Jagdkultur an der fränkischen Universität Bamberg beruflich betreibt und sich seit über dreißig Jahren mit dem beeindruckendsten Falkner der abendländischen Geschichte, FRIEDRICH II. VON HOHENSTAUFEN, und dem größten fränkischen Falkner, CARL WILHELM FRIEDRICH VON BRANDENBURG-ANSBACH, die rund 500 Jahre voneinander trennen, beschäftigt, daß der Deutsche Falkenorden ihre Anregung aufgegriffen hat, zum 800. Geburtstag des bedeutenden Kaisers, großen Naturforschers, unübertroffenen Mittlers zwischen arabischer und morgenländischer Kultur, ein vor über zwei Jahrhunderten in Onolzbach (dem heutigen Ansbach) auf Weisung Markgraf CARL WILHELM FRIEDRICHS VON BRANDENBURG-ANSBACH erschienenes Buch, die erste deutsche Übersetzung von *„DE ARTE VENANDI CUM AVIBUS"* durch JOHANN ERHARD PACIUS als Faksimile herauszubringen. Hierfür sei an dieser Stelle dem Vorstand des Deutschen Falkenordens sowie der das Original zur Verfügung stellenden Bayerischen Staatsbibliothek München auf das herzlichste gedankt.

„Stupor mundi", das Staunen der Welt, nannten Zeitgenossen Kaiser FRIEDRICH II. Und ungläubiges Staunen wie tiefe Bewunderung ergreift auch uns, wenn wir uns sein Leben, seine Interessen, seine Taten und die durch ihn hervorgerufenen Wirkungen auf Politik und Kultur seiner Zeit sowie die Ausstrahlung bis in unsere Tage vor Augen führen, wenn wir die „Modernität" bedenken, mit der er konsequent und systematisch neben der Erfahrung - *experientia* - das Experiment - *experimentum* - als Maßstab für Wissenschaft und Forschung eingesetzt hat, wenn wir die strenge Sachlichkeit und das wissenschaftliche Ethos im Schaffen des Kaisers verspüren.

Im *„Libri prologus de venatione avium rapacium per nobilissimum ac sapientissimum imperatorem Fredericum secundum"* - im „Prolog des Buches über die Jagd mit Raubvögeln, verfaßt von dem edelsten und gelehrtesten Kaiser FRIEDRICH II." - wird der Gegenstand von *„DE ARTE VENANDI CUM AVIBUS"* knapp und einprägsam beschrieben: *„Est igitur materia huius libri ars venandi cum avibus, cuius partium quedam consistit in contemplando seu in sciendo, que theorica dicitur, reliqua in operando, que pratica dicitur, rursus quedam pars de generali contemplatione, tam eorum, que spectant ad theoricam, quam eorum, que spectant ad praticam, reliqua vero de speciali consideratione eorundem ... Intentio vero nostra est manifestare in hoc libro de venatione avium ea, que sunt, sicut sunt, et ad artis certitudinem redigere, quorum nullus scientiam habuit hactenus neque artem."*[1] „Dieses Werk behandelt die Kunst, mit Raubvögeln zu jagen. Ein Teil ist der wissenschaftlichen Erkenntnis und Betrachtung, also der Theorie, gewidmet; ein weiterer beschäftigt sich mit der Ausübung, das heißt der Praxis; wieder ein anderer erörtert allgemein, was sowohl zur Theorie als auch zur Praxis gehört; und ein letzter befaßt sich mit Einzelheiten der einen wie der anderen ... Unsere Absicht aber ist es, in diesem Werk über die Beize die Dinge, die sind, so wie sie sind, darzustellen und dem den Rang einer Kunst zu sichern, wovon keiner bisher Wissen besaß und das noch keiner als Kunst angesehen hat."[2]

Welches Selbstbewußtsein, welches Wissen um den Wert des eigenen, in langen Jahren mühevoll und mit Einsatz aller nur denkbaren Mittel erarbeiteten Werkes spricht aus diesen Zeilen. Und wahrhaftig - der Verfasser hatte, auch aus heutiger historischer Sicht heraus, allen Grund, stolz auf das von ihm Geschaffene zu sein: Ist er dadurch doch von allen deutschen Kaisern und Königen des Hochmittelalters der einzige, der uns ein literarisches Denkmal hinterlassen hat.

Der staufische Kaiser FRIEDRICH II., König von Sizilien und Jerusalem, Enkel FRIEDRICHS I. BARBAROSSA, kam im Dezember 1194 in Jesi bei Ancona zur Welt, regierte ab 1212, wurde 1220 in Rom zum Kaiser gekrönt und starb im Alter von 56 Jahren (am 13. Dezember 1250) in Fiorentino. Unglaublich fast, daß FRIEDRICH II. trotz vieler Schlachten, trotz Kreuzzug und zweimaliger Bannung (der höchsten Kirchenstrafe) durch Papst GREGOR IX., trotz eines aufreibenden, aber äußerst erfolgreichen politischen Lebens Muße dazu fand, sich nicht nur intensiv mit der praktischen Beizjagd zu beschäftigen, sondern darüberhinaus das grundlegende Werk der Falknerei, das bis auf unsere Tage seine Gültigkeit nicht eingebüßt, ja kaum etwas von seiner Aktualität verloren hat, zu verfassen.

Welch hohes Ziel er sich dabei selbst setzte, welch lange Zeit die Verwirklichung des Plans beanspruchte und wie schwer ihm dies bisweilen fiel, darüber spricht er selbst: „Obwohl wir uns vor langer Zeit schon es zu verfassen vorgenommen, haben wir dennoch durch nahezu dreißig Jahre die Niederschrift immer wieder hinausgeschoben, weil wir uns noch nicht genügend vorbereitet glaubten; auch lasen wir nirgends, daß jemals zuvor ein anderer darüber erschöpfend gehandelt hätte. Zwar haben einige vor uns manches, wenn auch nur bei der Ausübung der Jagd, schon in Erfahrung gebracht, jedoch nicht kunstgerecht überliefert. Deshalb haben wir lange mit Sorgfalt und Fleiß das Wesen dieser Kunst erforscht, indem wir sie zugleich verstandesmäßig wie auch ausübend zu ergründen suchten, um endlich in der Lage zu sein, niederzuschreiben, was uns die eigene wie auch die Erfahrung anderer gelehrt, die wir als Kenner dieser Kunst von weither und mit großem Kostenaufwand zu uns beriefen. Allenthalben hatten wir sie in unserer Nähe, um festzustellen, was sie besser wußten, und unserem Gedächtnis einzuprägen, was sie sagten und taten. Obgleich uns sehr häufig Herrscherpflichten gegenüber unseren Königreichen und dem Imperium von diesem unserem Vorhaben abhielt, haben wir es dennoch nicht hintangesetzt."[3] Daß der Kaiser hierbei nicht übertreibt, daß er sein Ziel konsequent verfolgte, wann immer sich ihm eine Gelegenheit dazu bot, läßt sich auch an der Tatsache ablesen, daß er bei der Belagerung von Faenza in der Zeit vom August 1240 bis zum April 1241 die auf seinen Auftrag hin von dem an seinem Hofe tätigen Philosophen THEODOR VON ANTIOCHIEN, dem Nachfolger des von 1227 bis zu seinem Tod zu Beginn des Jahres 1236 in FRIEDRICHS II. Diensten gestandenen MICHAEL SCOTUS, gefertigte Übersetzung des arabischen Traktats des MOAMIN selbst korrigierte.

Wie die auf uns überkommenen Handschriften von *„DE ARTE VENANDI CUM AVIBUS"* beweisen, hat FRIEDRICH II. zumindest sechs Bücher erarbeitet und diktiert. Geplant oder schon teilweise konzipiert waren - wie wir aus entsprechenden Hinweisen in den überlieferten sechs Büchern schließen können - wohl noch zwei weitere Werke oder zumindest Bücher: eines über die Krankheiten der Beizvögel *(„de egritudinibus", „de morbis")* - vgl. dazu die Hinweise in den Kapiteln *"De modis membrorum"* des *Liber primus, „De tiratorio"* und *„Dictum est de diverberationibus, sequitur dicere de balneo"* des *Liber secundus, „Sequitur dicere de tertio modo"* des *Liber sextus* - und eines über die Beize im niederen Flug, d. h. mit Habichten und Sperbern, das eventuell im Umfang den uns erhaltenen sechs Büchern hätte ähneln können - vgl. dazu etwa die Hinweise in den Kapiteln *„De lanariis"* und *„De loco preparando eis"* des *Liber secundus.*

Wie sehr wir auch bedauern müssen, daß FRIEDRICHS II. Lebenszeit nicht ausreichte, um all seine literarischen Pläne in die Tat umzusetzen (was er im übrigen selbst befürchtete, vgl. seine Bemerkung „wenn unser Leben so lange währt" im Prolog), so wurde unser Wissen um die

Falknerei unendlich bereichert durch das, was er uns in *„DE ARTE VENANDI CUM AVIBUS"* geschenkt hat.

Der große FRIEDRICH II. - Forscher ERNST KANTOROWICZ schreibt darüber in seinem grundlegenden Werk: „Aus jahrzehntelangem Beobachten der Vogelwelt ist schließlich sein großes Werk hervorgegangen: DE ARTE VENANDI CUM AVIBUS ... Alles andere eher als eine fürstliche Laune und Spielerei stellt dieses umfangreiche zoologische Werk dar, das bis in die kleinste Kleinigkeit auf eigenem Sehen beruhte oder auf Beobachtungen, die Freunde und Fachleute für ihn angestellt hatten. Mehrere Jahrzehnte hindurch trug sich der Kaiser mit dem Plan, diese Ornithologie - denn eine solche ist das Werk - zu schreiben und Jahrzehnte hindurch hat er dazu die Beobachtungen gesammelt, bis er sich auf das Drängen seines Sohnes Manfred schließlich zur Abfassung der sechs Bücher entschloß. „Er muß als einer der größten Kenner dieses Teiles der Zoologie betrachtet werden, die je gelebt haben," so urteilt Ranke gewiß nicht zu hoch über dieses Buch, das in den wesentlichsten Stücken bis heute nicht überholt ist. Das Erstaunlichste an dem Werk ist die absolute Sachlichkeit, in der tatsächlich mehr Geheimes von den Werken der Natur enthalten ist, als in den kosmisch-astralen Enzyklopädien der Hofphilosophen, über die der Kaiser, wenn er auch alles gelegentlich mitmachte, lächeln konnte."[4]

Ein solches Werk, das das gesamte falknerische Wissen seiner Zeit, die europäischen wie die im arabischen Schrifttum vereinigten persischen, griechischen, türkischen, indischen und arabischen Traditionen in sich barg und all dies in an der Praxis überprüfte Handlungsanweisungen für die Falkner zusammengefaßt hatte, trug alle Voraussetzungen in sich, das grundlegende Lehrbuch auf diesem Gebiet zu werden. Auch FRIEDRICH II. hat dies wohl erwartet, wenn er in seinem Prolog schreibt:

„Auch bitten wir alle Vornehmen - sollte doch ein jeder schon um seines Ranges willen dieses Werk kennen lernen-, es sich von einem Gelehrten vorlesen und erklären zu lassen und Nachsicht mit ihm zu üben, wo sein Inhalt noch zu wünschen übrig läßt."5 „Der Nutzen des Werkes ist bedeutend. Denn die Edlen und Mächtigen dieser Erde, mit den Pflichten der Herrschaft belastet, können durch die Ausübung dieser Kunst wohltuende Ablenkung von ihren Sorgen finden. Die Armen aber und weniger Vornehmen werden, indem sie jenen dabei dienen, ihren Lebensunterhalt finden, und allen wird bei der Ausübung dieser Kunst das Wirken der Natur in den Vögeln offenbar werden. Da die Beize die Eigenarten der Vögel sichtbar macht, ist sie der Naturwissenschaft untergeordnet, wenngleich jene Eigenarten, wie dieses Werk bezeugt, in gewisser Weise veränderlich zu sein scheinen."6

Aber nichts dergleichen geschah. Ein einziger von FRIEDRICHS II. Zeitgenossen, NICOLAUS DE JAMSILLA, würdigt die großartige Leistung in seiner Chronik: *„Ipse quoque imperator de ingenti sui perspicacitate, que precipue circa scientiam naturalem vigebat, librum composuit de natura et cura avium, in quo manifeste patet, in quantum ipse imperator studiosus fuerit philosophie."*7 „Dank seinem ungeheuer durchdringenden Blicke, betätigt zumal bei der Naturerkenntnis, verfaßte der Imperator selbst ein Buch über Natur und Pflege der Vögel, in welchem er bewies, wie sehr er der Weisheitsliebe beflissen war."8

Doch ansonsten hat das Werk - einem Monolithen gleich einzigartig in der geistigen Landschaft seiner Zeit stehend - nicht die vom Kaiser gewünschte Wirkung gezeigt. Und auch das Schicksal scheint sich gegen *„DE ARTE VENANDI CUM AVIBUS"* verschworen zu haben: Bei der einzigen schweren militärischen Niederlage seines Lebens - die der Kaiser dazuhin durch seine Jagdleidenschaft selbst heraufbeschwor, da er sich, was seine Feinde wußten, am fraglichen Tag mit seinem Sohn MANFRED und großem Gefolge auf der Beizjagd weitab vom Geschehen befand-, als die seit Monaten vom Heer FRIEDRICHS II. umzingelten Bewohner von Parma am frühen Morgen des 18. Februar 1248 einen Ausfall wagten, die kaiserliche Lagerstadt Victoria erstürmten und große Beute machten, darunter auch die Prachthandschrift des Kaisers von *„DE ARTE VENANDI CUM AVIBUS"*.

Die letzte Nachricht, die wir von diesem „Wunderwerk der Buchkunst" erhielten, findet sich in einem wohl Ende des Jahres 1264 oder zu Beginn des Jahres 1265 von GUILIELMUS BOTTATIUS aus Mailand geschriebenen Brief, in dem er ausgerechnet KARL VON ANJOU, dem Gegenspieler der Staufer, den von ihm durch Tauschgeschäfte aus der Parmaer Beute in seinen Besitz gebrachten *„librum de avibus et canibus"* FRIEDRICHS II. anbietet. Danach blieb es bis heute verschollen.

Den Text der sechs Bücher *„DE ARTE VENANDI CUM AVIBUS"* kennen wir aus sechs lateinischen Handschriften des 13. bis 15. Jahrhunderts in Bologna, Nantes, Paris, Valencia, Rennes und Oxford, wobei die älteste, die Bologneser Handschrift, mit Sicherheit noch in die zweite Hälfte des 13. Jahrhunderts datiert werden kann.

Des Kaisers Lieblingssohn MANFRED, der mit dem Vater die Leidenschaft zur Beizjagd teilte, ließ nach Mitte des Jahres 1258, also mehr als 10 Jahre nach dem Verlust der väterlichen, nach dem Vorbild dieser eine neue Prachthandschrift der ersten beiden Bücher anfertigen. Wir wissen das Entstehungsdatum *„post quem"* so genau, weil alle Zusätze MANFREDS in der Handschrift durch die Worte *„Rex"* oder *„Rex Manfridus"* gekennzeichnet sind, MANFRED aber erst am 10. August 1258 zum König von Sizilien gekrönt wurde. Es ist hier leider nicht die Zeit, in den wissenschaftlich wahrhaftig aufregenden

Vergleich der beiden Handschriften einzutreten, doch sei es gestattet, in aller Kürze den - fast möchte man sagen „Lebens"-Weg der Manfred-Handschrift zu verfolgen. Sie kam, als MANFRED am 26. Februar 1266 in der Schlacht vor Benevent fiel, in die Hände des Siegers, tauchte Anfang des 14. Jahrhunderts bei JEAN II. DE DAMPIERRE ET DE SAINT DIZIER, einem französischen Edelmann, wieder auf, wechselte mehrfach den Besitzer, wurde einige Male abgeschrieben und erscheint 1594 bei den Nürnberger Patriziern CAMERARIUS. Bis heute ließ sich nicht klären, wo und wann die Handschrift von der Familie CAMERARIUS erworben wurde, ob sie JOACHIM II. CAMERARIUS, der 1534 als Sohn eines der bedeutendsten Humanisten und Pädagogen des 16. Jahrhunderts, JOACHIM I. CAMERARIUS (1500 - 1574), in Nürnberg geboren wurde, seit 1564 als Arzt in Nürnberg praktizierte und 1598 als *Decanus perpetuus* des medizinischen Collegiums verstarb, bereits in der Familie vorfand oder selbst in seinen Besitz brachte. Doch wie es zur *editio princeps* der Handschrift durch MARCUS WELSER kam, wissen wir genau aus Briefen von MARCUS WELSER an JOACHIM II. CAMERARIUS, deren Originale sich in der Bayerischen Staatsbibliothek München befinden. MARCUS WELSER wurde 1558 in Augsburg geboren, studierte in Rom, wurde 1592 Ratsherr, 1600 kaiserlicher Rat und Stadtpfleger in seiner Geburtsstadt und starb dort 1614. Im folgenden sollen als hochinteressante lebendige Zeugen die für die Entstehung der ersten lateinischen Druckausgabe der Manfred-Handschrift wichtigsten Stellen aus diesem lateinischen Briefwechsel in deutscher Übersetzung wiedergegeben werden.[9]

Am 27. Oktober 1594 wendet sich MARCUS WELSER an JOACHIM II. CAMERARIUS, nachdem er Kenntnis von der Handschrift erhalten hat: „Ich würde glauben, wenig freundschaftlich zu handeln, hochberühmter Herr, wenn ich in irgendeiner Sache, in der mir die Hilfe eines

Freundes, ohne einen Nachteil für ihn, nützlich sein kann, diese nicht annähme. Als mir daher Werdenstein in den letzten Tagen zwei Bücher des Kaisers Friedrich II. >Über den Vogelfang< zuschickte und diese als Abschrift von einer Handschrift bezeichnete, die er durch das Entgegenkommen des Hieronymus Baumgartner, des bei Euch einflußreichen Bürgermeisters, und durch Dein Entgegenkommen erhalten habe, hielt ich es - denn jene Bücher, seien sie auch barbarisch geschrieben, erschienen mir des Lesens durchaus würdig - für richtig, daran zu denken, die Handschrift selbst durchzusehen, zumal da ich erfahren habe, daß sie mit mir noch nicht bekannten Miniaturen geschmückt ist. Wenn sie also bei Dir ist, bitte ich Dich bei unserer Freundschaft und Deiner Liebenswürdigkeit, mir ihre Benutzung für einige Tage zu gestatten, und ich gelobe es hier mit diesem Brief, daß ich sie in gutem Stande wieder zurückgeben werde."

Offensichtlich entspricht CAMERARIUS der Bitte umgehend, denn am 13. November 1594 bedankt sich WELSER bei ihm und schildert ihm seine ersten Eindrücke von der Handschrift: „Ich habe, hochberühmter Herr, das Buch über den Vogelfang erhalten und werde es in Mußestunden, die mir allerdings bis jetzt noch nicht vergönnt waren, sorgfältig durchsehen. Dem, der darin gewissermaßen schwelgt, wie auch dem, der es flüchtig liest, scheint es von Friedrich geschrieben, keineswegs an Friedrich, wenn ich auch weiß, daß Albertus Magnus im 23. Buch über die Tiere sich einige Male auf die Autorität der Falkner des Kaisers Friedrich stützt, von denen es geschrieben sein könnte; aber entweder täusche ich mich, oder Albertus wußte nichts von diesem (mir vorliegenden) Buch. Es dürfte in der Tat würdig erscheinen gedruckt zu werden, besonders wenn ein zweiter, besser erhaltener Kodex zur Hand wäre, nach dem die Lücken des vorliegenden ausgefüllt werden könnten; aber nichts davon wird ohne Deinen Rat, wenigstens nicht ohne Deine Zustimmung geschehen, über die Du mich gelegentlich unterrichten könntest. Ich kenne keinen Fürsten, dem man dieses Werk passend widmen kann, außer vielleicht Moritz, Landgrafen von Hessen, der eine Sache von solcher Bedeutung gewiß schätzen dürfte."

Am 26. April 1595 entschuldigt sich WELSER, allem Anschein nach von CAMERARIUS an die Rückgabe der Handschrift gemahnt, dafür, daß er die Handschrift so lange bei sich behalten hat und äußert den Wunsch, sie zu edieren: „Ich fürchte, hochberühmter Herr, daß Du annimmst, ich habe gänzlich jegliches Pflicht- und Schamgefühl vergessen, weil ich Deine Handschrift über den Vogelfang schon so viele Monate festhalte, zumal Du mich... ziemlich deutlich daran erinnert hast. Ich könnte verschiedene schöne Phrasen zur Entschuldigung vorbringen, aber ich werde mich mit einer begnügen, der wahrhaftigsten und zugleich ehrenhaftesten, nämlich daß ich, wenn ich in dieser Sache irgendwie gefehlt habe, es im Vertrauen auf Deine Gefälligkeit und Freundlichkeit getan habe, und zwar um so unbefangener, weil Du mir selbst die Erlaubnis gegeben hast, die Handschrift so lange zu benutzen, wie es mir beliebe. Nun könnte sie zwar von mir aus zurückkehren, aber da ich schon lange denke, es werde der Mühe wert sein, sie, wie sehr sie auch verstümmelt ist, da ja keine Hoffnung auf ein besseres Exemplar besteht, im Druck zu veröffentlichen, möchte ich von Dir wissen - wonach ich, meiner Vermutung nach, schon früher gefragt habe, ohne mich an eine Antwort von Dir erinnern zu können-, ob das mit Deinem Willen geschehen kann; denn daß es gegen Deinen Willen geschehe, möchte ich nicht veranlaßt haben, und es wäre überdies auch bestimmt nicht billig. Ich bitte Dich, mich darüber so schnell wie möglich zu unterrichten, denn ich würde Dir den Kodex sofort zurückgeben, wenn Du nicht lieber willst, daß er länger, nämlich bis zum Erscheinen des Werkes hierbleibt. Lebe wohl, durchlauchtigster Herr, und wenn es scheint, als würde [ich] - gemessen an der Häufigkeit meiner Briefe - unsere Freundschaft weniger sorgfältig pflegen, so mußt Du das meinen Ämterlasten zuschreiben, die zahlreicher und den Musen fremder sind, als mir lieb ist."

Am 7. Dezember 1595 erklärt WELSER die Verzögerung des Drucks: „Ich glaube tun zu müssen, was nicht die schlechtesten Schuldner zu tun pflegen; denn wenn es ihnen nicht leichtfällt, das Kapital zurückzugeben, so bezahlen sie wenigstens die Zinsen; Du aber, so hoffe ich, wirst Dich nicht als hartnäckiger Gläubiger zeigen, und da Du für einen möglichen Fall gesichert bist, wirst Du Dich eine Zeitlang von den Zinsen unterhalten müssen. Unser Drucker verzögert in einem fort die Herausgabe, und ich kann Deine Handschrift nur nach Vollendung der Edition aus der Hand geben, es sei denn mit einem so großen Nachteil für dieselbe, daß ich geradezu der Ansicht wäre, es sei geratener, sie nicht herauszugeben. Ich bitte Dich daher bei Deiner Freundlichkeit, dieses Kapital unversehrt bei mir auf Zinsen anlegen und Deine Handschrift noch einige Tage entbehren zu wollen."

Im Brief vom 24. Dezember 1595 kann WELSER mit der guten Nachricht herauskommen: „Dein Buch ist unter der Presse, und vor dem nächsten Messetag wird es vollendet werden, unterdessen werde ich auf Grund Deiner Großzügigkeit mich der Benutzung des Kodex erfreuen" und gibt seine Meinung über die Autorschaft kund: „Mir scheint das Werk ganz offenbar von Friedrich II. abgefaßt und von seinem Sohn Manfred herausgegeben zu sein. Wenn ich aber sage, daß es von Friedrich abgefaßt wurde, so verstehe ich darunter, daß wenigstens sein Name dieser Sache vorangesetzt wurde; wir kennen sonst zur Genüge Herrscher, die, wenn sie irgendwelche Bücher schreiben, zu ihrem Ruhme die Werke anderer schreiben. Allerdings ist nach übereinstimmendem Urteil der Historiker Friedrich hochgebildet gewesen. Siehe gerade im Prolog des Werkes, ob diese Worte auf irgend jemanden außer auf Friedrich zutreffen könnten:

>Obgleich wir durch schwierige und fast unentwirrbare Staatsgeschäfte gehindert sind, betreffend die Lenkung der Königreiche und des Kaiserreiches usw.<."

Am 2. März 1596 schließlich erhält CAMERARIUS nach vollendeter Arbeit seine Handschrift zurück: „Endlich kehrt zu Dir, hochberühmter Herr, der lange Ausbleiber, Dein Friedrich, zurück, für den ich Dir privat und öffentlich großen Dank weiß, weil Du den Gebrauch dieses Werkes, den Du mir allein gewährt hattest, dann allen anderen zugänglich gemacht hast. Und niemals wird geschehen - das weiß ich zur Genüge-, daß Deinen gütigen, gefälligen, freundlichen Sinn die Sache reut. Was ich über die Widmung beschlossen habe, siehst Du. Ich hielt es für richtig, irgendeinen jugendlichen Fürsten auszuwählen, dessen Ansehen dem Werk Empfehlung geben könnte und der sowohl am Inhalt Freude hätte als auch den literarischen Wert zu beurteilen vermöchte. Alles schien mir in Ferdinand zusammenzutreffen, und zwar schon damals, als ich ihm während seines hiesigen Aufenthaltes im vergangenen Jahr in Staatsangelegenheiten Beistand leistete. Deinem Namen ist auch nach Verdienst Beachtung geschenkt: sparsamer als der Sache angemessen, könnte jemand sagen; aber mir setzte die Erinnerung an Deine Bescheidenheit Grenzen."

1596 erscheint in der Augsburger Humanisten-Offizin „*ad insigne pinus*" - als deren Zeichen eine Kiefer das Titelblatt schmückt - der schön gedruckte Band „*RELIQVA LIBRORVM FRIDERICI II. IMPERATORIS, De arte venandi cum avibus, CVM MANFREDI REGIS additionibus. Ex membranis vetustis nunc primùm edita. ALBERTVS MAGNVS DE Falconibus, Asturibus, & Accipitribus. AVGVSTAE VINDELICORVM, ad insigne pinus. Apud Ioannem Praetorium, Anno M D XCVI. Cum privilegio Caesaris perpetuo.*", ein Buch, das heute zu den Rarissima gezählt wird.

Die Manfred-Handschrift selbst gelangte wohl über JOACHIMS II. Sohn, LUDWIG CAMERARIUS, der lange Zeit bei den Kurfürsten FRIEDRICH IV. und FRIEDRICH V. von der Pfalz höchste politische Ämter versah, in deren berühmte Handschriftensammlung, die Bibliotheca Palatina. Nachdem TILLY am 15. September 1622 Heidelberg erobert hatte, wurde sie zusammen mit den anderen nicht ausgeliehenen Beständen der Palatina von Herzog MAXIMILIAN I. VON BAYERN als Dank für die Niederlage der Protestantischen Union gegenüber der Katholischen Liga an Papst GREGOR XV. geschenkt und zählt seit 1623 zu den Kostbarkeiten der Biblioteca Vaticana in Rom.

Welche Ironie des Schicksals, wenn man bedenkt, wie sehr Papst GREGOR IX. den Verfasser des Werkes, Kaiser FRIEDRICH II., bekämpft und daß er ihn sogar zweimal mit dem Bann belegt hatte!

Eine höchst unzuverlässige Abschrift der vatikanischen Manfred-Handschrift aus dem 16. Jahrhundert besitzt die Österreichische Nationalbibliothek in Wien. Darüberhinaus kennen wir fünf altfranzösische Übersetzungen nach der Handschrift des Vatikans aus dem 14. und 15. Jahrhundert in Paris, Genf, Cambridge und Stuttgart, wobei eine der beiden Pariser Handschriften die älteste und ins erste Jahrzehnt des 14. Jahrhunderts zu datieren ist.

Doch die vom Kaiser erhoffte und wohl auch von uns erwartete Wirkung des Werkes auf die Falknerei seiner Zeit und auf die unmittelbar folgenden Generationen blieb aus. So erinnert FRIEDRICHS II. *„DE ARTE VENANDI CUM AVIBUS"* an einen mit allen Mitteln traditioneller und moderner Baukunst und Technik erstellten, in die Zukunft weisenden Wolkenkratzer, ein Zeichen futuristischer Architektur, für das die Zeit noch nicht reif ist, das von den Zeitgenossen zwar bestaunt, aber nicht begriffen und erst viele Generationen später als Vorbild erkannt und als Modell verstanden wird.

Der Hauptgrund dafür dürfte wohl in einer geistesgeschichtlichen Entwicklung zu suchen sein, die eine Veränderung auch innerhalb der Jagdliteratur nach sich zog. Hier macht sich seit Beginn des 14. Jahrhunderts zunehmend eine Hinwendung zum „Regionalismus" bemerkbar: Die Texte werden auf den eigenen Lebensraum, die eigenen Erfahrungen bezogen, wobei die soziale Stellung und die landschaftliche Bindung eine große Rolle spielen. Dazuhin wird mehr und mehr in den Vulgärsprachen, nicht mehr in Latein geschrieben. Diese Zeitströmung war für eine größere Verbreitung des Werkes FRIEDRICHS II. sicher nicht günstig, zumal *„DE ARTE VENANDI CUM AVIBUS"* darüberhinaus wohl auch für manchen zu anspruchsvoll und zu schwierig gewesen sein dürfte.

Daß schließlich *„DE ARTE VENANDI CUM AVIBUS"* ins Bewußtsein der deutschen Falkner kam und dort bis in unsere Tage nachwirkt, verdanken wir dem fränkischen Markgrafen CARL WILHELM FRIEDRICH VON BRANDENBURG-ANSBACH.

CARL WILHELM FRIEDRICHS Leben weist - obwohl rund ein halbes Jahrtausend später - erstaunliche Parallelen zu dem FRIEDRICHS II. auf. Beide werden im Urteil der Zeitgenossen und Historiker teils äußerst positiv, teils äußerst negativ gesehen.

Bei FRIEDRICH II. steht der positiven Sicht JAMSILLAS (s. oben) die allerdings aus durchsichtigen Gründen erfolgende Verdammung durch den Biographen Papst GREGORS IX. gegenüber: *„Hic majestatis titulum in officium venature commutans, non armis decoratus et legibus, sed canibus et avium garrulitate munitus, factus de imperatore venator, excellentie sceptrum in ferarum* *venabula commutavit, et hostium vindicta postposita, in capturam avium sollicitabat aquilas triumphales."* [10] - „daß er den Titel Majestät in ein Jagdamt verwandle, statt mit Waffen und Gesetzen geschmückt, von Hunden und schreienden Vögeln umgeben sei, und ohne der Rache an seinen Feinden zu gedenken, die Adler des Triumphes auf den Vogelfang loslasse." [11]

Erst im historischen Urteil unserer Tage wird versucht, die ganze Spannweite der Persönlichkeit auszuloten und ihr Gerechtigkeit widerfahren zu lassen: „Man wird sich keiner Übertreibung schuldig machen, wenn man behauptet, daß es kaum eine historische Persönlichkeit von einiger Bedeutung gibt, über die die Meinungen und Urteile der Zeitgenossen und Geschichtsschreiber so weit auseinandergehen wie über Kaiser Friedrich II. Und vielleicht ist keine andere Feststellung so geeignet, die Größe seiner Persönlichkeit von vornherein zu erweisen wie gerade diese. Denn wenn es das Schicksal jedes Menschen ist, zwischen den Welten des Sinnlichen und des Übersinnlichen, des Ewigen und des Zeitlichen hin- und hergerissen zu werden, so ist der Versuch, beide mit einer übermenschlichen Gebärde zusammenzuschweißen, nicht nur beachtlich, sondern gerade auf Grund der damit bewiesenen Überheblichkeit, jener schuldhaften Haltung, die die alten Griechen „Hybris" nannten, einfach faszinierend." [12]

Ganz ähnlich - wenn auch auf eher lokaler Ebene - gehen die Meinungen über CARL FRIEDRICH WILHELM, den „Wilden Markgrafen", auseinander: KARL FRIEDRICH REINHARD FREIHERR VON GEMMINGEN, der allerdings über viele Jahre der Minister ALEXANDERS, des in vielen von seinem Vater sich unterscheidenden und schwer unter der ererbten Schuldenlast leidenden Nachfolgers, war, verurteilt CARL FRIEDRICH WILHELM in schärfstem Ton: „Zu jung, zu unerfahren, sich selbst beherrschen zu können, überließ er sich bald seinen Lieblingsneigungen, der Fauconerie und dem schädlichen Soldatenspiel. Den ganzen Tag sah man ihn mit dem Falken auf der Hand; bald zerfiel er mit seiner geistreichen Gemahlin, nahm Maitressen an, liebte den Trunk und beging in diesem Zustand manche Ausschweifungen."[13] WILHELM PAULUS hingegen verherrlicht ihn als großen absolutistischen Herrscher: „Ein junger Fürst, erfüllt von neuen Ideen und Zielen, hatte zu Ansbach die Regierung angetreten. Als eine Persönlichkeit von vielseitiger Begabung, von dem absolutistischen Machtwillen seiner Vorgänger beseelt und neu auftauchenden Zeitideen zugetan, zeigte Markgraf CARL WILHELM FRIEDRICH nicht im genauen Durchführen althergebrachter Ordnung seine Fähigkeiten, sein tatkräftiger Geist trat über die Grenzen der bisher zu Ansbach üblichen politischen Maxime hinaus und sein Gedanke ward, unterstützt von getreuen Beratern, gar bald zu lebensschaffender Wirklichkeit. Mit einer Reform von oben und nicht nur zaghaft und an wenigen Stellen, sondern am Gesamtkörper der Regierung setzte seine Tätigkeit ein."[14]

Auch hier sorgen heutige Historiker für eine ausgewogenere Sichtweise: „Mit dem jähen Tod des Markgrafen CARL WILHELM FRIEDRICH trat eine vitale, kraftstrotzende Vollblutnatur, eine zwiespältige, schillernde Persönlichkeit von der Bühne ab. Das Charakterbild dieses Fürsten schwankt zwischen humanitärem Regententum und despotischer, zügelloser Willkur. Er konnte in erregtem und angetrunkenem Zustand unbeugsam, herrisch, unmäßig, jähzornig, aufbrausend, starrsinnig und cholerisch sein, doch sonst zeigte er sich mildtätig und äußerst freigebig, wohlwollend und besorgt um das Wohl seiner Untertanen.

Diese wahre Verkörperung eines absolutistischen Duodezfürsten besaß ein hohes Maß von Intelligenz und von Selbstbewußtsein, hatte Sinn für die Schönen Künste, für historische Studien und zuverlässige Dokumentation, die der Staatsverwaltung dienlich sein konnte. Er liebte die Repräsentation seines Herrschertums, doch nicht minder das einfache Landleben, die Zurückgezogenheit fernab des Hofes, nur verbunden mit seinen Jagdhunden, Falken und mit einfachen Mädchen aus dem Volk."[15] In ähnlicher Weise hatte bereits KURT LINDNER das Urteil VON GEMMINGENS relativiert: „Wenn auch alles, was von Gemmingen zu tadeln hatte, zutraf, so war dies doch nur eine Seite dieses unbändig vitalen, politisch begabten Mannes, in dessen zwiespältigem Wesen sich Jähzorn, Unbeherrschtheit, Egoismus und autokratische Neigungen mit künstlerischen und wissenschaftlichen Interessen, Großmut und Mäzenatentum aufs seltsamste mischten."[16]

CARL WILHELM FRIEDRICH VON BRANDENBURG-ANSBACH, am 12. Mai 1712 geboren und bereits mit 10 Jahren vaterlos geworden, litt schon in seinen Kindertagen an schweren Erregungszuständen und Nervenstörungen, die durch seine Erziehung wohl eher ungünstig beeinflußt wurden. Seine große Liebe galt von Kindesbeinen an dem Landleben und hier besonders der Beizjagd, für die er dem kleinen Markgraftum unangemessen hohe Geldmittel aufzubringen bereit war. Nicht nur, daß 1750 sein Falknercorps 51 Personen zählte, auch viele Kunstwerke - Gemälde, Schnitzwerke, Kacheln, andere Kunstgegenstände und vor allem Stücke der „Grünen Familie" der markgräflichen Fayencemanufaktur-, die auf seinen Wunsch hin geschaffen wurden, befaßten sich mit dem Thema Falknerei. Er regte sogar eine eigene kleine Beizjagdliteratur am Hof in Ansbach an: Das „Ansbacher Beizbüchlein"[17] entstand, der ansbachische Schloßbibliothekar GOTTLIEB PAUL CHRIST verfaßte „Historische Anmerckungen von der edlen Falcknerey", die in den Jahren 1740 und 1741 in siebzehn Fortsetzungen in den „Wochentlichen Onolzbachischen Nachrichten" erschienen, JOHANN SALOMON SCHÜLIN aus Heilsbronn bei Ansbach schrieb eine bisher nur als Handschrift überlieferte Abhandlung „Von der Fauconerie" und der Rektor und Spitalprediger JOHANN ERHARD PACIUS der Jüngere (1715 - 1796) hatte auf Geheiß des Markgrafen die 1596 erschienene *editio princeps* von FRIEDRICHS II. *„DE ARTE VENANDI CUM AVIBUS"* ins Deutsche zu übertragen. Wie ungern PACIUS sich dieser Aufgabe unterzog, ist in seiner Vorrede an den Leser beredt geschildert. GOTTLIEB PAUL CHRIST hatte in seinen „Historischen Anmerckungen" mehrmals auf das Werk FRIEDRICHS II. hingewiesen und auch das 77. Kapitel im zweiten Buch probeweise übersetzt, was zweifellos CARL WILHELM FRIEDRICH die Anregung zum Auftrag an JOHANN ERHARD PACIUS gab. PACIUS führte den „Befehl" aus, befragte aber, da er keinerlei falknerische Kenntnisse besaß, die Ansbacher Falkner, um die „ganz unlateinischen" Spezialwörter „nach der bey der Fauconerie heut zu Tag üblichen Art" zu übersetzen (wie erinnert dies doch an FRIEDRICHS II. im Prolog angesprochenes Terminologieproblem). PACIUS fügte auch, damit „nicht das Teutsche dunckler" werde, „als das Lateinische ist", seinem Buch am Ende nicht nur „ein Register der Sachen" bei, sondern erklärte auch „die Redens-Arten der Falckonier". Da aber am Ansbacher Hof vornehmlich niederländische Berufsfalkner tätig waren, sind diese „Redens-Arten der Falckonier" teils niederländisch geprägt, etwa „Bec" für Schnabel oder „Staart" für Schwanz.

Als dann in Deutschland nach einer „falknereilosen" Periode 1923 in Leipzig der Deutsche Falkenorden gegründet wurde, legten die Wiederentdecker der Falknerei ihrer Terminologie auch PACIUS' Wortliste zugrunde, so daß - durch FRIEDRICHS II. und CARL WILHELM FRIEDRICHS Vermittlung - niederländische Elemente Eingang in die moderne deutsche Falknersprache fanden.[18]

Bei allen persönlichen, sich teils bis hin zu Exzessen steigernden Unausgeglichenheiten CARL WILHELM FRIEDRICHS erlebte das Markgraftum Brandenburg-Ansbach unter ihm eine politische, wirtschaftliche und kulturelle Blütezeit. Der Markgraf ordnete die Verwaltung und die Jurisdiction, förderte das Gewerbe und die öffentliche Wohlfahrt, reformierte das Zunftwesen, kümmerte sich in besonderer Weise um Land- und Forstwirtschaft, suchte die Nahrungsversorgung der Bevölkerung zu sichern und erlangte wieder eine Vormachtstellung Ansbachs im Fränkischen Kreis. Doch seine durch fürstliche Zuweisungen und größere Ankäufe ständig vermehrte, der öffentlichen Nutzung vor allem durch den Fundationsbrief des Jahres 1738 zugänglich gemachte Bibliothek,[19] das von ihm so vorrangig behandelte Bauwesen - man denke nur an die Stadterweiterung Ansbachs in der „Karls-Vorstadt", die Stifts- und Hofkirche St. Gumbert, den Ausbau des Residenzschlosses - und seine Jagdleidenschaft forderten ungeheure Summen - allein die Falknerei kostete jährlich rund ein Zehntel des gesamten Kammeraufkommens -, so daß trotz der starken Belastung der Untertanen durch indirekte Steuern das Finanzwesen zerrüttet war und der Markgraf 2,3 Millionen Reichstaler an Schulden hinterließ.

Die letzten Monate seines Lebens gestalteten sich dazuhin für CARL WILHELM FRIEDRICH äußerst schwierig. Die Aufrechterhaltung seiner Neutralität, seine Abneigung gegen die Rolle eines „apanagierten Prinzen" - „lieber Land und Leute in Ehren verlieren als Diener, Gehilfe eines Größeren sein"[20] -, die durch seine schlechte Ehe mit der Schwester FRIEDRICHS DES GROSSEN verstärkten und durch die Markgräfin WILHELMINE VON BRANDENBURG-BAYREUTH geschürten Schwierigkeiten mit seinem Schwager in Berlin und letztlich die am 11. Januar 1757 gegebene Zustimmung Ansbachs zu dem vom Kaiser beantragten Reichskrieg gegen König FRIEDRICH VON PREUSSEN,[21] die zu einer Strafaktion des Preußenkönigs gegen seinen abtrünnigen Schwager führte,[22] CARL WILHELM FRIEDRICH zur vorübergehenden Flucht zwang und ihm erst Anfang Juli 1757 eine Rückkehr nach Gunzenhausen erlaubte, zerrütteten seine Gesundheit.

Selbst der so wohlwollende WILHELM PAULUS kann sich dabei einer drastischen Schilderung nicht enthalten: „In den Armen der üppigen Margarete Dietlein, in starkem Trunke, auf aufpeitschender Jagd sucht er Vergessen seiner selbst. In stiller Stunde bietet ihm die treueste Lebensgefährtin, Elisabeth Ruhe und versuchte Fassung ... Mit den entscheidenden Julitagen des Jahres 1757 tritt plötzlich ein merklicher Zerfall seiner Kräfte ein, die Schrift wird zittrig, gequält, ja scheu, die Last vermag der doch erst 45jährige, einst kraftstrotzende Fürst nicht mehr zu tragen. Am 2. August, nach dem Mahle bricht er zusammen, den 3. August führt ihn der Tood hinweg."[23]

Welches Glück war es da doch für die Falknereiliteratur und für uns, daß „Friederich des Zweyten Römischen Kaisers übrige Stücke der Bücher Von der Kunst zu Beitzen ..." noch 1756 in Onolzbach erschienen, denn unter CARL WILHELM FRIEDRICHS Nachfolger ALEXANDER, der mit eisernem Willen und durchgreifender Hand den ererbten riesigen Schuldenberg abzutragen suchte,[24] hätte PACIUS' Übersetzung wohl nicht mehr das Licht der Welt erblickt.

Autor:
Privatdozent Dr. phil. Dr. forest. habil. Sigrid Schwenk
Leiterin der Forschungsstelle für Jagdkultur
Universität Bamberg

1. Friderici Romanorum Imperatoris Secundi De arte venandi cum avibus Nunc primum integrum edidit Carolus Arnoldus Willemsen, Tomus primus, Lipsiae MCMXLII, 1b, 12-21

2. Kaiser Friedrich der Zweite Über die Kunst mit Vögeln zu jagen, unter Mitarbeit von Dagmar Odenthal übertragen und herausgegeben von Carl Arnold Willemsen, Erster Band, Frankfurt am Main 1964, S. 6

3. Kaiser Friedrich der Zweite Über die Kunst mit Vögeln zu jagen, a.a.O., S. 5

4. Ernst Kantorowicz: Kaiser Friedrich der Zweite, Berlin 1927, S. 332

5. Kaiser Friedrich der Zweite Über die Kunst mit Vögeln zu jagen, a.a.O., S. 6

6. Kaiser Friedrich der Zweite Über die Kunst mit Vögeln zu jagen, a.a.O., S. 7

7. Historia Muratori R. I. S. VIII (1786), Sp. 496

8. Ernst Kantorowicz: Kaiser Friedrich der Zweite, Berlin 1927, S. 332

9. Kaiser Friedrich der Zweite Über die Kunst mit Vögeln zu jagen, Kommentar zur lateinischen und deutschen Ausgabe von Carl A. Willemsen, Frankfurt am Main 1970, S. 232 ff.

10. Vita Gregorii IX, in: Liber censuum II, 26, § 20

11. Fredericus II. De arte venandi cum avibus. Ms. Pal. Lat. 1071, Biblioteca Apostolica Vaticana, Kommentar von Carl A. Willemsen, Graz 1969, S. 9

12. Kaiser Friedrich II. in Briefen und Berichten seiner Zeit, hrsg. von Klaus J. Heinisch, Darmstadt 1968, S. 1

13. Beiträge zur Lebensgeschichte des letzten Regenten der brandenburgischen Markgraftümer in Franken, 1820, Staatsarchiv Nürnberg, Nachlaß von Gemmingen. Vgl. dazu auch Günther Schuhmann: Die Markgrafen von Brandenburg-Ansbach. Eine Bilddokumentation zur Geschichte der Hohenzollern in Franken, Ansbach 1980, S. 217

14. Wilhelm Paulus: Markgraf Carl Wilhelm Friedrich von Ansbach (1712 - 1757). Ein Zeitbild des fränkischen Absolutismus, Dissertation Erlangen 1932, S. 81

15. Günther Schuhmann: Die Markgrafen, a.a.O., S. 217

16. Kurt Lindner: Ein Ansbacher Beizbüchlein aus der Mitte des 18. Jahrhunderts, Berlin 1967, S. 13. Die in den 60er Jahren zusammen mit Kurt Lindner erarbeiteten Materialien zu Carl Wilhelm Friedrich, seiner Jagdleidenschaft und dem Ansbacher Hof sind zum großen Teil durch Kurt Lindner im „Ansbacher Beizbüchlein" dargestellt worden, auf das hiermit ausdrücklich verwiesen wird.

17. Vgl. hier und zum folgenden Anm. 16

18. Vgl. dazu auch Hermann Schmidt: Die Terminologie der deutschen Falknerei, Freiburg 1909

19. Vgl. Günther Schuhmann: Ansbacher Bibliotheken vom Mittelalter bis 1806. Ein Beitrag zur Kultur- und Geistesgeschichte des Fürstentums. Brandenburg-Ansbach, Kallmünz-Opf. 1961

20. Wilhelm Paulus, a.a.O., S. 166

21. Wilhelm Paulus, a.a.O., S. 175

22. Günther Schuhmann: Die Markgrafen, a.a.O., S. 216 f.

23. Wilhelm Paulus, a.a.O., S. 184

24. Vgl. Günther Schuhmann: Markgraf Alexander von Ansbach-Bayreuth und seine Abdankung im Dezember 1791, Sonderdruck Nr. 5 des Vereins der Freunde Triesdorf und Umgebung e.V., 1922